HISTOIRE

DES ORIGINES ET DES INSTITUTIONS

DES PEUPLES

DE LA GAULE ARMORICAINE ET DE LA BRETAGNE INSULAIRE.

SAINT-BRIEUC,
IMPRIMERIE DE L. PRUD'HOMME.

HISTOIRE

DES

ORIGINES ET DES INSTITUTIONS

DES PEUPLES

DE LA GAULE ARMORICAINE

ET DE LA BRETAGNE INSULAIRE,

depuis les temps les plus reculés jusqu'au Ve siècle,

Par Aurélien DE COURSON.

> Ab antiquo scriptis non contentus, ipse quoque scripturire incœpi, non ut scientiam meam, quæ penè nulla est, exponerem, sed ut res absconditas, quæ in strue veritatis latebant, convellerem in lucem.
> *Wilh. Malmesb T. II. Prolog*

SAINT-BRIEUC,

CHEZ L. PRUD'HOMME, IMPRIMEUR-LIBRAIRE.

1843.

A MESSIEURS DE L'ACADÉMIE

DES INSCRIPTIONS ET BELLES-LETTRES.

Messieurs,

Dans une séance solennelle de l'Institut de France, en Septembre 1840, votre secrétaire perpétuel, après avoir proclamé les noms des deux candidats couronnés par vous, voulut bien exprimer le vœu que l'auteur de l'Essai sur l'histoire, la langue et les institutions de la Bretagne armoricaine complétât ses recherches sur l'histoire de cette vieille contrée, histoire tout à la fois si intéressante & si difficile à étudier.

Ces paroles, empreintes de tant de bienveillance, ont été un nouvel encouragement pour moi que vous aviez déjà honoré de vos suffrages. Je viens aujourd'hui, Messieurs, vous prier d'agréer l'hommage d'un nouvel ouvrage, fruit de longues & persévérantes recherches.

Puisse ce second travail vous paraître moins indigne que le premier de la haute bienveillance de votre savante Compagnie.

J'ai l'honneur d'être, avec respect,

Messieurs,

Votre très-humble et très-obéissant serviteur,

A. DE COURSON.

TABLE DES MATIERES.

PREMIÈRE PARTIE. — Introduction.

Chapitre I. Les Celtes et les Gaulois étaient-ils le même peuple ? 1

Chap. II. Les Bretons appartiennent-ils à la race gauloise ? — Examen critique des textes anciens et des traditions nationales à ce sujet. 12

Chap. III. le breton, dialecte gaulois. — Persistance de cette langue. — Elle a contribué, par le contact, à l'altération du latin dans les Gaules. — Cette altération constatée. 21

Chap. IV. Le druidisme à l'époque de la conquête, et, plus tard, sous les empereurs. 44

Chap. V. De l'état social et des institutions politiques de la Gaule avant la conquête romaine. 65

Chap. VI. Premières conquêtes des Romains dans la Gaule. — Ils y forment une province. — Campagnes de César. — Défaite des Vénètes et des nations armoricaines. — Habileté de César. — Ses faveurs envers les vaincus. — La Gaule, sous Auguste. — Politique de ce prince. — Résultats. 123

Chap. VII. Avénement de Tibère. — Révolte de Florus et de Sacrovir. — Caligula, Claude, Néron. — Vindex soulève la Gaule. — Révoltes de Maricus et de Civilis. — Victoire de Cerialis. — Esprit d'indépendance des Gaulois. — Albinus, Sévère. — Les tyrans. — La Gaule protége les usurpateurs. — Exploits des troupes gallicanes sous Constantin, Constance, Julien et Valentinien I. — Gratien et Maxime. — Victoire de Théodose. — Honorius et Alaric. — Révolte des Bretons insulaires et des Armoricains. 142

Chap. VII. De l'état social de la Gaule depuis la conquête romaine jusqu'à la révolte de l'Armorique en 409. 168

Chap. IX. Exuperantius s'efforce de ramener à l'obéissance les Armoricains révoltés ; expédition de Littorius contre cette confédération.—Les Armoricains assiégent la ville de Tours en 445.—Aëtius envoie contre eux une armée d'Alains.—Intervention de saint Germain-d'Auxerre.—Les Armoricains combattent contre Attila.—Les Saxons dans la Grande-Bretagne.—Emigration des insulaires dans l'Armorique au ve siècle.—Récit d'Ermoldus-Nigellus.—Colonies bretonnes dans les Gaules et en Espagne.—Alliance des Francs et des Armoricans.—Royaume de France. 206

Chap. X. Première expédition de César dans l'île de Bretagne.—Conquête de l'île sous le règne de Claude.—Résistance des Bretons.—Défaite de Caradog (ou Caractacus).—Claude lui fait grâce de la vie.—Guerre des Silures sous Ostorius, Didius et Véranius.—Suétonius-Paulinus s'empare de l'île de Mona.—Massacre des Druides.—Division de la Bretagne en six provinces.—Colonies, villes municipales et autres.—Mur d'Adrien.—Ravages des tribus du nord sous Antonin.—Nouvelle muraille.—Albinus prend la pourpre dans la Bretagne.—Expédition de Sévère contre les Calédoniens.—Il fait construire un troisième rempart.—Ravages des pirates saxons.—Carausius est chargé de les réprimer ;—il s'empare de la Bretagne.—Etat de cette contrée sous Dioclétien.—A quelle époque le christianisme s'y est introduit.—Douceur de Constance envers les Bretons.—Ceux-ci combattent, par reconnaissance, sous les drapeaux de Constantin.—Troubles après la mort de ce prince.—Victoires de Théodose.—Expéditions de Maxime et de Constantin.—La Bretagne se sépare de l'empire, devient la proie des tyrans.—Invasions des Pictes et des Scots.—Détresse des Bretons.—Ils invoquent le secours des Saxons.—Trahison de ces derniers.—Ils s'emparent d'une grande partie de la Bretagne.—Emigrations. 224

Chap. XI. Mœurs, usages, gouvernement des Bretons insulaires, depuis l'an 54 avant Jésus-Christ, jusqu'au 5e siècle de l'ère chrétienne. 266

Chap. XII. Observations sur les coutumes des Germains et des anciens Bretons.—§. I. Divisions territoriales de la Bretagne insulaire.—§. II. Du chef de famille.—§. III. Du mariage.—§.

IV. Des droits et des devoirs des enfants.—§. V. De la propriété dans ses rapports avec la famille.—§. VI. Etat des personnes : les nobles, les hommes libres.—§. VII. Les colons.—§. VIII. Institutions politiques.—Conclusion. 286

Pièces justificatives.

Lettre à M. le comte de Blois, sur la colonisation de la Bretagne armoricaine. 343
Lettre de M. Dupin, procureur-général à la cour de cassation, sur la communauté des Jault, dans le département de la Nièvre. 360
Usement de Quévaise. 375
Usement de Rohan. 377
Extrait de Salvien. 381
Extraits des lois d'Hoël, en gallois. 388
Quelques mots sur les lois mosaïques. 396
Noms des anciennes tribus de la Gaule, de l'île de Bretagne et de l'Irlande. 398
Extraits du cartulaire de Redon. 399
Glossaire cornouaillais insulaire, d'après un manuscrit du ixe siècle, avec le gallois et l'armoricain en regard. 402
Anciens actes bretons publiés par Wanley. 429
Noms des mois chez les Gallois, chez les Armoricains et chez les Cornouaillais insulaires. 431
Noms des jours de la semaine chez ces trois peuples. *ib.*

ERRATA.

Page 103, ligne 6, au lieu de *préserver*, lisez *détruire*.
Page 114, ligne 18, au lieu de *ville*, lisez *cité*.
Page 156, note 2, lisez *esse*, au lieu de *esset*.
Page 209, ligne première, lisez *Armoricains* au lieu de *Armoricaines*.
Page 216, note 1, ligne 6, *Convaluére*, lisez *coaluére*.
Page 244, note 4, après le mot *gentes*, lisez *præferoces*.

AVANT-PROPOS.

« Pendant longtemps, les antiquités grecques et romaines ont seules attiré l'attention des savants. Pourquoi mépriser ainsi celles, plus intéressantes peut-être, que renferme notre pays? Tous les livres, tous les manuscrits commentés par l'érudition ; tous les monuments de l'Asie visités par l'élite des savants français, ont-ils donc fourni de si précieux renseignements sur nos origines, que nous puissions dédaigner les rares débris que les siècles ont laissés sur notre sol? Où est donc le système qui, jusqu'ici, ait paru rallier toutes les opinions? Les théories ne manquent pas ; bien loin de là ; mais elles péchent toutes par la base, c'est-à-dire, par l'absence de termes de comparaison. Si l'on veut enfin avoir sur la Gaule des notions exactes et complètes, il serait à propos de ne rien négliger de ce qui nous reste de son passé. Or, nous ne craignons pas d'affirmer que c'est dans l'Armorique, terre toute gauloise encore de mœurs, de coutumes, de langage, qu'il faut chercher l'ancienne organisation des Gaules. Là, malgré les siècles et les révolutions, se retrouvent les monuments des différentes époques gauloises ; là se parle une langue antique, altérée sans doute dans ses formes usuelles, mais pure dans ses racines ; là enfin existent des traditions complètement effacées ailleurs.

» Qui sait si les savants n'auraient pas trouvé sur notre sol ce qu'ils ont vainement cherché ailleurs, et si l'étude de nos dialectes et de nos coutumes n'auraient pas révélé aux Burnouf, aux Fauriel, aux Pardessus, tout un côté ignoré de notre histoire ?

» Sans doute, la science de l'homme ne parviendra jamais à dissiper complètement les ténèbres que Dieu a placées autour du berceau des nations ; mais les recherches récentes de la philologie et les travaux de quelques jurisconsultes sur les législations anciennes, n'ont-ils pas déjà jeté sur le passé des lumières inattendues ? L'exploration des vieux monuments de l'Armorique et du pays de Galles produirait, nous en sommes convaincu, des résultats non moins importants. Pourquoi donc une œuvre aussi belle n'a-t-elle pas tenté l'un de ces jeunes savants qui, passionnés comme des poëtes, s'efforcent de reconstruire et les vieilles langues et les vieilles législations des peuples disparus ? Cette œuvre, nous le reconnaissons, n'est pas moins difficile à réaliser que glorieuse à entreprendre. Pour les hommes dont nous venons de parler, c'est une raison d'oser ; pour nous, c'est une raison de nous abstenir. »

Voilà ce que j'écrivais en 1840, dans un livre soumis au jugement de l'Académie des Inscriptions et Belles-Lettres. Depuis, encouragé par le bienveillant suffrage de la savante compagnie, je me suis senti le courage d'entreprendre la tâche devant laquelle reculait ma faiblesse. Le nouvel ouvrage que j'offre aujourd'hui au public renferme l'*Histoire des origines et des institutions des peuples de la Gaule et de l'île de Bretagne, depuis les temps les plus reculés jusqu'à la chute de l'empire romain.* Je ne me suis dissimulé, en entreprenant cette œuvre si vaste, ni les obstacles que je devais rencontrer sur ma route, ni les périls auxquels je m'exposais en traitant, après tant de savants hommes, l'histoire de nos origines et de nos institutions nationales. Mais, soutenu par cet amour de la patrie qui, dans les cœurs bretons, s'exalte de tous les souvenirs du passé, j'ai osé remonter le cours de notre histoire jusqu'à ses sources les plus reculées. Ce n'est pas tout: Frappé des similitudes qui existent entre les institutions, comme entre les idiomes des peuples de race indo-européenne, j'ai voulu jeter un coup d'œil sur les antiquités de la Grèce, de l'Italie, de l'Espagne, de la Germanie, etc. Ce travail achevé, toutes mes recherches se sont concentrées sur deux questions fondamentales : les origines du colonat et celles de la féodalité. C'est à la solution de ces deux problèmes que j'ai consacré la plus grande partie de mon livre. Quel que soit le mérite des jurisconsultes qui ont traité ces matières avant moi, je crois les avoir envisagées à un point de vue nouveau, et d'une manière plus complète que mes devanciers. La Gaule avait été, en quelque sorte, délaissée par les historiens. J'espère que ce livre démontrera l'utilité d'études plus approfondies de ce côté.

L'histoire politique telle qu'elle est retracée dans cet ouvrage, est tirée tout entière des sources. Je me suis borné à mettre en lumière les faits qui ont eu sur les peuples une influence générale et décisive, et dont les effets ont réagi sur le développement du droit. Quant aux faits moins importants et surtout quant aux détails, j'ai renvoyé les lecteurs aux grandes histoires générales de France et d'Angleterre. J'aurais pu agrandir à volonté le cadre de ce travail ; mais, loin de là, je me suis efforcé, au contraire, de le resserrer. Il faut laisser aux disciples de Vico, de Hegel et de Herder, les vastes synthèses et *les horizons sans limites*. Pour qui n'a point leur génie, il est une méthode plus sûre : c'est celle que recommandait Aristote et qui consiste non pas *à jeter un regard profond sur l'universalité des choses*, mais à étudier, suivant les expressions de Bacon, « une tribu, une famille, pour y découvrir la nature de la grande cité de l'univers et sa souveraine économie. »

Profondément convaincu de ces vérités, que le

spectacle des exagérations et des erreurs contemporaines rend plus éclatantes encore, j'ai, je le répète, resserré le plan de ce livre autant qu'il dépendait de moi. Toutefois, j'ai dû forcément étudier, dans leur ensemble, les usages des Gaulois et des Bretons insulaires, peuples sortis du même berceau et dont les institutions se complètent les unes par les autres. Il n'était pas moins indispensable de faire ressortir les analogies qui existent entre ces institutions et celles des tribus germaniques. En effet, la connaissance spéciale et exclusive des lois d'un peuple ne suffit pas pour agrandir le cercle des travaux du jurisconsulte. Les notions que peut lui procurer l'analyse la plus consciencieuse d'une législation seront toujours incomplètes, s'il n'y joint quelques notions fondamentales sur les coutumes des nations voisines. Une certaine universalité, telle du moins qu'on peut l'espérer des forces d'un seul homme, doit nécessairement venir éclairer des études qui, isolées, n'aboutiraient qu'à de médiocres résultats. C'est ce qui explique les excursions rapides que j'ai cru devoir faire en Italie, dans la Grèce, dans la Germanie, et même dans l'Asie-Mineure.

Mon but, en recourant au droit des anciens peuples, était de lui emprunter ses lumières, afin d'éclaircir certains points de notre histoire primitive que ni l'archéologie, ni la linguistique n'ont encore pu mettre au grand jour. D'autres viendront après moi, je l'espère, qui, plus savants doués d'une plus grande faculté d'analyse, achèveront une œuvre dont il ne m'aura été donné que d'ébaucher quelques parties.

Je ne dirai qu'un mot du style de mon ouvrage : j'ai fait tous mes efforts pour échapper à la contagion de la phraséologie moderne ; phraséologie mystico-nuageuse venue des pays d'outre-Rhin, à la suite de cette prétendue science qu'on a baptisée du nom pompeux de PHILOSOPHIE DE L'HISTOIRE, voire même d'HISTOIRE DE L'HISTOIRE, et qui n'est trop souvent, comme l'a fort bien dit Lingard, que *la philosophie du roman.*

J'ignore quel sera le destin de ce livre : *habent sua fata libelli* ; mais j'ose espérer que mes juges les plus sévères y reconnaîtront l'œuvre d'un écrivain de conscience et d'un citoyen tout dévoué à la gloire de son pays.

PARIS, 15 Mars 1843.

SOURCES ET AUTEURS

CITÉS DANS L'HISTOIRE DES ORIGINES ET DES INSTITUTIONS DES PEUPLES DE LA GAULE ARMORICAINE ET DE LA BRETAGNE INSULAIRE.

Les recueils généraux dont je me suis principalement servi sont :

1° Rerum gallicarum et francicarum scriptores. Ed. Dom. Martin Bouquet. Paris, 1738.

2° Annales ordinis sancti Benedicti. Mabillon.

3° Histoire générale du Languedoc, par dom Claude de Vic, et dom Vaissette. Paris, 1730. 5 vol. in-f°.

4° Acta sanctorum. Collegit Joan. Bolland, etc. ; 53 vol. in-fol.

5° Gallia christiana. Ed. Dion. Sammarthanus. T. I-XIII. — Malheureusement, la province de Tours ne s'y trouve pas.

6° Baluzii Miscellanea. Paris, 1678, 1715. 7 v. in-8°.

7° Veterum scriptorum et monumentorum amplissima collectio. Paris, 1724, 1733. 9 vol. in-f°., par dom Martenne et dom Durand.

8° Cartulaire de Saint-Père de Chartres, publié par M. B. Guérard, membre de l'institut, 2 vol. in-4°, 1840.

9° Histoire de Bretagne, par dom Morice. 5 vol. in-f°, dont trois de preuves. Paris.

10° Histoire de Bretagne, par dom Lobineau. 2 vol. in-f°, dont un de preuves.

11° Muratori Antiquitates Italicæ medii ævi. Mediolani, 1733, 1742. 6 vol. in-f°.

12° Pertz, monumenta historiæ germanicæ, in-f°. Je n'en ai pu feuilleter que les 5 premiers volumes, les seuls qui eussent paru en 1841.

13° Le code des lois d'Hoël-dda, traduit en latin par Wotton et publié à Londres en 1730, par les soins de Guillaume Clarke. 1 vol. in-f°.

Ce recueil fut rédigé, en 940, par l'ordre d'Hoëldda (ou le Bon), fils de Roderic-le-Grand, roi de Galles. Dans son admirable histoire politique et judiciaire de l'Angleterre depuis l'arrivée des Normands, le savant jurisconsulte Georges Philipps s'exprime ainsi au sujet de ce recueil :

« En rendant compte du livre de droit intitulé : *Cyfreithjeu Hywel-dda*, l'auteur a eu en vue deux choses :
» d'abord, de ne pas interrompre plus tard son tableau,
» puis, d'attirer l'attention sur ce trésor de choses curieuses, *si abondant*, et pourtant si peu connu jusqu'à présent (1). »

Voici l'analyse que le même écrivain a donnée de la législation cambrienne dans l'ouvrage précité. Nous ne saurions mieux faire que de la placer sous les yeux de nos lecteurs :

« Le pays de Galles suivit le mouvement qui pous-
» sait les peuples du moyen-âge à mettre par écrit le
» droit coutumier qui les régissait. C'est ainsi que prit

(1) Préface du premier volume de l'Histoire politique et judiciaire de l'Angleterre.

» naissance le code appelé dans la langue nationale et
» celtique des Bretons : *Cyfreithjeu Hywell-dda ac eraill*,
» c'est-à-dire, lois d'Hoël-Le-Bon et d'autres : code
» dont la rédaction doit avoir été commencée dès le
» milieu du xe siècle. Le roi gallois, dont il porte tout
» particulièrement le nom, a été, sans contredit, ce-
» lui qui, le premier, fit inventorier les coutumes de
» Galles. . . . .
» Nous ne possédons pas les lois d'Hoël sous leur for-
» me originelle ; elles ont reçu de la main des rois pos-
» térieurs de Galles diverses augmentations. D'après
» cela, on pourrait supposer que diverses dispositions
» du droit saxon se sont introduites de la même ma-
» nière dans ce recueil. Et, en effet, nous y trouvons,
» dans son entier, le système des compositions et ce-
» lui des *conjurateurs* qui se rattache au premier. Ce-
» pendant, en examinant de plus près le code saxon,
» l'on ne tarde pas à se convaincre qu'il ne faut pas
» considérer ce système comme quelque chose d'origi-
» nairement étranger aux Bretons, et qui se serait enté
» sur leurs coutumes ; mais, plutôt, que ce système
» forme le fond même de tout le droit gallois, et que,
» par conséquent, il ne faut pas l'attribuer exclusive-
» ment aux races germaniques. Le code gallois se divise
» en cinq livres, dont les trois premiers sont attribués
» à Hoël-Le-Bon. » (Suit le sommaire de ces cinq livres que nous avons nous-même analysés d'une manière complète, dans l'appendice de notre *Essai sur
les Institutions de la Bretagne armoricaine.*)

Quelques détails doivent être ajoutés à ceux qui nous
sont donnés par le jurisconsulte allemand :

Warrington et quelques autres historiens du pays de

Galles nous apprennent que le code dit de Bleddyn-ap-Cynwyn, dont il est fait mention dans les lois cambriennes, se trouve fondu dans le livre des *Triades* et dans le *Brawd Lyffr* (livre des rapports). Ce qui est certain, c'est que lorsqu'une action était intentée selon les coutumes de Bleddyn, le magistrat ne pouvait prononcer en s'appuyant des lois d'Hoël, *et vice versâ*. (V. Leg. Wall. p. 499.) Au surplus, la publication du Cartulaire de Redon (manuscrit armoricain) constatera nécessairement la haute antiquité des coutumes recueillies par les soins du roi Hoël, puisque les émigrations des Bretons insulaires dans l'Armorique eurent lieu du ive siècle à la fin du vi^e.

14° Leges anglo-saxonicæ ecclesiasticæ et civiles. Londini, 1721. 1 vol. in-f°, ed. Wilkins.

15° Rerum anglicarum scriptorum veterum Ed. Gal. Oxoniæ.

16° Rerum anglicarum scriptores post Bedam præcipui. Francofurti, 1601 (ed. Savile). 1 vol in-f° 1684.

17° Flores historiarum per Mathæum Westmonasceriensem collecti præcipuè de rebus britannicis ab exordio mundi, usque ad annum Domini MCCCVIII, auctore Florentio Wigorniensi monacho. Francofurti, 1601.

18° Monasticon anglicanum. Ed. Dugdale. 3 vol in-f°. Londini, 1655 à 1673.

19° Johannis Lelandi antiquarii de rebus britannicis collectanea ex autographis descripsit ediditque Th. Hearnius. Oxonii, 1725. 6 vol. in-f°.

20° Collectio maxima conciliorum studio Philippi Labbei et Gabrielis Cossartii societ. Jesu, presb. Lutetiæ Parisiorum, 1671. 18 vol. in-f°.

21° Ughelli Italia sacra. Venet. 1717-1722. 10 vol. in-f°.

22° Linguarum vet. septentrionalium thesaurus grammatico-criticus et archeologicus, auctore Georgio Hickesio. Oxoniæ, 1703 à 1705. 3 vol. in-f°.

23° The myvyrian archeology of Wales collected on the ancient manuscrips. London, 1801, in-8°.

Auteurs grecs.

Aristotelis opera quæ extant, addita quædam Theophrasti. Francofurti, And. Wechelii hæredes. 1584-87. 5 vol. in-4°.

Appiani Alexandrini romanæ historiæ græcè et lat. Recensuit annotationib. illlust. Joan. Shweighæser. Lipsiæ, 1782-85. 3 vol. in-8°.

Diodori siculi Bibliothecæ historicæ libri xv reliqui, græcè. Excud. H. Stephanus. 1559, in-f°.

Diogenis Laertii libri x gr. et lat., cum annotationibus diversorum. Emendavit M. Meibomius : accedunt observationes Ægidii Menagii, et Kuhini notæ. Amstel. 1692. 2 vol. in-4°.

Dionis Cassii historicæ romanæ quæ supersunt, gr. et lat. ex vers. Xilandro-Leunclaviana, cum notis Alb. Fabricii et diversorum, cura Herm.-Sam. Reimari. Hamburgi, 1750-52. 2 vol. in-f°.

Dionysii halicarnassei opera omnia gr. et lat. curante Joan.-Jac. Reiske Lipsiæ, 1774-77. 6 vol. in-8°.

Herodiani libri viii. Lips. ed. Tauchnit. 1840.

Juliani imperatoris opera quæ extant gr. et lat. ex vers. P. Martini et C. Cantoclari, Parisiis. 1583, in-8°.

Libanii sophistæ præludia oratoria, declamationes gr. et lat. ex vers. Fed. Morelli, Parisis. Cl. Morel, 1506-27. 2 vol. in-f°.

Polybii historiarum libri qui supersunt gr. et lat. Is. Casaubonus emendavit, lat. vertit, etc. Parisiis, 1609, in-f°.

Pausaniæ descriptio Græciæ, gr. et lat. Francof. 1583, in-f°.

Plutarchi opera quæ supersunt omnia gr. et lat. J. Reiske Lipsiæ, 1774-82. 12 v. in-8°. Et aussi l'édit. de Wechel, 1599.

Ptolemæi quæ extant opera, Basileæ. 1551, et aussi l'éd. de Norimberg.

Auctores græci minores à Kuinoel Lips. 1796 2 vol. in-8°.

Auteurs latin,

Ammianus Marcellinus, ex recens. Valesio-Gronoviana. Lipsiæ, 1773, in-8°.

Apuleius à Casaub. Lugd. 1614. 2 vol. in-8°.

Aulu-Gellii noctes atticæ. Venetiis, 1515, in-8°.

Caii Julii Cæsaris quæ extant cum selectis variorum commentariis. Amstelodami, 1661. 1 vol. in-8°.

Ciceron. Opera. Paris, Robert. Steph. 1538-39.

Horatius, Lucanius, Virgilius. Ed. Lemaire.

Historiæ Augustæ scriptores sex. Isaac Casaub. recens. Parisiis, 1603, in-4°.

Plinii Histor. nat. interpretatione et notis illustravit Harduinus. Parisiis, 1723. 3 vol. in-f°.

Panegyricæ orationes veter. orator. Venetiis, 1719, in-8°.

Suetonius cum notis, Oxoniæ, 1676.

Tacit. Opera ex recens. et cum animadvers. Thed. Ryckii Lugd. Batav. 1687. 2 vol. petit in-8°.

Tite-Liv. opera. Ed. Lemaire.

Histoires, dissertations, mémoires et autres documents publiés séparément.

Stilingfleet. Origines Britannicæ, 1684, in-f°.

Commentarioli britannicæ descriptionis fragmentum. Humphry Llwyd. Col. Agripp. 1572.

Du même. — Chronicon Walliæ, à rege Cadwalladro ad ann. Domini 1294 (ms. bibl. cottonienne).

Vindication of the genuines of the ancient British poëms by Sharon Turner. Lond. 1803, in-8°.

Historia Cambriæ (traduct. de Caradoc de Lancarvan) à Powel. Londres 1584, in-8°.

Triades de l'île de Bretagne, traduites par Probert.

Whitaker's history of Manchester. Lond. 1771. 2 vol. in-8°, ouvrage qui, sous un modeste titre, embrasse toute l'histoire de l'Angleterre. Gibbon doit immensément à cet écrivain dont il savait apprécier la science et la justesse d'esprit.

Wallancey, Collectanea de rebus Hibernicis. Dublin, 1770, 4 vol. in-8°.

Davies, Dictionarium britannico-latinum et latino-britannicum. Lond. 1632. 1 vol. in-4°.

Catholicon. Dict. breton-armoricain publié à Tréguier, chez Jehan Calvez, en 1499. 1 vol. in-4°.

Dictionnaire breton français, par dom Le Pelletier, religieux bénédictin de la congrégation de Saint-Maur. Paris, 1762, in-f°.

Dictionnaire français-breton, par le P. Grégoire de Rostrenen, capucin. Rennes, Vatar, 1732.

Glossarium germanicum continens origines et antiquitates totius linguæ germaniæ. Lipsiæ, 1737. 1 vol. in-f°.

Historia coloniarum tum à Gallis in exteras nationes missarum, cùm exterarum nationum in Galliam deductarum. Ægid. Lacarry. Claromonti, 1677, in-4°.

Asiatic researches. Calcutta, 18 vol. in-4°.

Cambrian biography, or historical notices of celebrated men among the ancient Britons. Lond. 1803. 1 v.

A Tour in Wales, by Pennant. Lond. 1784. 2 v. in-4°.

Essai sur l'histoire de France, par M. Guizot. Paris 1823. 1 vol. in-8°.

Commentaries on the lawes of England, in faur books by sir William Blackstones. London, 1809.

Chants populaires de la Grèce moderne recueillis et publiés, avec une traduction française, par M. Fauriel. 1824, 2 v. in-8°.

Warrington, hist. of Wales. Brecon, 1823. 2 vol. in-8°.

Antiquit. historical and monumental of the Country of Cornwall. Borlase-Oxfort, 1754, in-f°.

Horsley's Britannia romana, or the roman antiquities of Britain 1732. London.

Jourdain, Recherches sur les traductions d'Aristote.

Histoire de Paris, par dom Lobineau et dom Felibien.

Tertullian. ex edit. Nic. Rigalt. 1664, in-f°.

Théories des matières féodales et censuelles, par Hervé, avocat au parlement de Bretagne. Paris 1785. 6 vol. in-12.

Journal de la Société asiatique. Paris.

Archeologia Cornu-Britannica by William Pryce. M. D. of Redruth, Cornwall Sherbone, MDCCXC, in-4°.

Histoire romaine de Niebuhr, trad. de l'allemand, par M. de Golbéry.

Les Origines de l'ancien gouvernement de la France, de l'Allemagne et de l'Italie. La Haye, 1752 (Cte du Buat).

Dubos, Histoire critique de l'établissement de la monarchie française dans les Gaules. 1742. Paris. 2 v. in-4°.

Mably. Observations sur l'hist. de France. Kehl. 1788.

De la monarchie française, par le Cte de Montlosier. Paris, 1814. Ouvrage qui renferme de grandes erreurs, mais aussi d'admirables aperçus.

Histoire des origines du gouvernement des Mérovingiens, par Le Huërou. Travail remarquable par l'étendue des recherches et par une haute impartialité.

Histoire des Gaulois, par M. Amédée Thierry, 2e éd., 3 vol. in-8°. Paris. Just Tessier. Ouvrage qui sera toujours utile, encore bien que l'auteur ait peu approfondi certaines questions capitales, celles, par exemple, qui regardent les institutions civiles et politiques.

Mémoire sur les conditions des personnes chez les Francs, par M. Naudet. T. VIII, p. 455, des mém. de l'académie des inscriptions. Cet excellent travail m'a été fort utile.

Traité des coutumes des Anglo-Normands, par Houard.

Mémoire sur les origines de nos coutumes, par M. Pardessus. T. X. Mém. acad. des inscript. Cet opuscule fait regretter que le savant jurisconsulte n'ait pas doté la France d'une histoire des Origines du droit Français.

Histoire de la propriété en Occident, par Ed. Laboulaye. Ce livre a été couronné par l'académie des inscriptions, et jamais distinction ne fut mieux méritée.

Histoire des Gaulois, par M. Picot. Genève, 1804. 3 vol. in-8°.

J. G. Heineccii. Antiquitates germaniæ. Hafn et Lips. 1772-1773, in-8°.

Ch. G. Biener. Commentarii de origine et progressu legum juriumque germanicorum. Lips. 1787-1790-1795, in-8°.

Sull' antichissima origine et successione dei governi municipali nelle citte Italiane, ricerche dell' avvocato Antonio Pagnoncelli, di Bergamo-Bergamo, Stampana natali, 1823, in-8°.

Gesch des Rom. Rechts im Mittelatter. Savigny.

Eichhorn, Deutsche staats und Rechtsgeschichte, Abtheil. Gœttingen, 1821. 3ᵉ édit.

Histoire judiciaire des Anglo-Normands, par Philipps. 3 v. (en Allemand). Nous ferons publier, en Septembre prochain, le 1ᵉʳ volume de ce travail, traduit en français. Ce livre, où l'auteur a déployé une vaste érudition, est un modèle de critique.

Histoire de l'académie des inscriptions et belles lettres, mémoires de littérature tirés des registres de cette académie. Paris, in-4°.

Chronique de la conquête de Constantinople et de l'établissement des Français en Morée, traduite d'après un manuscrit grec inédit, par J.-A. Buchon. Paris 1825.

L'histoire et la chronique de messire Jehan Froissart, revue et corrigée sur divers exemplaires et suivant les bons auteurs, par Denys Sauvage de Fontenailles. Lyon, 1559, 1560, 1561, 4 v. in-f°.

Bergier. Histoire des grands chemins de l'empire romain. Paris, 1622, in-4°.

Notice de l'ancienne Gaule tirée des monuments romains. D'Anville. Paris, 1660, in-4°.

Hadr. Valesii notitia Galliarum. Parisiis, 1675, in-f°.
Rowlaud Mona antiqua restaurata. Lond. 1666, in-4°.
Celtic researches on the origin, traditions, and language of the ancient Britons. 1804. Davies.

HISTOIRE

DES

PEUPLES BRETONS.

PREMIÈRE PARTIE. — INTRODUCTION.

CHAPITRE PREMIER.

Les Celtes et les Gaulois étaient-ils le même peuple ?

L'histoire de la dispersion des peuples et de leur filiation sera toujours environnée de profondes ténèbres. Et comment en serait-il autrement ? La plupart de ces tribus, détachées de la souche commune, ne connaissaient pas l'usage de l'écriture ; et, d'ailleurs, elles ne comprenaient pas qu'il pût y avoir quelque intérêt à conserver les traditions de leur berceau. Les siècles, en s'accumulant, effacèrent donc jusqu'au souvenir de leur parenté primitive. De là, chez un grand nombre de peuples, la croyance qu'ils étaient nés sur leur propre sol; de là aussi cette hostilité profonde qui les poussait à se combattre avec tant d'acharnement et qui, durant des siècles, a déplacé et confondu toutes leurs tribus.

Au milieu de ce pêle-mêle et de ces déplacements continuels de toutes les nations de l'ancien monde, rechercher les titres perdus du genre humain aurait dû sembler, aux esprits les plus hardis, une œuvre impossible à réaliser. Il n'en a pas été ainsi pourtant. Voici deux siècles, et plus, que les savants, comme l'Ashaverus de la légende, parcourent le monde, étudiant les pierres, les hiéroglyphes, les vieux idiomes oubliés, dans l'espoir de rétablir la généalogie des nations. Espérance vaine! Le seul fait que la science soit parvenue à constater, c'est le rapport de proche parenté qui existe entre toutes les langues indo-européennes [1].

Ce fait bien reconnu, plus d'un point nous resterait à éclaircir. Quelles sont les causes qui ont dé-

---

[1] « Toutes les langues qui se parlent ou qui ont été parlées depuis les dernières limites de l'Océan-Atlantique, du côté du nord, jusqu'aux rives du Gange, ont entre elles les plus grands rapports de ressemblance. Les Lapons et les Basques sont les seuls peuples dont les idiomes offrent vraiment un caractère spécial. » (Voir dans le nouveau *Journal asiatique*, t. II., p. 536, un article posthume de M. de Saint-Martin, où l'illustre orientaliste deploie cette science historique et philologique qui l'a placé si haut parmi les savants.)

terminé la grande émigration des tribus celtiques vers l'Occident? Quelle route ont-elles suivie pour y parvenir? Le nom de Celtes était-il plus étendu que celui de Gaulois? Par quelle communauté d'origine et de mœurs les Cimmériens tenaient-ils aux habitants de l'Armorique et aux Bretons insulaires?

Nous ne nous permettrons pas, toutefois, de hasarder ici la solution de ces grands problèmes qui en embrassent tant d'autres. Les conclusions *à priori*, et par voie de simple synthèse, nous paraissent indignes de la gravité de l'histoire. Ce qui nous importe, d'ailleurs, ce sont les origines des peuples qui habitèrent l'Armorique gauloise et les rivages de l'île de Bretagne.

Deux questions exigent, tout d'abord de notre part, une étude sérieuse : 1° les Celtes étaient-ils le même peuple que les Gaulois? 2° cette identité n'étant pas admise, y avait-il, du moins, parenté entre ces deux nations?

I. Commençons par classer tous les témoignages que les anciens nous ont laissés sur nos ancêtres; puis, nous nous efforcerons de faire disparaître la confusion qui résulte du mélange de tous ces textes. Notre point de départ sera ce principe de critique, dont personne, sans doute, ne contestera la justesse : *Un peuple n'a jamais qu'un seul nom national, et ce nom est celui qu'il porte avec lui dans toutes les colonies qu'il va fonder.* Ainsi *le nom des émigrés d'un pays est toujours le même que celui des habitants de la métropole.*

Faisons immédiatement l'application de ce principe (1).

1° Il y a eu, en Italie et dans l'Asie-Mineure, des colonies venues d'une contrée nommée *les Gaules*. Or, ces émigrés portaient le nom de *Gaulois*. Telle était donc la dénomination nationale de ce peuple.

---

(1) Depuis que ces lignes sont écrites, nous avons eu occasion de nous convaincre que plusieurs n'admettaient pas, comme nous, la justesse de ce principe. Voici les objections qui nous ont été adressées, objections qui rentrent dans la règle par nous posée : « Une » nation, avez-vous dit, porte toujours son nom national avec elle, » dans les colonies qu'elle va fonder ; mais les Francs, les Burgondes, » etc., peuples germains, ont-ils appelé la Gaule *Germanie* ? Les » *Britanni*, Gaulois d'origine, ont-ils nommé Gaule les parties de » l'île d'Albion où ils s'établirent ? » — La réponse est facile. Un peuple, outre son nom national, peut porter un nom fédéral. Expliquons-nous : une tribu placée à la tête d'une confédération donne son nom à toute cette confédération ; ainsi les *Achéens* imposent le leur à toutes les tribus qui entrent dans leur ligue ; les *Francs*, de même, à toutes les tribus soumises à leurs lois. Or, ces Achéens et ces Francs porteront précisément, dans leurs colonies, le nom *particulier* qui les distingue. Pour ne parler que des temps modernes, allez dans les établissements des Irlandais, au-delà des mers ; jamais les membres qui les composent ne vous diront qu'ils sont Anglais, dénomination qui leur conviendrait cependant. Ajoutons, afin de fermer toute issue à d'autres objections, qu'en thèse générale, des émigrés n'imposent leur nom national qu'à des contrées peu connues des autres nations au moment de la conquête, ou bien qu'à des pays dont le nom, il est vrai, avait reçu la sanction de l'histoire, mais où ces émigrés ont réussi à fonder un empire qui résiste aux siècles. C'est ainsi que l'Espagne est toujours restée l'Espagne, bien qu'elle ait été occupée par les Goths, par les Arabes, tandis qu'à la longue, Albion et les Gaules ont perdu leur nom.   (*Voy. l'Appendice*).

2. Des colonies sorties d'un pays appelé *la Celtique* allèrent, à une époque très-reculée, s'établir en Espagne. Or, ces nouveaux venus s'appelaient *les Celtes*. Il faut donc en conclure que leur nom national était celui de *Celtes*.

Il résulte de là que les Celtes et les Gaulois ne peuvent être la même nation, à moins que l'on n'admette qu'un même peuple puisse avoir une double qualification nationale ; ce qui est impossible. Ce raisonnement nous paraît inattaquable ; il nous reste à démontrer, et c'est là l'important, qu'il se concilie parfaitement avec les assertions des historiens grecs et latins qui, en plus d'un endroit, établissent une distinction bien tranchée entre les Gaulois et les Celtes.

Plutarque écrivant à Apollonius, qu'un malheur domestique venait de frapper, lui rappelle que si, plus que les Grecs, les barbares s'abandonnent aux épanchements de la douleur, il n'en est pas ainsi chez quelques-uns de ces peuples, plus fortement trempés, tels que les *Gaulois* et les *Celtes* (1). Ici, on le voit, la distinction des deux nations est nettement établie. Diogène Laërce et Appien ne

---

(1) Θῆλυ γὰρ ὄντως καὶ ἀγενὲς τὸ πενθεῖν, γυναῖκες γὰρ ἀνδρῶν φιλοπενθέστεραί εἰσι, καὶ οἱ βάρβαροι τῶν Ἑλλήνων· — καὶ αὐτῶν δὲ τῶν βαρβάρων οὐχ οἱ γενναιότατοι Κελτοὶ καὶ Γαλάται, καὶ πάντες οἱ φρονήματος ἀνδρειοτέρου πεφυκότες.

(Plut. Consol. ad Apoll. Ed. Wechel. 1599.)

sont pas moins précis. L'un nous dit que le druidisme a pris naissance chez les *Galates* et chez les *Celtes* (1); l'autre rapporte cette tradition qui avait cours de son temps, à savoir, que du Cyclope Polyphème et de Galatée étaient nés trois fils, Celtus, Illyrius et Galas, tiges des Celtes, des Illyriens et des Gaulois (2). A tous ces témoignages, on peut ajouter ceux de Ptolémée, de Dion Cassius, de Diodore de Sicile et de Strabon.

Ptolémée qui, plus que tout autre écrivain, devait chercher à atteindre, dans ses divisions géographiques, à une rigueur presque mathématique, sépare en contrées différentes la Bretagne, la Gaule, la Germanie, la Bastarnie, l'Italie, la Gallia-Togata, l'Apulie, la Sicile, la Tyrrhénie, la Celtique et l'Espagne (3). Ailleurs, ce savant géographe distingue, d'une manière plus nette encore, la *Gaule* de la *Celtique* (4).

---

(1) Τὸ τῆς φιλοσοφίας ἔργον ἔνιοί φασιν ἀπὸ βαρβάρων ἄρξαι. Γεγεννῆσθαι γὰρ παρὰ μὲν Πέρσαις Μάγους, — παρά τε Κελτοῖς καὶ Γαλάταις τοὺς καλουμένους Δρυΐδας καὶ Σεμνοθέους.

(Diog. Laert. in Proœm. p. 1. sq.)

(2) Φασὶ δὲ.... Πολυφήμῳ τῷ Κύκλωπι καὶ Γαλατείᾳ Κελτὸν καὶ Ἰλλύριον καὶ Γάλαν παῖδας ὄντας ἐξορμῆσαι Σικελίας, καὶ ἄρξαι τῶν δι' αὐτοὺς Κελτῶν, Ἰλλυριῶν καὶ Γαλατῶν λεγομένων.

(App. de Bell. Illyr.)

(3).... ἔτι δὲ ταῦτα καθ' ὅλα ἔθνη λαμβανόμενα, Βρετανία, Γαλατία, Γερμανία, Βαστάρνια, Ἰταλία, Γαλία, Ἀπουλία, Σικελία, Τυρρηνία, Κελτικὴ, Ἰσπανία.

(*Ptolem. In* Τετραβίβλῳ, *L. II. ed. Norimberg.* 153):
(4) V. Ptol. Geogr. L. III. p. 69.

Ecoutons maintenant Dion Cassius : « Le Rhin,
» dit-il, prend sa source aux pieds des Alpes cel-
» tiques, un peu au-dessus du pays habité par
» les Rètes ; et de là ses eaux, coulant vers l'Occi-
» dent, vont séparer *la Gaule* et *les Gaulois*, pla-
» cés à sa gauche, des Celtes établis à sa droite
» (2). » Un peu plus loin, le même historien raconte que, après la défaite de Varus, Auguste fit
sortir de Rome *les Gaulois* et *les Celtes* qui s'y trouvaient alors en grand nombre, les uns comme
simples voyageurs, les autres en qualité de soldats
des cohortes prétoriennes (3). Nous lisons aussi, dans
Diodore de Sicile, un passage qui établit très-ex-
plicitement cette distinction des deux peuples. « Il
» est une chose, dit-il, que plusieurs ignorent et
» qu'il est utile pourtant de faire connaître, *c'est*
» *à savoir que les peuples qui habitent l'intérieur*
» *des terres, au-dessus de Marseille, et ceux qui*
» *sont établis autour des Alpes et en deça* des Py-
» rénées, s'appellent *Celtes*, tandis que l'on nom-
» me *Gaulois* toutes les autres nations répandues,

---

(2) Ῥῆνος ἀναδίδωσι μὲν ἐκ τῶν Ἄλπεων τῶν Κελτικῶν ὀλίγον ἔξω τῆς Ῥαιτίας προχωρῶν δὲ ἐπὶ δυσμῶν, ἐν ἀριστερᾷ μὲν τήν τε Γαλατίαν καὶ τοὺς ἐποικοῦντας αὐτήν· ἐν δεξιᾷ δὲ τοὺς Κελτοὺς ἀπολαμβάνει καὶ τελευτῶν ἐς τὸν Ὠκεανὸν ἐμβάλλει.
(Dio. Cass. L. XXXIX.)

(3) Ἐπειδή τε συχνοὶ ἐν τῇ Ῥώμῃ καὶ Γαλάται καὶ Κελτοὶ οἱ μὲν ἄλλως ἐπιδημοῦντες, οἱ δὲ καὶ ἐν τῷ δορυφορικῷ στρατευόμενοι ἦσαν.
(Dio. Cass. L. LVI.)

» au-dessous de la région celtique, au midi, sur
» le littoral de l'Océan, dans le voisinage de la fo-
» rêt Hercynienne et, de là, jusqu'aux limites de la
» Scythie. *Toutefois, les Romains confondent tous
» ces peuples dans la même dénomination de* Gau-
» lois (1). »

Enfin, nous citerons, pour clore cette longue, mais indispensable série de preuves, ces quelques lignes qui terminent le chapitre troisième du livre IV de Strabon : « Voilà ce que j'avais à dire
» des habitants de la Narbonnaise ; on leur don-
» nait jadis le nom de *Celtes*, nom que les Grecs
» ne furent amenés, selon moi, à appliquer à
» tous les Gaulois, que parce que ce peuple était
» très-célèbre, et peut-être aussi à cause du voi-
» sinage de Marseille (2). »

Ces deux dernières citations établissent, d'une manière péremptoire, ce semble, la thèse que nous soutenons. Cependant, l'on ne manquera pas de

---

(1) Χρήσιμον δ' ἐςὶ διορίσαι τὸ παρὰ πολλοῖς ἀγνοούμενον· τοὺς γὰρ ὑπὲρ Μασσαλίας κατοικοῦντας ἐν τῷ μεσογείῳ καὶ τοὺς περὶ τὰς Ἄλπεις, ἔτι δὲ τοὺς ἐπὶ τάδε τῶν Πυρηναίων ὀρῶν Κελτοὺς ὀνομάζουσι· τοὺς δ' ὑπὸ ταύτης τῆς Κελτικῆς εἰς τὰ πρὸς νότον νεύοντα μέρη, παρά τε τὸν Ὠκεανὸν καὶ τὸ ἐρκύνιον ὄρος καθιδρυμένα, καὶ πάντας τοὺς ἐξῆς μέχρι τῆς Σκυθίας Γαλάτας προσαγορεύουσιν· οἱ δὲ Ῥωμαῖοι πάλιν πάντα ταῦτα τὰ κατὰ ἔθνη συλλήβδην μιᾷ προσηγορίᾳ περιλαμβάνουσιν; ὀνομάζοντες Γαλάτας ἅπαντας.

(Diod. Sic. L. V. C. 32.)

(2) Ταῦτα μὲν ὑπὲρ τῶν νεμομένων τὴν Ναρβωνῖτιν ἐπικράτειαν

nous objecter les nombreux passages où les historiens grecs et romains appliquent indifféremment l'une ou l'autre de ces deux dénominations. Pausanias, Appien, César, en plusieurs endroits de leurs ouvrages, contredisent, en effet, *et de la manière la plus formelle*, la distinction que nous nous sommes efforcé de constater. Nous allons, au surplus, laisser parler les textes qui semblent les plus contraires à notre opinion. Ecoutons d'abord Pausanias. « Les Gaulois, dit-il, ont
» leurs demeures le long des rivages de la grande
» mer, aux extrémités de l'Europe. Toutefois,
» ce n'est que très-tard que l'usage s'est intro-
» duit de les désigner sous le nom de *Gaulois*.
» Primitivement ils se donnaient eux-mêmes le
» nom de *Celtes*, et c'est ainsi que les autres na-
» tions les désignaient. (1). » Ce texte est très-précis, sans aucun doute; mais il y a ici erreur évidente, car, ailleurs, Pausanias nous apprend lui-même que des Galates s'étaient établis en Asie plus de quatre siècles avant notre ère. Appien et César confondent aussi les *Celtes* et les *Gaulois*. « Les

λέγομεν, οὓς οἱ πρότερον Κέλτας ὠνόμαζον· ἀπὸ τούτων δ' οἶμαι καὶ τοὺς σύμπαντας Γαλάτας Κελτοὺς ὑπὸ τῶν Ἑλλήνων προσαγορευθῆναι, διὰ τὴν ἐπιφάνειαν· ἢ καὶ προσλαβόντων πρὸς τοῦτο καὶ τῶν Μασσαλιωτῶν διὰ τὸ πλησιόχωρον.

(Strab. L. IV. c. 2. p. 288. Ed. Almelov.)

(1) Οἱ Γαλάται νέμονται τῆς Εὐρώπης τὰ ἔσχατα ἐπὶ θαλάσσῃ πολλῇ, καὶ ἐς τὰ πέρατα οὐ πλωΐμῳ. Ὀψὲ δὲ ποτὲ αὐτοὺς καλεῖσθαι Γαλάτας

» Celtes, dit l'historien grec, sont le même peuple
» que les Romains appellent aujourd'hui *Galates*
» ou *Gaulois* (1).— La Gaule, ajoute César, se di-
» vise en trois régions, dont l'une est habitée par
» les Belges, l'autre par les Aquitains, la troisième
» par des nations qui, dans leur langue, se nom-
» ment *Celtes*, et dans la nôtre *Gaulois* (2). »

Rien de plus clair que cette dernière assertion ; et elle a d'autant plus de poids, nous le reconnaissons, qu'elle émane de l'historien-conquérant de la Gaule ; néanmoins, nous n'hésitons pas à la rejeter, en nous appuyant sur l'autorité de Strabon et de Diodore de Sicile qui regardent *l'unité nationale des Celtes et des Gaulois comme le résultat d'une erreur* dont ils nous indiquent la source.

Nous disons d'autant plus hardiment *le résultat d'une erreur*, que nous retrouvons des colonies *celtiques* et des colonies *gauloises* en diverses con-

---

ἐξενίκησε. Κελτοὶ γὰρ κατά τε σφᾶς τὸ ἀρχαῖον, καὶ παρὰ τοῖς ἄλλοις ὠνομάζοντο.

(L. 1. C. 3. p. 10. Edit. Kuhn.)

(1) Αὕτη τε Ἰταλία μακροτάτη δὴ πάντων ἐθνῶν οὖσα, καὶ ἀπὸ τοῦ Ἰωνίου παρήκουσα ἐπὶ πλεῖστον τῆς Τυῤῥηνικῆς θαλάσσης, μέχρι Κελτῶν, οὓς αὐτοὶ Γαλάτας προσαγορεύουσι. (App. in Præfat.)

Ailleurs (Bell. Hisp. p. 421, edit. Tollian.), *il dit encore* :
Κελτοὶ ὅσοι Γαλάται τε καὶ Γάλλοι νῦν προσαγορεύονται.

(2).... Gallia est omnis divisa in partes tres, quarum unam incolunt Belgæ, aliam Aquitani, tertiam qui ipsorum linguâ *Celtæ*, nostrâ *Galli* appellantur. (*Cæs. de Bell. Gall.* L. I. c. 1.)

trées. Or ce fait, d'après le principe que nous avons posé plus haut, démontre, sans réplique, que les *Celtes* et les *Gaulois* ne formaient pas un même peuple. Contre l'autorité des faits, les assertions des historiens les plus exacts ne sauraient donc prévaloir (1).

II. Maintenant les Celtes étaient-ils parents des Gaulois?

Les historiens qui ont admis la dualité de ces nations ne nous apprennent rien de bien précis à cet égard. Toutefois, la tradition que nous avons rapportée plus haut touchant les trois fils de Polyphème, Celtus, Illyrius et Galas, cette tradition que l'histoire ne doit pas dédaigner, autorise à admettre la parenté des deux peuples, parenté qui, d'ailleurs, nous explique, jusqu'à un certain point, l'erreur où sont tombés la plupart des historiens anciens au sujet de *l'identité des Celtes et des Gaulois.*

Cette question n'ayant pour nous qu'un intérêt très-secondaire, nous avons dû nous borner à l'indiquer ici.

---

(1) M. Fauriel n'admet pas plus que nous l'identité des Celtes et des Gaulois, malgré le texte précis de César. Le conquérant s'est borné, en effet, à répéter l'opinion qui avait cours chez les Romains, opinion que le savant historien de la Gaule méridionale réfutera, sans doute, dans son grand travail annoncé.

CHAPITRE II.

Les Bretons appartiennent-ils à la race gauloise ? Examen critique des textes anciens et des traditions nationales à ce sujet.

La parenté des Celtes et des Gaulois admise, une troisième question se présente : les Bretons appartiennent-ils à la même race que les Gaulois ?

On peut l'induire de tous les témoignages que nous ont laissés les anciens, et d'une foule de rapprochements que nous aurons occasion de signaler dans le cours de ce travail. Fidèle à notre méthode, nous allons placer sous les yeux des lecteurs les textes qui appuient cette communauté d'origine.

« La partie intérieure de la Bretagne, dit César,
» est habitée, si l'on en croit la tradition, par
» des peuples indigènes, et le littoral par des tribus
» auxquelles l'appât de la guerre et du butin fit
» quitter la Belgique. Ces émigrés *ont presque
» tous conservé les noms des cités auxquelles ils
» appartenaient*, lorsqu'ils vinrent, les armes à la
» main, s'établir dans la contrée dont ils cultivent
» aujourd'hui le sol.

» La population y est très-considérable, les ha-

» bitations très-nombreuses et presque semblables
» à celles des Gaulois.... De tous les peuples bre-
» tons, les plus civilisés, sans contredit, sont ceux
» qui habitent le pays de Kent, *région toute ma-*
» *ritime et dont les mœurs diffèrent peu de celles*
» *des Gaulois* (1). »

Placée en face de la Gaule, la Bretagne devait,

---

(1) Britanniæ pars interior ab iis incolitur, quos natos in insula ipsa memoriâ proditum ducunt : maritima pars ab iis qui, prædæ ac belli inferendi causâ, *ex Belgis transierant*; qui omnes *ferè iis nominibus civitatum* appellantur, quibus orti ex civitatibus eò pervenerunt, et bello illato ibi remanserunt atque agros colere cœperunt. Hominum est infinita multitudo, creberrimaque ædificia ferè gallicis consimilia.... Ex his omnibus longè sunt humanissimi qui Cantium incolunt; quæ regio est maritima omnis; neque multùm à gallica differunt consuetudine. (*Cæs.* L. V. c. 12 et 14.)

Ces mots *ex Belgis transierant* ont été mal compris par beaucoup d'historiens. Ils n'ont pas songé que la division que César nous donne de la Gaule au L. I. c. 1. de ses Commentaires, est *purement géographique*. Et, en effet, on en trouve la preuve dans ce passage du L. III. c. 20. de la guerre des Gaules : « (Aquitania) quæ pars est, ut
» antè dictum est, et regionum *latitudine* et multitudine hominum,
» ex tertia parte Galliæ est estimanda. »

Dans un autre passage, qu'il est bon de rapprocher de celui qu'on vient de lire, César s'exprime ainsi : « Plerosque Belgas esse ortos à
» Germanis Rhenumque antiquitùs transductos, propter loci fertili-
» tatem ibi consedisse, Gallosque, qui ea loca incolerent, expulisse.»
(L. II. c. 4.) Mais il restait encore, du temps même de César, seize peuples *d'origine gauloise* dans cette partie de la Gaule. Ces nations tiraient leur nom de *Belges* de la tribu qui dominait dans leur confédération, car *l'identité des Belges proprement dits* et des Gaulois est nettement établie en plusieurs endroits des Commentaires, et ressort évidemment de ce fait, que les Tectosages, reconnus pour Gaulois par tous les historiens, sont appelés *Belges* par Cicéron (*pro Fonteio*) et par Ausone. (*Clar. urb. Narb.*)

en effet, recevoir ses premières colonies des contrées maritimes que les Gaulois, dans leur langue, appelaient *Armorique*. Tacite confirme, sur ce point, l'assertion de César :

« Ceux des habitants de la Bretagne, qui sont les
» plus rapprochés des Gaulois, leur ressemblent,
» soit par l'influence permanente d'un type ori-
» ginel, soit que, l'île s'avançant de tous côtés
» vers le continent, la nature seule ait marqué
» les Bretons de ces caractères. Cependant tout
» porte à croire que les Gaulois sont venus s'éta-
» blir sur une côte si voisine de la leur. En effet,
» on y voit régner le même culte, né des mêmes
» superstitions ; le langage diffère peu ; même au-
» dace à braver le danger, même découragement
» lorsqu'il s'agit de lutter contre des désastres
» éprouvés ; les Bretons néanmoins sont plus bel-
» liqueux, car ils n'ont pas été amollis par une
» longue paix (1). »

Ptolémée nous apprend aussi qu'il y avait des Atrébates, des Parisiens et des Belges parmi les

---

(1) Proximi Gallis, et similes sunt; seu durante originis vi, seu, procurrentibus in diversa terris, positio cœli corporibus habitum dedit : in universum tamen æstimanti Gallos vicinum solum occupâsse credibile est. Eorum sacra deprehendas, superstitionum persuasione. In deposcendis periculis eadem audacia, et, ubi advenere, in detrectandis eadem formido ; plus tamen ferociæ Britanni præferunt, ut quos nondùm longa pax emollierit. (*Tacit. Agric.* XI.)

émigrés gaulois fixés dans la Bretagne (1). Pline (2) et Denys Le Periégète (3) placent des *Britanni* sur les côtes actuelles de la Flandre et de la Picardie. Or, n'est-il pas permis de conjecturer que ce fut cette tribu de *Britanni* qui, plus puissante que les autres peuplades venues de la Gaule, imposa à l'île *le nom de la cité dont elle était sortie* (4)? Il serait difficile de trouver une hypothèse qui concordât mieux tout à la fois avec les témoignages des historiens et avec les traditions des deux Bretagnes. Le vénérable Bède, qui a recueilli avec tant de conscience les antiques traditions bretonnes, rapporte, en effet, que, de son temps, ces traditions faisaient venir du tractus armorique les populations qui avaient occupé les parties occidentales de l'île (5).

Les Triades ne contiennent rien qui contredise cette assertion.

---

(1) Ptolémée, Geogr. L. II, c. 3.

(2) Britanni, Ambiani, Bellovaci.   (*Pline. Hist. nat.* IV, 31.)

(3) .... ἧχι βορείου
Ὠκεανοῦ κέχυται ψυχρὸς ῥόος, ἔνθα Βρετανοὶ
Λευκά τε φῦλα νέμονται ἀρειμανέων Γερμανῶν.
(Diog. Perieg. Vers. 280 et sqq.)

(4) Vid. suprà Loc. cit., Cæs. L. V. c. 12 et 14.

(5) .... Hæc insula Britones, solum à quibus nomen accepit, incolas habuit qui de tractu armoricano, ut fertur, Britanniam advecti, australes sibi partes illius vindicârunt.

(*Bède, Hist. eccl.* L. I. c. 1.)

Des trois colonies qui peuplèrent la Bretagne, y lisons-nous, la première, conduite par Hu-le-Puissant, arrivait, à travers la mer brumeuse, du pays de Defrobany, situé sur les rives du Bosphore (1). Les Brythons et les Logriens les suivirent de près. Les Logriens sortaient du pays de Gwas-Gwin; les Brythons, de cette partie de la Gaule comprise entre la Seine et la Loire.

Qu'il nous soit permis de discuter ici ces divers témoignages.

César ne distingue en Bretagne que deux populations : 1° les tribus établies dans l'île à une époque inconnue, et qui, selon l'usage, se croyaient nées sur le sol même qu'elles habitaient ; 2° des Belges ou des Gaulois qui s'étaient, depuis peu de temps, fixés sur le littoral de la Bretagne.

De quels pays venaient ces prétendus indigènes de l'île ? Un coup d'œil sur la carte l'indiquerait, alors même que nous n'aurions, pour nous éclairer sur ce point, ni les conjectures de Tacite, ni les passages positifs de Pline, de Ptolémée et de Bède. Mais là n'est pas la difficulté. Jusqu'ici les historiens français qui ont traité des origines de la nation bretonne, ont traduit le mot *Gwas-gwin* par celui de *Gascogne*, et ils en ont conclu que les Logriens étaient des Aquitains. Nous croyons

---

(1) Triad. Myv. Arch. of. Wales. T. II.

qu'il

qu'il y a là une erreur grave, et voici sur quoi nous fondons notre opinion :

Nous lisons dans les Triades : « *qu'une expédi-*
» *tion conduite par Caswallawn, fils de Bely, roi*
» *de Bretagne*, passa dans le *pays des Galls de*
» *Lyddaw*, qui descendaient de la race des Kym-
» ris, pour faire la guerre à César ; et que *pas un*
» *de ceux qui avaient suivi le chef des Bretons ne*
» *revint dans sa patrie* (1). »

Il est bien évident qu'il est fait allusion ici aux guerriers qui, sous la conduite du Cassivellaunus des Commentaires, furent envoyés au secours des Venètes par les Bretons insulaires. Or, une autre Triade (2) nous apprend que c'est dans le pays de *Gwas-Gwin* que ce même Caswallawn aborda avec son armée. N'en doit-on pas inférer que le mot de *Gwas-Gwin* désigne le *pays de Lyddaw*, nom que les Gallois donnent encore aujourd'hui à l'Armorique, et qu'on traduisit par *Lœtavia*, au moyenâge (3) ? Ce qui ajoute beaucoup à la valeur de cette conjecture, c'est que le nom du pays de Vannes, que les insulaires prononcent *Gwynet* ou *Guenet*, et

---

(1) V. les Triades. Hist. Myv. VIII.
(2) 3e Triade, Myv. archeol. of Wales. VIII.
(3) On lit dans la vie de saint Gildas (*Boll. 29 Janv.*, t. II, p. 960).
« Cùm Dei jussu pervenisset in *Armoricam*, quondàm Galliæ regionem, tunc autem à Britannis, à quibus possidebatur, Lœtavia dicebatur... *Et page* 61, *ib.* N. C. Lyddaw Britannia dicitur, id est, littoralis. »

qui est aussi celui du North-Wales, se retrouve dans la deuxième partie du mot *Gwas-Gwin.* Tout cela est hypothétique sans doute ; et nous nous sommes trop souvent élevé contre les absurdités de l'étymologie (1), pour bâtir une opinion sur de pareils fondements. Mais n'est-il pas permis d'appeler l'hypothèse à son aide, à défaut de documents contemporains et lorsqu'elle peut s'appuyer sur une base historique? Voici, au surplus, quelques faits qui semblent prouver que l'une des colonies établies dans l'île de Brétagne était originaire du pays de Guenet, et que c'est bien à cette contrée que les Triades appliquent le nom de Gwas-Gwin.

César, comme on sait, ne mentionne qu'une seule expédition des insulaires sur le continent et, de plus, il nous dit *formellement* que cette expédition se fit, *chez les Venètes de la Péninsule armoricaine*, pendant la seconde année de la guerre des Gaules (2). Suivant ce grand capitaine, la conduite des cités armoricaines, à l'égard des tribuns équestres que Crassus y avaient envoyés dans le but de hâter la rentrée des tributs, l'aurait seule décidé à marcher contre Dariorig. Mais Strabon, qui n'avait nul intérêt à déguiser la vérité, nous apprend que cette prétendue violation

---

(1) *Essai sur la Bretagne*, p. 8-9.
(2) *Cæs.* L. III. c. 9.

du droit des gens n'était qu'un vain prétexte pour l'habile conquérant. Les Venètes, maîtres de tout le commerce de la Bretagne, avaient fait de grands préparatifs pour empêcher César d'effectuer la descente qu'il méditait contre les insulaires. Les Romains ne pouvaient donc songer à traverser le détroit, avant d'avoir détruit la marine de Dariorig (1). La vengeance atroce qu'ils exercèrent contre les Venètes indique suffisamment combien ce peuple s'était rendu redoutable. Nul doute qu'avant la conquête des Gaules, il n'eût fondé de nombreux établissements dans l'île. Le nom de Vénédotie ou pays de Guenet (2) donné, dès la plus haute antiquité, à la partie septentrionale de la Cambrie, la presque complète identité du dialecte de cette contrée et de celui qui était en vigueur dans la Vénédotie continentale, tout concourt à démontrer ce fait. La notice des Gaules nous en fournit une nouvelle preuve. Vannes, la capitale des Venètes, y est en effet désignée sous le nom de *Canctium*. (3) Or, jetez les yeux sur l'une des cartes que renferme la Britannia de Camden, vous y verrez des *Cangii* établis à l'extrémité de la

---

(1) *Strab.* L. IV. c. 3.
(2) *Guin, Guen, Guenet, Veneti.* Les Venètes Armoricains donnent encore à leur pays le nom de *Guened* (chez les Insulaires *Guineth*, suivant Camden dans sa *Britannia*, ch. *Ordevices*. Voy. aussi dom Le Pelletier, dict. bret. p. 395 et Greg. de Rostrenen, p. 948).
(3) *Notice des Gaules*, Ed. Duchesne. *Voyez aussi* Itin. Ant. Pii, p. 187 : Civitas Cianctum, id est, Venetum.

Vénédotie insulaire. N'est-il pas tout simple, d'après cela, qu'au premier appel de leurs frères, les insulaires soient accourus dans le *pays de Lyddaw*, pour défendre l'indépendance commune?

Nous avons vu, dans les Triades, que les Bretons qui accompagnèrent Caswallawn chez *les Galls de Lyddaw* ne revinrent jamais dans leur patrie. Or, nous lisons dans les Commentaires, qu'il n'échappa que fort peu de vaisseaux ennemis après la défaite des Venètes par D. Brutus (1). Concluons donc que ce fut dans le pays de Guenet, chez *les Venètes menacés par les Romains*, et non dans la Gascogne, que Caswallawn aborda avec ses vaisseaux.

De tout ce qui précède il résulte :

1° Que les textes de César et de Tacite, comme les traditions galloises, s'accordent pour prouver que de nombreuses colonies de Gaulois armoricains s'étaient établies dans l'île de Bretagne, lorsque les Romains firent la conquête des Gaules ;

2° Que parmi les tribus éparses le long des rivages de l'Armorique se trouvaient des *Britanni*, qui, plus puissants que les autres peuples émigrés, donnèrent sans doute à l'île le nom de la cité d'où ils étaient sortis ;

3° Que les Venètes, maîtres de tout le commerce des Gaules, allèrent, à une époque qu'il est im-

---

(1) *Cæs. de Bell. Gall.* L. III. c. 15.

possible de fixer, peupler la partie de l'île de Bretagne qui porte encore leur nom; ce qui concorde avec l'assertion des Triades, à savoir que la seconde tribu qui peupla l'île de Bretagne *sortait du pays de Gwas-Gwin*;

4° Que l'expédition de Caswallawn n'aborda pas dans l'Aquitaine *soumise aux Romains*, mais chez les Galls de Lyddaw, c'est-à-dire, dans la Vénédotie armoricaine (Gwas-Gwin), où l'histoire nous apprend que ces insulaires combattirent, en effet, pour la cause de leurs frères qui était celle de toute l'Armorique.

CHAPITRE III.

Le Breton, dialecte gaulois. — Persistance de cette langue. — Elle a contribué, par le contact, à l'altération du latin dans les Gaules. — Cette altération constatée.

Si nous avons prouvé dans le chapitre qui précède, l'identité d'origine des Gaulois et des Bretons, il s'ensuit tout naturellement que la langue parlée par ces derniers était un des dialectes en usage dans les Gaules. *Sermo haud multùm diversus* (1). Mais ce dialecte a-t-il péri, comme le gaulois, à la suite de la double conquête

---

(1) *Tacit. Agr.* XI.

des Gaules par les Romains et par les peuples de race germanique? Ou bien, faut-il admettre, avec les antiquaires et les philologues, que l'idiome en vigueur encore aujourd'hui dans la Basse-Bretagne est un débris de l'ancien idiome des Gaulois armoricains et des Gallo-Brétons de l'île?

C'est cette question que nous allons essayer non pas de résoudre, car elle l'a été déjà (1); mais de rendre *évidente* aux yeux même de ces critiques sceptiques, qui, ennemis nés de tout travail dépassant le cercle de leurs recherches, contestent aux philologues la vérité des résultats les plus clairs et les plus certains.

Pour démontrer que la langue des anciens Bretons s'est perpétuée jusqu'à nos jours, nous allons recourir à deux genres de preuves : 1° preuves historiques, 2° preuves philologiques.

§. I. *Preuves historiques.*

Tout le monde sait que, dans trois départements de l'ancien duché de Bretagne, se parle une langue complètement inintelligible pour les habitants de la Haute-Bretagne. Or, il est facile de prouver l'antiquité de cet idiome, en remontant du quinzième siècle, époque où l'imprimerie multi-

---

(1) Voyez *Essai sur l'histoire, la langue et les institutions de la Bretagne armoricaine*, p. 123-187. Paris. Lenormant.

plia les livres bretons, jusqu'à l'émigration des insulaires dans l'Armorique, c'est-à-dire, au cinquième et au sixième siècles. « Dans cette partie de la Gaule, qui, de nos jours, porte le nom de Bretagne, disait le biographe de saint Vincent-Ferrier, au quinzième siècle, il existe des peuples que les Français appellent *Bretons-Bretonnants* et qui se servent d'une langue qu'eux seuls entendent; et quoique beaucoup sachent le français, un grand nombre pourtant ne font usage que de leur idiome et n'en comprennent aucun autre (1). »

Des documents irréfragables, écrits au quatorzième siècle (2), et, antérieurement, au douzième (3),

---

(1) In illa Galliæ regione, quæ nostro tempore Britannia dicitur, sunt quidam populi, quos Galli vocant *Britones-Britonizantes*, quorum lingua solis ipsis cognita est. Et quamvis plurimi eorum Gallorum linguâ loqui sciant, multi tamen non nisi suâ linguâ loquuntur, sed et nullam aliam intelligunt.

(*Vie de S. Vincent-Ferrier, Ap. Boll.* 5. *April.* T. I. p. 495, alinéa 14.)

(2) Rectores nonnulli sunt, ut intelleximus, idioma vulgare Britannicum civitatis Trecorensis ignorantes, qui nonnullas ecclesias parochiales contra juris dispositionem et provinciale statutum obtinent. His præcipimus ut ecclesias resignent in manu ordinarii, etc. Datum die Mercurii post festum B. Luc. ann. Dom. M CCCC XXX.

(*Voyez D. Lob.* T. II. Preuves, c. 1609.)

On appelait Bretagne-Gallo les parties du duché où la langue française s'était introduite. (*V. Froissard.* L. I. c. 181. Ed. Buchon.)

(3) Britanni linguam suam unà cum religione, invitis victoribus omnibus, invitis paganis, inconcussè retinuerunt.

(*Girald. Camb. Itin. Cambriæ.*)

au onzième, au dixième, au neuvième (1), et enfin au septième, au sixième (2) et au cinquième siècles (3), font foi de cette persistance de la langue na-

<hr />

Notandum quia in Nordwallia (Venedotia) lingua britannica delicatior, etornatior, et laudabilior est, quantò alienigenis terra illa impermixtior esse perhibetur. Cornubienses verò et Armoricani Britonum linguâ utuntur ferè persimili, Cambris tamen propter originem et convenientiam in multis adhùc et ferè cùnctis intelligibili. Quæ quantò delicata minùs et incomposita, magis tamen antiquo linguæ britannicæ idiomati, ut arbitror, appropriata.

(*Descript. Camb. Girald. Camb.*)

(1)... Emeritos et laboribus functos in quadam parte Galliæ ad occidentem super littus Oceani collocavit, ubi hodiè posteri eorum manentes immane quantùm coaluêre, moribus linguâque nonnihil à Britonibus degeneres.

(*Will. Malmesbury.* Ed. Savile, p. 7-8.)

(2) Nous donnerons, à la fin de cet ouvrage, un vocabulaire des mots bretons en usage au neuvième, au dixième et au onzième siècles, mots extraits du Cartulaire de Redon, et que nous placerons en regard de termes gallois et corniques offrant la même signification.

Au neuvième siècle, les pères du concile de Soissons (866) adressent au pape Nicolas une lettre pleine de reproches contre la conduite du roi des Bretons envers les évêques *qui ne parlent point sa langue*:

« De Episcopis ab eisdem temerè et irreverenter non solùm absque vestri pontificatûs notitia, verùm etiam absque ullius synodici conventûs examine atque consensu ejectis... frequens ad sanctam Romanam Ecclesiam processit mentio, cùm adhùc ipsi exules demorentur, licèt quosdam idem dux Britanniæ, infra præsentis anni spatium, vestræ auctoritatis institutis præmonitus, quos solummodò *suæ gentis et linguæ* esse noverat, absque synodi præsentia, sine ulla reconciliationis vel restitutionis ordine, *verbo suo* solummodò restituerit, et quomodò qualiterque placuerit, sedes amissas recipere non ecclesiasticâ determinatione, sed barbaricâ deliberatione permisit. »

(*Sirm. Conc. Gall.* T. III. p. 297.)

(3) «... Ad prædicandum populo ejusdem linguæ in occidente con-

tionale. Ainsi donc durant dix siècles, c'est-à-dire, du cinquième au quinzième siècle, une *langue spéciale* (dont deux dialectes presque identiques, le cornique et l'armoricain, offrent les caractères les plus antiques) ne cessa d'être parlée, avec le gallois, dialecte plus mélangé, dans les parties de l'île et du continent où les descendants des anciens Bretons avaient réussi à maintenir leur indépendance nationale.

§. II. *Preuves philologiques.*

Passons maintenant aux preuves philologiques.

» sistenti, mare transfretavit, properans finibus territorii dolensis », dit le biographe de saint Magloire, qui vivait au milieu du sixième siècle. Enfin un acte du troisième synode de Landaff, tenu en 560, témoigne du même fait : « Diabolicâ admonitione
» occidit Guidnerth fratrem suum Merchion causâ contentionis
» regni; et perpetrato homicidio, fratricida excommunicatus est à
» synodo... Finitis tribus annis, requisivit veniam apud beatum Ou-
» doceum; et datâ ei veniâ, misit eum in peregrinationem usque ad
» episcopum Dolensem, in Cornu-Galliam, propter veterrimam ami-
» citiam et cognitionem quam sancti Patres habuerunt antecessores
» sui inter se, S. Teliaus et S. Samson, archiepiscopus primus Do-
» lensis civitatis, et propter aliam causam, eò quòd ipse Guidnerth,
» et Britones, et archiepiscopus illius terræ essent *unius linguæ* et
» *unius nationis*, quamvis dividerentur spatio terrarum; et tantò
» meliùs poterant renuntiare scelus suum et indulgentiam requirere,
» *cognito suo sermone.* »

(*Labbe. Coll. Conc.* T. V. c. 830. ann. 560.)

Personne n'ignore que, vers le milieu du cinquième siècle, une partie des Bretons insulaires, expulsés par l'épée des conquérants de race germanique, vinrent chercher un refuge chez leurs frères de l'Armorique, tandis que le reste des vaincus se réfugiaient dans les montagnes de la Cambrie et du Cornwall. (1). Or, dans les deux pays, dans l'île et sur le continent, les Bretons continuèrent, comme on l'a dit plus haut, à faire usage de leur idiome. Mais cet idiome, parlé dans des contrées différentes, n'a-t-il pas subi l'influence des langues avec lesquelles il s'est trouvé en contact, et ne s'est-il pas altéré *d'une manière essentielle ?* Nous avons traité fort au long cette question dans un autre ouvrage (2). Rapprochant les trois dialectes principaux du breton, le gallois, le cornique, l'armoricain, nous les avons comparés entre eux sur les points fondamentaux qui servent à constituer le génie d'une langue. Or, de cette comparaison il est résulté, pour tous les philologues, la *preuve évidente* : 1° que ces trois dialectes offraient des règles *identiques* et appartenaient, par conséquent, à la langue primitive, telle du moins qu'on la parlait au moment de la division ;

---

(1) Voyez plus loin le récit de la conquête de l'Ile de Bretagne par les Saxons.

(2) *Essai sur l'histoire, la langue et les institutions de la Bretagne armoricaine.*—Paris, 1840.—Lenormand.—p. 123-187.

2° Que le cornique était, en mourant, ce que Girard de Cambrie l'avait trouvé de son temps, c'est-à-dire, identique à l'armoricain;

3° Que ce dernier dialecte s'est conservé, grâce à l'isolement où ont vécu les Bretons, dans un état de pureté qui nous autorise à adopter le sentiment de Girard, rapporté ci-dessus : *Magis tamen antiquo linguæ britannicæ idiomati, ut arbitror, appropriata.*

On le voit donc, les témoignages historiques, comme les recherches philologiques, s'accordent pour démontrer que la langue actuelle de l'Armorique reproduit l'ancien idiome de nos ancêtres, et qu'elle est un dialecte de la langue des Gaulois dont la parenté avec les Bretons a été clairement établie dans la section précédente.

Deux questions importantes nous restent maintenant à examiner : la langue gauloise a-t-elle contribué, par le contact, à l'altération du latin dans les Gaules, altération qui a donné naissance à la langue française ? Et, en second lieu, est-il possible de constater cette altération ?

1° M. Abel Rémusat, dans son remarquable travail sur les idiomes tartares, a posé en principe que les langues ne *s'altèrent réellement que par mélange* (1).

___

(1) La doctrine que les langues, alors même qu'elles n'ont été

« L'état de civilisation d'un peuple influe, dit-
» il, sur la richesse du vocabulaire, sur la mul-
» tiplicité des synonymes, sur le nombre et la na-
» ture plus ou moins ingénieuse des combinai-
» sons grammaticales, sur la variété des tours,
» des formes de phraséologie, en un mot, sur
» tout ce qui constitue le génie de la langue. Les
» choses restant dans cet état, c'est-à-dire, les
» hommes restant stationnaires au même degré de
» culture morale, et continuant d'être sans com-
» munication avec les autres peuples de l'univers,
» la langue s'altérera sans doute, car tout ce qui
» est humain s'altère ; mais les modifications qu'é-
» prouvera cette langue, toujours *supposée exempte*
» *d'influence étrangère quelconque*; seront rares,
» lentes, presque insensibles.... Que si le peuple,
» jusque-là séparé du reste du monde, vient tout
» à coup à communiquer avec une nation d'une
» autre race, et dont il faut supposer la langue
» entièrement différente, alors pourront avoir lieu
» ces changements qui dénaturent les idiomes,
» qui les attaquent même souvent dans ce qu'ils
» ont d'essentiel. Si la communication dont nous
» parlons se bornait à des rapports commerciaux
» ou politiques; si quelques individus, en petit

soumises à aucune influence étrangère, se transforment *en raison du long espace de temps qui s'est écoulé depuis qu'elles sont parlées*, est la plus répandue aujourd'hui.

» nombre, voyageaient dans ces contrées lointai-
» nes, ou si des étrangers venaient au contraire se
» fixer au milieu de la nation, ou même si celle-
» ci n'avait qu'à soutenir une de ces guerres de
» frontières qui ne changent rien à la destinée
» des peuples, il est à croire qu'aucun changement
» essentiel n'en résulterait, et que tout au plus
» l'introduction de quelques mots isolés seraient
» l'effet de ces événements sans conséquence.....
» ..... Mais si un certain nombre de circonstances
» réunies, je veux dire, les causes politiques, lit-
» téraires et religieuses, venaient à agir ensemble
» sur un idiome primitif; s'il était soumis à cette
» triple conquête, je ne doute pas qu'alors il ne
» fût considérablement modifié, qu'il n'en devînt
» même presque entièrement méconnaissable dans
» la plus grande partie des mots qui le forment.
» Mais je ne saurais croire que le fond pût en être
» totalement détruit, *à moins qu'il ne restât pas un*
» *seul individu de la nation subjuguée, que la race*
» *n'en fût complètement anéantie, qu'un peuple en-*
» *fin n'eût pris la place d'un autre peuple.* La raison,
» en effet, se refuse à croire qu'une langue puisse
» périr seule, qu'une nation puisse adopter celle
» d'une autre nation, sans qu'il reste aucune
» trace de la sienne. Tant *qu'il subsiste un homme de*
» *l'ancienne langue, il exerce sa portion d'influence,*
« *il contribue, pour sa part, à la formation d'un*
» *nouvel idiome.* »

Nous avons cédé au plaisir de transcrire ici ce remarquable fragment. Fort des principes si nettement formulés par le savant orientaliste, *principes conformes à toutes les données de l'histoire*, nous pouvons admettre, *à priori*, que le gaulois a dû contribuer, pour sa part, à la formation de la langue française, concurremment avec le latin, le francisque et le goth.

En prenant pour base de notre travail cette double règle de critique : 1° une langue ne s'altère que par mélange, 2° le résultat de l'altération est toujours analogue aux causes qui l'ont produite, nous n'ignorons pas que nous avons le malheur de nous trouver en dissentiment avec plusieurs savants. M. Ampère, par exemple, dans un ouvrage récent sur les origines de la langue française, a soutenu cette thèse, qu'une cause générale, la vieillesse, avait dû amener les mêmes changements dans tous les idiomes de la famille indo-européenne.

Avant donc de passer à la seconde question que nous nous sommes posée en commençant ce chapitre, nous devons exposer les motifs qui nous ont fait adopter une opinion contraire à celle de M. Ampère et d'un grand nombre de philologues de ce temps.

Il ne s'agit pas ici, tout le monde doit le comprendre, *d'une simple question d'érudition*. Il y a tout un système philosophique dans l'une ou l'autre des deux opinions qui se trouvent en présence. C'est donc pour nous un motif de plus de traiter cette matière avec toute la gravité qu'elle comporte.

Que M. Ampère et les linguistes de l'école à laquelle il appartient, nous permettent de leur adresser une question préliminaire.

Le bengali, idiome dérivé du sanskrit, l'arabe, le grec moderne, le slave, etc., etc., ont subi de la même manière, disent-ils, la transformation dont nous parlions plus haut. A merveille! Mais, pour que chacun des exemples sur lesquels ils appuient leur système eût quelque valeur aux yeux de la critique, n'était-il pas indispensable, préalablement, *d'établir d'une manière historique* qu'aucune des nations dont ils ont étudié l'idiome, ou n'a jamais été conquise, ou n'a pu, en raison de son isolement, faire aucun emprunt aux langues voisines ?

Personne n'ignore que l'usage des verbes auxiliaires ne s'est introduit, dans certaines langues, qu'à une époque relativement moderne. Faut-il en conclure, avec M. Ampère et autres érudits, que *toutes les langues*, à une époque donnée, *devaient subir, comme fatalement, cette révolution?*

Nous avons interrogé l'histoire sur ce point; or, voici les enseignements qu'elle nous a donnés : que nos adversaires veuillent bien les méditer.

Les Hébreux, durant des siècles, ne se mêlèrent point aux nations qui les entouraient. Or, *il est certain* que, durant ce temps, leur langue n'éprouva aucune altération. Mais quand ils eurent pris pour femmes des filles d'Azot, de Moab et d'Ammon, dit Esdras (1), il arriva que la moitié de leurs enfants ne parla pas la langue d'Israël.

Partout les mêmes causes ont dû produire les mêmes effets; partout les altérations qu'ont éprouvées les divers idiomes ont dû être conformes au caractère de la langue qui a influé sur eux. Si l'on veut s'en convaincre, qu'on jette les yeux sur un des dialectes nés de l'hébreu, sur un de ceux qui dérivent du grec ou du latin.

Pour appuyer la thèse qu'il soutient, M. Ampère nous cite le bengali, l'arabe, le grec moderne, etc. etc. etc.; mais, encore une fois, peut-on nous garantir *l'inaltérable pureté* des sources auxquelles on a si abondamment puisé?

Assurément, personne ne contestera que la civilisation, la langue et les systèmes philosophiques des Indiens ne remontent à une haute antiquité; « mais
» n'est-il pas également certain, dit M. de Saint-
» Martin, que l'ancien monde comprenait d'autres
» contrées qui, dans des temps très-reculés, fu-

---

(1) 23. Sed in diebus illis vidi Judæos ducentes uxores Azotidas, Ammonitidas et Moabitidas;

24. Et filii eorum ex media parte loquebantur azoticè; et nesciebant loqui judaicò, et loquebantur juxta linguam populi et populi.

(*Esdras*. L. II. c. 13.)

rent

» rent aussi de vastes foyers de lumière et de civi-
» lisation ? Croit-on, par exemple, que les grandes
» métropoles élevées, dès le berceau du genre hu-
» main, sur les bords du Nil et de l'Euphrate,
» n'aient pas réagi d'une manière très-active sur
» plusieurs nations et sur les Indiens eux-mêmes ?
» Les premiers feuillets de l'histoire nous montrent
» les nations situées entre la Méditerranée et l'In-
» dus étendant leur domination dans toutes les di-
» rections.... Le climat séducteur de l'Inde n'exer-
» çait-il pas alors sur ses habitants la même in-
» fluence enivrante qu'il exerce aujourd'hui ? En-
» fantait-il de plus vaillants guerriers au sein d'une
» nation *qui paraît n'avoir jamais soumis ses voi-*
» *sins ?* Ces Indiens avaient-ils, en surmontant
» d'innombrables difficultés, porté leurs armes,
» leur langue, leurs institutions, dans des régions
» éloignées, inconnues, inférieures aux belles con-
» trées baignées par l'Indus et par le Gange ? Par
» quelle supposition expliquer les ressemblances in-
» contestables qui unissent les langues de la Grèce,
» de l'Italie et de l'Inde, si l'on ne peut en rendre
» raison par des colonies conquérantes (1) ? »

Lorsqu'on aura donné une solution *raisonnable* à ces questions du grand critique, peut-être la théorie de M. Ampère cessera-t-elle de nous paraître inad-

---

(1) Nouveau journal asiatique. T. II. Article posthume. V. *Suprà.*

missible ; jusque là , nous combattrons son système. Quant à l'arabe et au grec moderne , il est facile de démontrer que ces langues ont subi trop souvent le contact d'idiomes étrangers , pour qu'il soit permis d'attribuer à la seule action du temps les changements qu'on y a remarqués.

L'histoire nous montre, d'abord, les Arabes maîtres , sous le sceptre des Ommiades, de la Perse, de l'Egypte, de l'Inde, de l'Espagne et de toutes les îles de la Méditerranée. Ce peuple, dont l'ardeur pour la science égalait l'enthousiasme chevaleresque, fut, pendant quelques siècles, comme le dépositaire de toutes les connaissances humaines. Ne pouvant trouver, au milieu de la vie agitée des batailles , le temps qu'il aurait voulu consacrer à des études nationales, il s'empara, en conquérant, de toutes les œuvres que le génie avait enfantées chez les nations subjuguées. Grecs, Persans, Hindous, Chinois , contribuèrent à le civiliser (1). Vainqueurs d'un empereur de Constantinople , les Arabes exigeaient que les Grecs leur envoyassent des savants et des manuscrits (2). Grâce à la protection des Abassides, un grand nombre d'ouvrages furent traduits en arabe par des médecins chrétiens. Des moines nestoriens , dès les premiers

---

(1) De Guignes, *Hist. des Huns.* T. II. p. 494. Elmacin, *Hist. Sarac.* in-4°., p. 84-85.
(2) De Guignes. T. I. p. I. p. 316.

siècles de notre ère, avaient parcouru l'Inde, la Chine, la Perse, la Tartarie (1). Il ne nous appartient pas de déterminer ce que les Arabes empruntèrent à chacun des peuples avec lesquels ils se trouvèrent en contact; mais nous ne craindrons pas *d'affirmer* que les analogies qu'on a remarquées entre certaines formes grammaticales qui existent dans la langue arabe et celles qu'on rencontre dans d'autres idiomes, sont le résultat du mélange de ces divers idiomes.

Quant à la Grèce, comment s'étonner de retrouver, dans ses dialectes modernes, des formes inconnues des anciens? Quoi! durant plusieurs siècles, la Morée, l'Attique elle-même, ont été découpées en petites seigneuries féodales où flottèrent tour à tour les gonfanons des chevaliers de France et les bannières Catalanes (2); et vous n'admettez pas que la langue des conquérants ait pu exercer sur celle des vaincus l'influence que vous attribuez à l'action du temps!

Il faut bien le proclamer, car, nous le répétons, il ne s'agit pas ici d'une vaine lutte d'érudition, la thèse que nous combattons ne saurait soutenir *l'examen de la critique historique.*

---

(1) Voyez Jourdain, *Recherches sur les traductions d'Aristote*, p. 87.
(2) Voyez dans la *Chronique de Morée*, par M. Buchon, le poëme grec anonyme relatif à l'établissement des Français dans cette contrée.

Reconnaissons donc, avec M. Abel Rémusat, avec M. de Saint-Martin, avec tous les critiques qui s'appuient sur *des faits*, non sur des hypothèses, reconnaissons la vérité du principe formulé ci-dessus : *les langues ne s'altèrent que par mélange, et le résultat de cette altération est toujours analogue aux causes qui l'ont produite.* Nous ajouterons que la prononciation d'une nation reste la même tant que ce peuple habite la même contrée. Elle ne change, en effet, que par suite d'émigration ou de mélange avec des races étrangères; et alors cette prononciation devient rude de douce qu'elle était, ou douce de rude, selon que le peuple auquel on s'est mêlé a une manière de prononcer, labiale ou gutturale, plus ou moins fortement articulée.

Quelques mots encore au sujet d'une autre assertion de M. Ampère. Il prétend que l'un des caractères distinctifs *des langues primitives*, c'est d'être plus riches en formes grammaticales que les langues dérivées. Or, ce principe est démenti :

1° Par la langue chinoise; et, en effet, le kou-wen possède beaucoup moins de formes que le kouan-houa qui en est dérivé;

2° Par la langue rabbinique, qui compte beaucoup plus de formes grammaticales que l'hébreu qui en est la source ;

3° Par le cornique et par l'armoricain, dialectes

plus anciens que le gallois et qui sont moins riches que lui en formes grammaticales (1);

4° Par les langues néo-latines qui offrent, pour le moins, autant de formes grammaticales que le latin, dont elles sont dérivées.

II. Nous arrivons, après cette digression, à la seconde question que nous avons à discuter : Est-il possible de constater la part qu'a eue le gaulois dans l'altération du latin ?

Nous aurons résolu ce problème d'une manière affirmative, si nous parvenons à démontrer que des caractères essentiels à la langue française, et qui ne se rencontrent ni dans le goth, ni dans le francisque, se retrouvent dans le breton, dialecte de la langue gauloise, comme nous l'avons prouvé plus haut.

Ier CARACTÈRE.

Les substantifs bretons sont indéclinables, c'est-à-dire, qu'ils ne marquent le rapport qui les unit aux mots avec lesquels ils sont en construction par aucune variation dans leur désinence. Or, rien de semblable ni dans le latin, ni dans le

---

(1) M. Ampère, pour nous avoir lu trop rapidement, a emprunté à notre *Essai* un exemple qui prouve précisément le contraire de ce qu'il veut démontrer.

grec, ni dans le goth, ni dans le francisque (1).

2ᵉ CARACTÈRE.

On indique en breton les rapports des substantifs entre eux par diverses prépositions placées devant le mot qui est à l'état construit. Ces caractères ne se retrouvent dans aucune des langues qui ont concouru à la formation de la langue française.

3° CARACTÈRE.

Dans leurs diverses formes de conjugaisons, les Bretons se servent d'auxiliaires. Il n'en est pas ainsi dans le goth, dialecte plus ancien que l'anglosaxon et que le francisque. Quant à ces deux derniers dialectes, ils possèdent, il est vrai, des verbes auxiliaires; mais il ne faut pas oublier que l'un a été en contact avec les Bretons de l'île, l'autre avec les Gaulois du continent (2).

---

(1) Les Anglo-Saxons marquent les rapports des mots entre eux par une variation dans la désinence. (Voy. *Hick*. Th. *ling. septentr.* p. 10 et seq.) Il en est de même chez les Goths (*Ib.* p. 14 et seq.) et chez les Francs. (*Ib. Gram. franco-theotisca*, p. 14.)

(2) Le saxon forme le présent des verbes (voix active) à l'aide d'un auxiliaire et d'un participe passé (Voyez *Hick.* p. 40); mais on ne retrouve pas cette forme dans le goth, dialecte le plus ancien. (*Ib.* p. 46.)

Il n'y a que cinq temps en anglo-saxon, le présent, le futur, et trois prétérits (*Ib.* p. 39-42). Il en est de même chez les Goths (*Ib.* p. 47.)

Chez les Francs, les formes verbales sont plus nombreuses; leurs

4ᵉ CARACTÈRE.

Il existe dans le breton de l'île, comme dans les dialectes de l'Armorique, des adjectifs devenus adverbes par addition d'un mot placé à leur suite. Ainsi, chez les Gallois, chez les Cornouaillais, ce mot *man* ou *ment* placé à la fin d'un autre adjectif forment un véritable adverbe : *humbl*, *humbl-maint, man* ou *ment*, humblement (1).

5ᵉ CARACTÈRE.

Les négations doubles et composées existent chez

---

verbes ont huit temps : *un présent, deux prétérits imparfaits, deux prétérits parfaits, un plusque-parfait et deux futurs.* (Ib. gram. franco-theotisca, p. 62.)

Quelques remarques sur la formation des verbes passifs, dans les anciens dialectes germaniques, ne seront pas déplacées ici.

Les Goths forment leurs verbes passifs de trois façons :

1° Au moyen du verbe auxiliaire et du participe passé ;

2° A l'aide d'un suffixe pur ou paragogique ajouté à chaque personne du verbe actif dans les deux nombres ; ainsi *haitais*, passif *haitaizar* ;

3° En changeant les terminaisons de l'infinitif *gan* ou *an* en *nan* (Ib. p. 49.)

Les Anglo-Saxons forment la voix passive au moyen du *verbe substantif* et du *participe passé* (*Ib.* p. 48.) ; les Francs, au moyen de l'*auxiliaire* et du *participe passé*.

(1) M. Ampère a mal saisi ce que je disais sur les adverbes français en *ment*, dans mon *Essai*; je n'ai pas prétendu que ces adverbes fussent formés d'un adjectif et du mot breton *meur* ; j'ai dit que les adverbes, dans le dialecte armoricain, se formaient au moyen du mot *meur*, précédant l'adjectif, ou du mot *ment*, placé à la suite de cet adjectif. Les adverbes en *ment* n'existent ni en saxon, ni en goth, ni en francisque.

les Bretons (*ne ket*, en français, *ne pas*).— Il n'en est pas ainsi dans le goth, qui nie par une simple négation (1), ni dans les anciens monuments saxons. La négation ne se trouve redoublée *que dans des ouvrages plus récents*. Mais ni l'un ni l'autre de ces deux peuples ne font usage de la négation composée. Dans le francisque, au contraire, les négations doubles et composées existent comme chez les Bretons et chez les Français (2).

On a vu, un peu plus haut, que les Bretons s'étaient fractionnés au cinquième siècle. Or, comme nous retrouvons tous les *caractères* que nous venons d'énumérer, et dans les dialectes de l'île et dans ceux du continent, nous concluons qu'ils ont dû appartenir *nécessairement* au génie primitif de l'idiome parlé par nos ancêtres, Gaulois et Bretons, et que c'est de cet idiome qu'ils ont passé dans la langue romane qui, comme on a pu s'en convaincre, ne les a empruntés ni au goth, ni au francisque. Il est vrai que plusieurs philologues ont revendiqué ces caractères pour la langue latine, et cela parce qu'ils les rencontraient dans les meilleurs écrivains du siècle d'Auguste (3). Mais la conséquence que l'on a tirée de ce fait est-elle rigoureuse ? Nous ne le pensons pas. Et, en effet, ces for-

---

(1) *Hick.* p. 58.
(2) *Ib.* p. 38.
(3) Voyez *Cours de littérature* de M. Villemain, T. 1. p. 88 et seq.

mes dénotent, par leur rareté même, une origine étrangère. N'est-il pas plus probable que ce sont des importations gauloises ? Ce qui est certain, c'est que, dès le temps de J. César, Cicéron se plaignait de la décadence du goût national, dont le cachet disparaissait *même du Latium.* « Chaque jour, écri-
» vait-il à Pétus, d'autres mœurs viennent s'infu-
» ser dans les nôtres ; Rome est remplie d'étran-
» gers portant les braies gauloises et qui habitent
» de l'autre côté des monts (1). Bientôt s'effacera
» la trace de l'antique urbanité romaine. » Si, au sein même de l'Italie, les Gaulois exerçaient une telle influence sur la littérature romaine, comment admettre que le latin, transplanté dans les Gaules, n'ait pas été profondément altéré par son contact continuel avec l'idiome national? On ne manquera pas de nous faire observer, il est vrai, que cinq siècles à peine après la *conquête de cette contrée par César, elle était devenue presque complétement latine ; que l'empire romain dominait alors le monde connu, non-seulement par ses armes, mais encore par sa langue et par ses institutions.* Nous examinerons ailleurs la valeur de ces assertions absolues. Nous répondrons seulement ici

---

(1) Eas (urbanas sales) videam primum oblitas Latio, tum cum in urbem nostram est infusa peregrinitas, nunc vero etiam braccatis et transalpinis nationibus, ut nullum veteris leporis vestigium appareat.
(*Cicero ad Pet.* **Liv. IX. Epist. 15.**)

que, si, en effet, les classes élevées de la nation gauloise adoptèrent promptement les mœurs des conquérants et se façonnèrent à leur exemple, les classes inférieures, que leurs habitudes laborieuses et leur misère même rendent le plus souvent insensibles aux passions qui amènent de tels changements, ne durent pas se précipiter avec la même ardeur dans l'imitation des coutumes étrangères. D'ailleurs, la prise de Rome par les Barbares vint arrêter les progrès que des rhéteurs habiles et l'établissement des académies dans les villes principales de la Gaule, avaient fait faire à la langue latine. Saint Irénée, dans la préface de son premier livre contre les hérétiques, s'excuse des fautes qu'il commet, en disant qu'il vit au milieu des Gaulois et *qu'il a été obligé d'apprendre leur idiome* (1). Un peu plus tard, le génie de la langue nationale, débordant de toutes parts, gagna même les classes instruites. Grégoire de Tours rapporte, dans son livre sur la *Gloire des Confesseurs*, qu'il lui arrivait souvent de confondre les noms masculins avec les féminins, de mettre à l'accusatif des termes qu'il fallait

---

(1) La preuve de la persistance de la langue gauloise, au troisième siècle, se trouve dans un décret de l'an 230. *(Digeste. L. XXXII. t. I. §. 11.)* Fideicommissa quocumque sermone relinqui possunt non solùm latina..., vel gallicana, vel alterius cujuscumque gentis. *Vid. quoque* Sid. Apoll. L. III. *Epist.* 3.

écrire à l'ablatif, en un mot, de violer les règles les mieux établies de la grammaire (1). Au septième siècle, le latin n'était plus compris du vulgaire; l'idiome roman l'avait remplacé.

De tout ce qui précède, il résulte donc que la langue gauloise ne fut pas détruite par la conquête (2) et que, avec le latin, le goth et le francisque, elle a dû contribuer, pour sa part et dans une mesure plus considérable qu'on ne l'a cru jusqu'à présent, à la formation de la langue française.

Après avoir indiqué quelle fut, sous le rapport grammatical, l'influence du gaulois sur la langue qui remplaça le latin dans les Gaules, il nous resterait à rechercher quelle a été, sous le rapport des mots, la part que le gaulois a pu avoir dans la formation du vocabulaire français. Ces recherches, quoique l'hypothétique y tienne d'ordinaire une place trop large, n'en sont pas moins très-curieuses à certains égards. Toutefois, pour ne pas

---

(1) Qui nomina discernere nescis, sæpius pro masculinis feminea.... commutas; qui ipsas quoque præpositiones quas nobilium dictatorum sanxit auctoritas, loco debito non locas; nam pro ablativis accusativa et rursum pro accusativis ablativa ponis.

(2) « Et cependant quoi de plus commun, dans les Annalistes, que ces expressions : *l'idiome de tel peuple fut détruit par les conquérants; cette tribu adopta la langue de ses vainqueurs?*—J'ose dire qu'une telle révolution est impossible. Il faudrait, pour l'accomplir, plus de siècles que l'histoire ne nous en fournit. »

(Abel Rémusat. *Introduction à ses études sur les langues tartares.*)

fatiguer le lecteur, de ces sèches nomenclatures, nous les renvoyons à notre appendice (1).

CHAPITRE IV.

Le Druidisme à l'époque de la conquête et, plus tard, sous les empereurs.

A l'étude des origines de la nation et de la langue des Gaulois, doit maintenant succéder celle de leur religion, des monuments qui lui servirent de symbole et enfin des diverses institutions qui régirent cette contrée.

Les historiens de l'antiquité ne nous ont légué que des notions fort incomplètes sur le système religieux des Gaulois. Les Romains, maîtres de la Gaule pendant plusieurs siècles, auraient pu nous transmettre des renseignements précis sur tous ces points; mais, outre que ces conquérants faisaient profession de mépriser tout ce qui n'était pas Romain, il entrait dans leur politique d'établir une sorte de confusion entre les dieux des nations soumises et leurs propres divinités. Aussi, recherchant dans les religions étrangères tous les attributs communs entre les dieux

(1) Nous invitons instamment nos lecteurs à jeter un coup d'œil sur les trois vocabulaires que renferme cet appendice.

qu'on y adorait et ceux qu'on honorait à Rome, les confondaient-ils, autant qu'ils le pouvaient, dans un même culte.

César, auquel nous devons la plus grande partie des notions que nous possédons sur la Gaule, n'a pas procédé autrement. La connaissance des mœurs et du caractère des Gaulois lui était nécessaire pour les vaincre : ses recherches n'allaient pas au-delà (1).

Lucain qui, en sa qualité de poëte, attachait plus de prix aux abstractions religieuses et philosophiques, nous a laissé quelques détails intéressants sur les croyances druidiques (2). Toutefois, comme il n'en parle qu'en passant, et que, d'ailleurs, il est presque impossible qu'un étranger puisse comprendre les institutions d'un peuple chez lequel il n'a point habité, dont il n'a pas parlé la langue et consulté les traditions, il s'ensuit que

---

(1) Néanmoins, il dit dans les Commentaires sur la guerre des Gaules :

In primis hoc volunt persuadere (Druidæ), non interire animas, sed ab aliis post mortem transire ad alios.
(*Cæs. Bell. Gall.* Liv. VI. c. 14.

(2) .....Regit idem spiritus artus
Orbe alio : longè (canities si cognita) vitæ
Mors media est.
(*Lucan.* L. I. V.)

Vitam alteram *ad manes*. Mel. L. III. c. 2. Vid. Strab. L. IV. c. 4. p. 197.

nous ne devons faire usage qu'avec précaution des renseignements que nous rencontrons çà et là dans ses ouvrages et dans ceux des autres écrivains de l'antiquité.

Quant aux documents nationaux, personne n'ignore que les traditions religieuses, chez les Gaulois, n'étaient jamais confiées à l'écriture et que ces peuples n'ont laissé d'autres vestiges de leur long établissement dans la Gaule que quelques pierres dressées çà et là, un petit nombre de traditions à demi-fabuleuses et quelques dialectes, débris de l'antique idiome national. Quoi qu'il en soit, nous devons comparer ces témoignages, interroger ces traditions et ces monuments. De cette étude surgiront peut-être quelques notions moins confuses sur la religion de nos ancêtres.

La croyance qui servait en quelque sorte de base au druidisme, c'était que les âmes ne périssent pas, et qu'après la mort, elles passent d'un monde dans un autre (1). Cette opinion a entraîné Diodore de Sicile et Valère Maxime à croire que le dogme de la métempsycose régnait chez les Gaulois. Mais les passages que nous avons cités de César et de Lucain semblent démentir cette assertion. Au milieu de ces contradictions, nous avons dû consulter les traditions bardiques du pays de Galles, traditions altérées sans doute en quelques points mais qui peuvent fournir à la critique historique les plus précieux renseignements. Or, voici ce que nous racontent les Triades (1) :

« Il y a pour l'âme trois cercles (ou sphères)
» d'existence : 1° le cercle (ou la sphère) de l'in-
» fini ou de l'immatérialité, où la divinité seule
» existe et peut seule habiter (2);

« 2° Le cercle (ou la sphère) d'état nécessaire
» (d'inchoation, d'ébauche, d'épreuve), qui est la
» place de l'être qui tire son existence de ce qui est
» matériel ou inanimé, et l'homme l'a traversé;

» 3° Le cercle (ou la sphère) de la félicité, qui
» est la place de l'être qui tire son existence de ce
» qui est animé, et l'homme pénètre de là dans le
» ciel. »

Ces quelques lignes expliquent, ce semble, de la manière la plus claire, les assertions de César et de Lucain (3). Il en ressort que les Gaulois croyaient seulement que l'homme qui n'avait pas mérité d'être admis dans la sphère des bienheureux, était replacé sur la terre dans celle d'in-

---

(1) Les idées que renferment ce passage sont tellement en dehors de toute croyance chrétienne, qu'il est impossible de ne pas les croire bien antérieures au Christianisme.

(2) Tri cylc'h hanfod (existence) y sydd : 1° cylc'h y ceu gant (l'infini, le vide). Lle nid oes namyn duw, na byw na marw ac nid oes namyn duw a eil ei dreiglo; 2° cylc'h y abred (état de nécessité, d'épreuve, de souffrance), Lle pob ansaw-hanfod o'r marw, a dyn a'e treiglwys; 3° cylc'h gwynfed (félicité, béatitude). Lle pob ansaw-hanfod o'r byw, a dy a'i treigla yn y net.

(3) Voir plus haut.

choation ou d'épreuve sous une autre forme humaine : *Animas ab aliis post mortem transire ad alios.*

Les Triades ajoutent que trois causes faisaient revenir l'homme dans la sphère d'épreuves ou d'inchoation :

1° La négligence à s'instruire ;

2° Le peu d'attachement au bien ;

3° L'adhérence au mal (1).

Nous livrons ces curieux fragments à l'examen de la critique. On vient de voir quelles étaient les doctrines fondamentales de la religion druidique. Un point nous reste à examiner. Est-il vrai que le culte des Gaulois n'ait été primitivement qu'un grossier fétichisme ? Les disciples de Condorcet et de Benjamin-Constant (2) ont soutenu cette thèse dans ces derniers temps. A les entendre, nos pères auraient commencé par adorer les objets de la nature, les pierres, les arbres, les montagnes. Ces arbres, ces montagnes auraient eu leurs génies, comme les pays et les peuplades eurent aussi les leurs ; de là Pennin, déification des Alpes ; de là le génie

---

(1) Les trois premiers principes de la sagesse, disent les Triades, sont d'obéir aux lois de Dieu, de concourir au bonheur de l'homme et de s'armer de courage contre les événements de la vie (Davies, *Celt. research.* p. 171). Diogène Laërce (*in Proem.* p. 5) avait traduit cette maxime, en parlant des Druides :

Σέβειν Θεούς, καὶ μηδὲν δρᾶν, καὶ ἀνδρείαν ἀσκεῖν.

(2) Voyez son ouvrage fort peu historique sur les Religions. MM. Quinet, Pierre Leroux et autres ont encore *progressé* depuis.

des

des Arvennes, etc., etc. Plus tard, grâce à cette progression toujours ascendante qui, de l'état de *brute*, a conduit l'homme au point où nous le voyons, les Gaulois se seraient mis à choisir les choses les plus élevées de la nature, le ciel, le soleil, le tonnerre, pour leur adresser leurs hommages. Puis, *les savants, les philosophes* auraient créé leur *Ogmios, Hercule Gaulois* entraînant à sa suite des hommes attachés par l'oreille à des chaînes qui sortaient de sa bouche. Ainsi, suivant ces écrivains, deux religions distinctes dans les Gaules : le druidisme pour les *savants*; et, pour le *vulgaire*, une sorte de fétichisme plus ou moins épuré. Nous n'avons pas à discuter ici la question de savoir si, comme on le répète sans cesse, tout *procède en effet de la matière à l'esprit ;* mais nous pouvons affirmer, *sans crainte d'être démenti*, qu'on ne trouve, ni dans les historiens anciens, ni dans les traditions gauloises, *aucun indice* de cette prétendue distinction. Celle qui existait entre les idées religieuses des classes élevées et les croyances du peuple dans la Gaule n'était pas fondamentale : les *dogmes* étaient les mêmes; la manière dont le culte était rendu à la divinité différait seule.

Deux mots maintenant sur la hiérarchie des Druides et sur la puissance qu'ils exerçaient dans la société. Le sacerdoce druidique comprenait trois ordres : les Bardes, les Ovates et les Druides proprement dits. Les Bardes avaient mission de chanter sur la Rotte les traditions nationales et les exploits des chefs. Il ne leur était pas permis de perpétuer ces chants par l'écriture. Les Ovates étaient chargés des sacrifices (1). Aux Druides appartenait le premier rang. Interprètes de la volonté divine, juges suprêmes de la nation, ils exerçaient sur elle une immense influence religieuse et sociale. Ils connaissaient de presque toutes les contestations civiles et privées (2). Si quelque crime était commis, s'il s'élevait un débat sur un héritage ou sur des limites, c'étaient eux qui statuaient. A eux appartenait aussi la dispensation des récompenses et des peines; que si un homme public ou un simple particulier ne déférait pas à leur décision, ils lui interdisaient les sacrifices, punition terrible, car ceux qui l'encouraient étaient mis au rang des criminels, tout accès en justice leur était fermé, et l'on fuyait leur abord comme s'ils eussent été frappés d'un mal contagieux (3) : l'excommunié du moyen-âge n'excitait pas plus d'horreur.

Les Druides avaient un chef unique dont l'autorité était sans borne. Ce pontife souverain était remplacé à sa mort par le Druide le plus éminent en dignité. Lorsque plusieurs de ces ministres faisaient valoir des droits égaux, l'élection avait lieu

---

(1) On verra plus loin que les Druides concouraient à l'élection des magistrats de la cité.
(2) Cæs. de Bell. Gall. L. VI. c. 13.
(3) Cæs. de Bell. Gall. L. VI. c. 13.

par le suffrage du plus grand nombre et il n'était pas rare, dans ces circonstances, de voir les divers partis soutenir leur candidat à main armée.

Les Druides étaient exempts du service militaire et de toutes les charges imposées aux autres classes (1). Aussi, séduits par de si grands priviléges, une foule de Gaulois accouraient-ils se ranger sous leur discipline (2). Le temps du noviciat, qui durait souvent vingt années, s'écoulait dans la solitude, au fond des cavernes et des immenses forêts qui couvraient alors une partie de la Gaule. Là des solitaires se livraient, loin de tous les regards, aux rigueurs de la vie ascétique. Les légendaires et les hagiographes des deux Bretagnes nous apprennent que ce fut de ces solitudes que sortit une grande partie des saints personnages qui peuplèrent, au quatrième et au cinquième siècles, les monastères de la Grande-Bretagne et de l'Armorique.

L'on a comparé les Druides aux brahmanes des Indiens, aux lévites des Hébreux, aux mages de la Perse. Il existait nécessairement quelques analogies entre ces divers sacerdoces ; mais, sortis de la masse du peuple par voie d'initiation scientifique, les prêtres gaulois différaient, sur ce point fondamental, de toutes les castes héréditaires de l'Asie.

---

(1) Cæs. Loc. cit.
(2) Cæs. *ib.* c. 14.

Là était le secret de leur puissance, puissance si énorme, qu'un orateur chrétien n'a pas craint de dire que les rois de la Gaule, au milieu des pompes de la grandeur, n'étaient que *les ministres et les serviteurs de leurs prêtres* (1).

De ce que ces Prêtres Gaulois ne formaient pas, comme ceux des diverses religions de l'Asie, une caste séparée du reste de la nation, il ne faut pas conclure cependant, comme l'ont fait plusieurs historiens, que les Druides aient jamais été les chefs d'une sorte de parti populaire opposé à l'aristocratie militaire de la Gaule. Ce sont là des préoccupations modernes auxquelles on doit s'efforcer d'échapper.

Outre que le druidisme se recrutait, en partie, parmi les classes élevées de la nation, n'oublions pas que ce qu'il *y avait de plus populaire* dans les Gaules, à l'époque de la conquête romaine, c'était un état social dans lequel tous les membres d'une tribu étaient réputés parents du chef. Que les Druides aient voulu, plus d'une fois, accroître leur pouvoir aux dépens des priviléges de la noblesse gauloise, comme le firent les évêques chrétiens à certaines époques du moyen-âge, cela est assurément très-croyable; mais n'est-ce pas transporter dans le passé nos préjugés d'aujour-

---

(1) .... Ὑπηρέται καὶ διάκονοι.

(Dio Chrys. Orat. 49.)

d'hui que de créer, chez les Gaulois, une rivalité permanente entre l'aristocratie d'une part, et les prêtres et le peuple de l'autre ?

Quoi qu'il en soit, un fait ne saurait être contesté ; c'est que, en dépit de la révolution aristocratique qui aurait, dit-on, anéanti le pouvoir suprême des Druides (1), ces prêtres n'en formaient pas moins, à l'époque où César fit la conquête des Gaules, la classe la plus influente de la nation. Cette influence, ils l'exerçaient non-seulement par les hautes fonctions dont ils étaient revêtus, mais encore par l'entremise de vierges fatidiques qui leur étaient affiliées. L'île de Séna, à l'extrémité de la presqu'île armoricaine, et un autre îlot situé sur la Loire, renfermaient des colléges célèbres au loin (2). C'est là que, au milieu des tempêtes, s'accomplissaient ces terribles mystères, assimilés par les Grecs aux orgies de Samothrace (3) et dont la description se trouve dans tous les livres d'histoire (4).

La conquête des Gaules par les Romains devait naturellement porter atteinte à la puissance des Druides. Privés de tous les emplois qu'ils oc-

---

(1) Voyez *Histoire des Gaulois*, par M. Amédée Thierry. T. II. p. 80 et sqq.

(2) P. Mela. L. III. c. 5, et Strab. L. .c.4, p. 198.

(3) Strab. Loc. cit.

(4) V. Amédée Thierry. Loc. cit.

cupaient dans l'ordre civil et religieux, ils se virent bientôt abandonnés par un grand nombre de leurs disciples. La fondation d'une foule de colonies militaires dans les Gaules (1), les priviléges accordés à plusieurs villes sous les empereurs et surtout l'établissement des académies, durent nécessairement porter un coup funeste aux vieilles institutions nationales.

Lorsque la religion des conquérants fut devenue le seul canal des emplois et des honneurs, le polythéisme romain ne tarda pas à recruter de nombreux prosélytes parmi les classes élevées de la société gauloise. Les ambitieux, selon l'usage, s'y précipitèrent à l'envi. Plusieurs aussi s'y laissèrent entraîner par cet amour de la nouveauté propre, dans tous les temps, à la race gauloise. Ce fut dans les grandes villes du midi que cette révolution s'opéra avec le plus de rapidité. Les citoyens dégénérés qui en formaient la population devaient embrasser avec empressement une religion dont la morale facile les débarrassait du joug austère du druidisme. L'habileté politique des conquérants mit tout en œuvre, d'ailleurs, pour accélérer cette transformation. A l'exemple des Grecs qui avaient voulu retrouver des Bacchus et des Hercules chez les Phéniciens, chez les Perses et jusque chez les Indiens, ils s'attachèrent, comme nous l'avons déjà

---

(1) Vid. infrà C. 6 et 7.

dit, à confondre les divinités gauloises avec celles des Romains, dans l'espoir d'arriver à réunir les deux cultes en un seul. L'inscription et les bas-reliefs découverts à Notre-Dame-de-Paris ne laissent pas de doute à cet égard.

Soit crainte, soit ambition, quelques Druides se prêtèrent aux vues politiques des vainqueurs (1); mais le plus grand nombre protesta contre ces conversions sacriléges. Si les habitants des villes, toujours en contact avec les conquérants, adoptèrent sans répugnance leurs pratiques religieuses et leurs coutumes, les bourgades, où les Romains n'avaient pas fondé d'établissements, se montrèrent, au contraire, réfractaires à toute innovation. Là s'était, en quelque sorte, réfugiée la nationalité gauloise, et cette nationalité, comme nous le montrerons ailleurs, resta debout beaucoup plus long-temps qu'on ne l'a cru, malgré tous les empiétements de la conquête.

Auguste s'était borné à défendre, aux Gaulois revêtus du titre de citoyens romains, l'exercice de leur religion (2). Il paraît que Tibère se montra plus sévère, car un écrivain contemporain rapporte que ce prince *extermina* les Druides et les magiciens de la Gaule (3). Toutefois, malgré les assertions

---

(1) Archeology of Wales, t. I.
(2) Suet. in Claud., c. 29.
(3) Pline, *Hist. nat.* L. III, c. 30.

formelles de Pline et celles non moins précises de Suétone, qui accorde à Claude la gloire d'avoir, plus tard, aboli complètement les mystères de cette religion sanguinaire (1); l'histoire nous prouve que le druidisme ne s'éteignit que plusieurs siècles après. Proscrits et dépouillés, les prêtres gaulois se réfugièrent au milieu des forêts ou dans les ilots dont sont parsemées les côtes des deux Bretagnes. Le Galgal découvert, il y a peu d'années, à Gâvr'Innis, en face de Locmariaker, était peut-être l'un des sanctuaires où se célébraient les mystères du culte défendu. Deux anneaux creusés dans une pierre qui forme l'une des parois du souterrain, semblent indiquer le lieu où l'on plaçait la victime (2). Peuple d'un génie grave et mélancolique, les habitants des côtes sauvages de l'Océan armoricain, devaient préférer la sombre poésie du druidisme aux riantes fictions de la mythologie latine. Le culte des conquérants n'y put prendre racine. Et, en effet, malgré les recherches archéologiques des savants

---

(1) Druidarum religionem penitus abolevit. (*Suet. in Claudio*).

(2) M. Mérimée, à l'exactitude duquel on s'obstine à ne vouloir pas rendre justice, sans doute parce qu'il est l'auteur de délicieuses *nouvelles*, a donné, dans ses notes d'un voyage dans l'Ouest, une description très-fidèle du Galgal de Gâvr-Innis. Seulement, comme l'intérieur du monument n'était pas complètement déblayé lorsqu'il le visita, il n'a point vu la pierre dans laquelle sont creusés les deux anneaux, ni une autre pierre où l'on aperçoit une hache très-nettement dessinée. (Mérimée, *Voyage dans l'Ouest*).

anglais et français, on n'a point découvert jusqu'ici ; hors de l'enceinte des colonies romaines ou des camps occupés par les conquérants, dans les deux Bretagnes, un seul monument qui indique que la religion de la plus grande partie des populations ait été, du premier siècle de notre ère jusqu'aux dernières années du troisième, différente de la religion primitive. Cependant, l'état de conservation de la plupart de ces monuments, dans les lieux où l'on en rencontre encore de nos jours, ne permet pas de supposer ici des traces effacées. Si des édifices consacrés au culte des vainqueurs avaient existé hors du territoire colonisé par eux, nul doute qu'on n'en eût retrouvé aujourd'hui les débris. Quant aux autels votifs qui ont été découverts dans l'enceinte des villes ou près des lieux jadis fortifiés par les Romains, l'emploi de la langue latine, dans la dédicace de ces monuments, indique clairement quelle est leur origine. Toutefois, là encore se présente cette confusion systématique dont nous parlions plus haut. Dans les inscriptions gravées sur les pierres de ces autels, il est fait mention, en effet, de divinités dont les noms sont incontestablement gaulois ou bretons ; ainsi *Kernunnos, Ar Duenna, Dolochenus*, etc. Il est très-vraisemblable, d'après cela, que le culte de ces divinités honorées, sous l'empire, dans quelques cantons de la Bretagne et des Gaules, avaient subi de nombreuses transformations ; mais nous ignorons complètement et le rang qu'elles occupaient dans l'ordre religieux, et la nature du culte et des honneurs qu'on leur rendait. Nous ne savons pas davantage si la plupart de ces noms barbares n'étaient pas les surnoms d'autres divinités plus connues, telles que *Bolatucadro* ou Hésus, que les antiquaires font correspondre au dieu Mars (1).

Quels que fussent tous ces dieux, un fait n'est point douteux, c'est que, long-temps après l'établissement du Christianisme dans les Gaules, une partie de l'île de Bretagne et de la Domnonée continentale était encore plongée dans les ténèbres de l'idolâtrie. L'histoire nous apprend il est vrai, que S. Gatien, métropolitain de Tours, avait fondé, dès la fin du troisième siècle, les évêchés de Rennes et de Nantes ; mais, soit que le manque d'ouvriers évangéliques eût mis obstacle au zèle des deux évêques de la Haute-Bretagne, soit que la langue des

---

(1) La plupart des antiquaires supposent, et sans le prouver, dit dom Félibien, que le Hervis des Celtes est le dieu Mars romain. Les autorités de Lucain et de Lactance qu'ils citent là-dessus ne le disent pas : le *gaudens feris altaribus*, du premier, et la phrase *Hesum atque Teuthaten humano cruore placant*, du second, ne désignent point Mars... Leibnitz, après avoir cité le passage de Lucain, ajoute dogmatiquement que c'est l'Ara des Grecs et l'Erich des Germains..... Ekhard dit formellement que ce n'est pas le dieu Hésus qu'on a représenté dans cette figure, mais un prêtre de Hésus, un druide sans barbe.... Tout bien considéré, il vaut mieux l'en croire que de disputer sur une chose dont on ne peut rien dire de certain.

(Dom Félib., *Hist. de Paris*. T. I, pag. 135.)

prêtres gallo-romains fût inconnue aux populations de la pointe occidentale des Gaules, il est certain que la conversion d'une partie de cette contrée ne date guère que de l'arrivée des Bretons insulaires dans la Péninsule (1). La vie de S. Melaine, écrite au sixième siècle par l'un de ses contemporains, en fait foi (2). Un habitant du pays de Vannes, rapporte le naïf hagiographe, avait perdu son fils. Il vint trouver le saint évêque Melaine, et, tout en larmes, il lui dit : « Serviteur de Dieu, je
» crois qu'il est en ton pouvoir de me rendre mon
» enfant qui est mort. A ces mots, le bienheureux
» Melaine se tournant vers la foule qui avait suivi
» ce malheureux père : O Venètes, leur dit-il,

---

(1) Dom Liron écrivit un livre pour faire justice de cette assertion de Dom Lobineau, laquelle était, disait-on, une *insulte à la piété et au zèle des premiers Pasteurs de la métropole de Tours.* Le savant bénédictin n'avait pas présent à la mémoire la vie si curieuse de saint Melaine.

(2) Credo, vir Dei, quòd etiam à morte per te possit resurgere filius meus. Conversus autem B. Melanius ad populum qui convenerat, dixit : « O Venetenses, quid prodest vobis quòd hæc et cæteras virtutes videatis fieri in nomine Domini nostri Jesu-Christi, cùm tantoperè recusetis fidem et credulitatem ejusdem Domini nostri recipere. » *Erant enim tunc temporis Venetenses penè omnes gentiles.* At illi respondentes dixerunt : Ne dubites, vir Dei, quia si istum puerum resuscitaveris à mortuis, omnes credemus Dominum quem prædicas, etc. (Vit. Melan., apud Boll., 6 Jan. T. I. c. 4, n. 23.)

La vie de S. Paul Aurélien, évêque de Léon, rapporte aussi que ce prélat eut à combattre l'idolâtrie dans son diocèse. (Vit. S. Paul. Rec. des Hist. de Fr. T. III. p. 433.)

» que vous importent les miracles qui s'opèrent
» au nom et par la puissance de notre Seigneur
» Jésus-Christ, à vous qui, jusqu'ici, avez refusé
» de croire en lui et de suivre ses préceptes ? — *Et,*
» *en effet, les Vénètes étaient alors presque tous*
» *des gentils.* Toutefois, entendant ces paroles, ils
» répondirent : Nous te le promettons, homme
» de Dieu : si tu ressuscites cet enfant, nous croi-
» rons tous au Dieu que tu nous prêches. »
Saint Melaine fit le miracle ; « et de tous ceux qui
» étaient venus là, ajoute le biographe, c'est à
» peine s'il y eut un seul homme qui refusa de re-
» cevoir le saint baptême. »

Dans la partie de la Grande-Bretagne occupée par les anciens possesseurs du pays, le Christianisme ne parvint aussi que très-tard à détruire les pratiques de l'ancienne religion nationale (1). L'élément druidique ne disparut même pas complètement après la victoire de la foi nouvelle. L'Église, pour ne pas froisser ces âmes énergiques et tenaces, respecta des usages anciens tout ce qui n'était pas en opposition avec les dogmes établis par le Christ et laissa subsister une *certaine racine antique qui était bonne* (2). Les évêques de la Gaule, *ces druides chrétiens* (3), héritèrent de toute

---

(1) Vie de S. Samson. (V. Ann. Bened. T. I. p. 185.)
(2) De Maistre, du Pape, disc. prélim., 24-26.
(3) *Ibid.*

la puissance de leurs prédécesseurs. Origène (1) attribuait à la foi des prêtres Bretons en l'unité d'un Dieu tout-puissant, les rapides progrès du Christianisme dans l'île de Bretagne ; d'autres écrivains catholiques ont considéré le vigoureux développement de cette religion dans les Gaules, comme le résultat d'une affinité toute particulière. Les croyances druidiques, disent-ils, avaient laissé parmi les Gaulois des idées profondes de hiérarchie religieuse ; et c'est pourquoi l'Eglise gallicane n'eut point d'enfance et se trouva en naissant, pour ainsi dire, la première des Eglises nationales et le plus ferme appui de l'unité romaine.

Il nous resterait maintenant à jeter un coup-d'œil rapide sur les monuments qui couvrent les rivages des deux Bretagnes, monuments attribués à la religion des Celtes par un grand nombre de savants. Mais ces grands sanctuaires de pierres étaient-ils spécialement affectés au culte druidique ? Il n'est plus permis de le supposer aujourd'hui. Des temples, des autels parfaitement semblables existent, en effet, dans toutes les parties du globe. Les plages de l'île de Malte offrent aux regards des dolmens et des menhirs (2) ; le voyageur en

---

(1) Orig. Comment. in Ezech.
(2) Voir le mém. de M. de La Marmora sur la Gigantija de Gozo. T. II, des Nouv. Ann. de l'Inst. Archéol. L'on a recherché à Malte de nouveaux vestiges du même genre, et les recherches n'ont pas été infructueu-

rencontre dans le nord de l'Europe, au sommet des montagnes du Nouveau-Monde, dans toutes les contrées de l'Inde. Les archéologues systématiques n'en défendront pas, avec moins d'ardeur sans doute, leurs rêves celtiques ou phéniciens; mais l'historien, après avoir compulsé les relations des voyageurs modernes, ne saurait attacher la moindre importance à tous ces systèmes si savamment élaborés. Nul doute qu'à une époque très-reculée les mêmes symboles religieux n'aient existé chez tous les peuples de la terre. On les retrouve encore aujourd'hui en usage chez les Indiens. En parcourant les montagnes du Pundua, dans le Bengale, le capitaine Walters découvrit, il y a quelques années, un grand nombre de ces monuments dont les indigènes lui apprirent la destination.

« .... Dans le village de Supar-Punji, je vis deux
» ou trois cents monuments, grands et petits, tous
» formés d'une pierre plate massive, supportée par
» des pierres mises de champ de manière à for-
» mer une sorte de pièce couverte. Ces pierres,

---

ses. La situation de ces monuments, dit M. Lenormand, a quelque chose de remarquable. On les trouve au-dessus d'une crique qui sert encore de refuge à des bâtiments. Entre la crique et les premiers monuments, on remarque quelques pierres debout, qui, de loin, devaient attirer l'attention des navigateurs.

M. Mérimée a été frappé de la similitude des dolmens phéniciens de Malte, avec ceux qu'il avait dessinés dans la Bretagne; leur forme est seulement plus régulière.

» dont le diamètre varie de 6 à 8 pieds, sont dis-
» posées les unes contre les autres sur le penchant
» de la colline, ce qui produit à l'œil un singulier
» effet. Les villageois viennent s'y asseoir dans les
» grandes circonstances, chacun sur son siége,
» selon le rang qu'il occupe dans la république.
» Toutefois, en réalité, ces monuments sont des
» tombes. Les cadavres des Casias sont brûlés dans
» un lieu destiné à cet usage et placé un peu plus
» haut sur la montagne; et les cendres, recueillies
» dans des pots de terre, sont déposées sous la
» pierre. J'aperçus plusieurs de ces pots en regar-
» dant à travers les interstices des tombeaux. Pen-
» dant que j'étais ainsi occupé, un enfant mort fut
» apporté par sa mère et par les femmes de sa pa-
» renté, qui poussaient d'affreux hurlements; elles
» le placèrent dans un espèce de berceau de bois
» préparé dans le lieu même où l'on brûle les corps,
» et lorsqu'on eut mis le feu dessous, elles se reti-
» rèrent.... Accompagné de mes deux domestiques,
» je finis par trouver un chemin pour me rendre
» au fond de la vallée, et alors montant le versant
» de la montagne opposée, j'atteignis le plateau
» que j'ai décrit... De la crête de la montagne, la
» vue est fort belle, mais celle des tables de pierre
» suspendues sur le vallon et l'aspect du village de
» Supar-Punji sont plus admirables encore.

» Les portes de pierre qu'on trouve dans ce lieu,
» sont des monuments élevés à la mémoire des dé-

» funts rayas, et quelques-unes d'entre elles sont
» des œuvres surprenantes, car elles se rappro-
» chent, par leur structure, des pierres de Stone-
» Henge, et pourraient lutter avec elles de gran-
» deur. Plusieurs de ces portes avaient 12 pieds de
» haut. On en rencontre près de tous les villages,
» sur la montagne. Je remarquai quelques dalles
» de granit élevées d'au moins 20 pieds au-dessus
» du sol. On les détache des rochers au moyen du
» feu, et quatre à cinq cents hommes sont employés
» à les transporter et à les mettre en place, à la
» mort des chefs fameux. Le peuple témoigne un
» grand respect pour ces monuments qui immor-
» talisent à la fois et ceux auxquels on les consacre
» et les familles qui les font élever (1). »

Ces quelques lignes, plus instructives pour les lecteurs qu'une foule de très-savantes dissertations, nous dispensent de plus longues recherches sur les monuments *prétendus celtiques*. Une pareille étude ne pourrait nous fournir aucun renseignement sur l'antique religion nationale.

---

(1) Jorney a cross the Pundua Hills, near Selhet, in Bengal by
Cap. Walters, esq. (Asiatic. researches. T. XVII, p. 499.
1832.—Calcutta.)

CHAPITRE

CHAPITRE V.

De l'état social et des institutions politiques de la Gaule avant la conquête romaine.

Depuis un demi-siècle, les jurisconsultes de la France et de l'Allemagne ont enrichi la science des travaux les plus savants sur la législation des tribus germaniques qui se partagèrent les débris de l'empire romain au cinquième siècle ; mais quant aux institutions en vigueur, antérieurement, dans la Gaule, c'est à peine s'il en a été fait mention. Ce dédain s'explique facilement. Entraînés au-delà des limites de la vérité par les exagérations du système de l'abbé Dubos (1) qui, voulant démontrer la rapide et complète transformation des mœurs franques par la civilisation romaine, devait nécessairement représenter les Gaulois comme un peuple dépouillé de toute nationalité, les historiens modernes n'ont attaché qu'une importance très secondaire à l'étude des antiques cou-

---

(1) Admirateur du travail de l'abbé Dubos, le plus savant que nous possédions sur l'histoire de notre pays, nous sommes loin cependant de partager toutes ses idées.

tumes de la Gaule. A quoi bon, en effet, s'efforcer de pénétrer, à l'aide de renseignements incomplets, au sein d'une organisation sociale détruite par les Romains, dès les premiers siècles de la conquête, et dont les débris mêmes avaient péri, disait-on, comme un navire qui sombre au milieu des mers?

Pour nous qui, ainsi qu'on a pu s'en convaincre (1), n'admettons pas qu'une langue, qu'une civilisation, puissent s'éteindre ainsi, sans rien léguer aux siècles postérieurs (2), nous allons essayer, non pas assurément de reconstruire, avec des ruines, l'antique édifice de la constitution gauloise, mais du moins d'en donner un fidèle croquis, en rapprochant quelques notices éparses çà et là dans les historiens anciens.

La marche naturelle des recherches exige qu'avant de traiter de l'état politique d'un peuple, l'historien connaisse à fond l'organisation sociale, les mœurs, les relations des différentes classes de ce peuple entre elles. Et la raison en est toute simple : c'est qu'avant de devenir *cause*, les institutions sont toujours *effet*. Cette méthode qui,

---

(1) Voyez section IV, p. 42, 43.

(2) « Les œuvres de la civilisation, comme celles de la barbarie, se transmettent d'ère en ère et lèguent aux générations des ruines ou des germes indestructibles. »

(Prolégomènes du Cartulaire de S. Père de Chartres, p. 5.
— Guérard.)

seule, pouvait conduire à quelques résultats, n'a point été suivie jusqu'ici. C'est, en effet, par l'étude des constitutions politiques que la plupart des historiens ont cherché à se rendre compte des mœurs, des usages, des traditions de la société, du degré de civilisation auquel elle était parvenue. Et de là, une foule de méprises que nous aurons occasion de signaler dans le cours de ce travail.

Pour ne pas tomber, avec nos devanciers, dans les erreurs que nous leur reprochons, voici la marche que nous croyons devoir suivre :

Nous examinerons d'abord quel était *l'état des terres* chez les Gaulois. Cette étude, en effet, doit précéder celle des personnes, car long-temps avant le démembrement de l'empire romain (1), les conditions sociales dans la Gaule étaient étroitement liées, suivant nous, à l'état de la propriété territoriale. Nous rechercherons ensuite quels étaient les rapports des différentes classes dans cette contrée, leurs mœurs, leurs habitudes, et enfin quelles formes de gouvernement avaient dû naître de tous ces éléments.

§. I. *De l'état des terres.*

Nous ne possédons que bien peu de notions sur

---

(1) Nous avons le malheur de n'être pas, sur ce point, d'accord avec le plus savant de nos maîtres. (V. *Essai sur l'Hist. de Fr.*, p. 85.)

l'état des terres et de la propriété chez les Gaulois. Nous allons donc essayer de suppléer à cette pénurie de documents, à l'aide de quelques rapprochements qu'une saine critique ne repoussera pas, nous l'espérons.

Suivant M. Guizot (1), les premiers alleux furent des terres prises, occupées ou reçues en partage par les Francs au moment de la conquête ou dans leurs conquêtes successives. « Le mot *alod*, ajoute le savant publiciste, ne permet guère d'en douter. Ce mot tire son origine de *loos*, terme germanique qui signifie *sort*, et d'où sont dérivées les expressions françaises *loterie*, *lot*, etc. »

Que les Francs, maîtres de la Gaule, aient donné le nom d'*alod* (merè proprium) soit aux terres qu'ils recevaient en toute propriété, soit à celles qui restaient entre les mains des anciens propriétaires du sol, pour les distinguer des bénéfices viagers accordés par le prince à ses fidèles (2); personne ne le conteste. Mais est-ce à dire qu'antérieurement à la conquête germanique, aucune distinction n'existât entre la propriété libre et la terre non libre, et que le mot *alod* fût inconnu

---

(1) P. 88. *Essai sur l'histoire de France.*

(2) Voyez sur cette matière le *Traité du cens et des matières féodales*; par Hervé. T. IV. p. 1. Basnage, *Coutume de Normandie*, et Dupineau, *Coutume d'Anjou*, au mot *Alleu*.

des Gaulois? Nous sommes très-porté à croire le contraire avec M. de Montlosier, malgré les critiques que cette opinion a soulevées contre l'illustre écrivain. De même qu'il y avait chez les Gaulois des classes libres, d'autres qui étaient soumises à une *quasi-servitude*, d'autres enfin sur lesquelles les grands exerçaient *tous les droits du maître sur l'esclave*; de même aussi, il s'y trouvait des terres libres, des terres recommandées et des tenures tout-à-fait serviles. Pareil état de chose existait, à une époque très-reculée, chez les Bretons de l'île et du continent, peuples dont les institutions, au dire de César, étaient presque semblables à celles des Gaulois leurs ancêtres. L'usage des recommandations, auquel les jurisconsultes assignent une origine relativement moderne, régnait de toute antiquité chez ces nations. Salvien (1) en fait mention, en effet, et il ne semble pas, d'après ses paroles, que cette coutume eût été introduite de son temps. Quant au mot *alleu*, nous le retrouvons, sous deux acceptions remarquables, dans la législation des Bretons insulaires. *Aelod*, pluriel *ae-*

---

(1) Salv. de Gub. Dei. L. V.

M. Guizot (*Essai sur l'hist. de France*, p. 162) pense que la recommendation a pris naissance dans les forêts de la Germanie. Nous croyons que cet usage était commun, dès la plus haute antiquité, à un grand nombre de peuples. Nous le trouvons en vigueur dans la Gaule et chez les Bretons insulaires, à une époque très-reculée.

lodeu (au livre I*er*, chap. 9 des *Leges Walliæ d'Hoël-dda*) (1), se prend dans le sens de membre d'une famille, d'une race : ainsi *aelodeu Brenin* signifie, en gallois, parents du Brenin, princes du sang. Ce n'est pas tout; ce même mot *aelawd* ou *aelwyd* veut dire aussi *focus* et *synedochicos*, *domus*, *paterfamilias* (2). Ainsi, l'alleu désignerait à la fois et les membres de la famille, de la tribu, et les choses qui leur sont propres. Nous livrons ces faits, sans autres commentaires, à la critique de nos maîtres, car nous aurons à revenir plus d'une fois sur ces matières, en traitant des institutions des peuples bretons. — Nous allons rechercher maintenant quel était l'*état des personnes* dans les Gaules.

§ II. *Etat des personnes, mœurs nationales.*

Les personnes se divisaient en trois classes chez les Gaulois : les Druides, les *equites* et le peuple.

Les deux premières classes, dit César, étaient seules comptées pour quelque chose ou honorées dans la nation (3).

---

(1) Tri Rhyw y sydd Brenin, a Breyr, a Bilain ac eu aelodeu. Tria genera (hominum) sunt. Rex, nobiles et *vassali ignobiles* cum membris suis. (V. *Leges Walliæ*. L. I. c. 9. p. 12. Ed. Wotton. — Londres 1730).

(2) Vid. Gloss. Leg. Wall. ad verb. *aelawd* et *aelwyd*, p. 553.

(3) In omni Gallia, eorum hominum qui aliquo sunt numero atque honore, genera sunt duo. (*Cæs. Bell. Gall.* L. VI. c. 13.)

I. Il a été parlé ailleurs (1) des Druides qui, ministres et juges suprêmes dans presque toutes les affaires publiques et privées, occupaient le premier rang dans les Gaules.

II. Les Equites venaient ensuite. « Tous les che-
» valiers, dit César, devaient prendre les armes
» dès que la guerre était déclarée. Ils avaient tou-
» jours autour d'eux un nombre d'*ambactes* et
» de *clients* proportionné à l'éclat de leur naissance
» et aux ressources de leur patrimoine. C'était là,
» pour eux, *la seule marque de crédit et de puis-*
» *sance* (2). »

La noblesse, chez les Gaulois, ne semble pas avoir été un titre donné indistinctement aux riches et aux principaux citoyens. Elle était héréditaire; et les nobles formaient une classe à part (3). Quelle en avait été l'origine? Etait-ce un patriciat religieux, un privilége perpétué dans quelques familles dont les ancêtres avaient régné sur le pays? Nous l'ignorons complètement. L'histoire nous apprend seulement que cette noblesse, pour être héréditaire,

---

(1) Voy. ch. IV, p. 44 et suiv.

(2) Alterum genus est equitum. Hi, cùm est usus atque aliquod bellum incidit... omnes in bello versantur; atque *eorum ut quisque est genere copiisque amplissimus*, ita plurimos circum se *ambactos*, *clientesque* habent. Hanc unam gratiam potentiamque noverunt.
(*Cæs. de Bell. Gall.* L. VI. c. 15.)

(3) Voyez, sur l'ancienne noblesse nationale des Germains, le très-savant ouvrage de Grimm. (*Reschts-Alterthümer*, p. 185, seq. et p. 226, 228, 272, 281.)

ne donnait cependant aucune prépondérance dans le gouvernement ni dans l'administration de la cité. Les Commentaires sur la guerre civile nous en fournissent la preuve.

« Il y avait dans la cavalerie de César deux frères
» de la nation des Allobroges, et dont le père avait
» long-temps exercé le pouvoir souverain parmi
» ses concitoyens. Or, voulant récompenser le
» dévouement de ces jeunes Gaulois qui, pen-
» dant la guerre, l'avaient servi avec un ad-
» mirable courage, César leur avait confié, dans
» leur pays, les plus importantes magistratures. *Il*
» *les avait fait recevoir au sénat contre l'usage éta-*
» *bli.....* Enfin de pauvres qu'ils étaient, ils les
» avaient rendus très-riches, etc. (1). »

Ainsi donc, malgré l'illustration de leur naissance (2), les deux jeunes Allobroges (*egentes*, notez bien), n'étaient pas appelés, par le fait seul de leur noblesse, à occuper les hautes charges de l'état; et il fallut la volonté de César pour en faire des sénateurs ; *extra ordinem.*

---

(1) Erant apud Cæsarem, ex equitum numero, Allobroges duo fratres. Abducilli filii, qui principatum in civitate multis annis obtinuerat, singulari virtute homines, quorum operâ Cæsar, omnibus Gallicis bellis, optimâ fortissimâque erat usus. His domi ob has causas amplissimos magistratus mandaverat, atque eos extra ordinem in senatum legendos curaverat... locupletesque ex egentibus effecerat.
(*Cæs. de Bell. Civil.* L. III. c. 59.)

(2) Quos Pompeius, quòd erant honesto loco nati, etc., etc.
(*Cæs. de Bell. Civ.* L. III. c. 61.)

III. Quant à la *plebs*, ne pouvant rien par elle-même, n'étant appelée à aucun conseil, sa condition était une *quasi-servitude*. La plupart de ceux qui faisaient partie de cette classe, se voyant accablés de dettes et de lourds impôts, exposés, d'ailleurs, aux vexations des hommes puissants, entraient d'eux-mêmes en servitude chez des nobles qui exerçaient alors sur eux tous les droits des maîtres sur les esclaves (1).

Ce curieux fragment, cité si souvent par les historiens, n'a point fixé sérieusement leur attention. Personne, que nous sachions, n'a remarqué et n'a cherché à expliquer la *contradiction évidente* qui existe entre ce texte et d'autres passages non moins explicites des Commentaires de César. Cette tâche, quelque difficile qu'elle soit, nous allons essayer de la remplir, car l'intelligence des coutumes des deux Bretagnes est à ce prix. Et d'abord, nous ferons observer que les mots *penè servorum habetur loco* indiquent nettement que la dépendance des classes inférieures en Gaule ne doit pas être confondue avec l'esclavage romain ; en second lieu, que César établit clairement une différence entre la condition du peuple, *en général*, et le sort de ceux qui,

---

(1) Plebs penè servorum habetur loco, quæ per se nihil audet nulloque adhibetur consilio. Plerique cùm aut ære alieno, aut magnitudine tributorum, aut injuriâ potentiorum premuntur, sese in servitutem *dicant* nobilibus : in hos eadem omnia sunt jura, quæ dominis in servos. (*Cæs. Bell. Gall.* L. VI. c. 13.)

pressés par le besoin ou cherchant un protecteur, se plaçaient sous la domination absolue d'un maître.

Maintenant faut-il conclure de cet état de chose, résultat nécessaire de l'absence de toute unité politique, que la noblesse exerçait un pouvoir despotique et que tout le reste de la nation était réduit à la servitude? Il est impossible d'admettre cette opinion (1). Et, en effet, on ne saurait la concilier avec les assertions suivantes, que nous lisons au livre VI, chapitre 11, de la guerre des Gaules : « Chez les Gaulois, ce n'est pas seulement dans » chaque ville, dans chaque canton et dans cha- » que campagne, qu'il existe des factions, mais » aussi dans presque chaque maison.... La raison » de cet antique usage paraît être d'assurer à cha- » cun, dans le peuple, une protection contre des » hommes plus puissants, *car personne ne souffre* » *qu'on opprime* ou qu'on circonvienne ceux qui » sont sous sa tutelle. Agir autrement, ce serait » s'exposer à perdre tout crédit. (2). »

---

(1) Non plus que les assertions de quelques historiens qui, tout en prenant au pied de la lettre les paroles de César, ont fini par conclure (après avoir oublié en route *leurs prémisses*) que la constitution de la Gaule, à l'époque de la conquête, était *une démocratie pure*. (V. §. III.)

(2) In Gallia non solùm in omnibus civitatibus, atque in omnibus pagis partibusque, sed penè etiam in singulis domibus factiones sunt : .... idque ejus rei causâ antiquitùs institutum videtur, ne quis ex plebe contra potentiorem auxilii egeret : suos enim quisque op-

Or, nous le demandons, ces dernières lignes, si l'on ne se rend compte de l'état social que César a voulu peindre, ne sont-elles pas en contradiction flagrante avec celles que nous avons citées plus haut : *Plebs pene servorum habetur loco.... plerique cùm aut magnitudine tributorum aut injuriâ potentiorum præmuntur*, etc.? Il faut donc le reconnaître, ce serait fausser l'histoire que de prendre, dans un sens rigoureux, les paroles dont César s'est servi pour nous faire connaître la condition du peuple dans les Gaules. Cette contrée, à l'époque où les Romains en firent la conquête, était morcelée (comme la France du moyen-âge) en autant de petites sociétés qu'elle renfermait de cités, de bourgs, de maisons. Environnés d'une multitude d'ennemis, trop faibles pour défendre eux-mêmes leur héritage, les petits propriétaires se virent forcés, qu'on nous passe l'expression, de *se recommander* (1) à l'homme puissant qui leur promettait assistance et protection. Quiconque n'était pas assez riche pour avoir autour de lui une troupe nombreuse d'ambactes, de soldures ou d'*obærati*, se faisait le *vassal* (2) d'un noble, d'un patron; et celui-ci,

---

primi et circumveniri non patitur; neque, aliter si faciat, ullam inter suos habeat auctoritatem. (*Cæs. Bell. Gall.* L. VI. c. 11.)

(1) Voy. p. 69.

(2) Ce mot de vassal n'est point ici, comme on le pourrait croire, un anachronisme. Nous trouvons, en effet, dans les monuments les plus anciens de la langue bretonne, le mot *gwas*, et son diminutif

sous peine de perdre toute influence, devait défendre les intérêts *de ses clients* avec autant d'ardeur que les siens.—Ce système, naturel à toutes les petites nations divisées en clans ou en tribus, avait été en vigueur chez les Hellènes et chez les peuples de l'Italie aux époques primitives de leur histoire ; mais, comme les vestiges en avaient disparu chez leurs descendants, ceux-ci, sans même en excepter César, n'avaient pu se faire une idée bien nette de cette institution. D'ailleurs, indépendamment des difficultés qu'offre toujours une pareille étude, se joignait, pour tous les historiens romains, l'ignorance du langage si intimement lié à l'histoire d'une nation. Comment s'étonner, après cela, des contradictions apparentes que nous avons signalées dans les Commentaires !

Aujourd'hui que nous pouvons rapprocher les précieux renseignements puisés dans César des mo-

---

gwesyn, employés dans le sens de vassal, serviteur, homme dévoué. (Voyez Davies, *Dictionarium britannico-latinum*.—Londres, 1632.) *Gwasanaeth*, dans les lois d'Hoël-dda, signifie, *servitium, ministerium*. (Voyez Davies). Cluvier a remarqué l'analogie qui existe entre ce mot *gwesyn* des Bretons et les Γαισάται de Polybe : « Polybius (L. II) tradit Gallos suâ linguâ conductitios milites appellâsse Gæsatas. Britanni, qui vulgò Walli vocantur, hodiè famulos *conductitios* vocant *guessin*. » Camden observe aussi, après Servius, que les anciens Gaulois donnaient ce nom à des guerriers : « Veteres Galli Gessos bello strenuos dicebant. » Le mot *gasindus*, que Vossius traduit par *famulus*, se rapproche beaucoup des deux mots *gwas* et *gwesyn* des Bretons. (V. le Diction. breton de dom Le Pelletier, col. 385. Paris 1752, in-f°.)

numents que nous ont légués les siècles postérieurs et au premier rang desquels il faut citer l'incomparable peinture des mœurs germaines par Tacite, puis les antiques coutumes de la Bretagne et de la Germanie, peut-être pouvons-nous espérer, en appelant aussi la science philologique à notre aide, de faire pénétrer la lumière dans des ténèbres où les anciens n'avaient aucun fil pour les diriger.

Mais, avant d'aborder ce sujet difficile, qu'il nous soit permis de revenir quelques instants sur nos pas.

Les equites gaulois, avons-nous dit, formaient une classe à part, classe chez laquelle l'illustration, la noblesse étaient héréditaires, mais qui, néanmoins, n'exerçait aucune prépondérance dans les affaires de la cité. Venait ensuite la *plebs*, la multitude, qui comprenait toute la nation, moins les Druides et les patriciens ou *principes* des cités. Un passage de la guerre des Gaules, qui nous revient à la pensée, va transformer ces hypothèses en certitude.

Ambiorix et Cativolke, rois des Eburons, après avoir traité avec les conquérants, s'étaient laissé entraîner, par les conseils d'un prince Trévire, à une attaque contre le camp de leurs nouveaux alliés. « Battus par les Romains, dit César, les Gaulois, » désespérant du succès, abandonnent l'attaque ; » puis, poussant de grands cris, selon leur cou- » tume, ils demandent que quelques-uns des nô- » tres viennent s'entendre avec eux... On leur en- » voie C. Arpinius... et un Espagnol nommé Q.

» Junius.... Ambiorix leur parle ainsi : Il sait qu'il
» doit beaucoup à César... aussi n'est-ce ni de son
» avis ni par sa volonté qu'on est venu assiéger
» le camp des Romains : la *multitude* l'y a con-
» traint ; *telle est, en effet, la nature de son auto-*
» *rité, que cette multitude n'a pas moins de droit*
» *sur lui que lui sur elle* (1). »

Si (la noblesse exceptée) toute la nation gauloise ne *pouvait rien par elle-même, était réduite à une véritable servitude*, quel pouvoir pouvait-elle exercer sur ses rois ?

Toute la question que nous avons à résoudre peut donc se réduire à ce dilemme : ou la majorité des Gaulois faisait partie de l'ordre des *equites*, et alors le mot *plebs ne s'applique qu'à une faible minorité condamnée à la servitude ;* ou le titre d'*equites* ne désignait que les nobles, les *principes* de la cité ; et alors, bien évidemment, il faut donner à l'expression de *plebs* le sens que lui attribuaient les Romains (2). Nous

---

(1)... Desperatâ re... tùm suo more conclamaverunt, uti aliqui ex nostris ad colloquium prodirent...Mittitur ad eos colloquendi causâ C. Arpineius... et Q. Junius... Apud quos Ambiorix ad hunc modum locutus est : « Sese, pro Cæsaris in se beneficiis, plurimùm ei confiteri debere... neque id, quod fecerit de oppugnatione castrorum, aut judicio aut voluntate suâ fecisse, sed coactu civitatis; *suaque esse ejusmodi imperia, ut non minùs haberet juris in se multitudo, quàm ipse in multitudinem.*

(2) Plebs dicitur in qua gentes civium patriciæ non insunt. Aulu-

n'hésitons pas, pour notre compte, à adopter cette dernière opinion. Et, en effet, César, écrivain si admirable par l'élégance et la précision de son style, se fût-il servi du mot *multitudo* pour désigner une seule classe de la nation? Cela n'est pas admissible. Il en résulte, par conséquent, que chez les Gaulois, comme à Rome et chez les Germains, il y avait *une dignité commune à tous les hommes libres* (1) et *une dignité supérieure* restreinte aux nobles seulement. Nous prouverons plus tard que telle était aussi la condition des personnes chez les Gallo-Bretons de l'île et de l'Armorique.

Il s'agit de rechercher maintenant quels étaient les différents degrés de liberté dont jouissaient ceux des Gaulois qui étaient compris sous la dénomination générique de plebs. Ce mot embrassait la généralité des hommes libres et des colons, classe qui participait tout à la fois de la liberté et de la servitude. Dans

---

Gelle, X. 20. Plebs est cæteri cives sine senatoribus. Leg. 238 de verb. signif.

(1) Le mot *dignité* que j'emploie ici est de Moser (Osnabrüchische Geschichte Vorrede). Ces mots *dignités*, *hommes libres*, répondent à ceux de *caput* et de *civis jure optimo* chez les Romains, à l'époque où les patriciens se distinguaient des plébéiens, plutôt par l'ancienneté de leur origine que par l'importance de leurs priviléges. (V. M. de Savigny, *Hist. du droit rom. au moyen-âge*. T. I. p. 134.)

Grimm (*Rechts-Alterthümer*, p. 281) s'exprime ainsi : « Les hommes libres forment la partie principale de la nation. Les nobles ont les mêmes priviléges que les hommes libres, *seulement* avec plus d'extension ». Cela est vrai aussi de la Bretagne.

la première catégorie, nous placerons les *ambactes* et les *soldures*; dans la seconde, les *obærati* et les *clients*.

I. Les ambactes, selon toute apparence, et si l'on s'en rapporte à l'étymologie même de ce mot (1), étaient de petits propriétaires libres attachés à un chef de tribu rurale par des liens de foi réciproque. Polybe, qui trouva ce système d'association en vigueur parmi les Gaulois cisalpins, ne désigne pas nommément les ambactes; mais il est impossible de ne pas les reconnaître dans le passage suivant :

« Les Gaulois cisalpins ne connaissent d'autre » occupation que la guerre et l'agriculture... Ils » s'appliquent surtout à s'attacher un grand nom- » bre de compagnons ; *car celui-là seul est puis-* » *sant et redouté parmi eux, qui réussit à rassem-* » *bler autour de sa personne de nombreux partisans* » *prêts, au premier signal, à exécuter ses ordres* (2). »

Or, rapprochons de ce texte de Polybe (3) les

---

(1) Ambact, de Am, autour ; Pact, lier.—Meyer(*Instit. judic.* T. I. p. 34, not. 1) m'apprend que ce mot existe aussi en hollandais : *Ambacht*; métier, servage, vasselage.

(2) Voyez plus bas le texte de Polybe.—On dirait que César n'a fait que le traduire :

«... Ut quisque est genere copiisque amplissimus, ità plurimos circum se Ambactos, etc... (V. suprà, p. 71.)

(3) Ὕπαρξίς γε μὴν ἑκάστοις ἦν θρέμματα καὶ χρυσὸς, διὰ τὸ μόνα ταῦτα κατὰ τὰς περιστάσεις ῥᾳδίως δυνάσται πανταχῆ περιαγαγεῖν, καὶ μεθιστάναι κατὰ τὰς αὐτῶν προαιρέσεις. Περὶ δὲ τὰς

quelques

quelques lignes où Pausanias, César et Tacite nous parlent du dévouement des *soldures*, des *ambactes* et des *comites*.

« Il existait, chez les Galates, un corps de cava-
» lerie appelé *trimarcisia* et composé de personna-
» ges de distinction, lesquels avaient, chacun sous
» ses ordres, deux autres cavaliers d'un rang infé-
» rieur. Ceux-ci se tenaient derrière leur maître,
» pendant la bataille, soit pour lui présenter un

ἑταιρείας, μεγίστην σπουδὴν ἐποιοῦντο, διὰ τὸ καὶ φοβερώτατον καὶ δυνατώτατον εἶναι παρ' αὐτοῖς τοῦτον ὅς ἄν πλείστους ἔχειν δοκῇ τοὺς θεραπεύοντας καὶ συμπεριφερομένους αὐτῷ.

(Polyb. L. II, c. 17. *Paris*, F. Didot, 1839. — Pausanias in Phoc.)

Adcantuanus cum DC *devotis* quos illi *soldurios* appellant, quorum hæc est conditio, ut omnibus in vita commodis unà cum his fruantur, quorum se amicitiæ dederint : si quid eis per vim accidat, aut eumdem casum unà ferant, aut sibi mortem consciscant ; neque adhùc hominum memorià repertus est quisquam qui, eo interfecto cujus se amicitiæ devovisset, mori recusaret.

(*Cæs. Bell. Gall.* Liv. III, c. 22.)

:... Equites... omnes in bello versantur, atque eorum ut quisque *est genere copiisque amplissimus, ità plurimos circum se ambactos clientesque habent. Hanc unam gratiam potentiamque noverunt.*

(*Cæs. Bell. Gall.* L. VI. c. 15.)

.... Insignis nobilitas, aut magna patrum merita principis dignationem etiam adolescentulis assignant : cæteri robustioribus ac jam pridem probatis aggregantur; nec rubor inter comites adspici. Gradus quin etiam et ipse comitatus habet, judicio ejus quem sectantur : *Magnaque et comitum æmulatio, quibus primus apud principem suum locus, et principum, cui plurimi et acerrimi comites. Hæc dignitas, hæ vires, magno semper electorum juvenum globo circumdari, etc.*

(*Tacit. Germ.* XIII.)

» de leurs chevaux, s'il était démonté, soit pour
» l'emporter de la mêlée, s'il recevait une blessure
» grave. Dans ce cas et dans celui de mort, il
» était aussitôt remplacé par l'un des deux *écuyers*,
» et celui-ci devait l'être à son tour par son
» compagnon. »

Ces quelques lignes de l'historien grec ne reportent-elles pas la pensée aux dévouements chevaleresques du moyen-âge?

Mais laissons parler César :

« Adcantuanus se présenta avec six cents de ces
» guerriers qu'on appelle soldures. Telle est la
» condition de ces hommes, qu'ils jouissent de tous
» les biens de la vie avec ceux auxquels ils se sont
» consacrés par un pacte d'amitié (1) : si leur chef
» périt de mort violente, ils partagent son sort et se
» tuent de leurs propres mains. Il n'est pas arrivé,
» de mémoire d'homme, qu'un de ceux qui s'é-
» taient dévoués à un chef, par un pacte sembla-
» ble, ait refusé, celui-ci mort, de mourir aussitôt.»

Et plus loin, dans un passage déjà cité :

« La seconde classe, chez les Gaulois, est celle
» des equites. Ceux-ci, quand il en est besoin et que
» la guerre est déclarée, doivent tous prendre
» les armes ; et, selon *que chacun d'entre eux*

---

(1) Possidonius, décrivant un grand banquet gaulois, nous montre les *suivants d'armes*, les *écuyers des patrons*, assis derrière leur maître et *traités comme eux*. (V. plus bas.)

» *est puissant par sa naissance et par ses richesses,*
» *ils s'environnent d'une troupe plus ou moins con-*
» *sidérable d'ambactes et de clients.* C'est pour eux
» la seule marque de crédit et de puissance. »

Voici maintenant comment s'exprime Tacite :

« Une haute naissance, les grands services des
» ancêtres confèrent la dignité de chef, même à
» des adolescents ; les autres s'attachent à des guer-
» riers d'un âge plus mûr et depuis long-temps
» éprouvés. Et ce n'est point une chose honteuse
» de faire partie de leur suite. Il règne même dans
» ces associations une hiérarchie de rangs établie
» par les chefs.... *C'est leur dignité, c'est leur*
» *force d'être toujours entourés d'un nombreux es-*
» *saim de jeunes gens d'élite.* C'est un honneur
» dans la paix, c'est une sûreté dans la guerre....
» *Revenir vivant* d'un combat où le prince a péri,
» serait déshonneur. »

Ne dirait-on pas des fragments détachés d'un même ouvrage (1)? C'est qu'en effet, sauf quelques

---

(1) M. Amédée Thierry ne partage pas cette opinion. A l'en croire, l'*institution des dévouements*, ibérienne d'origine, *était inconnue au reste de la Gaule*. (V. *Hist. des Gaulois.* T. II. p. 13.) Voyons donc sur quel fondement l'auteur appuie cette assertion. « Les soldures, qu'Athénée appelle *silodunes*, étaient des Ibères, car, dans la langue basque, *saldun-a* signifie un chevalier, un gentilhomme ; donc, l'usage de se dévouer à un chef devait être inconnu des nations gauloises.»—L'argument, je l'avoue, ne me semble pas péremptoire. En admettant même que les Sotiates ne fussent pas des Gaulois (ce qui ne me paraît nullement prouvé), serait-on autorisé à soutenir que

différences sociales que Meyer explique fort judicieusement, par la plus ou moins grande fertilité

l'*institution des dévouements* était inconnue au reste de la Gaule? Qu'étaient-ce donc, sinon des *dévoués*, que ces clients de Litavicus, qui, *suivant l'usage*, ne veulent pas abandonner leur patron dans la circonstance *la plus désespérée* (Cæs. Bell. Gall. L. VII. c. 40)? que ces ambactes qui se font brûler sur le bucher de leur chef (L. VI, c. 1.)? que ces fidèles de la *Trimarcisia* des Galates, lesquels, pendant la bataille, ne songent qu'à défendre leur maître (*Paus. in Phocicis.*)? La coutume de s'attacher à un chef dont on partageait la fortune et qui devait pourvoir à tous vos besoins, était générale chez les peuplades gauloises comme dans la Germanie. Il y avait même des nations qui, comme les Bretons au moyen-âge et les Suisses encore de nos jours, fournissaient des corps entiers de troupes à tous ceux qui voulaient payer leurs services. Quand les Boiens et les Insubres résolurent de faire la guerre aux Romains, sous le consulat de Marcus Lepidus, dit Polybe (L. II. c. 22), ils envoyèrent demander des secours aux Gaulois qui habitaient le long des Alpes et du Rhône et qu'on appelait Gaisates (Γαίσαται), parce qu'ils servaient pour une solde (ἡ γὰρ λέξις αὕτη τοῦτο σημαίνει κυρίως). Or, ces Gaisates (en gallois *Gwesyn, Servulus, Vassalus*) n'étaient-ce pas de véritables *Soldures*? Ce mot, nous le retrouvons en Bretagne, au moyen-âge, et sous la même signification : « Pateat notitiæ fidelium quòd tempore Fredorii Vicecomitis atque Rodaldi filii ejus, fuit cum illis *miles soldearius* nomine Tangui...» (V. Dom Morice, *Hist. de Bret.*, *Preuves*. T. I. c. 477.) Dans une donation faite au monastère de Saint-Florent par un seigneur breton, vers la fin du XI siècle, je lis aussi : « Mundi termino appropinquante, ego Ebroinus, miles *stipendiarius*... (Dom Morice. T. I. Preuves. c. 438).

Enfin quelques vers du poëme d'Ermoldus Nigellus sur la guerre de Louis-le-Débonnaire, en Bretagne, me prouvent que Morvan, comte de Léon, et chef suprême du pays, avait aussi de ces soldures à sa solde pendant la guerre qu'il fit aux Francs :

« .... Ubi nunc *promissa per annum*
Dextera? nunc Francos nullus adire valet.
(Carm. Lud. Pii. Vers. 399.)

On se rappelle que l'Eduen Dumnorix avait toujours autour de lui

du sol dans ces diverses contrées (1), les mœurs et les coutumes de tous ces peuples se rapprochaient bien plus entr'elles que ne l'ont pensé la plupart des savants (2).

une nombreuse cavalerie. « Magnum numerum equitatûs suo sumptu semper alere et circum se habere. (*Cæs.* L. I. c. 18, *de Bell. Gall.*) — Magno semper *electorum juvenum* circumdari, dit Tacite (V. *Suprà*). »

1 — Dans son beau travail sur les Institutions mérovingiennes, notre compatriote M. Le Huërou, après avoir montré que l'union du chef et du guerrier germains était toujours personnelle, quelquefois temporaire, jamais héréditaire, ajoute ces mots : « C'est la *différence es-* » *sentielle* qui la sépare des *clans* celtiques et des *gentes* de l'an- » cienne Italie, où le patronage et la clientèle, le commandement et » l'obéissance se transmettaient du père aux enfants. » Le savant historien, si sobre d'ordinaire d'assertions hasardées, se montre infidèle ici à sa réserve habituelle. Il confond le *clan* et la *clientèle* avec le *comitatus*. Or, l'on a pu se convaincre, par ce qui précède, que c'étaient là des choses fort distinctes. D'ailleurs, en admettant même, pour un instant, qu'il y eût identité entre les deux institutions, il ne faudrait pas se hâter de proclamer que le patronage et la clientèle se transmettaient du père aux enfants par *droit héréditaire*, car Denys d'Halicarnasse dit formellement que si ces liens se perpétuaient de génération en génération, c'était par une *continuation volontaire*. Cette assertion, il est vrai, n'est guère vraisemblable; mais enfin, il n'est pas permis de s'appuyer sur *un fait contesté*. Quant à *l'hérédité du clan celtique*, on verra ailleurs ce qu'il en faut penser.

(1) Meyer. *Instit. judic.* T. I. p. 34.

(2) César, qui avait eu peu d'occasions d'étudier les mœurs des Germains, les trouva différentes de celles des Gaulois, sur quelques points du moins : « Germani, ab hac consuetudine differunt. » (*De Bell. Gall.* L. VI. c. 21.) Strabon, mieux informé, nous apprend *que ces deux peuples avaient une origine commune, soit qu'on les considérât du côté du caractère, de la manière de vivre ou* DE SE GOUVERNER, *soit qu'on examinât le pays qu'ils occupaient.*

(Strab. L. IV. c. 4. p. 196.)

Les recherches qu'on va lire sur la clientèle antique mettront cette vérité dans tout son jour.

— L'origine de cette institution se perd dans la nuit des siècles. A Rome, avant la formation de la commune plébéienne, lorsque tous les Romains se trouvaient répartis dans les tribus primitives, le peuple, ne consistait qu'en *patrons* et en *clients* (1). Le père et la mère de famille étaient *patronus* et *matrona* à l'égard de leurs enfants, de leurs serviteurs et de tous ceux qui leur obéissaient (*clientes*) (2). Plus tard on donna ce nom à des hommes sans propriétés et sans profession, auxquels des patriciens, ou, si l'on veut, des patrons (3), avaient concédé, à titre précaire, une habitation et deux arpens de terre labourable. Ces *tenanciers* étaient unis à leurs maîtres par des liens si étroits, qu'Aulu-Gelle va jusqu'à dire que les devoirs de ces derniers envers leurs clients étaient plus sacrés que ceux qui les attachaient à leurs propres enfants (4).

Les clients avaient, de leur côté, de nombreuses obligations à remplir à l'égard de leurs chefs. Ceux-

---

(1) Niebuhr. T. II. p. 25.

(2) De *Cluere*.

(3) Patres senatores ideo appellati sunt, quia agrorum partes attribuebant tenuioribus, perinde ac liberis propriis.
(Festus, complété à l'aide de fragm. Nieb. p. 32 T. II.)

(4) Aulu-Gelle, V, 13, XXI, 1. — Voy. Denys d'Hal. II, 9, 10. p. 83-85.

ci mariaient-ils leurs filles ; étaient-ils faits prisonniers par l'ennemi ou condamnés à payer des amendes ; toute leur clientèle était appelée à participer à ces diverses charges (1). Si le client mourait sans héritiers, le patron lui succédait (2).

Tels sont les renseignements que nous fournissent les historiens anciens sur l'institution du patronat à Rome. Denys d'Halicarnasse la compare à la *Penestie*, sorte de servage jadis en vigueur dans la Thessalie (3). Mais il paraîtrait que les rapports de supérieur à inférieur étaient relevés à Rome par des usages plus nobles. C'est ce qui avait lieu aussi dans la Gaule et dans l'île de Bretagne. Les analogies frappantes qu'on a pu remarquer entre la clientèle romaine et le vasselage féodal en sont la preuve incontestable, à

---

(1) Dans la très-ancienne coutume de Bretagne, il y a plusieurs cas où l'*homme* est tenu de venir en aide à son *seigneur* : 1° quand le seigneur marie sa fille ; 2° quand il est pris dans une guerre entreprise *pour le profit commun* ; 3° quand son fils est fait chevalier ; 4° quand il est arrêté pour dettes ; 5° quand il fait bâtir une forteresse qui doit servir de refuge aux vassaux en temps de guerre.
(V. *La très-ancienne coutume.*—Nantes, 1710.—Ch. 219. p. 204.)

(2) Autre analogie avec les coutumes du moyen-âge.—Voyez sur ce droit la préface de Reiz sur Nieuport.—L'illustre Blackstone s'est souvenu des clients romains en traitant des devoirs des vassaux au moyen-âge. (*Ancient tenures*. Blackstone. T. II. p. 64. éd. de 1778.)

(3) Chez les Grecs, il y avait de semblables rapports de protection en faveur du Métèque, qui était obligé de se choisir un tuteur ($\pi\rho\sigma\tau\acute{\alpha}\tau\eta\varsigma$) parmi les citoyens.

moins, cependant, qu'on ne prétende (ce qui nous étonnerait peu) que les prestations auxquelles étaient soumis les vassaux du moyen-âge ne sont qu'une imitation des coutumes romaines (1). Quoi qu'il en soit, un fait ne saurait être contesté ; c'est que l'usage de se placer sous la tutelle d'un patron était en pleine vigueur dans la Gaule, quand les

(1) L'admiration de certains jurisconsultes français pour le Droit romain dépasse par fois toutes les bornes. Nous entendions, il y a quelques années, un savant professeur défendre, avec une énergie digne d'une meilleure cause, le principe de l'esclavage chez les Romains. D'autres ne poussent pas jusque-là le *fanatisme*; mais, dans leur enthousiasme exclusif, ils effacent d'un trait de plume l'un des éléments essentiels de nos sociétés modernes, *l'élément barbare*. C'est ainsi qu'un jeune et brillant écrivain, dans une histoire du Droit français, ne tient aucun compte des coutumes germaniques ; c'est ainsi que M. Berriat-Saint-Prix anéantit complètement la distinction des pays de Droit écrit et des pays de Droit coutumier, parce que, dans toutes ces contrées, dit-il, les Universités et les Praticiens avaient dû faire triompher les principes du Droit romain. (Voir l'*Hist. du Droit romain*, p. 218-231, M. Berriat-S.-Prix.) L'auteur soutient cette thèse, qu'il faut retrancher des pays dits coutumiers toutes les localités dont les coutumes reconnaissent le Droit romain comme Droit commun, ou l'adoptent pour base, ou renvoient à ses dispositions. Il ne resterait donc plus que les coutumes de Paris, de Bretagne et de Normandie. Mais là encore le Droit romain était le Droit commun, ajoute l'historien, car il n'y avait pas d'autre Droit subsidiaire. Seulement la violation du Droit romain ne donnait pas ouverture à cassation.

A tout cela il n'y a qu'un mot à répondre. L'*Edictum Pistense* qui établit *historiquement* la distinction des pays de Droit écrit et de Droit coutumier, porte la date de l'an 864. Or, personne n'ignore à quelle époque les universités et les jurisconsultes propagèrent la connaissance du Droit romain. Quant aux principes de la cassation, M. Berriat-S.-Prix sait bien mieux que nous que l'origine en est toute moderne.

légions romaines l'envahirent pour la première fois (1).

L'on a vu que la société gauloise n'était en quelque sorte qu'une vaste association de patrons et de clients (2). César nous a laissé, en outre, quelques détails curieux sur la clientèle proprement dite. Orgétorix avait été jeté dans les fers par les Helvètes, accusé qu'il était d'avoir tramé, avec l'Eduen Dumnorix, un complot contre la liberté de son pays. Au jour fixé pour le procès, dit l'historien, Orgétorix fit comparaître devant le tribunal tout son clan (*familia*) qui s'élevait à dix mille hommes, et tous ses clients et ses *obœrati*, dont le nombre était très-considérable. « Die constitutâ causæ dictionis, Orgetorix ad judicium omnem suam familiam, ad hominum millia decem, undique coegit; et omnes clientes obæratosque suos, quorum magnum numerum habebat, eodem conduxit (3). »

Tout est riche, fécond en conséquences dans ce peu de mots. — Les membres du clan (familia) y

_____

(1) Ce système de protectorat a existé chez tous les peuples; mais, comme le fait très-judicieusement observer M. Naudet (*Mémoires de l'Académie des Inscript.* T. VIII, pag. 425 et suiv.), la Germanie et la Gaule *offrent seules l'exemple de ces hommes qui, d'un mouvement libre, se dévouaient à des hommes choisis par eux et combattaient pour eux, non pour l'état.*

(2) V. p. 74.
(3) Cæs. Bell. Gall. L. I. c. 4.

sont nettement distingués des *clients* et des *obœrati*.—Les uns font partie de *la race*, les autres ne sont que des dévoués et des *ouvriers ruraux*.

Quant aux charges imposées aux clients gaulois, César n'en fait pas expressément mention; mais, en rapprochant divers passages de la guerre des Gaules, il est facile de se convaincre que ces charges n'étaient ni moins rigoureuses ni moins obligatoires que celles qui pesaient sur la clientèle romaine. Vercingetorix, chassé de Gergovie, convoque ses clients, et tous prennent aussitôt parti pour leur maître (1). Litavicus, abandonné par ses concitoyens, qu'il avait entraînés à la révolte, est forcé de fuir, et pas un de ceux dont il est le patron ne lui manque de fidélité. « Litavicus cum suis clientibus, quibus nefas more Gallorum est, *etiam in extrema* fortuna, deserere patronos,... profugit (2). »

Ce dévouement sans limite nous donne la mesure des obligations que contractaient mutuellement et chefs et vassaux.

II. Les obærati étaient des hommes libres qui, à cause de leur insolvabilité, étaient réduits à travailler aux champs comme des esclaves, jusqu'à entier acquittement de leurs dettes (3).

---

(1) Cæs. de Bell. Gall. L. VII. c. 4.
(2) Cæs. de Bell. Gall. L. VII. c. 40.
(3) Plutarque (in Solon.) nous apprend qu'à Athènes les débiteurs

Cet usage de mettre les personnes en gage existait chez les Romains dès la plus haute antiquité (1), et, comme nous le retrouvons, presque sans modification, dans les lois des Bretons insulaires (2), il est à croire que les choses se passaient de même

---

labouraient la terre au profit de leurs créanciers, ou engageaient leurs corps pour garantie de leurs dettes.—Ils pouvaient même être vendus comme esclaves à des étrangers. (V. plus bas les textes de Varron et des lois d'Hoël-Dda.)

(1) Denys d'Halicarnasse prétend qu'après l'expulsion des Tarquins, les nouveaux consuls remirent en vigueur les lois de Servius, qui interdisaient de mettre les personnes en gage.

Καὶ τοὺς νόμους τοὺς περὶ τῶν συμβολαίων τοὺς ὑπὸ Τυλλίου γραφέντας, φιλανθρώπους καὶ δημοτικοὺς εἶναι δοκοῦντας, οὓς ἅπαντας κατέλυσε Ταρκύνιος, ἀνενεώσαντο.

(2) Leges Hoëli-Dda. L. V. c. 2. p. 456. alin. 45 : « Si vir ingenuus » *qui terram liberam possidet*, se ipsum *pro servo* dat *nobili* (Mabu-» chelwr, id est, filio altissimi viri), et maneat cum illo ad quoddam » tempus, et eo tempore cùm servus fuerit istius nobilis (seu Mabu-» chelwr), etc... Isti vero abire à nobili licebit, quando velit ; tantum-» modo solvere tenebitur nobili quodcumque debitum erit illi, juxtà » leges Hoëli. » L'homme libre ainsi réduit à une servitude temporaire, s'appelait en gallois *Carillawedrawg* ; mot que Wotton traduit ainsi : « Vir cui licet ire ubicumque velit. » C'est la définition que nos anciennes chartes donnent de l'homme libre. Nous lisons dans Varron :

Omnes agri coluntur ab hominibus servis aut liberis aut utrisque. Liberis aut cùm ipsi colunt, aut plerique pauperculi cum sua progenie : aut *mercenariis*, et conductitiis liberorum operis, res majores, ut vindemias et fænisicia administrant ii, quos obæratos nostri vocitârunt... (Varron, *de R. Rust.* L. I. c. 17.) Ailleurs Varron nous donne l'étymologie du mot *obæratus* : « Liber qui suas operas in servitute pro pecunia quam debeat, dat, dùm solveret, nexus vocatur ut ab ære obæratus. (Varr. *de lingua latina.* Edit. 1563 ; apud Heredes Lugduni. p. 91.)

chez les Gaulois (3). C'est parmi les obærati que les ambitieux de la Gaule recrutaient une partie de leurs partisans. Lorsque Vercingetorix eut été chassé de Gergovie par son oncle et par les autres princes de la cité, ce fut dans les campagnes qu'il leva la plupart de ses soldats (1).

Nous aurions à rechercher maintenant quel était le sort des esclaves proprement dits chez les Gaulois ; mais, comme il en est à peine parlé dans les Commentaires (2), ici doivent se terminer ces études sur l'état des personnes dans les Gaules. Qu'il nous soit cependant permis, avant de passer aux institutions

(1) César (L. V. c. 14.) nous dit que les institutions de la Gaule différaient peu de celles de la Bretagne.

(2) .... Convocatis suis clientibus, facile eos incendit ; cognito ejus concilio, ad arma concurritur : ab Gobanitione, patruo suo, reliquisque principibus, qui hanc tentandam fortunam non existimamabant, expellitur (Vercingetorix) ex urbe Gergoviâ. Non tamen desistit, atque in agris habet delectum egentium ac perditorum.
(Cæs. Bell. Gall. L. VII. c. 4.)

(3) Il est très-probable que leur nombre était fort peu considérable dans la Gaule, comme dans la Bretagne (V. plus loin : *Etats des personnes chez les Bretons*). Je ne connais qu'un seul passage de la guerre des Gaules où il soit fait mention d'*esclavage* et d'affranchissement : « Erat unus intùs Nervius, nomine Vertico, loco natus honesto, qui à prima obsidione ad Ciceronem perfugerat, suamque ei fidem præstiterat. Hic servo, spe libertatis magnisque persuadet præmiis, ut litteras ad Cæsarem deferat. Has ille in jaculo alligatas affert, et Gallus inter Gallos sine ullâ suspicione versatus, etc.
(Cæs. Bell. Gall. L. V. c. 45.)

politiques, de jeter un coup-d'œil rapide sur les mœurs et les habitudes des nations établies dans cette contrée.

Un des préjugés du dernier siècle, préjugé qui a enfanté de nos jours les plus incroyables extravagances, c'est que l'homme est parti d'un état de grossièreté sauvage, pour arriver, de progrès en progrès, au point où nous le voyons aujourd'hui. Or, l'erreur en philosophie a pour conséquence immédiate *et nécessaire* l'erreur en histoire. Aussi, qu'est-il arrivé? C'est que la plupart des historiens, confondant avec la civilisation proprement dite (élément essentiel de toute société) cette autre civilisation des lettres, des arts, de l'industrie, dont la nécessité n'est, à tout prendre, que secondaire, n'ont voulu voir dans les peuples barbares que des troupeaux de loups affamés qui portaient au loin l'effroi et le carnage. C'est à ce point de vue, en effet, que les écrivains modernes nous ont généralement dépeint les tribus qui envahirent la Gaule au cinquième siècle. Quant aux Gaulois, comme plusieurs auteurs grecs et latins témoignent de l'état relativement avancé de leur civilisation, force a été de les placer un peu plus haut dans l'échelle sociale. Toutefois, malgré les admirables travaux des philologues de ce siècle, la philosophie de l'histoire se complaît encore parfois à représenter les *Celtes* comme une race d'hommes riches d'instincts, éminemment accessibles *au progrès*, mais n'ayant ni pensée sociale, ni prévoyance des événements.

Le lecteur a déjà pu se faire une idée du degré d'exactitude historique de toutes ces assertions. Les faits qui vont suivre le mettront à même de prononcer un jugement en toute connaissance de cause.

Suivant Pline, ce furent les Eduens (1) qui inventèrent les procédés du placage, et les Bituriges ceux de l'étamage (2). La Gaule était renommée pour ses belles étoffes brochées et pour ses teintures. On lui attribue l'invention de la charrue à roues (3), des cribles de crin, des tonneaux en bois cerclés propres à conserver les vins (4). Ce fut-elle encore qui, la première, fit usage de la marne comme engrais (5), et de l'écume de bierre comme levain pour le pain (6).

Sa marine était formidable et admirablement

---

(1) M. Amédée Thierry fait dériver ce nom du mot *aed*, mouton. Pour quelle raison? — L'historien a-t-il lu quelque part que les Aeduens se consacrassent spécialement à élever des moutons? Je lui ferai observer que l'histoire nous représente ce peuple comme l'un des plus riches et des plus civilisés de la Gaule. D'après cela, n'est-il pas à croire que cette peuplade s'occupait beaucoup plus d'agriculture que la plupart de ses voisins?

(2) Plin. L. XXXIV. c. 8 et c. 17.
(3) Plin. L. VIII. c. 48, et L. XVIII. c. 18.
(4) Plin. L. XVIII. c. 2. et L. XIV. c. 21.
(5) Plin. L. XVIII. c. 6 et 8.
(6) Plin. L. XVIII. c. 7.

appropriée aux parages dans lesquels s'exerçait son commerce. César vit avec étonnement les deux cent vingt vaisseaux que les Venètes opposèrent à la flotte de D. Brutus (1). Les fréquentes relations de toute la côte maritime avec les Massaliotes avaient dû exercer nécessairement une grande influence sur les habitudes nationales. Les cités occidentales de la péninsule gauloise, si arriérées aujourd'hui, marchaient alors à la tête de la civilisation armoricaine.

La richesse gauloise était passée en proverbe (2). Les prodigalités des chefs de tribus semblaient, il est vrai, la justifier. Posidonius rapporte qu'un prince des Arvernes, qu'il nomme Luern, ne paraissait jamais en public sans faire pleuvoir des pièces d'or et d'argent sur la foule (3). Et sa magnificence ne s'arrêtait pas là. Il donnait quelquefois de grands festins ; et, dans l'enceinte de douze stades carrées, préparée pour les convives, il faisait creuser des citernes qu'on remplissait d'hydromel, de vin et de bierre. Le voyageur grec nous a laissé une description caractéristique de ces repas gaulois.

« Les mets placés sur la table consistent, dit-

---

(1) Cæs. Bell. Gall. L. III. c. 13.
(2) Plut. et Suét. in Cæs. Strab. L. IV.
(3) Φράγμα τε ποιεῖν δωδεκαστάδιον τετράγωνον, ἐν ᾧ πληροῦν ληνοὺς πολυτελοῦς πόματος. (Pos. L. XXIII. Ap. Ath. L. IV. C. 13.)

» il, en peu de pain, et une grande quantité de
» viande bouillie, rôtie, grillée : le tout servi
» très-proprement dans des plats de bois ou de terre
» cuite chez les pauvres, de cuivre ou d'argent
» chez les riches... Les serviteurs font circuler à
» la ronde un vase, en terre ou en métal, conte-
» nant, suivant la fortune du maître qui reçoit,
» du vin de Gaule et d'Italie, de la bierre ou de
» l'hydromel. On boit peu chaque fois, mais on
» le fait fréquemment.

» Dans les repas d'apparat, *la table est ronde*;
» les convives se rangent en cercle tout autour.
» La place du milieu est réservée au guerrier le
» plus illustre par sa vaillance, sa naissance ou ses
» richesses. A côté de lui se place le maître du lo-
» gis et, successivement, chaque convive, d'après
» *sa dignité personnelle et sa classe* : c'est là le cer-
» cle des *patrons*. Derrière eux sont assis, en cer-
» cle aussi, *les fidèles, les suivants d'armes ; une
» rangée porte les boucliers*, l'autre rangée porte les
» lances; tous sont traités comme leurs maîtres (1). »

A la suite de ces festins, les Gaulois avaient l'habitude de se mesurer dans des duels simulés. — « Ce
» n'était d'abord qu'un jeu, rapporte Posidonius;
» mais dès que le sang de l'un des champions avait
» coulé, le combat devenait terrible, et l'on était

---

(1) Posidon. Ap. Athen. L. IV. c. 13.

» obligé

» obligé, pour éviter que l'un des deux ne restât
» sur la place, de se jeter entre eux et de les sé-
» parer (1). »

Tandis que les hommes menaient cette vie pleine de périls et d'agitations, les femmes étaient asservies à toutes les occupations domestiques de l'autre sexe (2). Toutefois, une coutume rapportée par César nous prouve que, parmi ces peuples appelés barbares par leurs vainqueurs, la condition des femmes était plus douce que chez les Romains, bien qu'elles fussent, comme à Rome, sous la dépendance absolue de leur mari. La communauté de biens entre époux régnait, en effet, dans la Gaule, à l'époque de la conquête. Autant le mari recevait de sa femme à titre de dot, autant il mettait de ses propres biens ; on dressait conjointement un état de ce capital, en réservant les intérêts, et le tout appartenait au survivant (3).

---

(1) Ib. loc. cit. et Diod. de Sicile. L. V. c. 28.

(2) *Strab.* Liv. IV. c. 4. C'est probablement à cet asservissement des femmes à des travaux qui ne sont pas de leur sexe, qu'Aristote fait allusion, lorsqu'il dit (*Polit.* L. II. c. 9) que *les Celtes* n'étaient pas soumis aux femmes. — Dans la Basse-Bretagne, sur le littoral spécialement, et dans quelques-unes des petites îles dont il est parsemé, les femmes se livrent encore aux travaux les plus durs. La culture des terres leur est même tout-à-fait confiée. Les maris vont à la pêche. — Les femmes étaient, chez les Bretons comme à Rome, sous la puissance absolue du mari. (Voir le ch. sur *les lois bretonnes.*)

(3) Viri quantas pecunias ab uxoribus dotis nomine acceperunt, tantas ex suis bonis, estimatione factâ, cum dotibus communicant.

Les maisons, très-nombreuses dans la Gaule (1), étaient construites avec des planches et des claies, et terminées par un toit cintré recouvert d'un chaume épais (2). Outre les grands villages dont se composait chaque *pagus*, la Gaule renfermait un certain nombre de villes et d'*oppida*, retraites où, au premier signal de guerre, la population venait se renfermer avec ses troupeaux et ses meubles (3). La demeure de chaque chef de tribu était aussi une sorte de petite forteresse défendue par le courant d'un fleuve, par des abattis d'arbres ou par des marécages (4). Le lait de leurs troupeaux, la chair des animaux sauvages et surtout celle du porc, formaient la principale nourriture dans ces petites sociétés rurales.

Voilà les détails les plus importants que nous ayons pu recueillir, chez les historiens anciens, sur l'état social, les mœurs et les habitudes de nos pères. Ces détails faciliteront l'intelligence des époques dont nous aurons plus tard à dérouler le tableau.

Hujus omnis pecuniæ conjunctim ratio habetur, fructusque servantur. Uter eorum vitâ superârit, ad eum pars utriusque cum fructibus superiorum temporum pervenit.   (*Cæs. de Bell. Gall.* L. VI. c. 19.)

(1) Cæs. Bell. Gall. L. V. c. 12.

(2) Strab. L. IV. c. 4.

(3) Cæs. Bell. Gall. L. VI. c. 30. et L. V. c. 21. Voir dans Ermoldus Nigellus la description de la demeure de Morvan (*Ci-après*).

(4) Cæs. Bell. Gall. L. VI. c. 13.

§. III. *Institutions politiques de la Gaule.*

La plupart des jurisconsultes qui, au seizième et au dix-septième siècles, consacrèrent leurs veilles à l'étude des législations antiques, obéissaient, comme les philologues leurs contemporains, à un déplorable esprit de système. Personne n'ignore que ces derniers, quel que fût d'ailleurs leur rang dans la science, étaient sans cesse préoccupés du chimérique espoir de retrouver la langue-mère qui devait renfermer, en quelque sorte, le germe de toutes les autres. De là la direction générale des travaux philologiques vers un même but, la filiation des langues. La langue A est-elle plus ancienne que la langue B ? Tel était le cercle où l'on s'emprisonnait. Quant à l'affinité qui pouvait exister entre un grand nombre d'idiomes, c'est à peine si l'on songeait à la constater. Deux langues offraient-elles quelques points de ressemblance ; vite on en concluait que l'une était la source de l'autre (1).

(1) On a frappé de ridicule, et non sans raison assurément, les systèmes des *celtomanes*. Leur méthode, qui consistait à opérer entièrement par l'étymologie, et *non par la comparaison*; à chercher, dans le dialecte de leur village, *le mot original* qui contenait en lui le germe du terme qu'ils examinaient; cette méthode, dis-je, était souverainement mauvaise, je suis loin de le contester ; mais

Les jurisconsultes ne procédaient pas autrement. Un petit nombre d'entre eux avait bien entrevu quelques analogies entre les institutions primitives de la Grèce, de l'Italie, de la Gaule, de la Bretagne et de la Germanie ; mais quoique plusieurs de ces institutions fussent trop fondamentales, chez chacune de ces nations, pour qu'on pût les supposer de pure adoption, ils ne surent imaginer d'autre explication de ce fait, sinon que l'une de ces législations avait servi de modèle à toutes les autres. Les grands travaux des savants modernes ont fait justice de ces conclusions exclusives. Toutefois, il n'est pas rare encore de les entendre formuler dans nos Facultés où quelques professeurs, fi-

---

pourquoi gratifier les *philologues celtiques* du monopole de toutes ces absurdités? Tous leurs confrères, à la même époque, ne procédaient-ils pas de la même manière ? Qui ne sait les prétentions de Webb sur le chinois (Lond. 1678)? Celles de dom Pedro de Astarloa sur le basque (*Apologie de la langue basque.* — Madrid 1803)? Le très-savant Goropius Becanus lui-même n'a-t-il pas présenté sa langue maternelle, le flamand, comme le langage du Paradis terrestre (*Orig. Antuerpianæ*, Antw. 1569. p. 534. et sqq.)?

Enfin, aujourd'hui encore, quelques descendants de ces visionnaires (dans un but tout différent de celui qu'avaient leurs devanciers) n'ont-ils pas laissé percer la prétention de faire du sanskrit la source de tous les idiomes de la même famille ? Si les études sanskrites ne sont pas tombées, malgré les écarts de certains hommes, aussi bas que les recherches des celtomanes du siècle dernier, il faut en remercier quelques savants philologues qui, comme M. Eugène Burnouf, ont su résister à l'entraînement des systèmes.

dèles aux vieilles traditions de l'école, soutiennent une lutte désespérée contre les envahissements de plus en plus menaçants du droit historique. Nous aurons plus d'une occasion, dans le cours de ce travail, de combattre ces préjugés enracinés. Pour le présent, il s'agit de rechercher, au milieu des ténèbres des vieux âges, les éléments constitutifs de l'organisation politique en vigueur dans les Gaules au moment de la conquête. Pour arriver à nous faire une idée exacte de ce qu'était, à cette époque, la constitution des peuples que nous devons étudier, reportons-nous, par abstraction, à des temps plus reculés encore, et essayons de nous représenter ce que pouvait être, aux premiers jours de l'existence politique de ces nations, le pacte social qui unissait entre elles toutes leurs tribus belliqueuses. Nous vérifierons ensuite, l'histoire à la main, si l'esquisse que nous nous sommes tracée, à l'avance, de leurs institutions, est conforme aux notions que les anciens nous ont laissées sur ce point.

Supposons donc une peuplade guerrière établie sur un vaste territoire, au milieu d'autres tribus issues de la même race, et toujours prêtes à faire une guerre de brigandage à leurs voisins. Menacée sans cesse dans son indépendance, la peuplade dont nous parlons se rattachera tout d'abord à un certain nombre de petites nations par un lien fédéral. Cette fédération, dont le but n'est pas seulement un règlement de défense commune, mais aussi l'échange des produits de toutes les tribus, aura pour garantie un simple tribunal. Que si, cependant, les peuplades confédérées ont fait partie jadis d'une grande unité nationale, une sorte de pouvoir central reliera entre elles toutes ces branches détachées d'un même tronc (1). Dans une société ainsi organisée, le courage et l'audace sont les vertus les mieux appréciées. Les guerriers s'assemblent toujours en armes pour décider des affaires majeures de la nation ; celles de détail sont traitées par les princes de la cité, c'est-à-dire, par les chefs de famille. Dans toutes ces assemblées, ceux-là ont la haute main, dont les exploits sont les plus célèbres ou la clientèle la plus nombreuse. Dès que la guerre a été résolue par la nation, nul ne peut se soustraire au devoir de porter les armes. Quiconque refuserait de marcher, serait de droit exclu de la société.

Les rois sont choisis parmi les plus nobles, les chefs parmi les plus braves. Leur pouvoir n'est pas illimité. La souveraineté appartient au peuple, c'est-à-dire aux guerriers réunis. Un chef dont les plans ont été repoussés par l'assemblée

---

(1) C'est ce qui avait lieu dans les Gaules, dont le centre fédératif était la cité des Carnutes.

de la nation, a toute liberté d'en poursuivre l'exécution à ses risques et périls. La guerre et le pillage lui fournissent une solde pour récompenser les aventuriers jaloux de partager ses dangers.

Des mesures efficaces sont prises, sinon pour préserver, du moins pour réprimer les haines particulières. L'homme libre qui en outrage un autre fait participer tous les siens au châtiment que la loi lui réserve; toute sa parenté est condamnée à réparer la faute qu'il a commise. La peine capitale ne frappe que le lâche. Dans une association dont le but est la sûreté mutuelle, la punition la plus grave est le bannissement. L'exilé est donc traité en ennemi. Nulle pitié, nul secours pour lui. Il a brisé le pacte qui lui garantissait assistance et protection. —

Qu'on parcoure les premiers feuillets de l'histoire, qu'on interroge les récits de tous les voyageurs, partout l'on retrouvera les traces de cet état social. Les Romains eux-mêmes, bien que l'admirable fertilité du sol de l'Italie ait développé de bonne heure parmi eux quelques germes de civilisation, les Romains, sous le gouvernement des rois, étaient régis par des coutumes à peu près semblables. A Rome, comme dans les Gaules, comme dans la Germanie, les guerriers armés pour défendre la patrie (1) formaient seuls la na-

---

(1) *Quirites.* — Dom Le Pelletier, dans son Dictionnaire breton,

tion. La peine la plus grave pour le citoyen était l'exclusion de la cité (*aquæ et ignis interdictio*). Cette exclusion, le peuple assemblé pouvait seul la prononcer (1), car lui seul possédait la souveraineté (2), etc., etc. Ces analogies ne sont-elles pas frappantes? Nous en signalerons bien d'autres encore; mais il est temps de revenir aux Gaulois, dont nous devons tout spécialement étudier ici les institutions politiques.

A l'époque où César fit la conquête des Gaules, cette contrée était divisée, comme on l'a vu, en trois régions; la Celtique, la Belgique et l'Aquitaine. Chacune de ces confédérations renfermait un certain nombre de cités ou d'états les uns indépendants, les autres tributaires. Ces cités se subdivisaient elles-mêmes en pagi ou cantons. Quatre pagi composaient ordinairement le territoire d'une cité; il est permis du moins de l'induire de quelques exemples que l'histoire nous fournit (3). A

---

fruit de 25 années de travail, émet sur le mot *quirites* une conjecture que je livre, sans l'adopter, à la critique des philologues. «Nous savons, d'après Varron, dit-il, que Quirites tire son origine *ab eis qui cum Tatio rege in societatem venerunt;* or, chez les Bretons, les habitants des villes, ceux qui jouissent du droit de cité, sont désignés par le nom collectif de *kaeris* ou *keris* (bourgeoisie).»

(Dom Le Pelletier. *Dict. bret.* c. 463, *au mot* kaer).

(1) De capite civis, nisi per maximum comitatum, ne ferunto.
(2) Denys d'Hal. II. 14. p. 87. C. VI. 66. p. 392. A. — Voy. Niebuhr. *Hist. rom.* et suprà p. p.
(3) La cité des Helvètes, dit César (*de Bell. Gall.* L. 1. c. 12), était

la tête de chaque cité, souvent même de chaque pagus, étaient placés deux chefs (1), auxquels les historiens romains donnaient le titre de *reges*, mais que les Gaulois, dans leur idiome national, désignaient sans doute sous un autre nom (2). La nais-

divisée en quatre *pagi*. Plus loin, il nous apprend que le *Cantium* était gouverné par quatre petits chefs. (L. V. c. 22). Cette division en quatre cantons existait aussi chez les Galates de l'Asie. (*V. plus bas*) et chez toutes les nations bretonnes. — On la retrouve chez les peuplades de la Grèce et de l'Italie. Chaque cité renfermait, à ce qu'il semble, douze *oppida*. Il en était ainsi, du moins, chez les Helvètes et chez les Suessons (*Cæs.* L. I. c. 5. *et* L. II. c. 4). Les Etrusques, divisés en douze tribus, ayant chacune pour chef un *Lucumo*, comptaient aussi douze villes principales. Nous verrons plus loin que chez les Gallois chaque *cwmmwd* (pagus) était partagé en douze *maenawr* ou *oppida*. (*Leges Wall.* Hoël-dda. L. II. c. 19. §. 10.)

(1) Strabon (L. IV. c. 4) dit expressément que les Gaulois nommaient chaque année un gouverneur et un général d'armée. Il ressort, en effet, de divers passages de César, que, comme à Sparte, la suprême magistrature, chez les Gaulois, était remplie d'ordinaire par deux princes. Les Eduens semblent seuls avoir fait exception. « Cùm singuli magistratus antiquitùs creari, atque regiam potestatem obtinere... consuêssent, » lisons-nous dans les Commentaires. (*Bell. Gall.* L. VII. c. 32.) Resterait à savoir si les paroles de César ne signifient pas que chacune de ces deux charges devait être occupée par un seul individu: Il est à croire, en effet, que le *Vergobret* n'était que le *gouverneur* dont parle Strabon. L'emploi de général devait être plus vivement disputé par une noblesse guerrière. « Ex nobilitate reges, ex virtute duces. »

(2) *Brenin* est le mot que les anciennes lois galloises et irlandaises emploient pour désigner le chef d'une armée ou d'un pays. Le *brennus* des Latins n'était qu'une traduction de ce mot. Il s'est conservé fort long-temps en composition dans la plupart des provinces de France. Ainsi nous le retrouvons dans le *Cartulaire* de Saint-Père

sance, condition préalable à l'éligibilité, comme chez les Germains (1), désignait aux suffrages les *rois de la cité*, et le mérite militaire, les *rois suprêmes du pays*. Ce fait, qu'on a négligé de constater jusqu'ici, d'une double origine de la souveraineté chez les Gaulois, ressort pourtant, très-clairement, de divers passages des Commentaires. Vercingetorix, dit César, était fils de Celtill, prince arverne qui, après avoir exercé le pouvoir suprême sur tous les Gaulois, périt de la main des siens sur lesquels il voulait exercer la tyrannie (2).

Caswallawn dans l'île de Bretagne (3), Adcan-

---

de Chartres, dans le mot *brennaticum*, qui vient de *bren*, dit M. Guérard. (T. II. p. 845 *du Cart. précité.*) Le savant éditeur aurait pu ajouter que le *droit* de faire nourrir ses chiens par les colons appartenait spécialement au Bren ou Brenin, chez les Bretons.
(V. Leg. Wall. L. II. c. 12. §. 9.).

(1) Reges ex nobilitate, duces ex virtute sumunt. (Tacit. Germ. VII.) « Tacite s'est trompé en distinguant les deux fonctions, dit M. Guizot » (*Essai sur l'hist. de France.*, p. 286). Ce n'est pas à ce degré de ci- » vilisation qu'elles peuvent être séparées. »—Ce qui est certain, c'est que cette distinction existait chez les Gaulois et chez les Bretons. (V. *plus bas.*)

(2) Vercingetorix,.. cujus pater principatum Galliæ totius obtinuerat, quòd regnum appetebat, ab civitate erat interfectus,.. rex à suis appellatur, etc. (*Cæs. de Bell. Gall.* VII. 4.)

(3) Summa imperii bellique administrandi communi consilio permissa est *Cassivellauno*...Huic, superiore tempore, cum reliquis civitatibus continentia bella intercesserant. Sed nostro adventu permoti Britanni, hunc toti bello imperioque præfecerant.
(*De Bell. Gall.* L. V. c. 11.)

tuanus en Aquitaine (1), Viridovix chez les Unelles (2), Vincingetorix pendant la guerre d'Alise, furent revêtus de cette suprême dignité, dignité née au milieu des circonstances difficiles de l'invasion et qui finissaient avec elles (3). La royauté des cités, soumise à l'élection et souvent disputée à main armée par des chefs ambitieux, n'était aussi que temporaire (4). Chaque cité nommait an-

---

(1) Adcantuanus qui summam imperii tenebat...
(*Ib.* L. III. c. 22.)

(2) ... His præerat Viridovix, ac summam imperii tenebat earum omnium civitatum quæ defecerant. (*Ib.* L. III. c. 17.)

(3) Chez les peuples de la Péninsule armoricaine et chez les Bretons insulaires existait aussi cette double royauté. Outre les Rois ou Brenins ordinaires, on y élisait, dans certaines circonstances, *des chefs suprêmes du pays*, ou *Wortigern* (de *mór* ou *vôr, magnus*, et *tigern*; *tiern, teyrn, rex; princeps*). Au cinquième siècle, les insulaires déférèrent à l'un de ces généralissimes l'autorité souveraine, afin de résister aux invasions saxonnes. Morvan et Guyomarc'h, en Armorique, remplirent aussi ces fonctions, au neuvième siècle, lorsque les Francs envahirent la Bretagne. Quelquefois les Bretons de l'île venaient chercher *un chef suprême* sur le continent. Ainsi l'Eduen Diviliac avait régné sur la Bretagne, dit César (*De Bell. Gall.* L. II. c. 4).

(4) Un grand nombre de passages des Commentaires établissent ce fait : « Apud eos (Suessones) fuisse regem nostrâ etiam memoriâ Diviliacum, totius Galliæ potentissimum... nunc esse regem Galbam (L. II. c. 4). Ailleurs, il est dit qu'un certain nombre de Gaulois désiraient secouer le joug, parce que, avant l'arrivée des Romains, il était plus facile aux hommes puissants d'arriver à la souveraineté, qu'ils se disputaient comme une sorte d'apanage :

« Quòd in Gallia à potentioribus atque his qui ad conducendos homines facultates habebant, vulgò regna occupabantur; qui minùs facile

nuellement un gouverneur et un général des troupes (1). L'un exerçait, selon toute apparence, les devoirs attribués au Vergobret, l'autre était plus spécialement chargé de la défense du territoire. C'étaient les Druides qui, avec l'intervention des magistrats, élisaient les deux chefs de l'état (2). Il paraît que le pouvoir de ces Rois était renfermé dans des limites fort restreintes, comme dans la Grèce héroïque et dans l'Italie antique (3). Un

eam rem in imperio nostro consequi poterant. (*Bell. Gall.* L. II. c. 1.)» Bien que la royauté fût élective et temporaire, les fils de ceux qui avaient régné sur une nation avaient cependant plus de droits que d'autres à succéder au trône occupé par leur père. Les Trinobantes élurent pour roi, dit César, le jeune Mandubrat, dont le père avait régné sur ce peuple. (L. V. c. 20.)

(1) Strab. L. IV. c. 4. *V. infrà.*

(2) Convictolitanum, qui *per sacerdotes*, more civitatis, intromissis magistratibus, esset creatus, potestatem obtinere jussit.
(*Cæs.* L. VII. c. 30.)

(3) Ambiorix s'exprime ainsi au L. V. c. 27 de la Guerre des Gaules : «...Neque id, quod fecerit, de oppugnatione castrorum... suâ voluntate fecisse, sed coactu civitatis : suaque ejusmodi esse imperia, ut non minùs haberet in se juris multitudo, quàm ipse in multitudinem. — Nec regibus infinita potestas,» dit Tacite. (Germ. c. 7.) — V. Iliad. II. v. 53. et v. 91-98. — Des écrivains postérieurs, confirmant les témoignages du poëte, nous apprennent que, même lorsque la paix régnait au sein des états, les princes les plus puissants n'entreprenaient rien, sans avoir pris l'avis d'un conseil composé des premiers citoyens dont ils étaient ensuite obligés de communiquer les décisions à la nation assemblée. (Aristot. de Mor. III. 5. — Dionys. Halic. Ant. rom. II. — Plut. in Lycurg. — Arist. de rep. II. 10.)

Dans un curieux travail *sur l'origine et la nature du pouvoir*, un écrivain de talent, admirateur passionné du despotisme des monarchies

coup d'œil rapide jeté sur la constitution des Gaulois cisalpins va ajouter un nouveau poids à cette assertion..

orientales, fulmine ainsi l'anathème contre les Grecs des temps monarchiques : « Inachus, Cecrops, Cadmus furent à la fois rois et légis-
» lateurs chez les Hellènes... Mais ici se présente une circonstance sin-
» gulière, à laquelle, ce semble, on n'a fait jusqu'à ce jour que bien
» peu d'attention, mais dont les conséquences, qu'on peut dire *infi-*
» *nies*, n'ont cessé d'agiter les sociétés anciennes... Les législateurs
» qui, du sein de la civilisation, apportèrent la royauté à ces *hordes*
» *accoutumées* à une farouche indépendance, ne purent la leur faire
» recevoir de tous points telle qu'elle était dans cet antique Orient,
» c'est-à-dire, *absolue*, comme le pouvoir paternel dont elle était na-
» turellement émanée... Pour assouplir ces esprits rebelles, il fallut
» en quelque sorte transiger avec eux *et une part leur fut accordée*
» *dans le pouvoir*. Ainsi ces peuples barbares ne reçurent de ces émi-
» grés le pouvoir monarchique que pour le corrompre à leur tour,
» en l'accommodant à la licence de leurs mœurs... *Pour la première*
» *fois*, on vit les peuples, c'est-à-dire, ceux qui partout ailleurs
» obéissaient et ne savaient qu'obéir, appelés à examiner *les*
» *actes de celui à qui il appartenait de les commander!*.... C'est
» donc au milieu des forêts,.... c'est au milieu des tribus
» sauvages les plus abruties qu'est née la *souveraineté du*
» *peuple*; c'est là, comme le disait Montesquieu (qui avait tort
» d'en faire honneur aux Germains), c'est là que le *beau* système des
» trois pouvoirs a été trouvé.... Nos pères ne semblaient pas com-
» prendre que c'est de l'*altération* du gouvernement monarchique,
» auquel *ces peuples sauvages* et dégradés n'avaient voulu se
» soumettre qu'en lui ôtant une partie de ses conditions d'existence,
» que sont sortis ces gouvernements républicains, où éclatèrent,
» *pour la première fois*, tant de perturbations monstrueuses, etc. »

Si M. de S.-Victor avait étudié les *origines* des institutions des peuples gaulois et francs, comme il a étudié celles des peuples de l'Orient, il n'eût pas méconnu, lui aussi, un fait qu'il n'est pas possible de contester, c'est à savoir que le gouvernement de la France, sous les deux premières races, était (comme celui des Grecs primitifs, des Étrusques, des Bretons, etc.) plutôt une aristocratie qu'une monar-

Lorsque le pouvoir impérial s'établit sur les ruines de la république romaine, l'Italie était encore comme parsemée de petits états soumis à la domination du peuple-roi, mais qui n'en avaient pas moins conservé leur libre régime d'administration intérieure. Or voici, d'après la table d'Héraclée et d'après la loi de la Gaule cisalpine, quel était le mode de gouvernement en vigueur parmi ces nouveaux sujets de Rome (1).

Chaque cité s'administrait elle-même, nommait à toutes les charges, en un mot, exerçait une véritable souveraineté. Là, comme dans la Gaule au temps de la conquête, existait une magistrature suprême, dont les titulaires étaient appelés Duumvirs, et parfois même Consuls et Dictateurs (2).

---

chie, et que c'est en s'alliant *au tiers état* et aux légistes, contre une féodalité prétendue usurpatrice, que les rois de France, ambitieux du pouvoir absolu, créèrent, en quelque sorte, la démocratie qui règne aujourd'hui. — Toute la suite de notre travail sera la démonstration de cette vérité.

(Voir plus loin les efforts que fait de M. Amédée Thierry, pour prouver, à un point de vue tout autre que celui de M. de S.-Victor, que la constitution de la Gaule était une *démocratie pure* et non une aristocratie.)

(1) Voir la table d'Héraclée, éd. Mazochi Neap. 1754. La loi de la Gaule cisalpine, dans Hugo. L. C. B. 2, n° 20; et, sur l'explication de cette loi, l'Abhandlung über das altromische schuldrecht. mem. acad. Berlin, 1833. Savigny.

(2) Voir les passages de Gruter. Inscript. Index. p. 14. Otto. diss. de consulibus qui extra Romam. c. 1. Je m'étonne que le savant et illustre auteur de l'Histoire du Droit romain au moyen-âge n'ait pas été

Le pouvoir de ces magistrats, que l'on peut assimiler aux Rois et aux Vergobrets de la Gaule transalpine (1), était annuel. L'*imperium*, à ce qu'il paraît, leur était souvent attribué (2).

Lorsqu'on compare ces institutions politiques et celles qui régissaient la Gaule indépendante, n'y retrouve-t-on pas des analogies évidentes? Quant à la composition des assemblées chargées de discuter les intérêts des cités transalpines, il est à croire que le système adopté par les Galates d'Asie n'était qu'une reproduction de l'état de chose en vigueur dans la métropole (3). Or, Strabon rapporte que les Tectosages, les Trocmes et les Tolistoboiens, quoique vivant sous les lois com-

---

frappé de la similitude qui existe entre l'organisation des cités cisalpines et celles des petits états de la Gaule transalpine.

(1) On trouve dans une foule d'inscriptions, Duumvir J. D. (duumvir jure dicundo.) C'était là sans doute le Vergobret; le gouverneur dont parle Strabon.

(2) L. d'Her. col. 1. lin. 50, 51. « Neve quis magistratus pro quo imperio potestasve erit. » Ce qui s'accorde avec un passage d'Apulée : « Quem confestim pro *ædilitatis imperio* acerrimè increpans. »
(*Apul. Metamorph.* L. I. c. 18.)

(3) On sait que les colonies antiques conservaient fidèlement, dans leur nouvelle patrie, toutes les coutumes de la métropole. Ce que nous savons par Strabon des divisions et des subdivisions du territoire des Gaulois asiatiques en petits états, de leur police, etc., nous instruit des usages en vigueur dans les Gaules. C'est ainsi que nos lois, portées et rédigées dans la Palestine, sous le titre d'assises de Jérusalem, nous servent aujourd'hui, plus que tout autre document, à connaître le régime féodal et les mœurs auxquelles la France obéissait alors.

munes d'une sorte de république fédérative, avaient chacun leur territoire propre, partagé entre quatre cantons. Ces cantons étaient administrés par différents officiers, dont le géographe grec nous a conservé les titres; savoir : le tétrarque (1), le juge, le commandant des troupes (2) et ses deux lieutenants (3), qui, tous, étaient placés sous les ordres du tétrarque. Chaque tétrarchie ou canton formait des sous-divisions gouvernées par des officiers inférieurs. Ces officiers, avec les douze tétrarques et les autres officiers de la classe supérieure, composaient, au nombre de trois cents personnes, le conseil général ou sénat de la cité (4).

Ici nous ne pouvons résister au désir de faire un rapprochement dont l'originalité nous a vivement saisi. Dans sa belle histoire de Souli, le major Perrevos rapporte que la nation Souliote se composait de trente et une phares (Φαραῖς) ou maisons. Ces maisons, autant qu'on en peut juger,

---

(1) Chef de la quatrième partie de la province, c'est-à-dire, du pagus.

(2) Στρατοφύλακα, littéralement, gardien de l'armée.

(3) Ὑποςρατοφύλακᾱς, c'est-à-dire, sous-gardiens de l'armée.

(4) Strab. L. XII. c. 4.—Niebuhr fait observer fort judicieusement que les nombres ne sont jamais arbitraires dans les institutions politiques de l'antiquité. Ainsi, dit-il, les *trois cents* Sénateurs de Rome rappellent la somme des jours des dix mois de l'année cyclique, tandis que chez les Grecs, les trois cent soixante *genos* ou familles politiques, répondent aux jours de l'année solaire.

étaient

étaient des familles issues de la même souche, comme les clans de l'Ecosse (1). Chacun avait son *capitan* ou chef, et la réunion de ces capitans, ajoute l'historien, *composait le sénat de la nation*. Niebuhr, bien qu'il n'eût pas présent à la mémoire le passage de Strabon, rapporté plus haut, n'a pas cru devoir négliger les curieux renseignements que nous devons à l'historien de Souli.

« La constitution de plus d'une tribu de la Grèce
» et de l'Italie, dit-il, a dû se former sans plus
» d'artifice (que chez les Souliotes). Lorsque,
» dans l'antiquité, un pareil peuple sortait de
» son territoire avec ses Périèces; lorsqu'il ve-
» nait s'établir en conquérant et s'étendre en
» nation, il était tout naturel qu'il se fortifiât
» des individus qui le secondait et qu'il les as-
» sociât à ses maisons ou *gentes*, en s'organisant
» à l'exemple des états déjà constitués. Quand
» l'un de ces états envoyait au-dehors *une colonie*,
» *le chef organisait* le peuple nouveau à l'imita-
» tion de celui dont il était issu; il le distribuait
» en autant de *phyles* et celles-ci en autant de
» *phratries* et de *genos* que la métropole en ren-
» fermait... Tous les grammairiens qui ont expli-

---

(1) V. M. Fauriel, *Chants populaires de la Grèce*, appendice à la première partie. — Ce qui achève ce tableau du monde ancien, c'est que les Souliotes exerçaient leur domination sur un grand nombre de villages dont les habitants étaient leurs *Périèces*.

» qué ce que c'étaient que les Gennètes (Γεννῆται)
» de l'Attique, entre autres Julius Pollux au-
» quel la république d'Aristote a fourni les ex-
» cellentes notions qu'il nous a conservées sur la
» constitution de cette cité et sur les changements
» qu'elle a subis ; tous ces grammairiens, disons-
» nous, enseignent que, dans le temps où il y avait
» *quatre tribus* (1), chacune se divisait en trois
» phratries, et chaque phratrie à son tour en
» trente *genos* ou maisons. » Hellènes, Italiens,
Gaulois étaient donc régis, à l'origine de leur existence nationale, par des institutions, sinon identiques, du moins analogues en plus d'un point.

César nous a laissé quelques détails sur un usage
commun peut-être à divers peuples de race indo-
européenne, mais qui était plus spécialement
en vigueur parmi les Gaulois. « Chez cette nation,
» dit-il, ce n'est pas seulement dans chaque ville,
» dans chaque bourg et dans chaque campagne
» qu'il existe des factions, mais aussi dans pres-
» que chaque famille. Ces factions ont pour chefs
» les hommes réputés les plus puissants au ju-
» gement de ceux-là même qui sont appelés à dis-
» cuter les grands intérêts de l'état (2). »

---

(1) *V. plus haut*, p. 104, n. 3.

(2) In Galliâ non solùm omnibus civitatibus atque in omnibus pagis partibusque, sed penè etiam in singulis domibus factiones sunt ; ea- rumque factionum principes sunt, *qui summam auctoritatem eorum*

Ainsi, il existait, dès cette époque, dans les Gaules, une véritable hiérarchie sociale : aux *principes* de la cité appartenait le droit de choisir cette foule de petits chefs qui, au dire de César, avaient chacun le *gouvernement d'une faction*. On serait tenté de croire, au premier abord, que de pareilles divisions sont le résultat d'événements politiques dans le genre de ceux qui, dans les derniers temps de l'empire ou, beaucoup plus tard, sous les successeurs de Charlemagne, fractionnèrent certaines contrées en autant de parcelles qu'elles renfermaient de cantons, de villages et souvent même de forteresses ; mais il n'en est rien. César dit formellement que cet usage des Gaulois de s'éparpiller en petites sociétés, remontait à une haute antiquité, et qu'il

---

judicio habere existimantur, quorum ad arbitrium judiciumque summa omnium rerum conciliorumque redeat.
(Cæs. Bell. Gall. L. VI. c. 11.)

Le sens de ces dernières lignes n'a été saisi par aucun des traducteurs de César. M. Baudement, auquel nous devons une dernière traduction des Commentaires, que M. Nisard a insérée dans sa collection, est tombé ici dans une erreur d'interprétation qui lui est commune avec ses devanciers. Voici comment il traduit le passage souligné : « Ces factions ont pour chefs ceux qu'on estime et qu'on juge » les plus puissants ; c'est à leur volonté et à leur jugement que sont » soumises la plupart des affaires et des résolutions. » (*)

Or, qu'on analyse la phrase si élégante et si correcte du grand historien, et l'on n'admettra que la construction suivante : « (Hi) principes earum factionum sunt ; qui existimantur habere summam auctoritatem judicio eorum, ad arbitrium judiciumque quorum summa omnium rerum conciliorumque redeat. » Ce qui se concilie parfaitement, d'ailleurs, avec tout ce que César rapporte sur la constitution politique des Gaules.

(*) M. Artaud traduit comme M. Baudement. — V. le César, éd. Panckoucke.

avait pour but d'assurer aux faibles un appui contre la violence des grands. Et, en effet, ajoute l'historien, personne ne souffre qu'on opprime ou qu'on circonvienne ses clients. Agir autrement, ce serait s'exposer à perdre tout crédit (1). Ce passage pourrait s'appliquer parfaitement à la situation de la France, après la mort de Charlemagne. N'était-ce pas, en effet, une sorte de féodalité que ce fractionnement des tribus gauloises en petites factions placées sous le patronage d'un chef puissant ? Sans doute chez tous les peuples, nous l'avons reconnu plus haut, les faibles se plaçaient toujours sous la tutelle des forts; mais si l'organisation de la Gaule en petites sociétés dirigées par un patron n'eût rien offert de *spécial* à la constitution du pays, assurément César n'eût point noté ce fait.

Un écrivain de talent a prétendu, dans un ouvrage justement estimé, que l'histoire du gouvernement des Gaulois offre trois périodes distinctes, savoir, celle du règne des prêtres, celle du règne des chefs de tribus et enfin celle des constitutions populaires. Voici, s'il faut en croire M. Amédée Thierry, de quelle manière se serait effectuée l'heureuse

---

(1) Idque ejus rei causâ antiquitùs institutum videtur, ne quis ex plebe contra potentiorem auxilio egeret : suos enim quisque opprimi et circumveniri non patitur ; neque, aliter si faciant, ullam inter suos habent auctoritatem. Hæc eadem ratio ut in summa totius Galliæ...

(*L*. VI. c. 11. *ib.*)

révolution qui anéantit le pouvoir despotique des *equites* de la Gaule.

« Les villes, en s'étendant, avaient créé un peu-
» ple à part, heureusement placé pour compren-
» dre et vouloir l'indépendance ; il la voulut, et,
» favorisé par les dissensions des chefs de l'aristo-
» cratie, il parvint peu à peu à la conquérir. Un
» principe nouveau et des formes nouvelles de
» gouvernement prirent naissance dans l'enceinte
» des villes, l'élection populaire remplaça l'anti-
» que privilége de l'hérédité (1); les rois et les
» *chefs absolus* furent expulsés, et les pouvoirs re-
» mis aux mains de magistratures librement con-
» senties... la démocratie, une démocratie pure
» s'établit dans plusieurs cités (2). »

Ainsi donc, dans la pensée du savant historien des Gaulois, les Français du 18ᵉ siècle ne firent que mettre en pratique les exemples légués par leurs ancêtres plus de dix-huit cents ans avant notre ère !

Nous ignorons sur quels fondements reposent ces assertions. Si elles étaient exactes, le travail que nous venons de soumettre au jugement de la criti-

---

(1) Quelle hérédité ? Celle du trône ? — Mais la royauté était élective chez les Gaulois. Quant à l'hérédité du chef de *clan*, des *penceneld*, je me demande dans quel écrivain de l'antiquité on pourrait en découvrir le plus faible vestige.

Je reviendrai sur ce sujet en traitant des institutions des deux Bretagnes.

(2) *Hist. des Gaulois*, par A. Thierry. T. II. p. 112. 2ᵉ édition.

que, et dont chaque ligne, pour ainsi dire, s'appuie sur un texte formel, ce travail ne serait qu'un jeu puéril de notre imagination, *ægri somnia vana*. Or, avons-nous, en effet, sacrifié la vérité aux illusions de l'esprit de système ? Le lecteur en a pu juger par les recherches qui précèdent. Toutefois, avant de terminer ce chapitre, deux mots encore sur l'antique constitution de la Gaule.

Qu'on veuille bien relire le passage des Commentaires que nous avons cité plus haut. Ce n'était assurément pas une *démocratie* que cette confédération de tribus rurales, où, sauf les Druides et la noblesse, toute la nation, réduite à une quasi-servitude (penè servorum habetur loco), *n'exerçait par elle-même aucune autorité et n'était appelée à aucun conseil* (1). Encore moins serait-on dans le vrai, si l'on voulait assimiler aux *conjurati* du moyen-âge ou aux bourgeois du tiers-état, après 1789, ces fiers patriciens gaulois qui firent périr le père de Vercingetorix, parce qu'il aspirait à la domination (2).

Sans doute rien n'était plus éloigné du despotisme des monarchies absolues qu'une organisation politique où toutes les magistratures étaient électives ; nous dirons plus : rien n'était plus populaire, à un certain point de vue, que le régime

---

(1) *V. plus haut.* p. 73.
(2) Cæs. de Bell. Gall. VII. 4.

des *clans*, dont tous les membres s'apparentaient avec leur chef et partageaient sa fortune.; mais est-il permis de confondre un pareil état de chose avec la démocratie dans le sens où l'on emploie aujourd'hui ce mot (1)? Non assurément. Que si, après toutes les preuves que nous avons accumulées, on conservait encore quelques doutes, nous en appellerions au témoignage de Strabon dont l'autorité sur cette matière ne sera pas sans doute contestée. « La plupart des peuples de la Gaule, dit-il,
» *avait un gouvernement aristocratique* ; tous les ans
» on choisissait un gouverneur et un général que
» le peuple nommait pour le commandement des
» troupes. Aujourd'hui ils sont pour la plupart
» soumis aux Romains (2). »

Résumons-nous. Il y avait, selon toute apparence, dans les Gaules comme dans l'île de Bretagne, des terres libres, *aelawd*, et des terres tributaires, *tir cyfrif*; des propriétaires *jure optimo*, et des propriétaires inférieurs, des colons et des esclaves. L'état des personnes correspondait à l'état des terres.

---

(1) M. de Savigny (T. II. ch. 2. §. 19 de son Histoire du Droit romain) s'exprime ainsi :

« Quand la Gaule transalpine passa sous la domination romaine, elle se composait de districts indépendants, qui tous étaient soumis à un régime aristocratique fortement constitué. »

(2) Strab. L. IV. c. 4. p. 197. — La Porte du Theil, dans sa traduction de Strabon, fait observer que ces dernières lignes du géographe sont en contradiction avec ce que César rapporte de la servitude de la *plebs* chez les Gaulois. Je crois avoir complètement éclairci ce point. V. p. 73 *et suiv.*

La nation gauloise se divisait en quatre classes : 1° les nobles, les propriétaires d'alleux ; 2° les ambactes, 3° les clients, 4° les obærati et les esclaves.

La noblesse était héréditaire, mais elle ne donnait à ceux qui en étaient revêtus aucune prépondérance dans les affaires de la cité.—Les nobles marchaient environnés d'une troupe plus ou moins nombreuse d'ambactes et de clients, selon l'éclat de leur naissance et les ressources de leur patrimoine. On appelait ambactes des hommes libres qui, pour une solde quelconque, contractaient un pacte d'amitié avec un chef puissant. Les liens de cet engagement étaient réciproques. Non moins dévoués que les *comites* de la Germanie, les ambactes n'abandonnaient jamais leur chef sur le champ de bataille ; ses intérêts étaient les leurs ; son honneur, ils le défendaient comme leur propre honneur.—Les clients venaient ensuite. Tout concourt à faire supposer que leur condition était celle des clients primitifs de Rome. Les charges qui leur étaient imposées rappellent les prestations des temps féodaux. Comme les petits vassaux du moyen-âge, leur sort était en quelque sorte lié à celui de leurs patrons.

On appelait obærati des hommes libres, tombés dans la servitude par insolvabilité. — Leurs dettes payées, ils rentraient dans leur première condition. C'est aussi ce qui avait lieu à Rome et dans la Bretagne. Quant aux esclaves, tout ce que l'on en peut dire, c'est que leur nombre était fort peu considérable.

On retrouve dans la constitution politique des Gaulois, comme dans leur hiérarchie sociale, des analogies frappantes avec les institutions de la Grèce héroïque, de Rome antique, de la Germanie de Tacite et des lois barbares. Chez les Hellènes, comme chez les Galates d'Asie, chez les tribus primitives de l'Italie comme chez les Gaulois du continent et de la Bretagne, nous remarquons, dans toutes les cités, la même organisation, les mêmes divisions territoriales. Partout ce sont des hommes libres qui exercent la souveraineté, car le pouvoir des rois est limité ; — partout le fort a sous sa tutelle des clients qu'il doit défendre comme ses enfants. La Gaule, divisée en autant de petites sociétés qu'elle renferme de cités, de bourgs, de villages, est le vrai centre de cette féodalité qui, à la suite de plusieurs siècles de compression accompagnée souvent de violentes réactions vers l'ancien ordre de chose, éclate enfin, après la mort de Charlemagne, et finit, en se hiérarchisant toujours, par envahir l'Europe entière (1).

(1) L'opinion que la féodalité est née des désordres qui eurent lieu à la fin de la deuxième race, est un préjugé auquel les travaux de la plupart des anciens jurisconsultes ont donné une sorte de sanction. Rien n'a plus retardé le progrès des études historiques que cette manie de rapporter l'origine des institutions à une date fixe, ou de les faire dériver les unes des autres comme les langues. La féodalité, long-temps avant la chute des Carlovingiens, existait chez les Bretons, chez les Anglo-Saxons, etc. — Les bases du gouvernement de Charlemagne

Ces conclusions seront contestées sans nul doute ; mais elles s'appuient sur des autorités assez graves pour que nous nous soyons cru autorisé à les formuler ici. Nous espérons, d'ailleurs, que les recherches qui vont suivre en feront ressortir toute la vérité.

étaient elles-mêmes toutes féodales. Ce qu'on a appelé *féodalité* au xe siècle et postérieurement, ne fut que le développement complet des coutumes antérieures d'après lesquelles les Gaulois s'étaient gouvernés de temps immémorial. Comme la propriété était *constituée* dans la Gaule (tandis que la communauté des terres était encore en vigueur parmi les Germains), nul doute que le service de guerre ne fût imposé aux petits propriétaires et aux clients gaulois placés sous le patronage des grands.

Maintenant, pourquoi le centre de la France et la Lombardie furent-ils le véritable berceau de la féodalité du moyen-âge ? Cette question a donné lieu à une foule de conjectures plus ou moins ingénieuses. Voici mon opinion, que ne je produis ici que comme hypothèse, bien entendu. Le centre de la Gaule et la Lombardie sont en effet les contrées féodales par excellence. Or, si la féodalité tire son origine des institutions romaines, comme plusieurs l'ont soutenu, des coutumes de la Germanie, comme d'autres le prétendent, pourquoi cette féodalité ne prit-elle pas, sur le sol de la Germanie et dans *les sept provinces* gallo-romaines, l'accroissement auquel elle atteignit si rapidement dans la région centrale de la France et chez les Lombards ? C'est que nulle part (comme il est facile de s'en convaincre en étudiant César) n'existait un système de *vasselage* aussi fortement hiérarchisé que dans la Gaule druidique. La Lombardie, patrie des Gaulois cisalpins, pouvait aussi avoir conservé des débris de leurs antiques coutumes. Peut-être ces coutumes se mêlèrent-elles avec celles des conquérants germains ; et de là le caractère plus spécialement féodal des institutions de ce peuple.

Encore une fois, tout ceci, je le donne *comme hypothèse pure.* (*V. plus loin le Chapitre du* Système féodal chez les anciens Bretons *et l'*Essai sur l'Histoire et les Institutions de la Bretagne armoricaine, *p.* 11, 12, *et p.* 311, 312.)

CHAPITRE VII.

Premières conquêtes des Romains dans la Gaule. — Ils y forment une province. — Campagnes de César. — Défaite des Vénètes et des nations armoricaines. — Habileté de César. — Ses faveurs envers les vaincus. — La Gaule sous Auguste. — Politique de ce prince. — Résultats.

Après la ruine d'Annibal que, dans leur imprévoyance, ils laissèrent accabler par les Romains, les Gaulois cisalpins firent de prodigieux efforts pour prévenir la vengeance de leurs ennemis. Jamais leurs projets ne furent mieux concertés, ni leur courage plus admirable. Mais tout fut inutile. Chassés de toute la plaine du Pô, dépouillés de leurs villes les plus importantes, ils ne possédaient plus, à l'époque où Polybe écrivait son histoire, que quelques cantons au pied des Alpes. Toutefois, telle était la terreur attachée au nom glorieux des vaincus, qu'après les avoir emprisonnés, en quelque sorte, dans un cercle de forteresses et de colonies militaires (1), Rome craignait encore de nouveaux soulèvements et

---

(1) Placentia, Cremona, Bononia, Potentia, Pisaurum, Mutina, Parma, etc.   (Tit.-Liv. L. XXXVII, XXXVIII et XXXIX.)

tremblait à la nouvelle d'un *simple tumulte gaulois*. Enfin, fatigué d'avoir sans cesse à surveiller ces peuplades belliqueuses, dont la présence sur le sol italique était un danger toujours menaçant pour la république, le sénat se détermina à s'emparer des contrées montagneuses qui sont à la fois la clef et la barrière de l'Italie. Sous un de ces prétextes qui ne manquaient jamais à la politique romaine, les tribus établies dans l'intérieur des Alpes se virent attaquer successivement (587). C. Marcellus vainquit les Gaulois alpins, Caïus Sulpicius les Ligures, Appius Claudius les Salasses, Opinius les Ligures transalpins qu'on accusait d'avoir dévasté le territoire d'Antibe et de Nice (1). Bientôt les Saliens ou Salviens commirent, comme à point nommé, le même crime contre les Marseillais, ces fidèles alliés de Rome (2), et le châtiment ne se fit pas attendre. Vaincus, les coupables furent réduits à l'esclavage, et une colonie romaine vint s'établir dans leur pays (3). Ce fut ensuite au tour des Allobroges. Ce peuple ne s'était pas contenté de dévaster le territoire des Eduens, nouveaux alliés de la république; il n'avait pas craint d'accorder un

---

(1) Tite-Liv. Epit. L. XLVI, XLVII et LIII.

(2) Sextius proconsul, victâ Salviorum gente, Aquas Sextias condidit.   (Epit. Tit.-L. L. LXI.)

C. Sextius cùm Gallorum (Salviorum) urbem cepisset, incolasque omnes sub coronâ venderet.   (Diod. L. XXXIV.)

(3) Epitom. Tit. Liv. LXI.

asile à Teutomale, roi fugitif des Saliens. Ils furent écrasés d'abord à Vindale (1), puis, l'année d'après, au confluent de l'Isère et du Rhône. A la suite de toutes ces victoires, les Romains s'étaient étendus de proche en proche des Alpes aux Pyrénées. Ils se trouvèrent bientôt en possession d'une étendue de territoire assez considérable pour former une province dont Narbo-Martius, l'une de leurs colonies les plus puissantes, devint le centre. De cette citadelle, dit Cicéron, ils pouvaient observer les nations soumises et les contenir dans le devoir (2).

Tandis que Rome préparait ainsi, pour l'avenir, la conquête de toutes les Gaules, elles furent tout à coup envahies et ravagées par les Cimbres et par les Teutons, nations féroces qui traînaient à leur suite plusieurs peuplades gauloises, telles que les Ambrons, les Tigurins et les Tugènes. La Gaule méridionale, que le voisinage de Marseille avait dès long-temps amollie, n'opposa qu'une faible résistance. Plusieurs armées romaines, accourues pour défendre la Narbonnaise, tentèrent à leur tour d'arrêter les Barbares. Mais, victorieux partout, ces derniers marchèrent vers l'Italie, suivant à la trace les fuyards qui encombraient toutes les routes. C'en était fait de Rome, sans l'indomptable fermeté de Marius. Les deux victoires d'Aix et de Verceil (651)

---

(1) Oros. L. V.
(2) Cicer. pro Fronteio.

sauvèrent la république. Libérateurs des Gaulois, les Romains voulurent d'abord se payer de ce service : ils se partagèrent, suivant les dispositions de la loi d'Apuleius (1), les terres qu'avaient occupées les Teutons et les Cimbres, prétendant que, par ses victoires, Marius en avait transporté la propriété au peuple romain. Ainsi la province s'agrandissait de jour en jour. Les révoltes et les guerres civiles qui déchirèrent l'Italie retardèrent seules la conquête de toutes les Gaules.

Menacés dans leur liberté, les Gaulois auraient dû profiter des chances inespérées que leur offrait la fortune, pour prévenir une servitude imminente. Mais ce peuple, si grand à toutes les époques de son histoire, par l'énergie et par le courage qu'il déploya, suivait plutôt, dit Polybe, les inspirations de la colère qu'il ne consultait les règles de la raison et de la prudence (2); des querelles de vanité locale, des guerres privées décimaient l'élite de ses enfants, dans le temps même où les Romains au midi, et, au nord, les tribus germaniques, menaçaient leur indépendance. Ils ne songèrent même pas à profiter de la guerre sociale pour s'affranchir d'une domination qui n'avait pas eu encore le temps de se consolider. Les fureurs de Marius et de Sylla, l'éloignement des armées romaines employées en Asie,

---

(1) App. Alex. L. 1, de Bell. civil.
(2) Polybe. L. II.

en Grèce et en Espagne ; la lutte du grand Mithridate, qui avait fait offrir son alliance aux descendants des vainqueurs de Rome ; enfin la révolte de Spartacus, dont les deux lieutenants étaient des gladiateurs gaulois, tous ces événements étaient venus, en quelque sorte, convier la Gaule à la liberté ; mais rien n'avait pu la tirer de son assoupissement. Plus tard, l'excès du désespoir jeta, il est vrai, les Allobroges dans la conspiration de Catilina et leur mit ensuite les armes à la main ; mais rien n'indique que cette levée de boucliers ait excité quelque sympathie hors du territoire de *ces derniers Gaulois* de la Narbonnaise. L'esprit national était mort dans ces contrées méridionales.

Forte du dévouement des Marseillais, dont l'assistance compensait les périls attachés aux guerres qu'elle avait à livrer contre les Gaulois, Rome étendait incessamment les réseaux de sa politique sur les nations les plus puissantes de l'intérieur. Les Séquanes, les Eduens et d'autres encore, étaient ses alliés, et elle comptait des amis jusque parmi les rois de la Germanie. Toutes les voies étaient donc préparées pour la conquête des Gaules. L'occasion s'en présenta bientôt d'elle-même. Les Helvètes se trouvant à l'étroit dans leur pays, avaient formé le projet d'émigrer en corps de nation et d'aller se fixer sur les terres des Santons. Or, pour le malheur de la Gaule, il se trouvait que le double commandement de la Cisalpine et de la Narbonnaise avait été déféré à l'homme dangereux dans lequel Sylla avait cru autrefois apercevoir plusieurs Marius. Dès que la nouvelle des préparatifs de l'ennemi parvint au général romain, il accourut avec cette célérité merveilleuse qui lui valut depuis la plupart de ses victoires, et il fit rompre le pont sur lequel l'ennemi se disposait à passer. Vainqueur des Helvètes et des Germains d'Arioviste, César se tourna alors contre ceux qu'il venait protéger. Tous les historiens ont célébré à l'envi les victoires du grand capitaine, victoires consignées dans un livre immortel. Personne n'ignore avec quelle adresse l'ambitieux général fit naître les guerres les unes des autres, avec quelle habileté il sut entretenir et diriger à son gré les divisions et les jalousies des peuples de la Gaule, élever les uns, rabaisser les autres, les gagner par des bienfaits ou les effrayer par des exemples d'horrible cruauté. Inutile, par conséquent, de délayer ici les admirables chapitres des Commentaires. Quelques mots, seulement, sur la guerre des Venètes, et nous en aurons fini avec ce sujet épuisé.

A raison de sa position géographique, la Péninsule armoricaine devait être soumise la dernière : elle déposa pourtant les armes à l'approche d'une seule légion, soit qu'elle eût épuisé son énergie dans des luttes intestines, soit que la conquête rapide des autres contrées de la Gaule lui fît supposer que toute défense était désormais inutile.

Les Venètes furent les premiers à sentir tout le
poids

poids de la servitude. Intrépides navigateurs, ils exerçaient sur les mers une sorte de royauté ; et tout le commerce de l'île de Bretagne était entre leurs mains. La perte de leur indépendance devait entraîner la ruine de leur marine et de leurs établissements. Ils le comprirent et n'attendirent plus qu'une occasion pour secouer le joug. Cette occasion se présenta bientôt.

Crassus, chef de la septième légion, avait envoyé des tribuns équestres chez les Vénètes, chez les Curiosolites et chez quelques autres nations armoricaines, pour hâter la rentrée des tributs et l'envoi des approvisionnements dont la disette se faisait sentir dans le camp romain. Les Vénètes arrêtèrent ces officiers, en déclarant qu'ils ne les rendraient qu'en échange des ôtages que César les avait forcés de fournir. Entraînés par un tel exemple, les peuples voisins, avec cette prompte et soudaine résolution qui caractérise les Gaulois, retiennent, dans les mêmes vues, les députés romains (1), et conviennent entre eux, par l'organe de leurs principaux habitants, de ne rien faire que de concert, et de partager les mêmes dangers. Toutes les cités maritimes sont invitées à faire partie de la confédération et à prendre les armes pour défendre contre les Romains la liberté

---

(1) Cæs. de Bell. Gall. L. III. c. 8.

que leur avaient léguée leurs ancêtres (1). L'Armorique répondit à cet appel en courant aux armes et l'île de Bretagne fournit aussi son contingent (2).

César partait pour l'Illyrie, lorsqu'un messager de Crassus vint lui porter ces nouvelles ; il accourut en toute diligence, car il cherchait depuis longtemps un prétexte pour anéantir la puissante marine des Vénètes (3). On sait combien sa vengeance fut atroce (4) : le massacre de tous les sénateurs de Dariorig, la vente, sous la lance, de la plus grande partie des rebelles, apprirent aux Gaulois comment César savait punir la révolte.

La puissance des Vénètes fut anéantie pour toujours. Leurs alliés, de leur côté, ne souffrirent pas moins de cette défaite, car ils avaient envoyé au secours de Dariorig non-seulement leurs vaisseaux et l'élite de leur jeunesse, mais encore tous les hommes d'un âge plus mûr, dont le crédit ou les

---

(1) Per suos principes inter se conjurant nihil nisi communi consilio acturos... Reliquas civitates sollicitant, ut in ea libertate, quam à majoribus acceperant, permanere, quàm Romanorum servitutem perferre, mallent. (*Cæs.* L. III. c. 8.)

(2) Auxilia ex Britannia, quæ contra eas regiones posita est, arcessunt. (*Cæs. ib.* c. 9.)

(3) *Voyez plus haut*, p. 19.

(4) « On ne peut que détester la conduite que tint César contre le sénat de Vannes. »
(*Précis des guerres de Jules César ; par Napoléon.* – 1836.)

conseils pouvaient être utiles durant cette campagne (1). Ce fut le dernier effort tenté par les cités armoricaines pour recouvrer leur indépendance. Leur rôle, pendant tout le reste de la guerre, fut à peu près nul. On les vit cependant courir aux armes après la défaite de Sabinus ; mais leur armée, séparée seulement du camp romain par une distance de quelques mille pas, se retira précipitamment, dans le désordre d'une fuite véritable, en apprenant que César venait de venger la mort de son lieutenant (2).

Pendant la guerre qui se termina par le siége d'Alise, chacune des cités de l'Armorique dut fournir un contingent de six mille hommes.—L'histoire ne nous apprend pas quelle part elles prirent aux combats livrés par Vercingétorix. Avec ce héros, dont le supplice fut une souillure pour la gloire de César, périt l'indépendance de toute la Gaule. Toutefois, les Gaulois vaincus, se virent bientôt l'objet des flatteries de leur conquérant. Dans les derniers temps, César s'attachait uniquement, dit Hirtius, à cultiver la bienveillance des cités, à leur

---

(1) Quo prælio bellum Venetorum... confectum est. Nam, cùm omnis juventus, omnes etiam gravioris ætatis, in quibus aliquid consilii aut dignitatis fuit, eò convenerant ; tùm, navium quod ubiquè fuerat, unum in locum coegerant. (*Cæs. ib. c.* 16.)

(2) .... Nuntio allato de victoria Cæsaris, discessisse, adeò ut fugæ similis discessus videretur. (*Cæs. de Bell. Gall.* V. 53.)

ôter tout désir ou tout prétexte de reprendre les armes ; car il ne voulait pas, à la veille de quitter les Gaules, se trouver dans la nécessité de recommencer la guerre. Ce fut par son attention à adresser des louanges aux différents états, à combler de bienfaits les chefs nationaux, à n'établir aucun nouvel impôt, en un mot, à rendre l'obéissance plus douce, qu'il parvint à maintenir la paix dans la Gaule épuisée déjà par tant de revers. (1).

Les Gaulois durent donc aux vues intéressées et aux projets ambitieux du rival de Pompée d'être traités tout autrement que ne l'avaient été les habitants de la Narbonnaise. César, en effet, n'établit point de colonies dans ces contrées, et les peuples ne furent dépouillés ni de leurs terres, ni des formes essentielles de leur gouvernement. Les faveurs les plus éclatantes furent même prodiguées aux vaincus. Le sénat romain vit avec étonnement les fils de Brennus quitter les braies nationales pour venir prendre place, vêtus du laticlave, à côté des descendants de Camille, de Q. Fabius Maximus et de tant d'autres vainqueurs des Gaulois. Foulant aux pieds toutes les lois de la république, le dictateur alla plus loin encore : la légion des Alaudes reçut le droit de

---

(1) ... Defessam tot adversis præliis Galliam, conditione parendi meliore, facilè in pace continuit.

(*Cæs. de Bell. Gall.* L. VIII. c. 49.)

cité romaine, faveur aussi extraordinaire qu'irrégulière, et qui, longtemps après, excitait encore l'indignation de Cicéron (1).

Par cette politique habile, César enchaîna la bouillante indépendance des Gaulois. Ils affluèrent sous les drapeaux du dictateur. Lui-même nous apprend qu'en s'avançant vers Rome, avec la petite armée qu'il avait alors sous ses ordres, il fut rejoint par vingt-deux cohortes levées dans la Gaule (2).

En Afrique, à Alexandrie, en Espagne, le sang gaulois coula à flots pour la cause de leur vainqueur: toutes les douleurs, toutes les calamités de la patrie, ils les oubliaient sur les champs de bataille où César applaudissait à leur courage. On vit un jour, en Afrique, trente de leurs cavaliers déposter deux mille hommes de cavalerie numide et les mener battant jusque sous les murs d'Adrumète (3). Cette invasion des armées romaines, par la jeunesse guerrière de la Gaule, était pour les vainqueurs une garantie de la soumission de cette contrée dont l'inutile héroïsme allait ajouter encore aux désastres d'une lutte de dix années.

« Qu'on se représente, dit Orose, un malade
» pâle, décharné, défiguré, après une fièvre brû-

---

(2) Ut Alaudæ in tertia decuria judicarent. (*Cicer. in Philipp.*)
(2) Cæs. de Bell. civil. L. I. c. 18.
(3) Hirt. de Bell. afr. c. 6.

» lante qui a épuisé son sang et ses forces, pour
» ne lui laisser qu'une soif ardente qu'il ne lui est
» pas donné de satisfaire. Telle est l'image de la
» Gaule subjuguée par César, de la Gaule d'autant
» plus altérée de l'amour de sa liberté perdue, que
» ce bien précieux semblait lui échapper pour tou-
» jours. De là, des révoltes aussi fréquentes que ha-
» sardées, pour briser le joug de la servitude; de là,
» de plus grands efforts de la part d'un vainqueur
» irrité pour asseoir sa domination...; de là, en-
» fin, l'accroissement du mal et la perte même
» de l'espérance! (1) »

Ce tableau, d'une vérité si frappante, s'applique surtout aux temps qui suivirent la mort de César. Et, en effet, on ne voit pas que, pendant toutes les guerres civiles qui éclatèrent après le meurtre du dictateur, la Gaule ait tenté de profiter des discordes de l'Italie pour reconquérir son indépendance. Seuls, les Bellovaques se soulevèrent; mais ce mouvement n'eut pas de suite (2).

Plus tard, sous Octave, l'ennui d'un repos forcé produisit quelques explosions qui n'eurent pas plus de succès. Agrippa, envoyé dans les Gaules par l'heureux triumvir, battit les Aquitains révoltés; puis, courant aux bords du Rhin menacés par des

---

(1) Oros. hist. L. VI. c. 12.
(2) Cæs. L. VI. c. 18. de Bell. Gall.

bandes germaniques, il mit cette frontière extrême de l'empire à l'abri de nouvelles invasions, en concédant aux Ubes, peuplade admise autrefois au nombre des alliés de Rome (1), une partie du territoire des Trévires, et aux Tongres, les terres désertes des Éburons. Cette mesure, à ne considérer que les circonstances présentes, était très-habile assurément, car elle plaçait des barbares à demi-civilisés entre les Gaulois irrités de l'envahissement de leur territoire et les tribus d'outre-Rhin toujours prêtes à franchir le fleuve. — Rome pouvait donc compter sur l'ardeur de ces alliés à défendre leur nouvelle patrie contre tout ennemi, quel qu'il fût. Mais un pareil système, en s'élargissant de jour en jour, ne devait pas tarder à devenir, pour l'empire, une cause de périls de plus en plus menaçants. Le temps arrivera, en effet, où les barbares, introduits au cœur de cet empire, renverseront, sans efforts, les maîtres avilis pour lesquels tant de nations belliqueuses prodiguaient leur sang depuis Jules César.

Cependant, après sa victoire d'Actium, Auguste avait partagé, avec le sénat et le peuple romain, le gouvernement des provinces. L'empereur alla lui-même dans les Gaules pour y régler, selon ses vues, les formes de l'administration et y introduire ce système de fiscalité impitoyable qui de-

---

(1) Tacit. Ann. L. XII. c. 27. Strab. L. IV. c. 4. p. 194.

vait contribuer, plus que les invasions barbares, la ruine de la domination romaine. Ce fut à Narbonne que se tint l'assemblée générale des nations gauloises. Quel était alors l'état de cette contrée, sa population, sa prospérité, l'influence exercée par la conquête sur les habitudes nationales? L'histoire est muette sur ce sujet si digne d'intérêt. Nous ignorons même si l'imposition établie par le nouvel empereur était ou plus faible ou plus forte que les *quadragenties*, tribut militaire auquel César avait soumis la Gaule. Quelques lignes de Tite-Live nous apprennent seulement que, plus tard, à la suite d'un second recensement ordonné par Drusus, de nouvelles révoltes éclatèrent dans ces provinces, révoltes que le prince, suivant un autre historien, ne put apaiser qu'en gagnant la bienveillance des principaux habitants réunis en assemblée générale (1). C'est dans cette même assemblée que les représentants de soixante cités gauloises votèrent un autel et un sacerdoce au divin Auguste et à sa femme Livia-Julia-Augusta. L'on a cité souvent ce décret, pour faire ressortir l'état d'abjection servile dans lequel était tombée la Gaule. Toutefois, il est permis de supposer que cette résolution fut moins l'expression des sentiments de la multitude, qu'une flatterie de quelques chefs ambitieux et séduits par

---

(1) Dio. L. LIV.

les caresses de Drusus. Est-il croyable, en effet, que les Gaulois, nourris dans les austères traditions du druidisme alors plein de vie, aient pu considérer comme un Dieu, et de son vivant encore, le tyran hypocrite qui ne possédait pas même une étincelle de ce courage brillant dont César s'était servi, comme d'une séduction irrésistible, près des populations belliqueuses qu'il avait domptées ? Quoi qu'il en soit de ces questions, il nous reste des preuves positives que le dieu-empereur comptait peu sur l'affection des sujets qui lui dressaient des autels. Et, en effet, dès les premiers temps de son arrivée dans la Gaule, Auguste s'était efforcé de briser le lien de confédération qui unissait entre elles les différentes nations de cette contrée, afin d'établir à la place une nouvelle unité politique. Toutes les anciennes divisions territoriales furent bouleversées. — La Gaule était, avant la conquête, partagée en grandes sections longitudinales qui s'étendaient du nord au midi. Auguste, par une nouvelle division, établit des sections transversales de l'est à l'ouest. Ces sections ou provinces furent au nombre de trois : l'Aquitaine, la Belgique et la Lugdunaise. Lugdunum, ville de fondation récente, devint le siége de toutes les Gaules, à la place de la cité des Carnutes, l'antique métropole nationale. Ce fut de la nouvelle capitale que partirent les quatre grandes voies qui devaient couper la Gaule des Alpes au Rhin, à l'Océan, aux Pyrénées et à la frontière narbonnaise. Toutes ces mesures, le pusillanime héritier de César les trouvait encore insuffisantes pour assurer aux Romains la possession du territoire conquis.

La Gaule, malgré tant de revers et de calamités, s'agitait encore sous l'empire de ses traditions belliqueuses, traditions vivifiées par les enseignements druidiques. Le nouvel empereur comprit, en politique habile, qu'il fallait ruiner les mœurs publiques pour arriver à modifier profondément le génie d'une nation qui, jusque-là, avait placé au premier rang les vertus guerrières. Rien ne fut donc négligé pour y parvenir. Parmi le grand nombre de moyens généraux que mit en œuvre l'astucieux César afin d'amollir ces âmes énergiques, on en peut spécialement remarquer trois : la fondation de nombreuses colonies, l'établissement des académies et les décrets rendus contre la religion des vaincus.

La colonisation des pays conquis, par des citoyens de la métropole, fut, à toutes les époques, le grand instrument dont se servirent les Romains pour étendre leur langue et leurs institutions. Auguste multiplia donc les colonies dans la Gaule et fonda, en quelque sorte, une nouvelle Italie dans la partie méridionale de ce pays. La littérature, les arts, les habitudes de Rome devaient s'acclimater facilement sous le beau ciel de la Narbonnaise et de la Provence. La civilisation des conquérants y modifia presque complètement le génie d'une population dont le voisinage des Massaliotes avait déjà effacé la rudesse. Les chefs de clans, caressés par les lieutenants du prince, adoptèrent en partie les mœurs de leurs vainqueurs et renoncèrent à la vie tumultueuse de leurs ancêtres, tandis que les classes inférieures, habituées jusque-là à ne faire cas que de la guerre, prenaient goût à la culture des champs. Ces résultats étaient immenses; Auguste ne s'y arrêta pas cependant. Le druidisme, resté debout, lui paraissait, avec raison, un obstacle insurmontable à la complète dégradation des mœurs nationales. Le prince résolut de le détruire sourdement; et, pour y parvenir, il défendit à tous les Gaulois revêtus du titre de citoyens romains, la pratique de l'ancienne religion du pays. Cette mesure, applicable seulement à un petit nombre d'hommes, fut bientôt suivie d'un décret plus significatif : sous le prétexte spécieux de mettre un terme à des coutumes barbares, l'empereur frappa d'interdiction certaines pratiques du culte druidique. L'effusion du sang de quelques vils scélérats faisait horreur à l'homme qui avait ordonné le meurtre des plus illustres citoyens de Rome ; les philanthropes du temps applaudirent à la touchante humanité de César envers les vaincus.

Les Gaulois méridionaux, dont une longue occupation romaine avaient, dès longtemps, corrompu les mœurs et affaibli l'esprit belliqueux, se façonnèrent promptement au joug de la domination étrangère. Hommes d'imagination et d'intrigues, ils se firent orateurs, poëtes, rhéteurs, dès qu'ils s'aperçurent que les études littéraires donnaient accès près du maître. On verra, plus tard, que la fortune ne fit pas défaut à leur ambition.

Ainsi, la politique d'Auguste portait ses fruits dans la Gaule comme au sein de l'Italie. Les molles élégies de Virgile et les chansons d'Horace faisaient oublier les fiers accents des bardes, et les descendants dégénérés des soldures d'Adcantuanus (1) s'énervaient sous la discipline des sophistes, tandis que les travaux de l'agriculture domptaient les populations rurales (2).

Eblouis par la gloire du vainqueur des Gaules, la plupart des historiens se sont montrés injustes envers son héritier. Assurément, le lâche qui se faisait malade le jour de la bataille de Philippes; qui se cachait à fond de cale à celle d'Actium ; le rhéteur impérial qui disgraciait des consulaires pour des fautes d'orthographe (3) et s'efforçait de dompter ses sujets à l'aide des maximes champêtres qu'il faisait chanter par ses poëtes arcadiens, ne saurait être comparé au héros d'Alise et de Pharsale ; mais, pour n'avoir point joué sur

---

(1) Généralissime des Gaulois méridionaux au temps de Jules César.
(*Cæs. de Bell. Gall.* L. III. c. 22.)

(2) Νῦν δ'ἀναγκάζονται γεωργειν καταρέμενοι τὰ ὅπλα.
(*Strab.* L. IV. c. 4.)

(3) Suet. in Aug., 88.

la scène du monde le rôle prodigieux du grand dictateur, Auguste n'en fut pas moins un esprit éminent, quoique dans un ordre inférieur. Politique consommé, il sut faire ployer sous la domination d'un seul homme l'orgueil du peuple-roi (1) que Jules n'avait pu dompter. Il fit plus encore : il donna quarante ans de paix à l'univers, et raviva, en quelque sorte, par la seule puissance des souvenirs nationaux (2), cette vieille constitution romaine qui, de toutes parts, semblait menacer ruine, mais contre laquelle devaient se briser, pendant quatre siècles, et les révoltes continuelles des provinces, et les attaques furieuses des barbares.

(1) Populum latè regem. (*Virgile*.)
(2) Voir le travail fort instructif de M. le baron de Walckenaer, sur la vie et les ouvrages d'Horace.

CHAPITRE VIII.

Avénement de Tibère. — Sa politique. — Révolte de Florus et de Sacrovir. — Victoire des Romains. — Règnes de Caligula, de Claude et de Néron. — Vindex soulève la Gaule et fait proclamer Galba. — Insurrections de Maricus, de Civilis. — Pætilius Cerialis pacifie la Gaule ; son discours. — Esprit d'indépendance des Gaulois. — Ils soutiennent Clodius Albinus. — Alexandre Sévère assassiné. — Règne de Gallien. — Les trente tyrans. — La Gaule protège toutes les usurpations. — Exploits des troupes gallicanes sous Constantin, Constance, Julien et Valentinien I. — Avénement du jeune Gratien. — Maxime est proclamé empereur dans l'île de Bretagne. — Sa mort. — Valentinien II assassiné par Arbogaste. — Victoire de Théodose. — Honorius, empereur d'Occident. — Alaric en Italie. — Victoires de Stilicon. — Les barbares dans les Gaules. — Révolte de Constantin dans la Bretagne. — Les Bretons proclament leur indépendance. — L'Armorique suit cet exemple.

CEPENDANT Auguste venait de mourir, après avoir demandé aux amis rassemblés autour de son lit de mort, s'il *n'avait pas bien joué le mime* de la vie. Un acteur non moins habile le remplaça sur la scène du monde, et, pendant neuf années, s'y fit applaudir, avec le même succès, par les nations. La peur, on le sait, formait comme le fond du caractère de Tibère; aussi, toute sa politique se borna-t-elle, durant des années, à s'effacer, comme il l'avait fait du vivant d'Auguste. Nulle ambition du pouvoir souverain chez le nouvel empereur ; c'était le sénat qui, de même qu'aux beaux jours de la république, décidait de toutes les affaires publiques. Le prince disait aux sénateurs: « mes maîtres, » et donnait l'exemple du respect des lois. Tacite lui-même, malgré sa haine pour le tyran, a rendu justice à cette administration.

« D'abord, les affaires publiques et les plus gra-
» ves d'entre les contestations privées se traitaient
» dans le sénat; les sénateurs pouvaient parler li-
» brement. L'empereur réprimait lui-même les ex-
» cès de la flatterie. Dans la distribution des hon-
» neurs, la gloire des ancêtres, l'illustration mi-
» litaire, les talents civils étaient le motif de ses
» choix ; et, en général, il eût été difficile d'en
» faire de meilleurs. Le consulat, la préture con-
» servaient leur éclat extérieur; les moindres ma-
» gistrats exerçaient librement leurs fonctions.
» Quant aux lois, si l'on excepte celle de lèse-
» majesté, l'on n'en faisait point abus.... L'em-
» pereur ne permettait pas que de nouveaux im-
» pôts fussent établis dans les provinces, ni que
» les anciens fussent aggravés par l'avarice et la
» cruauté des magistrats (1). »

---

(1) Tacit. Ann. IV. 6.

Mais bientôt tout changea de face; et les instincts dépravés du prince, longtemps comprimés, éclatèrent, et ne reconnurent plus de frein. Nulle garantie, à partir de ce moment, pour les malheureuses provinces. Les *présides*, comptant sur l'impunité, se livrèrent à tous les excès; et ils furent tels que la Gaule, dont Germanicus proposait l'obéissance pour modèle à son armée révoltée, se souleva, indignée de tant de cruautés et d'insolences (1). Deux hommes considérables par la naissance et par leur crédit, Julius Florus, chez les Trévires, et Julius Sacrovir, chez les Eduens, se mirent à la tête de ce mouvement. A les entendre, l'heure avait sonné pour l'indépendance de la Gaule.—L'Italie, disaient-ils, était dénuée de ressources, le peuple de Rome efféminé.—Les étrangers faisaient seuls la force des armées impériales.

Toutes les cités gauloises entrèrent dans le complot (2). Mais l'impatience des Andegaves (3) et des Turones (4) qui se levèrent avant le signal, déjoua tous les projets des conjurés. Ces deux peuples furent écrasés, l'un par Aviola, accouru

---

(1).... Disserebant de continuatione tributorum, gravitate fœnoris; sævitia ac superbia præsidentium.

(*Tacit. Ann. lib.* III. c. 40.)

(2) Haud fermè ulla civitas intacta seminibus ejus motûs fuit.

(*Tacit. Ann.* L. III. c. 41.)

(3) Habitants de l'Anjou.
(4) Habitants de la Touraine.

de

de Lyon avec une cohorte; l'autre par des légionnaires envoyés de la Germanie inférieure, et dont les rangs s'étaient grossis d'une troupe considérable de *principes* gaulois qui, pour masquer leur défection, affectaient toutes les apparences d'un zèle ardent (1).

Pendant ce temps, Florus poursuivait ses projets. Son but était d'enlever un corps de cavalerie gauloise que les Romains avaient levé à Trèves et discipliné selon leur tactique. N'ayant pu réussir à en corrompre qu'un petit nombre, il se vit forcé de se diriger vers la forêt des Ardennes avec ses troupes composées, en grande partie, de *clients* et d'*obœrati*, classes asservies, en quelque sorte, aux volontés de l'aristocratie gauloise (2). Mais les légions de Silius et celles de Varron, qui arrivaient par deux côtés différents, lui barrèrent le passage. Une poignée d'hommes d'élite, commandés par un Gaulois rival de Florus, suffit pour disperser cette multitude qui formait plutôt un attroupement qu'une armée (3). La mort du chef des Trévires fut le dernier coup porté à la révolte. Celle des Eduens, plus sérieuse, ne fut pas moins rapidement comprimée. Sacrovir comptait pour-

---

(1) ...Quibusdam Galliarum primoribus qui tulere auxilium, quo dissimularent defectionem magisque in tempore efferrent.
(*Tacit. Ann. L. III. c. 41.*

(2) Aliud vulgus *obœratorum aut clientium* arma cepit.
(*Tacit. Ann. L. III. c. 42.*) Voyez plus haut, ch. 6, p. 12

(3) ...Inconditam multitudinem disjecit. (*Loc. cit.*)

tant quarante mille hommes sous les armes ; mais que pouvait, contre la discipline romaine, ce ramas de Gaulois accourus de toutes parts et dont la plus grande partie n'avait pour armes que des épieux, des couteaux et d'autres instruments de chasse (1)? Sacrovir, comme Florus, ne voulut pas survivre à sa défaite.

Ainsi finit cette insurrection dont le début semblait présager de si grands résultats. Du récit rapide, mais plein d'enseignements, que nous en a laissé Tacite, ressortent tout spécialement deux faits que nous ne croyons pas inutile de constater : c'est d'abord la persistance du régime de clientèle, base antique de l'organisation sociale dans la Gaule.

Les Romains, en assujettissant cette contrée, n'avaient donc pas renversé les institutions nationales; du moins en ce qui concernait les rapports civils. Une autre assertion non moins digne de fixer l'attention, dans le récit du grand historien, c'est ce qu'il rapporte du luxe des Eduens et des richesses de la plupart des cités gauloises dont il compare la prospérité à la détresse de l'Italie. Or, comment expliquer cette prospérité, après dix années de guerres soutenues contre César, et à la suite de toutes les calamités qui, postérieurement,

---

(1) Cæteri cum venabulis et cultris, quæque alia venantibus tela sunt. (*Tacit. Ann.* L. III. c. 43.)

avaient frappé la Gaule? Faut-il croire que la science fiscale, dans laquelle les Romains n'eurent point de rivaux (1), était parvenue à ce point de perfection qu'elle fournissait aux vaincus les moyens de s'enrichir, afin de les dépouiller plus tard, avec plus de profit? Quoi qu'il en soit, un fait ne saurait être contesté, c'est que, peu d'années d'occupation avaient suffi pour introduire, dans toutes les contrées voisines de la Narbonnaise, le commerce, le luxe, les habitudes et les vices de Rome. La Gaule, qu'on nous passe l'expression, était incessamment refoulée vers le nord. Mais, en dépit de tous les efforts de leur politique, de toutes les séductions d'une civilisation corrompue, les Romains ne purent jamais briser cet esprit d'indépendance et de rébellion qui faisait comme le fond du caractère gaulois, et qui ne cessa jamais d'être un sujet de crainte pour les maîtres du monde.

Après la mort de Florus et de Sacrovir, tout était rentré dans le calme. La Gaule se laissa patiemment dépouiller par Caligula qui, au dire de Diodore, avait franchi les monts dans ce seul but (2). Cette inertie ne fit que s'accroître sous Claude. Ce prince, en ouvrant aux vaincus les portes du sénat et celles de tous les honneurs, semblait promettre à

---

(1) Vectigalibus... Romani plus adversùs subjectos quàm armis valent. (*Tacit. hist.* IV. 64.)

(2) Diod. 59.

tous les citoyens le droit de cité romaine que, vingt-et-un ans plus tard, Galba accordait à tant de peuples.

L'histoire a répété, à travers les siècles, les louanges que valut au successeur de Caligula l'abolition complète du culte druidique (1). Toutefois, il est permis de douter, cette fois encore, que des motifs d'humanité aient seuls inspiré le décret de l'empereur. En proscrivant la religion nationale, plus sage dans ses dogmes, plus consolante dans ses promesses, plus morale surtout dans ses préceptes que la frivole mythologie de Rome, Claude, fidèle à la politique d'Auguste, ne songeait, selon toute apparence, qu'à ravir aux Gaulois ce courage et cette énergie qu'ils puisaient en partie dans des croyances vigoureuses (2). Les Druides en jugèrent ainsi; et il est permis de croire que c'est à leur instigation qu'éclata la révolte dont, un peu plus tard, Julius Vindex se fit le chef.

Néron régnait depuis plus de quatorze ans, et l'univers le souffrait, *patiente mundo*, suivant la belle expression de Pline, quand, tout à coup, le bruit se répandit que les Gaulois avaient repris les armes. La province lugdunaise était gouvernée, à cette époque, par un Gaulois issu de race

---

(1) Sueton. in Tiber. Claudio.
(2) V. Cæs. de Bell. Gall. VI. 14.

royale, et qui, par son audace à accomplir de grandes choses, était parvenu à la dignité de propréteur (1). Ambitieux d'une espèce bien rare, Julius Vindex, peu soucieux de relever le trône qu'avaient occupé ses ancêtres, n'aspirait qu'à ressusciter l'antique indépendance nationale. Ce fut lui qui, pour emprunter le langage de Tacite, apprit au monde qu'on pouvait faire un empereur ailleurs qu'à Rome (2). Une grande partie de la Gaule se leva à l'appel de cette voix généreuse. Eclairés, cette fois, sur l'insuffisance de leurs propres ressources, les révoltés tendirent la main aux légions d'Espagne. « Arrive, écrivait Vindex à » Galba, la Gaule est un corps vigoureux auquel » il ne manque qu'une tête pour le diriger (3). »

L'avénement du vieux Galba fut le premier signal de la délivrance du monde. Après tant de vaines tentatives pour renverser l'indestructible citadelle du capitole, les *principes* gaulois s'étaient enfin convaincus que la tâche serait plus facile de transporter, en quelque sorte, le centre de l'empire dans les Gaules, que de briser cette formidable organisation. Ce fut là, durant quatre cents ans, le rêve de nos ancêtres. A peine Galba avait-il

---

(1) Sueton. in Neron.—Dio. L. LXIII. Excerpt. per Xiphilin.
(2) ... Posse principem alibi quàm Romæ fieri.
(Hist. I. c. 4. *Tacit.*)
(3) Plut. in Galbâ.

succombé sous les coups des soldats de l'Italie, que Vitellius fut proclamé, sur le Rhin, par les légions de la Germanie, associées, dans cette révolte, aux milices gauloises. L'esprit de rébellion gagna même, un peu plus tard, les dernières classes de la société. Un fanatique qui se prétendait envoyé de Dieu pour venger le pauvre peuple des ravages exercés dans les campagnes par les divers partis, vit se ranger plusieurs milliers d'hommes sous ses drapeaux. Ce fut là la première étincelle de ces terribles révoltes populaires que la misère et le désespoir vont désormais multiplier sous le nom de Bagaudie. Maricus, fait prisonnier dans un combat, périt sous les coups des soldats de Vitellius; mais une nouvelle insurrection, la plus terrible de toutes, éclata chez les Bataves; et l'on put croire un instant que ce serait la dernière. Déjà deux armées romaines avaient été exterminées; et, sur le cadavre du général romain, poignardé dans son tribunal, l'on avait proclamé l'empire des Gaules (1), lorsque l'astucieuse politique des Rêmes et l'arrivée des légions qui avaient combattu à Crémone vinrent changer la face des affaires. Vainqueur des confédérés au confluent de la Sarre et de la Moselle, Pétilius Cérialis entra, sans coup férir, le lendemain

---

(1).... Juravére qui aderant, *pro imperio Galliarum.*
(Tacit. hist. IV. 59.)

de la bataille, dans la ville de Trèves ; et là, ayant réuni les habitants, il prononça ce discours tant de fois répété et qu'il faut néanmoins citer toujours :

« Je ne me suis pas exercé à l'art de la parole, » et c'est par les armes que j'ai rendu témoigna-
» ge de la valeur du peuple romain. Mais, puisque
» les paroles ont tant de pouvoir sur vous, et
» que vous jugez les choses moins par elles-mêmes
» que par les discours des séditieux, j'ai voulu vous
» faire part, maintenant que la guerre est termi-
» née, de quelques observations qui me sont inspi-
» rées bien plus par votre intérêt que par le nôtre.

» Lorsque les généraux romains entrèrent sur
» votre territoire et dans les autres contrées de la
» Gaule, ce ne fut par aucun esprit de cupidité,
» mais sur la prière de vos ancêtres que fati-
» guaient des dissensions meurtrières et que les
» Germains appelés à leur secours avaient mis sous
» le joug, amis comme ennemis. Combien de
» combats nous avons livrés pour la Gaule
» contre les Cimbres et les Teutons ; au prix de
» quelles fatigues et avec quels succès nous avons
» combattu contre les tribus de la Germanie, le
» monde ne l'a pas oublié !

» Ce n'est pas, assurément, pour protéger l'Ita-
» lie que nous avons occupé les rives du Rhin (1),

(1) Cérialis qui avait, sans aucun doute, étudié les Commentaires

» mais de peur qu'un nouvel Arioviste ne régnât sur
» les Gaules. Croyez-vous donc que vous serez plus
» chers à Civilis, aux Bataves et à tous ces peuples
» dont le Rhin vous sépare, que vos aïeux ne l'é-
» taient aux ancêtres de ces diverses nations? Les
» mêmes motifs pousseront toujours les Germains
» à passer dans la Gaule, la luxure, l'avarice,
» l'amour du changement; et toujours on les ver-
» ra déserter leurs solitudes et leurs marais, dans
» l'espoir de les échanger contre ce sol si fertile
» dont ils veulent vous faire les esclaves. On vous
» éblouit aujourd'hui avec ces mots toujours trom-
» peurs de liberté, d'indépendance; mais n'ou-
» bliez pas que jamais ambitieux ne voulut asser-
» vir et dominer, qu'il ne se servît de ces mêmes
» paroles. Il y eut toujours des tyrans et des guer-
» res dans les Gaules, jusqu'au moment où vous
» vous êtes soumis à nos lois; et nous, quoique
» trop fréquemment insultés, nous ne vous avons
» demandé, pour prix de nos victoires, que les
» moyens de vous maintenir en paix; car, pour
» avoir la paix, il faut avoir des soldats; une ar-
» mée exige une solde, et cette solde entraîne le
» tribut. Le reste est commun entre nous. Vous-
» mêmes, le plus souvent, vous commandez nos-

de César, savait mieux que personne que c'était dans le but de protéger l'Italie que ce grand capitaine avait conquis les Gaules.—*V. Cæs. Bell. Gall.* I. 33. IV. 16.

» légions, vous gouvernez ces provinces ou d'au-
» tres. Nul privilége, nulle exclusion. Nos princes
» sont-ils cléments, vous en ressentez également
» les avantages, malgré votre éloignement; sont-
» ils cruels, ce sont les plus proches qui en souf-
» frent. Comme on supporte la stérilité des champs,
» l'intempérie des saisons et les autres maux na-
» turels, supportez les prodigalités ou l'avarice
» de vos maîtres. Il y aura des vices tant qu'il y
» aura des hommes; mais les fléaux ne sont pas
» continuels, et il arrive des temps plus heureux
» qui dédommagent; à moins peut-être qu'asser-
» vis à Tutor et à Classicus, vous ne comptiez
» sur un gouvernement plus modéré, ou qu'il
» fallût moins d'impôts pour l'entretien des ar-
» mées qui vous garantiraient des Germains et des
» Bretons. En effet, supposez (ce dont les dieux
» nous préservent!) que la domination romaine fût
» anéantie; qu'en pourrait-il résulter, sinon une
» guerre universelle? Il a fallu huit cents ans d'une
» fortune et d'une discipline constantes pour con-
» solider ce vaste édifice, et il écraserait sous ses
» ruines quiconque réussirait à l'ébranler. Et alors,
» le plus grand péril serait pour vous qui possédez
» de l'or et des richesses, cause principale de
» toutes les guerres. Aimez donc, chérissez donc
» la paix et cette Rome dont nous sommes ci-
» toyens au même titre, sans distinction de vain-
» queur ni de vaincu. Vous connaissez le sort qui

» vous est réservé dans l'une ou l'autre condition :
» gardez-vous donc de préférer l'indocilité qui
» vous perdrait, à la soumission qui vous sauve. »

Cette magnifique harangue, où l'habileté du politique et les ruses de l'orateur se cachent si bien sous la rude franchise du soldat, produisit peut-être, sur l'immense auditoire auquel s'adressait le général, tout l'effet qu'il en attendait; toutefois, la leçon ne profita pas à la Gaule. L'exemple de Vindex et de Civilis avait porté ses fruits. D'ailleurs, ainsi que l'a fait observer très-judicieusement un jeune et savant historien breton, le voisinage de la Germanie, dont la fière indépendance tranchait si profondément avec la servitude des Gaules, devait entretenir incessamment, dans cette contrée, ce foyer de colère et d'inimitié implacables dont l'origine remontait au berceau même de Rome (1). De là, la longue série des empereurs gaulois,

---

(1) Le Huërou, *Instit. mérov.*, p. 151, 152.— L'auteur dit ailleurs (p. 58) :

« .... On peut avancer que la Gaule a été pendant douze siècles le perpétuel, l'indestructible ennemi du nom romain. Leur inimitié commence presque avec la fondation de la ville et ne finit que lorsque la cité souveraine a cessé d'être quelque chose dans le monde.»—Nous sommes heureux de nous rencontrer si bien d'accord avec notre savant compatriote. Il a démontré, avec une science irréprochable, ce que nous n'avions pu qu'indiquer dans l'*Essai sur la Bretagne armoricaine*.

depuis Julius Sabinus, en l'an 69, jusqu'à l'avénement d'Avitus, en 455.

Pendant ce long intervalle, la Gaule, comme l'île de Bretagne dont elle fut si longtemps la métropole (1), ne cessa de protester, par des révoltes continuelles, en faveur de son antique indépendance (2). Réduits à l'inertie durant plus d'un siècle et demi (3), les Gaulois sortirent de ce rôle passif en 193, lorsque Clodius Albinus traversa le détroit avec les légions bretonnes, pour venir combatire son rival. Sous Caracalla, Macrin et Eliogabal, les Gaulois, à en juger du moins par le silence des historiens, ne se mêlèrent pas aux troubles de l'empire. Mais, un peu plus tard, nous voyons le vertueux et faible Alexandre Sévère tomber sous les coups des légions du Rhin, dans les rangs desquelles se faisaient remarquer, par leur humeur dure et intraitable, les soldats de la Gaule devenus impatients de toute discipline, à la suite de l'effroyable licence qu'Eliogabal avait laissé s'introduire dans les armées (4).

Le règne de Gallien, prince qui possédait toutes les sciences, hormis celle de gouverner les hom-

---

(1) *Cœs. de Bell. gall.* II, 4.
(2) Fertilis provincia tyrannorum, dit saint Jérôme.
(3) De l'an 71 à l'an 222 de J.-C.
(4) Sed cùm ibi quisque seditiosas legiones comperisset, abjici cas præcepit. Verùm Gallicanæ mentes, ut sese habent, *duræ ac retorridæ, et sæpè imperatoribus graves*, severitatem hominis nimiam, et longè majorem post Heliogabalum non tulerunt.
(*Lamprid. in vit. Sever.*)

mes (1), fut pour l'empire une suite de calamités de tous genres, mais fournit à la Gaule une occasion de réaliser ses rêves d'indépendance. Jugeant apparemment que la trahison était suffisamment justifiée par le patriotisme, des usurpateurs s'élevèrent de toutes parts. Plusieurs de ces *tyrans*, comme les apelaient avec mépris les panégyristes des empereurs italiens, étaient de brillants modèles de vertus; aussi la croyance populaire était-elle, dit Trebellius-Pollion, que ces hommes avaient été suscités par la providence des dieux, pour empêcher que le sol de l'empire ne devînt une propriété des Germains, et que la majesté du nom romain ne fût anéantie (2). Posthume, entre tous ces princes, sut mériter l'amour de ses sujets. Maître de toutes les Gaules, durant sept années, il en chassa les Germains, fit même construire des forteresses au-delà du Rhin, et mérita le glorieux surnom de restaurateur de son pays (3). Victorinus, Lollien, Marius et Tétricus, qui remplacèrent tour à tour ce grand homme, s'efforcèrent de soutenir le poids du nouvel empire; mais la lâcheté et la trahison du dernier de ces princes fit écrouler cette monarchie des Gaules

---

(1) Il était orateur, jardinier, poëte, philosophe, cuisinier, etc.

(2) Venerabile hoc romani nominis finitum esset imperium... (*Treb. Poll. Trig. Tyr.*)

Posthumius invasit in Galliâ tyrannidem, multo quidem reipublicæ commodo... (*Oros.* L. VII.)

(3) Médaille de Birague.

rêvée par le Batave Civilis, fondée par le génie de Posthume et dont la durée ne put dépasser quatorze ans.

Sous Probus, on vit Proculus et Bonose entraîner dans leur révolte une partie de la Gaule. Auxiliaires de tous les tyrans, nos pères combattent, dans l'île de Bretagne, pour Carausius, en 286 (1), et pour Allectus, son successeur, en 293 (2). C'est à leur épée que Constantin doit sa victoire contre Maxence (320), et Crispus celle qu'il remporte sur les Francs, quelques années plus tard, en-deçà et au-delà du Rhin (3). La Gaule, gouvernée comme une province détachée, par les princes qu'on plaçait à sa tête sous le titre de César et d'Auguste, formait une sorte d'empire indépendant. Obligée de défendre ses souverains contre l'ambition de leurs compétiteurs, et de repousser, avec ses seules forces, les attaques des tribus d'outre-Rhin, son énergie s'exalta jusqu'à l'enthousiasme ; et sur ces champs de bataille où les Romains ne savaient plus mourir, *la magnanimité gauloise* (4) se retrouva ce qu'elle avait été aux plus beaux jours de l'indépendance nationale. Zozime, historien d'un grand poids, lorsque ses préventions antichrétien-

---

(1) Mamert. in Paneg. Maximian.
(2) Eum. in Paneg. Constant. Cæs. XVII.
(3) Zoz. L. II. c. 15.
(4) .... Anxii (Galli) ne... nihil egisse operæ pretium pro magnanimitate gallicâ memorentur. (*Amm.* L. XIX. c. 6.)

nes ne l'aveuglent pas, rapporte qu'à la terrible bataille de Murse, gagnée par Constance, sur Magnence, les Gaulois combattirent, avec une opiniâtreté inouïe, jusques bien avant dans la nuit, ne pouvant se résoudre, disait énergiquement l'empereur Julien, à donner à l'univers le spectacle inconnu de soldats gaulois tournant le dos à l'ennemi (1). Ammien-Marcellin, homme de guerre et observateur rigide des lois de la vérité, a achevé ce brillant portrait par quelques touches vigoureuses.

« Tout âge, chez cette nation, dit-il, est éga-
» lement propre au métier des armes. Le
» vieillard et l'adolescent offrent, avec le mê-
» me courage, leur poitrine au fer de l'en-
» nemi, et bravent, avec le même mépris, le
» froid et le chaud. Pour échapper au service mi-
» litaire, on ne les a jamais vus se couper le pouce,
» à la manière des Italiens (2)... »

Ammien rapporte aussi des milices gauloises à cette époque, un trait d'audace dont les annales même de ce peuple offrent peu d'exemples. Parmi les troupes romaines assiégées par Sapor, roi des Perses, dans la ville d'Amide, en Mésopotamie, se trouvaient deux légions gauloises exi-

---

(1) Jul. orat. 1. in Const.
(2) Amm. Marcell. Lib. XV. c. 12.

lées en Orient par Constance, après la bataille de Murse. Or, ces soldats ayant aperçu, du haut des remparts, des prisonniers de leur nation que les Perses maltraitaient, se sentirent profondément émus ; et, la colère succédant à la pitié, ils s'élancèrent vers les portes, demandant à grands cris qu'on les menât à l'ennemi. Telle était leur furie, ajoute Ammien, qu'ils frappaient la porte de leur épée, *en rugissant comme des lions*, et que leurs officiers obtinrent à grand'peine qu'ils attendissent jusqu'à la nuit pour exécuter leur projet. Ils quittèrent, en effet, la ville, dès que le jour eut disparu, armés de haches et d'épées, et avec la résolution non-seulement de délivrer leurs compagnons d'armes, mais encore d'aller égorger Sapor lui-même dans sa tente, au milieu d'une armée de cent mille hommes. Le carnage qu'ils firent dans le camp ennemi fut effroyable. Forcés enfin de rétrograder, ils opérèrent leur retraite en bon ordre, et, sans avoir cessé de combattre, ils regagnèrent la ville, au lever du soleil, avec une perte de quatre cents des leurs : prouesse gigantesque dont Constance voulut perpétuer le souvenir en élevant des statues aux chefs des deux légions (1).

Cependant Julien, en butte à la haine de Constance, avait été proclamé à Lutèce par ses légions

---

(1) Amm. L. XIX. c. 5, 6 et 7.

et reconnu dans toute la Gaule. Appuyé sur l'épée de *ses grands compagnons d'armes* (1), le nouvel Auguste n'hésite plus à se déclarer l'ennemi de Constance et à l'aller chercher en Orient. Les Gaulois, pleins d'enthousiasme pour ce dompteur des rois et des nations, lui jurèrent, avec les serments les plus redoutables, de le suivre au bout de l'univers (2).

Sous Valentinien Ier, l'indépendance de caractère et l'intrépidité gauloises étaient encore proverbiales. Telle était, dans l'armée romaine, la crainte qu'inspiraient les cohortes gallicanes, que l'empereur étant mort dans la Pannonie, en 375, ses lieutenants, d'un commun accord, firent rompre le pont qui séparait ces troupes du reste de l'armée, après leur avoir donné l'ordre, au nom du prince qui n'existait plus, de se rendre dans les Gaules envahies, prétendait-on, par les barbares. « Or, il faut savoir, nous dit Ammien-Marcellin,
» que cet ordre de départ était motivé sur le ca-
» ractère bien connu des Gaulois qui, assez peu
» soucieux de la foi due aux princes légitimes,
» auraient pu se porter à des innovations dan-
» gereuses (3). »

---

(1) *Magni commilitones.* Amm. L. XX. c. 5.

(2) Amm. Marcell. L. XX. c. 5.

(3) Anceps rei timebatur eventus à gallicanis cohortibus, quæ non semper dicatæ legitimorum principum fidei ausuræ novum quoddam in tempore sperabantur. (*Amm.* L. XXX. c. 10.)

Gratien

Gratien, prince à peine âgé de dix-sept ans, succéda à son père. Ce jeune homme, dont la douceur et la bonté attiraient tous les cœurs, dont la piété excitait l'admiration de saint Ambroise lui-même, et qui semblait destiné à faire le bonheur de l'empire, devint tout à coup odieux à ses sujets ou plutôt à ses armées. Ce fut, s'il faut en croire les historiens, sa bienveillance pour les barbares qui le précipita du trône. Passionné pour la chasse, il avait admis dans sa familiarité la plus intime un certain nombre d'Alains dont il admirait l'adresse et la surprenante agilité. Ses troupes en prirent ombrage, et laissèrent éclater des murmures que Gratien eut le tort de mépriser. Toutefois, rien ne semblait encore annoncer une catastrophe, lorsque les légions de l'île de Bretagne, qui, depuis longtemps, se distinguaient par leur arrogance présomptueuse (1), donnèrent le signal de la révolte. A leur tête se trouvait placé un général qui avait épousé, rapportent les chroniques bretonnes, la fille de l'un des *Tierns* (2) les plus puissants du Caernarvonshire (3). Ce général, nommé Magnus Clemens Maximus, fut proclamé par les voix tumultueuses

---

(1) Τῶν ἄλλων ἁπάντων πλέον αὐθάδεια καὶ θύμῳ νικομένους.
(Zoz. IV. 35.)

(2) Teyrn, Tiern : chef de guerre, *tyrannus*.
(3) V. Carte, Hist. d'Angl. T. I. p. 168.

mais unanimes, des soldats et des provinciaux (383) (1). Quelle était la naissance de cet usurpateur? Ce problème historique n'a pu être résolu par les plus savants critiques. Toutefois, il semble résulter, d'un passage de Pacatus, que ce prince était Breton d'origine (2).

Dès qu'il eut accepté le dangereux présent de la pourpre impériale, qu'il avait repoussé d'abord, au dire d'Orose et de Sulpice-Sévère (3), Maxime comprit qu'il ne pourrait réussir à conserver le trône et la vie, s'il bornait son ambition à la possession de la Bretagne. Aussi s'embarqua-t-il promptement avec ses légions et une grande partie de la jeunesse de l'île (4), accourue sous ses éten-

---

(1) Sulp. de vita Mart. C. XXIII. Dial. 2. c. 7.—Dialog. 3. c. 15.—Auson. in Aquilcia, p. 216.—Oros. L. VII. c. 34.

(2) V. M. de S.-Martin; note sur Lebeau, Hist. du Bas-Emp. T. IV. p. 227.

(3) Sulp. Sev. Dial. 2. 7.—Oros. VII. 34.

(4) Le texte de Gildas est formel à cet égard : « Exin Britannia, omni armato milite, militaribusque copiis, rectoribus linquitur immanibus, ingenti juventute spoliata (quæ comitata vestigiis supradicti tyranni domum nusquàm rediit). Et omnis belli usus ignara penitùs... multos stupet gemitque per annos. (*Gild. Ed. Galland.* T. XII.)» Ces paroles de Gildas avaient toujours été interprétées de la même manière, lorsque M. Varin, doyen de la faculté des lettres de Rennes, s'efforça de démontrer, à l'aide de paradoxes fort spirituels, que tous les précédents traducteurs avaient mal compris le passage précité. (*Voir aux pièces justificatives la critique de cette notice.*) Au surplus, voici un texte de Sozomène, qui nous paraît sans réplique :

...Ἐν τούτῳ δὲ Μάξιμος πλείστην ἀγείρας στρατιὰν Βρετανῶν ἀνδρῶν

dards. Tout le monde sait que, trahi par son armée, l'infortuné Gratien périt assassiné près de Lyon, et que l'usurpateur, peu d'années après, fut vaincu lui-même par Théodose, et décapité sous les murs d'Aquilée. La fin du jeune Valentinien II, replacé par le grand empereur sur le trône d'occident, ne fut pas moins tragique : les uns disent qu'il fut étouffé dans son lit par l'ordre d'Arbogaste ; d'autres racontent que, tandis qu'il s'exerçait, avec quelques officiers, aux portes de Vienne, son ambitieux lieutenant le tua de sa propre main (1). Quoi qu'il en soit, ce forfait n'aboutit qu'à la ruine du meurtrier et à celle du rhéteur Eugène qu'il avait revêtu de la pourpre pour régner sous son nom. Honorius, âgé de dix ans, fut proclamé empereur de l'occident par Théodose victorieux.

Ainsi, dans l'espace d'environ trente-deux ans, la Gaule avait changé six fois de maîtres ! Epuisée par tant de guerres civiles, cette malheureuse contrée était tombée dans un état d'abattement et de misère pareil à celui où l'avait réduite Jules César jadis, et dont Orose nous a retracé le tableau si tou-

καὶ τῶν ὁμόρων Γαλατῶν καὶ Κελτῶν, καὶ τῶν τῇδε ἐθνῶν, ἐπὶ τὴν Ἰταλίαν ᾔει. Πρόφασιν μὲν ὡς οὐκ ἀνεξόμενος νεώτερον, etc.

(Soz. L. VII. c. 13. p. 721. ed. Henr. Vales.

(1) Zoz. IV. 54.—Sozom. VII. 22.—Oros. VII. 35. Socr. V. 25.

chant (1). Dans de telles circonstances, Stilicon, ministre, général et beau-père d'Honorius, s'était hâté d'envoyer des renforts à la frontière du Rhin. Mais les quelques cohortes qu'on y avait placées, durent bientôt elles-mêmes quitter ce poste pour voler au secours de l'Italie. Alaric avait, en effet, franchi les Alpes, dont Théodose lui avait autrefois montré le chemin (2). A cette nouvelle, une terreur panique s'empara de l'Italie. La cour impériale se disposait à quitter Milan pour chercher un refuge dans la Gaule (3), lorsque Stilicon accourut et mit obstacle à cette fuite, en déclarant qu'il irait au-devant des légions occupées dans la Rhétie (4), et les ramènerait à temps pour repousser les barbares. Et, en effet, après avoir passé sur une barque le lac de Côme (Larius), et traversé, à cheval, les Alpes en ce moment couvertes de neige, n'ayant la nuit, pour abri, que des cavernes creusées dans le roc ou de pauvres cabanes de bergers (5), il rejoignit l'armée ro-

---

(1) V. plus haut, p. 133.
(2)   Nunc verò geminis clades repetita tyrannis,
      Famosum vulgavit iter...
                                   (*Claudian. de Bell. Get.* v. 284 et seq.)
Par ces mots *geminis tyrannis*, le poëte fait allusion à Maxime et à Eugène.
(3)   Quid turpes jam mente fugas, quid Gallica rura
      Respicialis...   (*Claud. Bell. Get.* v. 206 et seq.)
(4) Claudian. de Bell. Get. vers. 363 et sq.
(5)   Protinus, umbrosâ vestit quà littus olivâ

maine dont les rangs venaient d'être grossis par les cohortes rappelées des bords du Rhin, et par une légion qui arrivait des extrémités de la Bretagne (1). La bataille de Pollence (402-403) sauva l'Italie. Abandonné par une partie de ses troupes, que l'or de Stilicon avait gagnées, Alaric s'enfonça dans les montagnes et reprit le chemin de l'Illyrie, bien résolu de réparer prochainement sa défaite et de faire expier aux Romains une victoire qu'ils devaient plutôt à la perfidie qu'au courage.

Cependant, les barbares, ne trouvant plus de résistance sur les bords du Rhin dégarnis de soldats, se répandirent dans les Gaules, comme les flots de l'Océan débordé (2). Salvien a décrit, avec toute la hauteur d'accent qu'il sait trouver parfois, la marche et les progrès de ces tribus dévastatrices. Dans toute l'étendue de la Gaule, auparavant si

    Larius, et dulci mentitur Nerea fluctu,
    Parvâ puppe lacum prætervolat.
                               (*Ib.* v. 319 et seq.)
                      Ociùs indè
    Scandit inaccessos brumali sidere montes,
    Nil hyemis cœlive memor.
                               (*Ib.* v. 321 et seq.)

(1)   Venit et extremis legio prætenta Britannis,
    Quæ Scoto dat frena truci.
                             (*Ib.* v. 416 et seq.)

(2)   Si totus gallos sese effudisset in agros
    Oceanus, vastis plus superesset aquis.

Ce sont les expressions d'un contemporain dont le poëme sur la Providence se trouve dans les œuvres de saint Prosper d'Aquitaine.

peuplée, on ne rencontrait plus que des cadavres vivants qu'on distinguait à peine des morts dont la terre était jonchée.

Au bruit de tant de ruines, les troupes de l'île de Bretagne, ne recevant aucun secours, résolurent de se donner un maître et choisirent d'abord un officier appelé Marcus, qu'elles remplacèrent bientôt par un autre officier dont elles se défirent encore pour proclamer un soldat nommé Constantin. Cet homme ne possédait ni le talent, ni l'énergie nécessaires pour soutenir l'éclat d'un si grand nom (1); mais, guidé par l'exemple de Maxime, il rassembla une flotte et débarqua dans la Gaule où le désespoir des habitants et le besoin d'un chef le firent accueillir comme un libérateur. Constantin, en effet, rallia les troupes dispersées, en leva de nouvelles, et gagna des batailles sur les barbares. Maître de l'Espagne, de la Bretagne et des Gaules, ce prince semblait appelé à venger l'empire des insultes de ses ennemis, lorsqu'éclata, de l'autre côté des Pyrénées, la révolte du breton Gérontius. Tandis que les deux rivaux sacrifiaient, dans une lutte intestine, leurs dernières légions, les Bretons insulaires, n'obtenant de l'empire aucune protection pour prix de leurs souffrances, chassèrent de leur île les magistrats romains.

(1) Oros. VII. 40.

Cet exemple fut aussitôt suivi par les provinces armoricaines, et même, si l'on en croit Zozime, par d'autres cités de l'intérieur (1). « Il y aurait
» lieu de supposer, d'après ces paroles, dit M.
» Fauriel, que les diverses contrées dont parle
» Zozime revinrent, tout d'un coup, à leur ré-
» gime celtique ; mais, dans cette extension, le
» fait est peu probable. S'il est quelqu'un de ces
» pays où l'on puisse présumer que l'état politique
» antérieur à la conquête romaine fût alors pleine-
» ment rétabli, ce ne peut être que la Bretagne
» armoricaine (2). »

M. Fauriel a indiqué ici, avec cette sagacité qui caractérise son beau talent, l'un des points les plus curieux de notre histoire nationale. Avant de reprendre le récit des faits dont la Gaule fut le théâtre jusqu'au jour où elle tomba, épuisée, entre les mains des barbares de la Germanie, qu'il nous soit permis de nous arrêter, quelques instants, à la recherche du problème indiqué par le savant historien des Gaulois.

Dans quelle mesure la Gaule avait-elle subi l'influence des institutions romaines à l'époque où éclata la révolte des provinces armoricaines? Ces contrées avaient-elles perdu, comme on le pense communément, toute trace de leur état antérieur?

---

(1) Zoz. VI. 5.
(2) Histoire de la Gaule méridionale. T. I. p. 58.

C'est à la solution de ces graves questions dédaignées jusqu'ici ou tranchées, sans examen, par des historiens systématiques, que nous consacrerons les pages qui vont suivre.

CHAPITRE IX.

De l'état social de la Gaule depuis la conquête romaine jusqu'à la révolte de l'Armorique en 409.

S'IL faut en croire quelques historiens, la conquête, en Europe comme en Asie, avant l'invasion des barbares, au ve siècle, *n'aurait guère été qu'une sorte d'extermination qui portait en même temps sur les institutions et sur les hommes*; ou elle ne reconnaissait aux vaincus aucune garantie civile et politique, ou elle substituait aux anciennes formes les formes nouvelles de la cité victorieuse. Le premier système était, en général, celui des conquérants asiatiques ; l'autre peut être appelé la méthode romaine (1).

Or, existait-il réellement *une méthode romaine*

---

(1) Le Huërou. *Instit. mérovingiennes*, c. 10, p. 199.

à l'égard des peuples vaincus ; et peut-on induire, par exemple, de ce fait particulier que la ville d'Albe perdit, après sa défaite, ses lois, ses franchises, ses magistrats (1), que telle était la manière d'agir, le *système* des Romains envers toutes les nations qu'ils subjuguaient ?

Une pareille assertion serait en contradiction avec toutes les données de l'histoire.

Sans doute, pendant la première période de son existence, Rome traita avec rigueur les cités rivales qui lui disputaient la domination de l'Italie. La prudence lui imposait la nécessité d'anéantir la puissance de dangereux voisins dont les efforts réunis pouvaient entraîner sa ruine. Tout territoire conquis était donc occupé soit par des soldats, soit par des habitants choisis parmi la plèbe romaine et qui avait mission de fonder la nouvelle colonie.

Mais dès que la ville de Romulus eut établi sa domination sur une base solide, elle changea aussitôt de politique (2). Dès l'année 365 de la fondation de Rome, un sénatus-consulte ordonnait *ut cum Cæretibus publicè hospitium fieret* (3). Ce système pré-

---

(1) Voy. Histoire de la propriété en Occident, par E. Laboulaye. T. I. p. 94.— Tit.-Liv. I. 38.

(2) Essai sur l'hist. de France, par M. Guizot, premier Essai.

(3) Tit. Liv. L. V. c. 4. Cum Cæretibus hospitium publicè fieret, quòd sacra populi romani et sacerdotes recepissent, etc.

valut complètement, et ne cessa d'être appliqué dans les siècles qui suivirent. Les divers peuples de l'Italie, en passant sous la domination romaine, conservaient d'ordinaire leurs franchises et leurs magistrats; quoique la générosité de la république ne se montrât pas égale à l'égard de tous, comme on peut s'en convaincre dans Tite-Live (1).

Hors de l'Italie, la condition des pays conquis, l'histoire en fait foi, était aussi très-diverse. Ici, en effet, l'on rencontre des *coloniæ* (latines ou romaines), des *populi liberi*, des *civitates fœderatæ*, et des *provinciæ* (2), dénominations qui indiquent clairement divers degrés de dépendance et des modes d'existence différents, sous la domination romaine.

« Toutes les provinces, dit M. de Savigny, con- » servèrent, en grande partie, le régime antérieur » à la conquête (3). » Telle était aussi l'opinion de Niebuhr; et il se proposait d'éclaircir cette matière difficile et jusqu'ici presque entièrement né-

---

(1) Lanuvinis civitas data sacraque sua reddita cum eo... Aricini Nomentanique et Pedani eodem jure, quo Lanuvini, in civitatem accepti... In Veliternos, veteres cives romanos, quòd totiès rebellâssent, graviter sævitum... Tiburtes Prænestinique agro multati.
(*Tit.-Liv.* L. VIII. c. 24.)

(2) A Scaldi incolunt... Nervii liberi... Suessiones liberi... Lingones fœderati, Helvetii, Coloniæ. (*Pline.* IV. 17.)

(3) Hist. du droit romain au moyen-âge. T. I. c. 2. §. 7.

gligée, lorsque la mort vint le surprendre (1). Ce travail, que l'illustre historien de Rome voulait entreprendre pour tout l'empire, nous allons essayer, malgré notre insuffisance, de l'exécuter ici, en ce qui a rapport à la Gaule.

L'on n'a point oublié comment les Romains s'établirent dans la Narbonnaise, en l'année 635 de la fondation de Rome. Cette province domptée par les armes, *notée* par des trophées injurieux (2), *mulctée* par la perte d'une partie de ses terres et de ses villes (3), se vit dépouiller de ses lois et de son indépendance (4). Là les vainqueurs, qui voulaient se créer, en quelque sorte, une nouvelle Italie, *se trouvaient toujours présents au milieu des vaincus et avaient sans cesse à leur disputer la richesse, la liberté et la terre* (5). La politique romaine

---

(1) Loc. cit. note A.

(2) *Cicer. orat. pro Fonteio* : Modò bello domiti, modò triumphis ac monumentis notati...

Ces trophées furent élevés à la gloire de Pompée, vers la frontière d'Espagne.

(3) ... Modò ab senatu agris urbibusque mulctati sunt. (*Cic. loc. cit.*)

(4) Respicite finitimam Galliam quæ in provinciam redacta, jure et legibus commutatis... perpetuâ premitur servitute.

(*Cæs. de Bell. Gall.* L. VII. 67.)

(5) « Les peuples asservis ou exterminés dans l'antiquité, l'ont été
» presque toujours par des conquérants qui cherchaient une patrie et
» s'établissaient sur le sol conquis. Après la guerre, les Romains rentraient dans Rome. L'asservissement et l'extermination ne se font
» ni tout d'un coup, ni de loin. Il faut que les vainqueurs, toujours

s'y montra donc impitoyable. Il lui fallait, à tout prix, une citadelle d'où elle pût observer les peuples soumis et les contenir dans le devoir (1).

A l'égard des autres nations gauloises, le système adopté plus tard par la république fut tout différent. En effet, Jules César répondant à un discours d'Arioviste qui revendiquait une partie des Gaules, s'exprime ainsi, dans ses Commentaires :

« Je ne puis admettre que cette contrée appar» tienne plutôt à Arioviste qu'aux Romains. Q. Fa» bius Maximus soumit jadis les Arvernes et les
» Rutènes ; et Rome, leur accordant un généreux
» pardon, ne *les réduisit pas en province* et n'en
» fit pas des tributaires. Or, si l'on s'en rapporte
» à la priorité du temps, elle est, pour le peuple
» romain, un juste titre à l'empire de la Gaule.
» D'un autre côté, si l'on s'en tient au décret du
» sénat, cette contrée doit être libre, *puisqu'il*
» *a voulu que, vaincue, elle conservât ses lois* (2). »

» présents au milieu des vaincus, aient sans cesse à leur disputer la
» richesse, la liberté et la terre. » (Guizot. *Essai*. p. 6.)

Observations pleines de justesse.

(1) Cicer. pro Fonteio.

(2) ... Neque se judicare Galliam potiùs esse Ariovisti quàm populi romani. Bello superatos esse Arvernos et Rutenos à Q. Fabio Maximo, quibus populus romanus ignovisset, neque in provinciam redegisset, neque stipendium imposuisset. Quòd si antiquissimum quodque tempus spectari oporteret, populi romani justissimum esse in Gallia imperium ; si judicium senatûs servari oporteret, liberam debere esse Galliam, quàm bello victam suis legibus uti voluisset.

(*Cæs. de Bell. Gall.* l. I. c. 45.)

A l'époque où César parlait ainsi, les événements accomplis depuis près d'un siècle imposaient, pour ainsi dire, aux Romains des ménagements plus grands encore que ceux qu'ils avaient gardés jusque-là envers les nations transalpines. La formidable invasion des Cimbres et des Teutons vaincus par Marius, à la porte même de l'Italie, avait révélé aux moins clairvoyants le danger qui menaçait la république. Ce fut pour le conjurer, s'il faut en croire César, que Rome entreprit la conquête des Gaules. Pour n'avoir pas à combattre les Germains en Italie, la prudence exigeait qu'on les rejetât de l'autre côté du Rhin (1). Or, après avoir donné ce fleuve pour frontière à l'empire, quelle fut la conduite du dictateur à l'égard des Gaulois subjugués? Nous avons déjà eu occasion de le dire ailleurs, la Gaule conquise dut à la politique ambitieuse du rival de Pompée d'être traitée avec une bienveillance toute spéciale. Non-seulement il n'ôta aux Gaulois ni leurs terres, ni leurs villes, ni les formes essentielles de leur gouvernement (2); mais encore, il leur ouvrit les rangs des

---

(1) Paulatim autem Germanos consuescere Rhenum transire, et in Galliam magnam eorum multitudinem venire, populo romano periculosum videbat; neque sibi homines feros ac barbaros temperaturos existimabat, quin, cùm omnem Galliam occupâssent, ut antè Cimbri Teutonique fecissent, in provinciam exirent, atque indè Italiam contenderent. (*Cœs. Ib.* I. 33.)

(2) Nous en trouvons la preuve dans César : « Erant apud Cæsarem,

légions et même les portes du sénat (1). Lorsque Pompée s'efforçait d'entraîner l'Espagne entière dans son parti, il était indispensable que César ne négligeât rien pour enchaîner les Gaulois à sa fortune. A en juger d'après les Commentaires, la conquête romaine aurait coûté à la Gaule près d'un quart de sa population. Mais dès que ces provinces se furent soumises, peu d'années suffirent, nous l'avons vu (2), pour changer complètement ce triste état de chose. L'agriculture, le commerce, les arts y firent des progrès surprenants ; et les besoins de la consommation étant devenus plus considérables, dès le premier siècle de la conquête, la population des campagnes dut s'accroître rapidement pour y pourvoir. Et, en effet, dans les derniers temps du règne d'Auguste, le vide laissé par la guerre avait été comblé ; l'agriculture s'était enrichie des découvertes faites par les agronomes de l'Italie et de la Grèce, et la Gaule, qui commençait à trouver le

---

ex equitum numero, Allobroges duo fratres... His domi ob has causas amplissimos magistratus mandaverat (Cæsar), atque eos *extra ordinem* in senatum legendos curaverat (*Cæs. Bell. civ.* III. 59.) » Ainsi, il fallait tout le crédit de César pour faire entrer ces deux princes allobroges dans le sénat de leur cité : *extra ordinem*. L'ancienne organisation politique n'y avait donc point été bouleversée.

(1) V. plus haut, ch. VII, p. 131.
(2) V. plus haut, c. VIII.

fardeau de l'obéissance moins pesant (1), était citée comme l'une des provinces les plus fertiles et les plus florissantes de l'empire (2).

La politique du vainqueur d'Actium, à l'égard des Gaulois, fut pleine de modération et d'habileté. Les cent quinze cités de la Gaule conservèrent leur lien de confédération, et le jeune Drusus, en gagnant la faveur des *principes* du pays, réussit à en assurer la tranquillité (3). On sait que, sous les successeurs de Tibère, ce ne fut plus sur l'Italie, mais sur les provinces, que s'appuya le gouvernement impérial. La puissance de ces princes ne résidait pas seulement, quoi qu'on en ait pu dire, dans la fidélité de leurs armées. Ce qui faisait surtout leur force, c'était l'appui que leur prêtaient les chefs gaulois dont ils savaient à propos capter la bienveillance et dont la fidélité garantissait celle des clans ruraux toujours dévoués à leurs patrons (4). Ces patrons, auxquels était confié le commandement

---

(1) Hirtius. L. VIII. c. 49. Itaquè, honorificè civitates appellando, *principes* maximis præmiis alliciendo... defessam tot adversis præliis Galliam, conditione parendi meliore, facilè in pace continuit.

(2) Pline. Hist. nat. L. XIV. 2, 3, 6, 9 et seq.

(3) Drusus... Gallorum primoribus... convocatis, motum subditorum præoccupavit. (*Dio.* L. LIV.)

(4) Voir plus haut, c. 5.

des troupes auxiliaires attachées à chaque légion, tenaient entre leurs mains le sort des empereurs. Vindex apprit le premier ce secret à la Gaule, en renversant Néron. A partir de ce jour, l'amour de l'indépendance se ralluma dans tous les cœurs, et les hommes riches et ambitieux qui, avant l'arrivée des Romains, s'emparaient ordinairement du pouvoir (1), recommencèrent à s'agiter. Les guerres sanglantes qui s'élevèrent, après la mort de Galba, entre Othon, Vitellius et Vespasien, vinrent ajouter encore à l'énergie de cette réaction nationale. Les députés des cités gauloises, comme aux temps de Vercingetorix, se réunirent pour délibérer sur la révolte ou sur la soumission ; et là, Valentin, l'ardent représentant des Trévires, l'orateur favori de la multitude, ne craignit pas d'invectiver contre la domination de Rome, qu'il peignit sous les couleurs les plus odieuses (2).

(1)... In Galliâ à potentioribus atque his qui ad conducendos homines facultates habebant, vulgò regna occupabantur, qui minùs facilem eam rem in imperio nostro consequi poterant.
(Cæs. Bell. Gall. L. II. c. 1.)

(2)... Galliarum civitates in Remos convenêre. Treverorum legatio illic operiebatur, acerrimo instinctore belli Tullio Valentino. Is, meditatâ oratione, cuncta magnis imperiis objectari solita, contumeliasque et invidiam in populum romanum effudit, turbidus miscendis seditionibus et plerisque gratus vecordi facundiâ.
(Tacit. Hist. IV. 68.)

La Gaule, à la fin du premier siècle de l'ère chrétienne, avait donc conservé ses assemblées représentatives. Mais quelle était, depuis Auguste, l'autorité de ces grands corps politiques? Les documents nous manquent pour résoudre cette grave question. Toutefois, un fait qui se passa dans les Gaules, sous le règne de Titus, nous autorise à croire qu'aucune innovation n'avait eu lieu, à cette époque, dans l'ancienne constitution du pays. La Gaule lyonnaise avait pour lieutenant impérial le propréteur Paulinus dont l'administration avait excité des inimitiés. Les accusateurs de Paulinus ayant sollicité sa mise en accusation près de l'empereur Titus, S. Solemnis, député de la cité des Viducasses, interposa son *veto*, en déclarant que ceux qui l'avaient élu ne lui avaient donné aucun mandat d'accusation contre le gouverneur de la province lyonnaise, et que, bien loin de blâmer les actes de ce dernier, ils les approuvaient au contraire (1). Ces paroles arrêtèrent la délibération ; d'où l'on peut inférer, comme le fait observer judicieusement un histo-

---

(1) Solemnis iste meus proposito corum restitit, provocatione scilicet interjectâ, quòd patria ejus, cùm inter cæteros legatum eum creâsset, nihil de accusatione mandâsset, immò contrâ laudâsset.

(Marm. Laud. *V.* abbé Lebœuf. *Mém. acad. des Inscrip.* T. XXXII.)

rien moderne (1), 1° que le contrôle des assemblées générales s'étendait à la gestion des plus hauts magistrats, et que les provinces avaient le droit de les accuser ; 2° que les mandats donnés par les cités à leurs représentants étaient impératifs ; 3° enfin, que le *veto* d'un membre avait le pouvoir de suspendre une délibération.

De pareils faits réfutent victorieusement les assertions contre lesquelles nous nous sommes élevé en commençant ce chapitre (2). Le discours adressé par Pétilius Cérialis aux Trevires vaincus, nous donne aussi la mesure des ménagements que Rome, depuis la conquête, n'avait cessé de garder à l'égard des peuples gaulois. Nulles menaces, en effet, nulles récriminations dans cette harangue. Bien loin de là ; toutes les susceptibilités nationales y sont, au contraire, respectées avec un art merveilleux. « Est-ce par un sentiment de convoitise que les Romains ont envahi cette contrée ? Les Gaulois n'imploraient-ils pas le secours de Rome, pour échapper à la servitude?—Quelle a été, après tant de victoires remportées sur les Germains, la conduite des protecteurs de la Gaule ? Ont-ils asservi ses habitants ? Ces derniers ne comman-

---

(1) V. l'Histoire de la Gaule sous la domination romaine, par M. Amédée Thierry. T. II. p. 115.

(2) Voyez p. 168.

dent-ils pas les légions, ne gouvernent-ils pas les provinces, etc. (1). »

Au surplus, cette magnifique leçon d'histoire dont Tacite fait honneur au génie de Cérialis, les tyerns, ou *principes* gaulois, l'avaient, dès longtemps, mise en pratique. Bien que toujours frémissant sous le joug des maîtres étrangers, ils s'étaient laissés circonvenir par les flatteries des conquérants; et ils restèrent fidèles à la cause des princes dont les armées défendaient leurs richesses contre l'avidité germaine (2), jusqu'au jour où ils purent se convaincre que l'empire leur empruntait toute sa force (3), et qu'ils pouvaient briser, sans danger pour le pays, le lien qui l'unissait à l'Italie.

Les révoltes qui éclatèrent sous le faible Gallien ne furent que le résultat de la scission opérée entre les princes des cités et les souverains italiens. Le génie d'Aurélien et les victoires de Probus arrêtèrent quelques instants les progrès de cette première dissolution de l'empire romain (4); mais tous

---

(1) Voir p. 151.

(2) Tacit. IV. 73. Eadem semper causa Germanis transcendendi in Gallias : libido atque avaritia, et mutandæ sedis amor; ut, relictis paludibus et solitudinibus suis, fecundissimum hoc solum vosque ipsos possiderent.

(3) Tacit. Ann. III. Nihil validum in exercitibus nisi quod externum.

(4) M. Le Huërou, dans les quelques mots qu'il a jetés, en passant, sur le règne des trente tyrans, a parfaitement saisi le caractère de ces insurrections : « Le règne de ces princes, dit-il, ne fut autre

les efforts des princes, leurs successeurs, furent impuissants pour restaurer ce vieil édifice qui s'écroulait de toutes parts. La tentative de Dioclétien, qui, suivant M. Amédée Thierry, *releva la Gaule de sa ruine* (1), ne fit, au contraire, que précipiter la crise. (2).

Les écrivains modernes, dans leurs jugements sur l'empire romain, nous paraissent, à de rares exceptions près, n'avoir guère consulté que les écrits des historiens, des poètes et des philosophes de l'époque la plus brillante de la république, où les insipides panégyriques des rhéteurs du ive et du ve siècles. Parce que les Gaules étaient l'une des plus riches provinces soumises à la domination impériale, et qu'elles renfermaient quelques grandes villes, des manufactures, des légions, une armée de fonctionnaires et de légistes, l'on s'est représenté l'état de ces provinces comme à peu près semblable à celui où nous les voyons aujourd'hui. De là tant d'hymnes historiques à la gloire d'un régime qui, lorsque les Goths prirent possession du midi, et les Francs du nord des Gaules, avait réduit ces deux contrées à un état de misère et de dégradation sans exemple. Et cependant, rien ne ressemblait moins à notre état social actuel, du

chose qu'un premier démembrement de l'empire. » (*Instit. mér.* p. 110.)

(1) Hist. de la Gaule sous la domination romaine. T. II. p. 484.
(2) Voyez plus bas, p. 182.

moins au point de vue de l'ordre et de la prospérité matérielle, que la situation où se trouvait la Gaule à la chute de l'empire d'occident. M. de Sismondi, historien qu'il ne faut pas choisir pour guide, lorsqu'il s'agit d'apprécier les actes des Souverains Pontifes, ou l'action générale de l'Eglise sur la société du moyen-âge, mais qui, mieux que tout autre peut-être, a su pénétrer au sein des institutions domestiques des peuples, a comparé l'état des provinces gauloises, au ve siècle, à celui qu'offrent encore aujourd'hui certaines parties éloignées de l'empire russe. « Là, dit-il, se rencontrent quel-
» ques familles de princes qui participent à la plus
» haute civilisation européenne, quelques villes
» qui connaissent tous les arts et tout le luxe de
» la France, tandis que les campagnes sont es-
» claves. De même, dans les Gaules, on trouvait
» quelques centaines de familles affiliées au sénat
» de Rome et dont le patrimoine couvrait des
» provinces entières; on trouvait cent quinze cités
» où le commerce et les arts avaient formé une
» sorte de bourgeoisie ; mais la terre n'était cul-
» tivée que par des mains serviles, et la grande
» masse de la population ne participait pas plus
» aux progrès de l'art social, que si les Druides
» n'avaient jamais été chassés de leurs bois sa-
» crés (1). » Ainsi donc, tels avaient été dans la

(1) De Sismondi, Hist. de Fr. T. I. p. 48-49.

Gaule romaine (1) les bienfaits de la civilisation : les arts, le luxe, la corruption pour les classes élevées ; et, pour la masse des populations, la servitude et la misère. Le génie administratif de Dioclétien ne fit qu'ajouter à tant de désordres et de souffrances. Lactance a saisi, avec toute la clairvoyance que lui donnait sa haine pour le persécuteur des chrétiens, les désastreuses conséquences de cette nouvelle politique.

« En se donnant trois collègues, en divisant l'u-
» nivers romain en quatre parts, Dioclétien multi-
» plia les armées dans la même proportion, car
» chacun de ces nouveaux princes s'efforçait
» de rassembler beaucoup plus de soldats que n'en
» avaient leurs prédécesseurs, lorsque la républi-
» que était gouvernée par un seul maître. Le nom-
» bre de ceux qui *prenaient* devint bientôt telle-
» ment supérieur au nombre de ceux qui payaient,
» que les colons, écrasés sous le poids des indic-
» tions, abandonnaient leurs terres et que les cul-
» tures se changeaient en forêts. Afin que la
» terreur s'étendît partout, les provinces furent
» aussi découpées en lambeaux, et une nuée de
» présides et d'officiers subalternes s'abattit sur
» chaque contrée et presque sur chaque ville. Ce

(1) Nous appellerons ainsi les contrées de la Gaule désignées au v.e siècle sous le titre des sept provinces.

» ne furent partout que procureurs du fisc, que
» maîtres des finances, que vicaires des préfets :
» race d'hommes auxquels la justice était presque
» inconnue et qui ne savaient que condamner et
» proscrire (1). »

Il n'est pas douteux, en effet, pour qui ne veut pas chercher dans le passé la justification des errements du présent, que ce système administratif et fiscal, adopté par tous les successeurs de Dioclétien, fut la cause principale de la chute de l'empire d'occident. Dès la fin du IIIe siècle, les agents du fisc, comme une nuée d'oiseaux de proie, dévoraient la substance des provinces ; et telle était leur avidité, que le désert s'étendait incessamment devant leurs pas. Rien de plus douloureux que le tableau que trace Lactance, de la misère des populations à cette époque : tableau reproduit

---

(1) Hic (Diocletianus) ... tres participes sui regni fecit, in quatuor partes orbe diviso, et multiplicatis exercitibus, cùm singuli eorum longè majorem numerum militum habere contenderent, quàm priores principes habuerant, cùm soli rempublicam gererent. Adeò major esse cœperat numerus accipientium quàm dantium, ut enormitate indictionum consumptis viribus colonorum, desererentur agri et culturæ verterentur in silvam. Et ut omnia terrore complerentur, provinciæ quoque in frusta concisæ, multi præsides et plura officia singulis regionibus ac penè jam civibus incubare; item rationales multi, et magistri, et vicarii præfectorum, quibus omnibus civiles admodùm rari, sed condemnationes tantùm et proscriptiones frequentes.

(*Lact. de morib. pers.* VII. apud Baluz.)

mille fois, mais qu'il nous faut bien placer encore ici sous les yeux des lecteurs :

« ... Les censiteurs, se répandant dans chaque
» localité, bouleversaient tout. Vous eussiez dit une
» invasion ennemie, une ville prise d'assaut.....
» Les champs étaient mesurés jusqu'à la dernière
» motte ; on comptait les pieds d'arbres et les ceps
» de vigne ; on inscrivait les bêtes ; on enregistrait
» les hommes. Dans l'enceinte des villes étaient ag-
» glomérées la population urbaine et celle des cam-
» pagnes, tandis qu'au dehors se pressaient des
» troupeaux d'esclaves. Chaque propriétaire était là
» avec ses hommes libres et ses serfs. L'on n'en-
» tendait que le bruit des fouets et de la torture.
» Les fils étaient obligés de déposer contre leurs
» pères, les esclaves fidèles contre leurs maîtres,
» les femmes contre leurs maris. N'avait-on ni es-
» claves, ni proches ? l'on était torturé, afin qu'on
» déposât contre soi-même ; et quand, vaincu par
» la douleur, on répondait, les bourreaux écri-
» vaient ce qu'on n'avait pas dit. Nulle excuse
» pour l'âge ou pour l'infirmité. On apportait les
» malades, les infirmes; l'âge de chacun était es-
» timé. A ceux-ci, l'on ajoutait des années, à
» d'autres, l'on en retranchait. Tout était plein de
» deuil et de consternation.... Et encore n'accor-
» dait-on pas toute confiance à ces premiers opé-
» rateurs. Sans cesse, d'autres étaient envoyés, afin
» de découvrir plus de matière imposable, et les

» charges doublaient toujours. Non que ces der-
» niers agents trouvassent quelque chose qui n'eût
» pas encore été imposé, mais parce que, pour
» ne pas paraître inutiles, les nouveaux envoyés
» ajoutaient toujours. Cependant les animaux di-
» minuaient, les hommes mouraient et l'on n'en
» payait pas moins l'impôt pour les morts, de
» sorte qu'il était impossible désormais ni de vivre
» ni de mourir sans payer. Il n'y avait plus que
» les mendiants dont on ne pouvait plus rien exi-
» ger, parce que leur misère et leur dénuement
» les mettaient à l'abri de toute injure (1). »

Ces horribles vexations jetèrent enfin dans le désespoir les colons et tous les petits cultivateurs dont l'état devenait chaque jour plus voisin de la servitude (2). Armés des instruments de leur profession et poussés par une fureur aveugle, ils abandonnèrent leurs champs. Les laboureurs devinrent des fantassins, les pâtres montèrent à cheval. Ces bandes qui rappellent celles de Marricus et dont nous retrouverons plus tard l'indomptable énergie et le même sentiment national dans les

---

(1) ... Intereà minuebantur animalia et mortales obibant, et nihil minùs solvebantur tributa pro mortuis, ut nec vivere jam, nec mori saltem gratis liceret. Mendici supererant soli, à quibus nihil exigi posset, quos ab omni genere injuriæ miseria et infelicitas fecerat immunes. (*Lact. de Morib. persec.* 23.)

(2) Omnia penè Galliarum servitia in Bagaudiam conspiravêre.
(*Prosper Aquit. in chr.*)

vaillants compagnons de Waroch (1), de Morvan (2) et de Cadoudal, portèrent au loin le carnage et la dévastation. Les rebelles étaient commandés par Ælianus et par Amandus, chrétiens tous deux, s'il faut en croire une antique tradition (3), et qui n'avaient pas craint de revêtir la pourpre impériale. La discipline des légions de Maximien obtint une victoire facile (4) sur cette multitude confuse et mal armée; mais la Bagaudie, vaincue à Saint-Maur-des-Fossés (5), ne fut pas étouffée. La révolte des provinces armoricaines ne fut, en effet, que le triomphe définitif de cette vieille insurrection nationale qui finit par gagner toutes les classes au v⁰ siècle, alors que les chefs de clans eux-mêmes ne trouvèrent plus que ce moyen désespéré pour échapper aux menaces de la torture ou à l'épée des barbares. Or, quel était l'état de l'Armorique, lorsqu'éclatèrent les derniers soulèvements, en 409? Avant de répondre à cette question, qu'il nous soit permis de revenir un instant sur nos pas.

La colonie de Narbo-Martius était à peine fon-

---

(1) Comte de Vannes, l'un des libérateurs de la Bretagne armoricaine, au vi⁰ siècle.

(2) Comte de Léon et roi suprême de la Bretagne, sous Louis-Le-Débonnaire.

(3) Vita sancti Baboleni.

(4) Levibus præliis domuit. (*Eutrop.* IX. 20.)

(5) Duchesne. T. I. p. 661.

dée, qu'on y vît affluer ces essaims d'émigrés volontaires qui, dans un but d'intérêt commercial ou dans l'espoir d'acquérir, à bas prix, de grandes propriétés chez les peuples vaincus, suivaient, pour ainsi parler, à la trace, les armées de la république (1). On sait que quarante ans après la réduction de l'Asie, quatre-vingt mille Romains y furent massacrés par ordre de Mithridate (2). Il n'est pas douteux, d'après cela, que la Narbonnaise, située à quelques journées de l'Italie, et dont le sol fertile devait tenter l'avidité des conquérants, n'ait été, de bonne heure, comme repeuplée par eux. Les terres qu'on y avaient confisquées, après la défaite des Cimbres et des Teutons (3), devinrent la propriété des principaux patriciens de Rome, qui, plus tard, les distribuaient à leurs créatures. L'histoire nous apprend qu'un Pompée possédait, *dans la province*, un parc de quarante milles de circuit. Un pareil état de chose ne devait pas tarder à porter ses fruits. Les petits propriétaires, ne pouvant soutenir la concurrence contre les possesseurs de ces immenses domaines, vendirent leurs terres et descendirent dans la classe des simples colons qui, à leur tour, furent remplacés

---

(1) Senec. in consolat. ad Helvian. c. 6.
(2) Memnon. apud Photium. c. 32.—Valer. Max. IX. 2.
(3) *Voyez plus haut*, p. 126.

par des esclaves (1). Avec les cultivateurs libres qui formaient, à proprement parler, le fond de la population gauloise, disparurent nécessairement les mœurs, la langue et les institutions nationales. Quant aux chefs de clans, initiés au luxe et aux jouissances de la vie romaine, la plupart avait déserté les campagnes pour suivre, dans les villes, les théâtres et les académies. On doit concevoir, d'après cela, que ces contrées aient pu, quelques siècles après la conquête, perdre jusqu'à la trace de leur état antérieur ; mais une pareille transformation s'était-elle étendue à toute la Gaule? Nous ne le pensons pas. Nous croyons, au contraire, pouvoir démontrer qu'une distinction profonde, fondamentale, doit être établie, sous ce rapport, entre les provinces méridionales et celles du centre et du nord de la Gaule ; distinction qui s'est perpétuée, au surplus, dans l'ancienne division de la France, en pays de droit écrit et de droit coutumier (2). Comme il n'entre pas dans notre plan de nous occuper ici des contrées étrangères à la confédération armoricaine, nous devons nous borner à étudier l'état social de l'Armorique, depuis la conquête jusqu'à la révolte de 409. Et, tout d'a-

---

(1) Colum. de Re Rust. L. I. c. 7.
(2) Nous traiterons cette question importante dans un second ouvrage.

bord., qu'il nous soit permis d'établir d'une manière précise les limites de cette contrée aux diverses époques de son histoire.

On sait que le mot *armorique* ou *armor* (1) était une appellation qui, lorsque César entra dans les Gaules, s'étendait à toutes les contrées limitrophes de l'océan. Mais, à la suite des changements opérés dans l'administration des provinces par Dioclétien, le mot d'*Armorique* servit à désigner toutes les contrées placées sous le commandement de l'officier chargé de la défense des côtes de la Gaule. Nous lisons, en effet, dans Eutrope, que Dioclétien donna à Carausius, qui se trouvait alors à Boulogne (2), la mission de délivrer les mers des pirates saxons et francs (3) qui infestaient le littoral du *tractus* Armorique et Belgique. Suivant la notice des Gaules

(1) Les Bollandistes, dans le T. II. de Janvier, s'expriment ainsi : « *Ar* quidem Britannicè, latinè verò littus ; *mor* verò mare appellatur; indè vocabulum *armor* quasi vicinia seu proxima regio mari, hoc est, maritima linguâ britannicâ dicitur appellata. » *Ar* n'a jamais été pris au sens de *littus* dans aucun des dialectes continentaux ou insulaires ; *ar*, préposition, signifie *sur* ; on dit encore, en Bretagne, l'Armorique de Plouguerneau, l'Armorique de Landeda, dans le sens de littoral de Plouguerneau, etc.

(2) Carausius qui, vilissimè natus in extremo militiæ ordine, famam egregiam fuerat consecutus, cùm apud Bononiam per tractum Belgiæ et Armoricæ pacandum mare accepisset, quod Franci et Saxones infestabant ; etc. (*Eutrop. hist.* L. IX.)

(3) Ceci nous explique pourquoi cette côte reçut le nom de *littus saxonicum*.

publiée vers la fin du iv° siècle (1), le *tractus armoricanus* s'étendait sur cinq provinces, savoir : la première et la seconde Aquitaine, la Senonaise, la seconde et la troisième Lyonnaise (2). Cette notice nous apprend, en outre, que le duc de l'arrondissement maritime avait, sous ses ordres, les tribuns de la cohorte *primæ novæ armoricæ*, qui séjournait à Guerrande, en Bretagne.

Il peut sembler étrange, au premier abord, qu'un arrondissement maritime s'étende aussi loin, dans l'intérieur des terres, que Bourges ou Troyes. Mais le fait s'explique sans peine, lorsqu'on se souvient que l'intérêt de la défense du pays avait été l'unique origine des divisions militaires qui partageaient la Gaule. Telles étaient les limites de l'Armorique, lorsqu'éclata l'insurrection qui l'arracha au joug de la domination romaine. Or, jusqu'à quel point cette domination avait-elle pu réussir à implanter ses mœurs et ses institutions chez les peuples du *tractus armoricanus* ?

Telle est la question qu'il s'agit de résoudre, question d'histoire spéciale, sans doute, mais dont la solution jetterait de vives lumières

---

(4) Dom Bouquet. T. I. p. 122-123.

(4) Extenditur tamen tractus armoricani et nervicani limitis per provincias quinque, Aquitanicam primam et secundam, Senoniam, secundam Lugdunensem et tertiam.

(*Ex notit. Imper. occ.*)

sur quelques-uns des points les plus intéressants et les moins connus de nos annales.

L'Armorique, dit Procope, est un pays où l'on ne trouve que quelques bourgs habités par des pêcheurs (1). Située, en effet, sous un ciel trop rigoureux pour des hommes habitués au beau climat de l'Italie, cette contrée, dont le sol peu fertile devait d'ailleurs exciter médiocrement l'avarice romaine, dut rester étrangère, pour ainsi dire, au mouvement de la civilisation nouvelle. Là, point d'immenses domaines cultivés par des milliers d'esclaves; point de grands centres où fleurissent les lettres et les arts. Là, le druidisme n'avait point succombé sous les décrets des empereurs (2), non plus que la langue et les coutumes des ancêtres (3).

Qu'on en juge, en effet, par la scène suivante, que nous empruntons à un poëte comique, contemporain de Rutilius, et né comme lui, sans doute, dans la province d'Aquitaine.

(QUEROLUS s'adressant au dieu LAR) : Si tu as quelque crédit, o Lar familier! fais en sorte que je sois tout à la fois homme privé et puissant.

(Le dieu LAR) : Quelle sorte de puissance désires-tu ?

---

(1) Procop. infr. cit.
(2) Voir plus haut, c. 4. p. 44 et suiv.
(3) Voir plus haut, c. 3 et 5.

(Querolus) : Qu'il me soit permis de dépouiller ceux qui ne me doivent rien, de maltraiter les étrangers, de maltraiter et aussi de spolier mes voisins.

(Lar) : Ha! ha! hé! c'est le brigandage et non la puissance que tu ambitionnes. Cela étant, je ne sais, par Pollux, de quelle manière tu pourrais obtenir ce que tu désires. — M'y voilà pourtant. — Tes souhaits vont être accomplis : va vivre sur les bords de la Loire.

(Querolus) : Hé bien ?

(Lar) : Là, les hommes sont gouvernés par le droit des gens. Là, point de chicanes. Là, les sentences capitales qui émanent du chêne sont écrites sur des ossements. Là aussi, les campagnards portent la parole et les particuliers prononcent des jugements : là, tout est permis; et *Patus* y serait ton nom, si tu étais riche. C'est ainsi que s'exprime notre Grèce : O solitudes! ô forêts! qui peut vous dire libres?—Je passe sous silence des choses bien plus graves encore; mais ce que je t'ai appris doit te suffire quant à présent.

(Querolus) : Je ne suis point riche, et n'ai point envie de faire l'expérience de cette coutume du chêne; je ne veux pas de votre législation des forêts (1).

---

(1) (Querolus)... Si quid igitur potes, Lar familiaris, facito ut sim privatus et potens.

(Lar) : Potentiam cujusmodi requiris ?

(Querolus) : Ut mihi liceat spoliare non debentes, cædere alienos, vicinos autem et spoliare et cædere.

Or,

Or, plusieurs conséquences du plus haut intérêt nous paraissent ressortir de ce précieux document :

La première c'est que, dans les contrées voisines de la Loire, c'est-à-dire, dans l'Armorique, la domination romaine n'existait plus à l'époque où écrivait le poëte ; la seconde, que les usages antérieurs à la conquête, le régime des clans ruraux, le jugement des accusés par leurs pairs, les sentences capitales rendues par les Druides, en un mot, *tout le droit coutumier de la Gaule*, n'avaient point péri avec son indépendance politique.

Avant l'arrivée des Romains, les nations gauloises possédaient un droit civil, des usages consacrés par une longue expérience (2). Or, il n'est pas si facile qu'on le suppose vulgairement

---

(Lar). Ha ! ha ! he ! Patrocinium, non potentiam requiris. Hoc modò nescio, ædepol, quemadmodùm præstari hoc possit tibi : tamen inveni. Habes quod exoptas. Vade, ad Ligerim vivito.

(Querolus). Quid tunc ?

(Lar). Illic jure gentium vivunt homines ; ibi nullum est præstigium ; ibi sententiæ capitales de robore proferuntur et scribuntur in ossibus ; illic etiam rustici perorant et privati judicant ; ibi totum licet. Si dives fueris, *Patus* appellaberis. Sic nostra loquitur Græcia. O silvæ ! ô solitudines ! quis vos dixit liberas ? Multò majora sunt quæ tacemus : tamen intereà hoc sufficit.

(Querolus). Neque dives ego sum, neque robore uti cupio ; nolo jura hæc silvestria. (Querolus. *Scèn. II. Act.* 1.)

(2) Voir le savant travail de M. Pardessus, sur l'origine de nos coutumes. T. X des nouveaux Mém. acad. des Inscriptions.

de changer tout à coup les usages d'un peuple, surtout lorsque ce peuple ne parle point la langue et ne professe pas la religion de ses conquérants. Le succès de pareilles entreprises n'est jamais certain. Aussi, n'est-ce point de la sorte que procéda le génie colonisateur des Romains (1). Ambitieux d'étendre au loin leur domination politique, ils savaient respecter à propos les mœurs et les institutions domestiques des peuples. C'est ainsi que la Gaule découpée, au temps de Jules César, en une foule de petites sociétés rurales que gouvernaient des chefs de clans ou patrons (véritables seigneurs de fiefs (2)), conserva son antique hiérarchie sociale (3). Les premiers empereurs, on le conçoit, devaient nécessairement respecter le système de *vasselage territorial* en vigueur chez les Gaulois (4); car, en le renversant, ils eussent anéanti, d'un seul coup, l'existence de l'aristocratie puis-

---

(1) Voir plus haut, p. 168-169.

(2) Libanius emploie le mot de δεσπότης pour qualifier ces *seigneurs* ou patrons *de vicus* : Περὶ τῶν προςασιῶν εἰσι κῶμαι μεγάλαι, πολλῶν ἑκάςη δεσποτῶν.

(3) In Gallia non solùm in omnibus civitatibus,... sed penè etiam in singulis domibus factiones sunt... idque ejus rei causâ antiquitùs institutum videtur, ne quis ex plebe contra potentiorem auxilio egeret. (V. plus haut, c. 5. p. 114-116.)

(4) V. plus haut, c. 5. §. II.

sante dont ils avaient tant d'intérêt à capter la bienveillance (1). Plus tard, dans certaines contrées, cet ordre de chose subit sans doute de profondes modifications (2). Mais l'usage de se recommander à quelque patron puissant était tellement dans les mœurs de toutes les petites nations que Rome avait enserrées dans sa forte unité, que, dans les provinces même les plus *romanisées*, l'histoire nous montre des villages, des bourgs, des villes entières, se séparant de l'empire, dès la fin du troisième siècle, pour se placer sous la tutelle d'un patron (3). Le *patrocinium* dont il est fait si souvent mention dans le code Théodosien, ne fut qu'un retour pur et simple à un état de chose qu'on retrouve, nous le répétons, à une certaine époque de l'histoire, dans toutes les contrées où n'existait pas de pouvoir central fortement organisé (4). Dans la

(1) V. plus haut, p. 175-176.

(2) Ce fut seulement lorsque l'institution des décurions eut atteint son entier développement que s'opérèrent ces modifications. Au ve siècle (dans la Gaule méridionale, il est vrai), les plus petites localités avaient des décurions. « Quæ enim sunt non modò urbes, sed etiam municipia atque vici, ubi non quot curiales fuerint, tot tyranni sint? » dit Salvien, de Gub. Dei. L. V. c. 4.

(3) V. Cod. Theod. XI. t. 24. de patrociniis vicorum. L. I.—V. Etiam Legg. 3, 4, 6, ejusdem tit.—Hæc ibid. (L. III.) leguntur : « Quicumque ex tuo officio vel ex quocumque hominum ordine vicos in suum detecti fuerint patrocinium suscepisse, constitutas luent pœnas. »

(4) M. de Montlosier, dans un ouvrage fort mal apprécié par les historiens français (M. Guizot excepté), a fait judicieusement observer

Gaule et dans l'île de Bretagne où semblent avoir régné, plus développées que partout ailleurs, des institutions que nous avons coutume de rapporter au système féodal (1), les révoltes furent à la fois plus fréquentes et plus générales (2). L'épithète de saint Jérôme, *fertilis provincia tyrannorum*, appliquée à l'une de ces contrées, et que l'autre pouvait assurément revendiquer, nous peint au vif l'état de ces deux contrées. Là, les tierns (ou *tyrans*) exerçaient encore sur leurs vassaux une domination presque souveraine. Leurs demeures étaient de véritables forteresses où se réfugiaient, dans les momens de danger, les petits cultivateurs groupés autour du manoir, avec leur famille et leurs bestiaux. Quelques-uns de ces châteaux (*cum muris et portis*) existaient encore, dans la deuxième Narbonnaise elle-même, au commencement du ve siècle, et une inscription recueillie par le P. Sirmond nous apprend qu'ils devaient aussi servir

---

que l'institution du *patrocinium* est bien antérieure au iiie siècle. Ce ne fut là, en effet, comme le mot l'indique, qu'un retour au *patronat* antique.

(1) Gibbon, qui avait jeté un regard assez profond sur les coutumes antiques, croyait que « plusieurs des institutions que nous avons coutume de rapporter au système féodal, venaient originairement des barbares Celtes. » (*V.* Gibbon, *Hist. de la décad. de l'emp. rom.* ch. 13. p. 215.—Ed. Buchon.)

(2) La plupart des *tyrans* du iiie et du ive siècles appartenaient à la Gaule ou à la Bretagne.

de refuge, en temps de guerre, aux habitants d'alentour (*tuitioni omnium*) (1). Ces chefs de clans n'éprouvèrent donc aucune difficulté à rétablir *l'ancien régime celtique*, en 409 (2). Les magistrats impériaux expulsés des villes et des colonies où régnaient les lois romaines, tout devait, en effet, rentrer dans l'ordre antérieur à la conquête. Le récit de Zozime appuie, en effet, cette assertion.

« Comme la plus grande partie des troupes de
» Constantin étaient alors (3) employées en Espa-
» gne, il arriva que les barbares d'outre-Rhin en-
» vahirent à leur gré les provinces, et forcèrent les
» habitants de l'île de Bretagne et *certaines nations*
» *celtiques* à se séparer de l'empire romain, à se-
» couer le joug de ses lois et à vivre selon leurs
» mœurs. Les Bretons, en effet, prirent les ar-
» mes, et, voyant qu'il y allait de leur salut, ils
» parvinrent à mettre leurs villes (πόλεις) à l'abri des
» insultes de ces barbares. A l'exemple de la Bre-
» tagne, toute l'Armorique et les autres cités gau-
» loises proclamèrent leur indépendance; et, après
» avoir expulsé les magistrats romains, *se consti-
» tuèrent en une sorte d'état libre* (4). »

---

(1) Sirm. notit. ad Sid. Apoll. p. 59.— Sid. Apoll. Ep. V. 14.— Fauriel. *Hist. des Gaul.* I, p. 559.

(2) V. p. 169, l'opinion de M. Fauriel sur ce point.

(3) Au moment de la révolte de l'Armorique.

(4) Πρὸς οὓς οὐκ ἀντίσχων ὁ Κωνςαντίνος ἅτε δὴ τοῦ πλείονος τῆς δυνάμεως μέρους ὄντος ἐν Ἰβηρίᾳ, πάντα καθ' ἐξουσίαν ἐπιόντες οἱ ὑπὲ

Ainsi donc ce fut là une révolution purement politique. Quant à l'ancienne organisation rurale, il n'y fut rien changé, car elle était restée intacte dans la plus grande partie des Gaules (1). Ce fait

τὸν Ῥῆνον βάρβαροι, κατέστησαν εἰς ἀνάγκην τούς τε τὴν Βρεττανικὴν νῆσον οἰκοῦντας, καὶ τῶν ἐν Κελτοῖς ἐθνῶν ἔνια, τῆς Ῥωμαίων ἀρχῆς ἀποστῆναι, καὶ καθ' ἑαυτὸν βιοτεύειν, οὐκέτι τοῖς τούτων ἐπακούοντα νόμοις. Οἵτε οὖν τῆς Βρεττανίας ὅπλα ἐνδύντες καὶ σφῶν αὐτῶν προκινδυνεύσαντες, ἠλευθέρωσαν τῶν ἐπικειμένων βαρβάρων τὰς πόλεις· καὶ ὁ Ἀρμόριχος ἅπας, καὶ ἕτεραι Γαλατῶν ἐπαρχίαι, Βρεττανοὺς μιμησάμεναι κατὰ τὸν ἴσον σφᾶς ἠλευθέρωσαν τρόπον, ἐκβάλλουσαι μὲν τοὺς Ῥωμαίους ἄρχοντας, οἰκεῖον δὲ κατ' ἐξουσίαν πολίτευμα καθιστᾶσαι. (Zoz. l. VI, c. 5, in fine.)

(1) Les *paraiges* du pays messin rappellent, d'une manière frappante, l'ancienne organisation des *gentes* de l'Italie et des clans bretons ou gaulois (Voir la préface dont M. de Golbéry a fait précéder le T. II. de sa traduction de Niebuhr). M. Dupin, procureur-général à la cour de cassation, nous a révélé, l'an dernier, l'existence d'un fait aussi intéressant que curieux sur les mœurs agricoles d'un canton de la Nièvre. Voici la description que donne de ce *ménage des champs* un ancien juriste du pays cité par le savant magistrat:

« Selon l'ancien établissement du ménage des champs, en ce pays
» de Nivernois, lequel ménage des champs est le vrai siége et origine
» des bordelages, plusieurs personnes doivent être assemblées en une
» famille pour démener ce ménage qui est fort laborieux, et con-
» siste en plusieurs fonctions en ce pays, qui, de soi, est culture
» malaisée : les uns servants pour labourer et pour toucher les bœufs,
» animaux tardifs.... ; les autres pour mener les vaches et les juments
» en champs ; les autres pour mener les brebis et moutons; les autres
» pour conduire les porcs.

» Ces familles, ainsi composées de plusieurs personnes qui, toutes,
» sont employées chacune selon son âge, sexe et moyens, *sont ré-
» gies par un seul maître* qui se nomme *maître* de communauté, élu
» à cette charge par les autres, va aux affaires qui se présentent ès-

admis (et toute la suite de ce livre en fera ressortir l'évidence), l'un des problèmes les plus obscurs de l'histoire se trouve éclairci : nous voulons parler de l'origine du colonat.

On sait que cette question, sur laquelle on ne peut invoquer l'autorité des jurisconsultes classiques, puisqu'ils ne connaissaient que des hommes libres et des esclaves, a été résolue de diverses manières par les historiens modernes. Les uns y ont vu une transformation de l'esclavage qui, pour éviter une dépopulation incessante, aurait attaché l'esclave au sol (1); d'autres, des transplantations

---

» villes ou ès-foires et ailleurs ; a pouvoir d'obliger ses *parsonniers* en
» choses mobilières qui concernent le fait de la communauté, *et lui*
» *seul est nommé ès-rôle des tailles et subsides.* » (Voir plus loin le chapitre où il est traité des coutumes de l'île de Bretagne.)

Il ne reste aujourd'hui de l'antique institution agricole de Nivernois que la communauté des Jault, dans la commune de Saint-Benin-des-Bois, arrondissement de Clamecy. « On s'étonne, dit M. Dupin, qu'un
» régime si extraordinaire, si exorbitant du droit commun actuel,
» ait pu résister aux lois de 1789 et 1790, à celle de l'an XI, sur les
» successions, et à l'esprit de partage égalitaire poussé jusqu'au dernier degré de morcellement... Et cependant, telle est la force des
» mœurs, quand elles sont bonnes, que cette association s'est maintenue par l'esprit de famille et la seule force des traditions, malgré
» toutes les suggestions des praticiens amoureux de partages et de licitations. »

On sait que, dans la Bretagne armoricaine, l'usement à domaine congéable a aussi résisté à la double atteinte des révolutions et des légistes. (Voir l'*Essai sur l'histoire de la Bretagne armoricaine*, p. 214 et suiv. – Paris. – Lenormand.)

(1) Arg. L. VII. c. Th. de Tiron.

de barbares sur les terres désertes : transplantations fréquentes dans les derniers temps de l'empire, *et qui augmentèrent considérablement le nombre des colons, si même elles ne furent pas la seule cause et la seule origine de cette condition* (1).

Après M. de Savigny qui, dans ses savantes recherches sur le colonat romain (2), s'est à peu près borné à nous communiquer ses conjectures, M. Guizot s'est demandé, à son tour, s'il n'était pas possible d'arriver sur ce point à une solution précise et vraiment historique (3). Or, suivant l'illustre historien, il y aurait trois manières différentes d'expliquer, au sein d'une société, la réduction de la population agricole à cet état de quasi-servitude.

1° Ou cet état a été le résultat de la conquête, et alors la population agricole vaincue et dépouillée a été fixée au sol qu'elle cultivait, contrainte d'en partager les produits avec les vainqueurs;

2° Ou la population agricole a perdu peu à peu sa liberté par l'empire croissant d'une organisation sociale fort aristocratique et qui a concentré de plus en plus aux mains des grands la propriété et le pouvoir;

---

(1) V. Hist. de la propriété en Occident, par E. Laboulaye, T. I. p. 116.

(2) Ueber-die Ræmischen colonat. VI. 273. 320.

(3) Hist. de la civil. en France. T. III. p. 309.

3° Ou bien enfin, l'existence d'une telle classe, c'est-à-dire, l'existence des colons, est un fait ancien, un débris d'une organisation sociale, primitive, naturelle, que n'avaient enfantée ni la conquête, ni une oppression savante, et qui s'est maintenue, en cela du moins, à travers les destinées diverses du territoire.

« Cette dernière explication, ajoute M. Guizot,
» me paraît la plus probable, je dirai même, la
» seule probable. »

A nos yeux, cette opinion ne fait pas l'objet d'un doute. Assurément, nous ne contestons pas que des transplantations fréquentes de barbares sur les terres désertes de l'empire, aux derniers jours de sa décadence, *n'aient considérablement augmenté le nombre des colons*: les textes sont formels à cet égard (1); mais nous ne saurions admettre que ces

---

(1) V. Cod. Th. XI. Tit. 1, 12, 31; — et une loi d'Honorius récemment découverte par M. Amédée Peyron :

« Scyras, barbaram nationem... imperio nostro subegimus. Ideòque damus omnibus ex prædicta gente hominum agros proprios frequentandi; ità ut omnes sciant susceptos non alio jure quàm colonatûs apud se futuros, nullique licere ex hoc genere colonorum ab eo cui semel attributi fuerint, vel fraude aliquà abducere, vel fugientem suscipere, pœnâ propositâ quæ recipientes alienis censibus adscriptos vel non proprios colonos insequitur.

» Opera autem eorum terrarum domini libera esse sciant, ac nullus sub acta peræquatione vel censui subjaceat : nullique liceat velut donatos eos à jure censûs in servitudinem trahere, urbanisve obsequiis addicere. »

transplantations aient été la seule origine du colonat. Tout ce que César nous rapporte de l'organisation de la plèbe chez les Gaulois ; tous les rapprochements que nous avons pu faire entre les coutumes de ce peuple et celles des tribus primitives de la Grèce, de l'Italie et de l'île de Bretagne, ont confirmé à nos yeux la conjecture de M. Guizot. Le colonat est donc, dans notre opinion, un fait ancien, un débris d'organisation sociale propre à toutes les petites nations divisées en clans ou en tribus.

Plusieurs siècles avant l'invasion des barbares, la classe des colons avait été détruite, en partie, dans certaines contrées de l'empire et remplacée par des esclaves (1); mais l'Armorique, nous croyons l'avoir démontré, échappa à cette calamité. M. de Sismondi n'a point hésité à admettre ce fait comme avéré, encore bien que la plupart des preuves qui militent en sa faveur lui fussent inconnues (2). Parmi ces preuves, il en est une que nous ne voulons pas passer sous silence, au risque de fatiguer la patience de nos lecteurs. Berroyer et Laurière

---

(1) Salv. de Gub. Dei. V. 6.

(2) « La langue gauloise disparut... Phénomène toujours rare dans l'histoire et qui ne s'explique que par l'esclavage. En effet, les esclaves qui avaient remplacé les anciens paysans rassemblés parmi des races différentes et amenés souvent de pays lointains, étaient obligés d'apprendre le latin, seule langue commune pour s'entendre les uns avec les autres, ou pour comprendre les ordres de leurs maîtres... La langue des vainqueurs fut cependant repoussée par la 3ᵉ Lyonnaise

(1) remarquent qu'il y a des coutumes *où il semble que les communes n'aient jamais été connues comme dans celles de l'Anjou et du Maine* (2). « Là, ajou-
» tent-ils, les servitudes furent peu en usage; et, ce
» qui pourrait autoriser ce qu'on avance ici, c'est
» qu'on remarque que les Angevins, ayant pris pour
» coutume les établissements de Saint-Louis,
» ont eu le soin d'en retrancher tout ce qui regar-
» dait les servitudes de corps. »

Or, quelle peut être la cause de cette différence entre les usages des trois provinces d'Anjou, du Maine et de Bretagne (car cette dernière était dans le même cas), et ceux des contrées qui les avoisinent? Les deux jurisconsultes que nous venons de citer expliquent cette anomalie de la manière suivante : « Ces pays ayant passé entre les mains des
» seigneurs étrangers, comme étaient les rois d'An-
» gleterre et les ducs de Guyenne, ces princes n'a-
» vaient garde de réduire dans une servitude uni-
» verselle des sujets qui étaient en un pays éloi-
» gné d'eux..., dans la crainte qu'ils ne se jetas-

et l'Armorique, où la race des paysans avait mieux maintenu son indépendance et conservé jusqu'à nos jours le bas-breton, et par les deux Germanies qui ne renoncèrent jamais à l'usage de la langue teutonique. » (Sismondi. T. I. p. 85-86. Hist. de Fr.)

(1) Bibliothèque des coutumes, par Berroyer et Laurière.—Paris.— M DCXCIX. In-4°, p. 23.

(2) Les auteurs auraient pu ajouter : et de la Bretagne.

» sent sous la protection du roi de France (1). »

Mais cette hypothèse ne supporte pas l'examen de la critique. Il est infiniment plus croyable que, si ces trois provinces réussirent à échapper au dur régime qui pesait sur le reste des Gaules, c'est qu'elles faisaient partie de cette confédération armoricaine *où régnait le droit des nations et où les campagnards eux-mêmes étaient comptés pour quelque chose dans la cité* (2).

Arrêtons-nous ici.—De tout ce qui précède, il résulte :

1° Que la Gaule, après la conquête romaine, conserva la plupart de ses institutions, et que, encore bien que, dans les derniers temps de l'empire, l'administration civile, comme l'administration municipale, fût devenue complètement romaine, les coutumes nationales ne cessèrent d'être en vigueur et de régler tous les rapports qui existaient entre les chefs de clans et leurs vassaux;

2° Que, dans l'Armorique, où le druidisme était encore plein de vie, les mœurs romaines ne purent se propager comme dans les contrées gauloises voisines de l'Italie ; ce qui explique l'état de révolte permanente où vécurent les Armoricains, à partir spécialement du règne de Dioclétien, jusqu'à la grande insurrection de 409 ;

---

(1) *Ib.* p. 21.
(2) V. plus haut p. 193.

3º Que l'Armorique, ayant réussi à défendre son indépendance contre les armées impériales et contre les Barbares, avait seule conservé, lorsque l'empire s'écroula, ces mœurs féodales que Montesquieu et les jurisconsultes de son école font dériver exclusivement des anciens usages de la Germanie : — fait capital que la sagacité de M. Naudet avait entrevu (1), et qui nous donne la solution, si vainement cherchée par tant d'historiens, de l'un des problèmes les plus intéressants de notre histoire, savoir : pourquoi la féodalité eut pour berceau le centre plutôt que le midi ou le nord de la Gaule (2)?

Il nous reste maintenant à examiner quel fut le sort de l'Armorique depuis le jour de son affranchissement jusqu'au célèbre traité qui livra aux Francs orthodoxes cette belle monarchie des Gaules convoitée vainement, depuis tant d'années, par les Barbares ariens.

(1) Malgré toutes les observations de Mably, on ne peut pas disconvenir que les usages antiques n'aient été en bien des points le fondement et le modèle des usages postérieurs... Les vassaux sont copiés d'après les ambactes et les compagnons. (M. Naudet. Mém. ac. des Inscript. T. VIII. p. 425. — 1827.)

(2) V. plus haut. c. 6. p. 120-121.— On comprend que nous parlons ici de la féodalité telle qu'elle est comprise par la plupart des jurisconsultes, de la féodalité parvenue à ses derniers développements.

CHAPITRE X.

Exupérantius s'efforce de ramener à l'obéissance les Armoricains révoltés ; expédition de Littorius contre cette confédération. — Les Armoricains assiégent la ville de Tours en 445. — Aëtius fait mrcher contre eux une armée d'Alains. — Intervention de Saint-Germain-d'Auxerre. — Les Armoricains combattent contre Attila. — Les Saxons dans la Grande-Bretagne. — Emigration des insulaires dans l'Armorique au v⁵ siècle. — Récit d'Ermoldus-Nigellus. — Colonies bretonnes dans les Gaules et en Espagne. — Alliance des Francs et des Armoricains. — Royaume de France.

L'ARMORIQUE était libre ; mais il lui fallait lutter sans cesse contre la double attaque des troupes impériales et des Barbares qui infestaient ses côtes. Dès l'année 416, Exupérantius, préfet des Gaules, essaya de ramener les Armoricains à l'unité romaine. Cette tentative, s'il faut en croire l'un des rhéteurs poétiques de cette époque, aurait même été couronnée de quelques succès :

> Facundus juvenis Gallorum nuper ab oris
> Missus romani discere jura fori,
> Cujus Aremoricas pater Exuperantius oras,
> Nunc postliminium pacis amare docet,

Leges restituit, libertatemque reducit
Et servos famulis non sinit esse suis (1).

Cette assertion, vraie peut-être relativement à quelques cités des deux Aquitaines (2), ne saurait s'appliquer à l'ensemble de la confédération. Il est très-vraisemblable, en effet, que la seconde, la troisième et la quatrième Lyonnaise réussirent à se maintenir dans l'indépendance qu'elles avaient su reconquérir en 409. Quoi qu'il en soit, l'histoire nous apprend que Littorius se vit forcé de faire une invasion dans l'Armorique, peu d'années après la pacification dont Rutilius a fait honneur au zèle d'Exupérantius. Sidoine Apollinaire, le seul historien qui ait parlé de cette expédition (3), ne nous apprend pas quel en fut le but; mais il est à croire qu'il s'agissait de rejeter, de l'autre côté de la Loire, les bandes qui avaient peut-être franchi ce fleuve dans le but de prêter assistance aux Bagaudes de la Gaule ultérieure réunis sous les ordres de Tiba-

---

(1) Rut. Itin. Edit. Barthii. p. 11.—Exuperantius, anno circiter 416, Armoricos qui à Romanis defecerant, ad officium reducere tentavit.
(D. Bouquet. Rec. des hist. de Fr. T. I. p. 629.)

(2) Dubos. Hist. de l'établ. de la Mon. fr. T. I. L. II. c. 5. p. 367. Ed. in-12.

(3) Littorius scythicos equites tùm fortè, *subacto*
Celsus Aremorico, geticum rapiebat in agmen
Per terras, Arverne, tuas.
(Sid. Apoll. carm. VII. v. 246 et seq.)

ton (1) Ce qui est certain, c'est que cette nation *mobile et toujours en révolte contre ses princes* (2), ne craignait pas, en 445, de pousser ses incursions jusque sous les murs de Tours, et cette ville serait tombée en son pouvoir, si Majorien n'était accouru pour la sauver (3). Comme Littorius, ce vaillant capitaine battit les confédérés et les força à la retraite; mais il ne réussit pas davantage à faire rentrer dans le devoir ces populations belliqueuses et ennemies de toute discipline (4). Aëtius, furieux d'une résistance (5) qui compromettait le sort de l'empire attaqué à la fois au nord et au midi, prit le parti d'exterminer ce peuple. Il avait établi, peu d'années auparavant, une colonie d'Alains sur les bords de la Loire, pour tenir en respect les

---

(1) Gallia ulterior, Tibatonem principem rebellionis secuta, à Romanâ societate discessit, à quo tracto initio, omnia penè Galliarum *servitia* in Bagaudiam conspiravêre. (*Chron. Prosp.*)

(2) Regibus hunc fidei nunquàm servâsse tenorem
Sæpiùs expertum. (*Erric. in vit. Germ.*)

(3) ... Dùm bella timentes
Defendit Turones, aderas. (*Sid Apollin.* car. 5. paneg.)

(4) Gens inter geminos notissima clauditur amnes,
Armoricana priùs veteri cognomine dicta;
Torva, ferox, ventosa, procax, incauta, rebellis,
Inconstans, disparque sibi novitatis amore,
Prodiga verborum, sed non et prodiga facti.
(*Err. Vit. sancti. Germ.* L. V: Ap. Vales. not. Gall. p. 43.)

(5) Offensus enim superbâ insolentiâ regionis pro rebellionis præsumptione. (*Const. in Vit. sancti Germ.*)

Bagaudes

Bagaudes armoricaines. Ce fut au chef de ces païens, nommé Eocaric, que le patrice romain confia la mission de châtier l'Armorique (1). La confédération, attaquée à l'improviste, allait être infailliblement écrasée, lorsque Dieu lui suscita un défenseur dans saint Germain d'Auxerre. La Gaule ne possédait, à cette époque, aucun personnage plus digne de la vénération des peuples, ni plus illustre par ses talents et par son courage. Germain, descendant d'une famille sénatoriale, avait étudié la jurisprudence à Rome et plaidé avec un grand succès. Revenu à Auxerre, sa patrie, avec le titre de duc et de commandant des troupes que la révolte de l'Armorique obligeait d'entretenir dans cette province, il y vivait en grand propriétaire gaulois, ne s'occupant guère que de chasse, quand son service militaire ne l'appelait pas aux armées. Mais Dieu réservait cet homme à de plus hautes destinées. Un jour qu'il entrait, armé de toutes pièces, dans la basilique d'Auxerre, Amator, évêque de cette ville, vint à lui, et, lui ayant fait déposer ses armes, il le conduisit au milieu de son clergé et le proclama son successeur.

---

(1) *Const. in Vit. S. Germ.* L. II. c. 50.—Le moine Erricus, qui a mis en vers le récit de Constantius, s'exprime ainsi :

Magna salus patriæ, nomen fuit Aëtius illi ;
Pertæsus tumidæ mores et crimina gentis,
Vastandam rigidis tamen permisit Alanis.
Rexerat his Eochar quovis crudelior urso, etc.

Après la mort d'Amator, Germain, malgré sa résistance, fut, en effet, élevé à l'épiscopat. A partir de ce jour, le nouvel évêque donna l'exemple des plus sublimes vertus. Il ne vivait que de pain d'orge, pétri de ses propres mains, couchait sur la cendre, ne buvait jamais de vin. Un cilice, une grossière tunique avaient remplacé le brillant costume du commandant impérial. Sa femme n'était plus que sa sœur, son patrimoine appartenait aux pauvres. Tel était l'homme dont les Armoricains réclamèrent l'intervention, pour arrêter les ravages des Barbares. Germain revenait de la Grande-Bretagne, où il avait fait un second voyage avec Sévère, évêque de Trèves, dans le but de confondre, encore une fois, le pélagianisme qui relevait la tête, lorsque les députés de l'Armorique le rencontrèrent. Malgré toutes les fatigues qu'il venait d'éprouver, le saint vieillard n'hésita pas à se mettre en marche pour aller trouver le roi des Alains. « Devant
» ce peuple si belliqueux, s'écrie un biographe,
» devant ce roi ministre des idoles, se présente un
» vieillard, seul, mais plus fort et plus puissant
» qu'eux tous par le divin secours du Christ. Il
» emploie d'abord les supplications à l'aide d'un
» interprète ; mais, voyant que Eocaric refuse de
» l'écouter, il lui adresse de vifs reproches, saisit
» d'une main la bride de son cheval, et arrête,
» dans ce lieu même, l'armée entière avec le
» chef (1) »

(1) Constant. in Vit. S. Germ. L. II. c. 5. — Pagi ad Baron. ann. 435.

Etonné de cette hardiesse, plein d'admiration pour *le prélat dont la vue seule lui imprimait le respect*, le chef barbare consentit à retourner sur ses pas et à laisser en paix les Armoricains, jusqu'à ce que l'empereur eût prononcé sur leur sort. Qui pourrait s'étonner, après de semblables traits, que les peuples portassent uniquement leur confiance sur les évêques? A qui donc, au milieu de tant de misères privées et publiques, les opprimés pouvaient-ils recourir, sinon à ces hommes de foi inébranlable, qui ne sortaient de leur solitude cénobitique que pour se dévouer au salut de leurs frères, et dont les vertus exerçaient tant d'empire sur les Barbares eux-mêmes? Il faut le reconnaître, les hommes et les choses de ce temps devaient paraître bien misérables, en comparaison de l'Eglise et de l'épiscopat!

Cependant, pour accomplir jusqu'au bout sa mission, S. Germain s'était rendu en Italie; et là, il avait arraché à l'empereur le pardon des rebelles. Mais on apprit bientôt que les Armoricains avaient pris de nouveau les armes. Ce qui arriva de cette nouvelle insurrection, l'histoire ne le dit pas; mais, comme il n'est plus fait mention, dans la suite, des Alains d'Eocaric, il est à croire qu'ils furent chassés ou exterminés par les troupes confédérées. L'invasion des Gaules, par Attila, ne permit pas au patrice Aëtius de tirer vengeance de tant d'insultes. Le roi des Huns, après avoir passé le Rhin et saccagé les principales villes des Gaules, s'était mis en marche vers la Loire. A cette nouvelle, Aëtius, avec une incroyable célérité, traverse les Alpes, court à Arles, entraîne Théodoric, et parvient à rallier contre l'ennemi commun toutes les petites nations qui, dès cette époque, avaient, en quelque sorte, pris possession des Gaules (1). Francs, Sarmates, Armoricains, Létiens, Burgondes, Saxons, Ripuaires, Ibrions, combattirent aux plaines catalauniques contre le fléau de Dieu (2). La composition seule de cette étrange armée peut donner une idée exacte de l'état de l'empire romain à cette époque. Ce nom n'était plus qu'un vain simulacre. La puissance était tout entière aux mains de ceux dont l'épée venait de vaincre les hordes d'Attila.

Cependant, tandis que ces événements se passaient dans les Gaules, la Grande-Bretagne était envahie de tous côté. Trahis par les Saxons dont ils avaient imploré l'assistance contre les Pictes et les Scots, les insulaires se virent réduits à cher-

---

(1) Sid. Apoll. Carm. v. 328 et seq. Jornand. de rebus Get. c. 36. —Greg. Tur. L. II. c. 7.

(2) A parte verò Romanorum tanta patricii Aetii providentia fuit, ut, undiquè bellantibus congregatis, adversùs ferocem et indisciplinatam multitudinem non impar occurreret. His enim adfuére auxiliatores Franci, Sarmatæ, Armoricani, etc.

(*Jorn. de Reb. Get.* c. 56.)

cher un asile, les uns dans les montagnes du Cornwall et de la Cambrie, les autres, au-delà des mers, chez les peuples de la pointe occidentale des Gaules, d'où leurs ancêtres étaient primitivement sortis (1). Gildas, le seul historien national qui fasse mention de cet établissement des Bretons insulaires au milieu des landes de la péninsule armoricaine, ne nous a laissé aucun détail sur la manière dont s'accomplit cette transmigration, ni sur les conditions que durent imposer les anciens possesseurs du sol aux exilés qui venaient y implorer un refuge. Mais un moine du ixe siècle, dont les récits poétiques n'ont pas été dédaignés par la plus savante critique, nous a transmis sur cet événement quelques faits pleins d'intérêt. Ces faits, encore bien que la partialité de l'historien pour les Francs y perce à chaque ligne, nous paraissent d'autant plus précieux, qu'Ermoldus, ainsi qu'il nous l'apprend lui-même, avait fait, avec l'empereur Louis-Le-Débonnaire, la campagne de 818, et pu recueillir, dans les monastères où il s'arrêtait, des traditions vivantes encore, pour ainsi dire, sur l'établissement des Bretons dans cette contrée. Or, voici, suivant le poëte, comment les insulaires s'y établirent, à une époque dont il nous est impossible de préciser la date.

---

(1) Voir plus haut, c. 2. p. 15 et suiv.

« Traversant les mers sur de frêles barques, ce
» peuple, ennemi des Francs, était venu des extré-
» mités du monde chercher un asile dans les
» Gaules. Pauvres et suppliants, ils furent jetés
» par les flots sur les rivages qu'occupaient alors
» les Gaulois; et, comme l'huile sainte du bap-
» tême avait coulé sur leur front, on leur donna
» des terres, et ils purent même s'étendre dans le
» pays. Mais à peine avaient-ils obtenu de jouir
» des douceurs du repos, qu'ils allument des guer-
» res meurtrières et présentent à leurs hôtes
» du fer pour tout tribut, le combat pour toute
» reconnaissance. Les Francs étaient alors occupés
» dans des guerres plus importantes. Aussi, la
» conquête de ce pays fut-elle ajournée durant un
» si grand nombre d'années, que les Bretons,
» couvrant tout le pays, ne se contentèrent plus
» du territoire, où, pauvres et fugitifs, ils étaient
» venus chercher un refuge (1). »

(1)   ....Fines quos olim gens inimica
              Trans mare lintre volans ceperat insidiis,
        Hic populus veniens supremo ex orbe Britanni,
              Quos modò Britones francia lingua vocat.
        . . . .
        Nam telluris egens vento jactatus et imbri,
              Arva capit prorsùs atque tributa parat.
        Tempore nempè illo hoc rus quoque Gallus habebat,
              Quandò idem populus fluctibus actus adest.
        Sed quia baptismi fuerat hic tinctus olivo,
              Mox spatiare licet et colere arva simul.

Cette émigration, dont la date, si l'on en juge d'après les paroles d'Ermoldus, devait coïncider avec celle de l'établissement des Saxons dans l'île de Bretagne (1), n'est pas la première dont l'histoire fasse mention. Dès le règne de Constantin-le-Grand, suivant Guillaume de Malmesbury, une colonie de Bretons insulaires se serait établie dans la péninsule armoricaine :

« Constantin ayant été proclamé empereur
» (par les légions de la Bretagne), fit une ex-
» pédition sur le continent où il emmena une
» troupe considérable de Bretons; et comme,
» grâce à l'appui de ces Bretons, la victoire cou-
» ronna toutes les entreprises du prince et plaça

    Ut requies sibi cessa, movent mox horrida bella,
      Et custode novo rura replere parant;
    Lancea pro censu, munus pro jure duelli
      Redditur hospitibus, pro pietate tumor.
    Francia in alterius pulsabat regna triumphis,
      Asperiora quidem quæ sibi visa forent;
    Idcircò hæc tantos res est dimissa per annos
      Gens magis atque magis crescit et arva replet.
. . . .
    Nec contenta solo quo peregrina fuit, etc.
      (*Ermoldi Nigelli Carm. de Vit. Lud. pii.* Cant. III. vers. 9 et seq.)

(1) On lit dans le fragment d'Histoire de France publié par Pithou, à l'année 917 : « Juxtà Normannos habitationem habent Britanni qui pulsi à Britannicâ insulâ dudùm à Saxonibus, eamdem regionem quam modò incolunt, sibi vindicantes, appellavère à sua gente Britanniam quæ priùs Cornu-Galliæ dicebatur. »

» promptement le pouvoir entre ses mains, il vou-
» lut reconnaître tant de services et de fatigues, en
» établissant les insulaires dans une certaine con-
» trée des Gaules où leurs descendants, dont la
» population s'y est accrue d'une manière prodi-
» gieuse, se retrouvent encore aujourd'hui, ayant
» à peu près les mêmes mœurs et parlant pres-
» que la même langue que leurs ancêtres (1). »

Ce passage, nous le savons, a été vivement attaqué naguères, et les reproches d'*ignorance* et d'*ineptie* n'ont pas été épargnés à l'historien anglais; mais peut-être se fût-on un peu moins hâté de formuler un jugement empreint d'une telle sévérité, si l'on s'était rappelé que, suivant les historiens contemporains, l'armée avec laquelle Constantin battit Maxence était, en grande partie, composée de Bretons (2). Or, est-il donc si incroyable qu'après sa victoire, Constantin, prince né et élevé dans l'île de Bretagne, ait concédé des terres à perpétuité aux soldats qui l'avaient accompagné ?

Quoi qu'il en soit, un fait paraît certain, c'est que,

---

(1) Constantinus (Magnus) ab exercitu imperator consalutatus, expeditione in superiores terras indictâ, magnam manum Britannorum militum abduxit; per quorum industriam, triumphis ad vota fluentibus, brevi rerum potitus, emeritos et laboribus functos, in quadam parte Galliæ, ad occidentem, super littus Oceani locavit; ubi hodièque posteri eorum manentes, immane quantùm convaluère; moribus linguâque non nihil à nostris Britonibus degeneres.

(2) Vid. Zoz. hist. L. II. c. 15. et incert. pan. c. 2, 3, 25. — Les asser-

vers les dernières années du iv° siècle, le tyran Maxime abandonna une partie du territoire de l'Armorique (1) aux insulaires qui avaient combattu pour sa

tions de l'écrivain auquel nous avons fait tout à l'heure allusion, nous offrent un exemple frappant des incroyables *erreurs* où peuvent être entraînés les meilleurs esprits, lorsqu'ils cèdent à cette manie de dénigrement sceptique presque générale au xviii° siècle, et que Fréret crut devoir foudroyer au sein même de l'académie des inscriptions. (Voir aux pièces justificatives une dissertation complète sur la colonisation de la Bretagne armoricaine.)

(1) (*Hist. du Bas-Empire*. T. IV. p. 139-140. éd. S. Martin). Lebeau ayant prétendu que la colonisation de l'Armorique, par les Bretons insulaires, ne remontait qu'à l'invasion saxonne dans la Grande-Bretagne, M. de S.-Martin, dont la science en histoire n'était pas moins vaste qu'en philologie, plaça la note suivante au bas de la page qui renfermait les assertions ci-dessus indiquées.

« L'histoire nous fait connaître comment les Bretons furent confinés
» peu à peu dans les montagnes du pays de Galles, et comment un
» grand nombre d'entre eux furent obligés d'abandonner leur patrie,
» chassés par diverses nations saxonnes. C'est alors qu'ils passèrent
» la mer pour s'établir dans la partie la plus occidentale de la Gaule,
» à laquelle ils donnèrent le nom de Petite-Bretagne, afin de la distinguer de leur ancienne patrie. Ils y trouvèrent d'autres compatriotes qui y étaient déjà venus pour diverses causes, soit comme
» fugitifs, soit comme conquérants, ou bien encore comme stipendiés
» des Romains, qui leur avaient à ce titre concédé quelques territoires.
» Il n'existe, il est vrai, aucun témoignage contemporain qui atteste
» clairement ces premières transmigrations ; mais elles sont relatées
» dans tous les auteurs du moyen-âge ; et on voit par les écrits de
» Gildas, de Bède, de Nennius et de quelques autres écrivains, que
» c'était une opinion reçue dès le vi° siècle, c'est-à-dire, moins de
» deux cents ans après l'époque dont il s'agit.

» .... On est certain, par l'autorité de Sidoine Apollinaire, que les
» Bretons étaient déjà puissants à la fin du v° siècle, sur les bords de
» la Loire. Les auteurs ecclésiastiques et les légendaires, qui écri-

cause, et que ceux-ci *ne revinrent jamais dans leur pays* (1).

« Peu d'années après cette colonisation, dit Guil-
» laume de Malmesbury, un certain Constantin (2)
» (le Tyran), également séduit par le titre d'empereur,

» vaient avant le xie siècle, fournissent, sur les Bretons, des détails
» très-circonstanciés. Il est impossible de croire qu'ils sont tous con-
» trouvés.... On sait d'ailleurs que vers la fin de leur empire, les Ro-
» mains étaient dans l'usage d'abandonner des territoires aux Barba-
» res cantonnés dans les provinces, pour les garder et les défendre....
» Gildas et Bède disent tous les deux que les Bretons amenés par Ma-
» xime *ne revinrent jamais dans leur patrie*... Il me semble diffi-
» cile de contester ou de révoquer en doute les conséquences qu'on
» est en droit de tirer de ces autorités, qui sont appuyées d'ailleurs
» par un passage très-remarquable du code théodosien, dans lequel
» on voit que le tyran Maxime avait effectivement concédé des terres
» à perpétuité aux guerriers qui l'avaient accompagné. » (Voir aux
pièces justificatives cette dissertation de M. de S.-Martin, insérée
in extenso.)

(1) ... Insula.... ad Gallias magnâ comitante satellitum catervâ, Maximum imperatoriis insignibus, quæ nec decenter usquàm gessit, non
legitimè, sed ritu tyrannico, initiatum mittit. Exin Britannia, omni
armato milite, militaribusque copiis, rectoribus linquitur immanibus,
ingenti juventute spoliata (*quæ, comitata vestigiis supradicti tyranni, domum nusquàm rediit*), et omnis belli usûs ignarâ penitùs,
duabus primùm gentibus transmarinis vehementer sævis Scotorum
à Circione, Pictorum ab aquilone, calcabilis, multos stupet gemitque
per annos.   (*Bib. vet. patr.* T. XII. p. 195. ed. Galland.)

(2) Constantinus ex infimâ militiâ, propter solam spem nominis sine
merito virtutis eligitur. (*Oros.* L. VII. c. 40.) Procope dit, au contraire, qu'il avait une illustre origine, οὐκ ἀφανῆ ἄνδρα, ce qui s'accorde avec l'opinion des bardes gallois qui prétendent que ce *tyran*
était fils d'un certain Cynvor (ou grand comte).—V. Owen Cambrian
biography.

» entraîna sur le continent le peu de soldats qui
» restaient dans l'île de Bretagne. Mais ces deux
» usurpateurs, jouets des caprices de la fortune,
» périrent de mort violente, l'un sous le règne de
» Théodose, l'autre par ordre d'Honorius. Des
» troupes qui les avaient suivis, une partie fut
» taillée en pièces, une partie prit la fuite et se ré-
» fugia auprès des Bretons continentaux (1). »

A ce qui précède, nous ajouterons que ceux des insulaires qui avaient franchi les Pyrénées avec les lieutenants de Maxime (2), ou, avec Gérontius, sous Constantin-Le-Tyran, fondèrent en Espagne des établissements dont l'existence est encore attestée au viie siècle (3). Nul doute que ces émigrés bretons n'aient

---

(1) Succedentibus annis, Maximus, homo imperio aptus, si non contra fidem ad tyrannidem anhelâsset, quasi ab exercitu impulsus, purpuram induit : statimque in Galliam transitum parans, ex provincia omnem penè militem abrasit. Constantinus quidam non multò post ibidem, spe nominis imperator allectus, quidquid residuum erat militaris roboris exhausit. Sed alter à Theodosio, alter ab Honorio interfecti, rebus humanis ludibrio fuêre. Copiarum quæ illos ad bella seculæ fuerant, pars occisa, pars post fugam ad superiores Britannos concessit.   (*W. Malmesb.*)

(2) Gildas a dit, à propos de Maxime : ET UNAM ALACUM AD HISPANIAS, alteram ad Italiam extendens, et thronum iniquissimi imperii apud Treveros statuens, etc.   (*Gild. loc. cit.*)

(3) On lit dans la collection des conciles d'Espagne, par Loaisa, p. 138, 143, 154, à la date de l'an 569 : Ad sedem Britonum ecclesiæ quæ sunt intrà Britones unà cum monasterio MAXIMI et quæ in Asturiis sunt XIII.

Au viie siècle, un décret de Wamba, roi des Goths, venait confirmer ce qui avait été précédemment établi :

été mêlés, durant tout le cinquième siècle, aux bandes de Bagaudes dont nous avons eu occasion de raconter les exploits, et que les cités de l'Armorique ne les aient comptés au nombre de leurs défenseurs. Et, en effet, l'histoire nous montre Riothime, chef ou *conan* des *Britones* placés sur la Loire, remontant ce fleuve à la tête de douze mille hommes, pour combattre Euric et ses Wisigoths, ennemis tout à la fois de l'empereur Anthémius et des Armoricains orthodoxes (1). Cette confédé-

---

« Britonacenses teneat ecclesias quæ in vicino sunt intra Britones una cum monasterio Maximi usque in flumine Ove. » (*Loc. cit.*)

Aucun historien contemporain n'a fait mention de l'établissement de ces Bretons en Espagne (et je ne sache pas qu'aucun écrivain moderne en ait parlé jusqu'ici). Mais en est-il moins incontestable que des colonies bretonnes aient existé, il y a treize siècles, de l'autre côté des Pyrénées?

(1) Une lettre de Sidoine Apollinaire à Riothame nous apprend que ce prince habitait sur la Loire. Lebeau (Ed. de M. de Saint-Martin, T. VII. p. 38) et M. Fauriel ne doutent pas que ce Riothame ne fût un des chefs qui régnaient alors sur la Bretagne continentale. Jornandès, qui ignorait probablement que des Bretons se fussent établis dans les Gaules, les fait venir de la Grande-Bretagne. Une circonstance a dû surtout faire tomber l'historien dans l'erreur, c'est l'*embarquement* de cette petite armée. — On verra ailleurs qu'en 470, l'île de Bretagne, saccagée par les Barbares, bloquée, pour ainsi dire, par leurs vaisseaux, ne pouvait songer à secourir les empereurs dont elle n'avait cessé, au contraire, d'implorer l'assistance. Voici, au surplus, le texte même de Jornandès :

« Rex Riothimus cum xii millibus veniens, in Biturigas civitatem,
» Oceano è navibus egressus, susceptus est. »

(*Jorn. de reb. Get.* c. 45.)

ration, alors que l'empire tombait en ruines de tous côtés, soutint, par son indomptable énergie, la gloire du nom romain, éclipsée depuis la mort de Majorien. L'ensemble admirable avec lequel les villes les plus éloignées du centre de la république concouraient aux actes qui intéressaient l'union fédérale tout entière, indique suffisamment en quelles mains reposaient alors le pouvoir. Chefs temporels et, en même temps, directeurs spirituels de leurs cités, les évêques des provinces armoricaines y exerçaient une sorte de royauté. De là, en grande partie, le succès d'une double lutte de près d'un siècle contre les Romains et contre les Barbares : succès qui valut à l'Armorique, restée indépendante, la glorieuse capitulation dont un historien du vi° siècle nous a conservé le souvenir, et à laquelle Clovis, converti à la foi catholique, dut la possession du plus beau royaume qui soit au monde (1).

(1) Gibbon, malgré ses préventions anticatholiques, a été forcé de reconnaître la légitime influence des évêques au v° siècle :

« .... Les richesses et les droits de juridiction de ces prélats, leur ca-
» ractère sacré, l'inamovibilité de leur office, leur éloquence et leurs
» assemblées provinciales, les rendaient toujours respectables, *sou-*
» *vent dangereux.* Le progrès de la piété augmenta leur influence, et
» on peut attribuer, en quelque façon, l'établissement de la monarchie
» française à l'alliance d'une centaine de *prélats qui commandaient*
» *dans les villes révoltées ou indépendantes des Gaules.* »

(Gibb. hist. de la déc. de l'emp. rom. c. 38.)

Le même historien assimile, non sans quelque raison, la situation

« Les Visigoths ayant envahi le territoire de l'em-
» pire romain, dit Procope, s'étaient rendus maî-
» tres de toute l'Espagne et de celles des provinces
» des Gaules qui sont situées au-delà du Rhône.
» A cette époque, les Romains avaient pour auxi-
» liaires les nations armoricaines qui confinaient
» avec les Francs. Ces derniers, espérant qu'il
» leur serait facile, à la faveur des changements
» politiques qui avaient eu lieu chez leurs voi-
» sins, d'imposer à ces peuples le joug de leur
» domination, exercèrent d'abord des ravages
» dans l'Armorique; mais ils durent bientôt y faire
» la guerre dans toutes les formes. Pendant toute
» sa durée, les nations armoricaines firent preuve
» d'un grand courage et se montrèrent alliés fi-
» dèles des Romains. Enfin, les Francs, ne pou-
» vant rien obtenir par la force, offrirent leur
» alliance aux Armoricains, en leur proposant de
» la cimenter par la réunion des deux peuples en
» un seul : ce qui fut accepté, attendu que les
» uns et les autres professaient la religion chré-
» tienne. Cette fusion accrut beaucoup la puis-
» sance de ces nations. Quant aux troupes ro-
» maines qui tenaient garnison aux extrémités
» des Gaules, ne voyant aucune voie pour re-
» tourner à Rome, *et ne voulant pas se retirer*

---

de Clovis et celle d'Henri IV, rois de France tous les deux grâce à
leur conversion.

» *chez les Ariens, leurs ennemis, elles remirent*
» *sans résistance, aux Francs et aux Armoricains,*
» *leurs étendards et les territoires qu'elles étaient*
» *chargées de garder* (1). »

Ainsi donc, l'alliance des Francs, des Armoricains et des Romains catholiques releva l'empire des Gaules au profit d'un petit chef de bandes germaniques. Ici, devrait se terminer l'histoire des peuples gallo-armoricains. Mais il ne faut pas perdre de vue qu'à une époque très-reculée, des colonies sorties de l'Armorique allèrent peupler les rivages opposés de l'île de Bretagne, et que l'histoire de ces tribus émigrées se lie intimement à celle de la péninsule gauloise où l'épée des conquérants saxons, comme on l'a vu plus haut, força les insulaires à venir chercher un asile. Notre tâche serait donc incomplète si, avant de dérouler les annales des

---

(1) Militarem operam Romanis tunc navabant Arborychi : quibus Germani, ut potè finitimis *et à veteri reipublicæ forma digressis*, cùm legem ac jugum vellent imponere, primùm prædati, deindè recto marte aggressi sunt, agente omnis belli prurigine. Generositatem et in Romanos benevolentiam testati Arborychi, rem in bello gessere fortiter. *Nihil vi proficientes Germani*, illos ad societatem et affinitates jungendas invitârunt : quibus Arborychi libenter assensi sunt, quòd *Christiani utrique essent.* Eo pacto in unam coaliti gentem, potentissimi evaserunt. Alii verò romani milites, qui erant in extrema Gallia stationarii, cùm nec Romani redire possent neque ad hostes arianos desciscere, se ipsi cum signis et regionem quam Romanis antè servabant, Arborychis ac Germanis permiserunt.—Ce passage étant très-important, nous avons cru le devoir donner en latin, langue comprise par un plus grand nombre. L'on trouvera le texte grec dans dom Bouquet. Rec. des hist. de Fr. T. II. p. 30 et 31.

Bretons continentaux, nous ne jetions un coup d'œil rapide sur les révolutions dont la Grande-Bretagne fut le théâtre, et sur les institutions qui y régnèrent jadis : institutions d'autant plus intéressantes à étudier, qu'elles différaient peu des coutumes de la métrople, et que nous les retrouvons, à peine altérées, dans l'un des plus anciens et des plus précieux manuscrits que nous possédions sur l'histoire de la Bretagne armoricaine (1).

CHAPITRE X.

Première expédition de César dans l'île de Bretagne.—Conquête de l'île sous le règne de Claude. — Résistance des Bretons.— Défaite de Caradog (ou Caractacus).—Claude lui fait grâce de la vie.—Guerre des Silures sous Ostorius, Didius et Vérannus.—Suetonius-Paulinus s'empare de l'île de Mona.— Massacre des Druides. — Division de la Bretagne en six pro-

(1) Le comité des chartes et chroniques, près le ministère de l'instruction publique, a voté, dans sa séance du 9 Décembre dernier, la publication du cartulaire de Redon, que nous avions sollicitée. C'est, en partie, dans ce monument, que nous avons puisé les données principales de notre *Histoire des peuples bretons*, ouvrage qui suivra celui-ci.

vinces

vinces.—Colonies, villes municipales et autres.—Mur d'Adrien.
—Excursions des tribus du nord sous Antonin.—Nouvelle muraille.—Albinus prend la pourpre dans la Bretagne.—Expédition de Sévère contre les Calédoniens.—Il fait construire un troisième rempart.—Ravages des pirates saxons.—Carausius est chargé de les réprimer ; — il s'empare de la Bretagne.
—Etat de cette contrée sous Dioclétien.—A quelle époque le christianisme s'y est introduit.—Douceur de Constance envers les Bretons.—Ceux-ci combattent, par reconnaissance, sous les drapeaux de Constantin.—Troubles après la mort de ce prince.—Victoires de Théodose.—Expéditions de Maxime et de Constantin-le-Tyran.—La Bretagne se sépare de l'empire, et devient la proie des tyrans.—Invasions des Pictes et des Scots.—Détresse des Bretons.—Ils invoquent le secours des Saxons.—Trahison de ces derniers.—Ils s'emparent d'une grande partie de la Bretagne.—Emigrations.

César, dès ses premières campagnes dans la Gaule, avait formé le plan de traverser le détroit pour aller châtier les Bretons qui, en toute occasion, n'avaient cessé de fournir des secours à leurs frères du continent (1). Mais il fallait auparavant anéantir la puissante marine des Venètes. La vic-

---

(1) In Britanniam proficisci contendit (Cæsar), quòd, omnibus ferè gallicis bellis, hostibus nostris indè subministrata auxilia intelligebat. (*Cæs. Bell. Gall.* L. IV. c. 20.)
Il résulte d'un passage du L. II. c. 4. des Commentaires sur la guerre des Gaules, que l'île de Bretagne reconnaissait la prépondérance de la métropole : « Apud eos fuisse regem nostrâ etiam memoriâ Divitiacum, totius Galliæ potentissimum, qui cùm magnæ partis harum regionum, tùm etiam Britanniæ, imperium obtinuerit. »

toire navale du jeune Brutus dans les eaux du Morbihan (1) ouvrit aux Romains le chemin de la Bretagne. Malgré le refus des mariniers gaulois de donner aucun détail sur l'étendue de l'île, sur le nombre, les mœurs et la manière de combattre des nations qui l'habitaient, César mit à la voile avec l'infanterie de deux légions, le vingt-six du mois d'août, dans la cinquante-cinquième année avant l'ère chrétienne. Il n'avait avec lui que ses premiers vaisseaux, lorsqu'il aperçut les rivages de la Bretagne, dont les hauteurs étaient couronnées par une multitude d'hommes armés. L'aspect de ces Barbares à moitié nus, et dont les cris sauvages semblaient défier les envahisseurs, jeta d'abord l'épouvante parmi les soldats romains. Mais elle fut bientôt dissipée par l'intrépidité du porte-enseigne de la dixième légion qui, s'étant jeté à la mer, s'élança vers l'ennemi avec son aigle.

On sait quel fut le résultat de cette campagne de vingt-et-un jours (2). Pour sauver sa réputation, César accepta, avec empressement, une promesse illusoire de soumission, que lui firent les indigènes, et regagna les Gaules en toute hâte. Ce départ nocturne et précipité fut considéré comme

---

(1) *Mor*, en breton, mer; *bihan*, petite. (V. de Bell. Gall. L. II. c. 12 et seq.

(2) Cæs. de Bell. Gall. IV. 34, 35, 36.

une fuite par les Bretons (1); et, malgré tous les efforts du vainqueur des Gaules pour colorer cet échec, il paraît qu'il ne put réussir à donner le change même en Italie (2).

L'année suivante, César repassa dans l'île de Bretagne avec cinq légions et deux mille cavaliers gaulois. Il n'entre pas dans notre plan de décrire les divers combats que les Romains eurent à soutenir contre les indigènes. Nous nous bornerons à recueillir, çà et là, dans les Commentaires, quelques détails sur le système d'attaque et de défense adopté par les insulaires à cette époque, système que le génie de la résistance avait inspiré à ces peuplades indomptables, et que nous retrouverons en vigueur, au VIIe et au VIIIe siècles de notre ère, à l'extrémité de la presqu'île armoricaine.

Effrayés à la vue des huit cents vaisseaux romains rangés en bataille le long de leurs rivages, les Bretons s'étaient retirés précipitamment dans leurs forêts. Là, existaient des lieux de refuge, admirablement fortifiés par la nature et par l'art, et dont toutes les avenues étaient fermées par d'épais abattis d'arbres (3). Les insulaires essayèrent d'abord de résis-

---

(1) Triades. Hist. de l'île de Bret. Archéol. of. Wales. T. II.

(2) V. Sueton. in Cæs. 25.—Luc. Phars. L. II. v. 572.

(3) .... Se in silvas abdiderunt, locum nacti egregiè et naturâ et opere munitum... Nam crebris arboribus succisis omnes introitus erant præclusi.   (*Cæs. de Bell. Gall.* V. 9.)

sister, derrière ces retranchements, aux attaques des légions; mais, convaincus bientôt de la supériorité de la discipline romaine, ils résolurent d'éviter tout engagement général. Casswallawn, nommé roi suprême du pays, renvoya même une partie de ses troupes et ne conserva que quatre mille hommes montés sur des chars. Voici la manière dont les Bretons combattaient avec ces chariots: d'abord, ils les précipitaient sur tous les points en lançant des traits; et, par la seule crainte qu'inspiraient le bruit des chevaux et des roues, ils parvenaient à rompre les rangs ennemis. Avaient-ils pénétré au milieu des escadrons; ils sautaient à bas de leurs chariots et combattaient à pied. Les conducteurs alors se retiraient peu à peu de la mêlée, et se plaçaient de telle façon que, si les combattants étaient pressés par le nombre, ils pussent aisément se replier vers leurs chars. C'est ainsi, dit César, que ces peuples réunissaient, dans leurs guerres, l'agilité du cavalier à la fermeté du fantassin; et, tel était l'effet de l'habitude et de leurs exercices journaliers, que, dans les pentes les plus rapides, ils arrêtaient court leurs chevaux lancés au galop, leur faisaient faire volte-face et couraient sur le timon, d'où ils s'élançaient ensuite dans leurs chariots avec une rare dextérité (1).

---

(1).... Ità mobilitatem equitum, stabilitatem peditum in præliis

Toutefois, le plus souvent les Bretons se bornaient à observer la marche de l'ennemi, se tenant à peu de distance de la route qu'il suivait, ou se plaçant en embuscade dans des lieux de difficile accès, tandis que le reste de la population, avec leur bétail, était caché au fond des bois (1).

Engagée, à travers un pays inconnu, l'armée romaine se fût peut-être épuisée, à la longue, dans cette guerre d'escarmouches (2) et de surprises meurtrières (3), si l'infortuné Caswallawn n'avait eu à lutter contre les haines implacables de ses concitoyens. Ce prince, dans une bataille livrée aux Trinobantes, l'une des plus puissantes nations de l'île, avait tué

---

præstant, ac tantùm usu quotidiano et exercitatione efficiunt, uti in declivi ac præcipiti loco incitatos equos sustinere et brevi moderari ac flectere, et per temonem percurrere, et in jugo insistere, et indè se in currus citissimè recipere consuêrint.

(*Cæsar de Bell. Gall.* IV. 33.)

Nous aurons occasion, dans un autre ouvrage (*Hist. des peuples bretons*), de rapprocher ces détails de ceux que nous devons à Ermoldus Nigellus, sur la manière de combattre des Bretons armoricains au IXe siècle.

(1) .... Pecora atque homines ex agris in silvas compellebat. (*Cæs. de Bell. Gall.* V. 16.)

(2) Accedebat hùc, ut nunquàm conferti, sed rari magnisque intervallis præliarentur. (*Ib.* V. 16.)

Egaillez-vous, les gars! criaient les Cadoudal et les Larochejacquelin, à leurs vaillants compagnons.

(3) .... Itinera nostra servabat, paululùmque ex via excedebat... et cùm equitatus noster liberiùs, prædandi vastandique causâ, se in agros effunderet omnibus viis notis semitisque essedarios ex silvis emittebat... (*Ib.* V. 19.)

leur roi; et le fils de ce dernier, le jeune Mandubrat, s'était réfugié dans les Gaules, près de César, afin d'éviter le sort de son père. Or, voulant se venger de leur ennemi, les Trinobantes offrirent au général romain de payer le tribut, sous la condition qu'ils seraient gouvernés par le fils de leur ancien souverain. Cette proposition ayant été acceptée, les Cénimagnes, les Ségontiakes, les Ancalites, les Bibrokes, les Casses, députèrent aussi vers César pour traiter de leur soumission. Ce furent ces traîtres qui conduisirent les Romains sous les remparts de la forteresse où Caswallawn s'était retiré avec un grand nombre d'hommes et tous leurs troupeaux. Cette retraite, environnée d'un mur et d'un fossé, était défendue, de tous côtés, par des marécages et par des bois. César admira l'esprit judicieux qui avait présidé au choix de cette position et l'art avec lequel l'on avait ajouté aux obstacles naturels du terrain (1). Néanmoins, il fit attaquer ces retranchements, de deux côtés à la fois, et parvint à en expulser les Bretons.

Cependant, Caswallawn avait envoyé des messa-

―――――――――

(1)... Non longè ex eo loco oppidum Cassivellauni abesse, silvis, paludibusque munitum, quò satis magnus hominum pecorisque numerus convenerit. Oppidum autem Britanni vocant, cùm silvas impeditas vallo atque fossâ munierunt, *quò, incursionis hostium vitandœ causâ, convenire consuêrunt...* Locum reperit (Cæsar) egregiè naturâ atque opere munitum (*Ib.* V. 21.)

gers aux quatre rois, ou Brenins, de la contrée maritime de Kent, avec ordre de rassembler toutes leurs forces, d'attaquer brusquement le camp que les Romains y avaient établi, et de mettre le feu à leurs vaisseaux (1). La réussite de ce plan eût vengé, d'un seul coup, la Bretagne et la Gaule, et délivré Rome du plus dangereux de ses enfants. Mais les lieutenants de Caswallawn furent vaincus, et ce dernier, découragé par tant de revers, voyant son territoire ravagé et la défection gagner un grand nombre de tribus, fit offrir la paix aux Romains, par l'entremise de l'atrebate Comm (2). César, fatigué, de son côté, d'une guerre à laquelle il ne pouvait assigner de terme (3), demanda des ôtages, fixa le tribut que la Bretagne paierait chaque année au peuple romain, et se hâta de repasser le détroit, sans laisser aucune garnison ni aucun établissement dans l'île (4).

(1)...Cassivellaunus ad Cantium... quibus regionibus quatuor reges præsunt, Cingetorix, *Carvilius*, Toximagulus, Segonax, nuntios mittit, atque his imperat, uti, coactis omnibus copiis, castra navalia de improviso adoriantur atque oppugnent. (*Ib*. V. 22.)

(2) Cassivellaunus... tot detrimentis acceptis, vastatis finibus, maximè etiam permotus defectione civitatum, legatos per atrebatem Commium de deditione ad Cæsarem mittit. (*Ib. loc. cit.*)

(3) De britannicis rebus (écrivait Cicéron à son frère) cognovi ex tuis litteris nihil esse nec quod metuamus, nec quod gaudeamus. (III. 1. *ad Quint.*)

(4) « La deuxième expédition de César en Angleterre n'a pas eu une issue plus heureuse que la première, puisqu'il n'y a laissé aucune

On sait que c'était l'un des points fondamentaux de la politique d'Auguste, politique pleine de sagesse et d'habileté, qu'il fallait resserrer l'empire dans les bornes que la nature semblait lui avoir elle-même tracées (1). Aussi, ce prince, voyant les peuplades de la Bretagne disposées à payer le tribut comme les nations soumises, se borna-t-il à exiger de cette contrée la quotité des taxes qu'elle prélevait sur son commerce avec les Gaules (2). Pour ne pas s'écarter de la ligne tracée par son prédécesseur, Tibère ne se montra pas plus belliqueux. Caligula, près duquel s'était réfugié Adminius (3), prince exilé par Cuno-

---

garnison, ni aucun établissement, et que les Romains n'y ont pas été plus maîtres qu'avant. » (Napoléon. *Précis des guerres de Jules César.*—1836.)

(1) Tac. Ann. I. 11.—Dio. Cap. LVI. p. 833. et le discours d'Aug. dans la sat. des Césars.

(2) Strab. L. IV. c. 4. p. 200-201.—Dio. XXIX.—Horat. L. I. od. 29. IV. 12.—Horace, en vrai poète courtisan, n'a pas manqué de célébrer, comme une conquête, cette opération purement fiscale :

> Præsens divus habebitur
> Augustus, adjectis Britannis
> Imperio.
>
> (*Horat.* III. 5.)

(3) Suétone rapporte ce qui suit sur ce jeune prince : « Nihil autem amplius, quàm Adminio, Cinobellini Britannorum regis filio, qui pulsus à patre cum exigua manu transfugerat, in deditionem recepto. » Dans une très-savante dissertation, Cannégieter s'est efforcé d'établir que le château de Brittenburg, situé près de l'embouchure du Rhin, sur le littoral de la Hollande, avait été fondé par Adminius, réfugié près de Caligula qui se trouvait alors dans la Batavie. (Henrici Cannegieteri dissert. de Brittenburgo, in-4°. Haguæ-comitum. M DCC

belin, son père, avait résolu d'envahir la Bretagne ; mais les projets de cet empereur n'aboutirent, comme on sait, qu'à un acte de folie (1). Ce fut Claude qui, pressé par Béric, autre fugitif breton, entreprit la conquête de cette île dont on racontait tant de merveilles (2), et que Jules César, suivant l'expression de Tacite, n'avait fait qu'indiquer (3). Aulus Plautius, avec quatre légions et leurs auxiliaires, traversa le détroit et rejeta sur la rive septentrionale de la Tamise les Bretons commandés

---

XXXIV.) Il n'est pas douteux qu'à une époque très-reculée, une colonie bretonne ait existé dans cette partie de la Hollande qui portait anciennement le nom de Bretagne (Bretangen). Mais était-ce un établissement formé par ces Britanni que Pline et Denis Le Périégète placent sur les côtes de la Flandre, par les compagnons d'Adminius, ou par les Bretons insulaires qui, avec le tyran Maxime, débarquèrent vers l'embouchure du Rhin en 383? Cette dernière opinion, qui est celle de Camden (Gibson's version. p. 54), me paraît la plus vraisemblable.

(1) V. Suét. in Calig. 46, 47.—Dio. LIX. 754.

(2) Cicéron, dans l'une de ses lettres à son frère Quintus employé près de César, en Bretagne, s'exprime ainsi :

« O jucundas mihi tuas de Britannia litteras ! timebam oceanum ; timebam littus insulæ. Reliqua non equidem contemno, sed plus habeo tamen spei quàm timoris; magisque sum sollicitus expectatione eâ quàm metu. Tu verò ὑπόθεσιν scribendi egregiam video. Quos tu situs, quas naturas rerum et locorum, quas mores, quas gentes, quas pugnas, quem verò ipsum imperatorem habes ! » (Epist. ad Q. 11. 16.) Pomponius Méla, qui vivait sous le règne de Claude, espérait qu'à la faveur des succès des armes romaines, l'île et ses *sauvages habitants* seraient enfin mieux connus (L. III. c. 6).

(3) ... Potest videri ostendisse posteris, non tradidisse. (Tacit. Agric. XIII.)

par les deux fils de Cunobelin, Caradoc (Caractacus) et Togidumn. L'empereur prit alors lui-même le commandement de l'armée, s'avança jusqu'à Camalodunum et reçut la soumission de toutes les peuplades voisines (1). Après son départ, la défense de la rive gauche de la Tamise fut confiée aux soins de Plautius, la droite à ceux de Vespasien. Tous deux éprouvèrent de la part des Bretons la résistance la plus opiniâtre. Vespasien eut à livrer plus de trente batailles, avant de parvenir à dompter les Belges et les habitants de l'île de Wight. Quant à Plautius, les cinq dernières années de son gouvernement furent tout entières employées à repousser les attaques de Caradog chef des Cassiens et des Silures, et dont l'énergie ne se laissait abattre par aucun revers.

Ostorius Scapula, successeur de Plautius (an de J.-C. 50), trouva, en arrivant, la province pleine d'agitation. Les Bretons s'étaient jetés sur les terres des tribus soumises, avec d'autant plus de fureur qu'ils ne supposaient pas que, l'hiver commencé, un nouveau général, avec des troupes qu'il ne connaissait pas, osât venir les attaquer dans leurs marécages (2). Mais, lui, sachant

---

(1) Dio. LX.—Suét. in Claud. XVII. XXIV.—Tacit. Agric. XIII.

(2) Tacit. Ann. XII. 31. — C'est ce qui a lieu en ce moment en Algérie.

combien un premier succès exerce d'influence sur l'esprit du soldat, marche aussitôt aux ennemis, les taille en pièces, et élève deux chaînes de postes, l'une au nord, le long de la rivière d'Avon, l'autre à l'ouest, sur la rive gauche de la Severne (1). Une révolte des Icènes fut étouffée avec non moins d'énergie ; et les Romains fondèrent une colonie à Camalodunum, pour maintenir ces peuples dans l'obéissance. Ils attaquèrent ensuite les Silures, nation indomptable dont l'énergie était incessamment excitée par Caradog. Ce prince, à la suite d'une foule de défaites ou de combats heureux, s'était élevé à une réputation qui éclipsait celle de tous les autres chefs de la Bretagne (2). N'ayant sous ses ordres qu'une armée inférieure à celle de ses ennemis, il s'était vu forcé de transporter la guerre chez les Ordovices. Là, s'élevait une haute montagne, connue de nos jours encore sous le nom de Kaër-Caradog (ou forteresse de Caradoc), et sur laquelle on retrouve des vestiges d'anciennes fortifications (3). Ce fut dans ce lieu que les Silures ré-

---

(1) *Ib.* Loc. cit.

(2) *Ib.* c. 33.

(3) Ces ruines existent dans le Shropp-Shire : « Quarta ex illis regionibus quos Cornavios olim insedisse videtur, » dit Camden ; et il ajoute : « Inter vada incerta intereminet antiquæ admodùm memoriæ collis, quem *Kaer-Caradog* vocant, eò quòd circa annum salutis LIII. Caractacus, Britannus rex clarissimus, saxorum vallo præstruxerit, et obfirmato animo cùm suis contrà Ostorium et Romanorum legionarios

solurent d'attendre les Romains et de hasarder une affaire générale.

Caradog, plein d'espérance et d'enthousiasme, volait dans les rangs des siens, s'efforçant de communiquer à tous l'ardeur de son courage. Rappelant à ses compagnons les noms de ces héros de l'indépendance qui avaient chassé le dictateur César, préservé la patrie de la honte du tribut et conservé intact l'honneur de leurs femmes et de leurs enfants, il s'écriait que le jour était venu de vaincre ou de mourir, de délivrer la patrie ou de recevoir des fers (1). C'était à chaque mot un frémissement universel. Chacun attestait les dieux du pays que ni traits ni blessures ne le feraient reculer d'un pas. Ces élans d'exaltation nationale firent hésiter un moment le général romain. D'ailleurs, cette position formidable, ces montagnes, toute l'horreur de ces lieux et de cette multitude sauvage l'épouvantaient. Toutefois, cédant enfin aux cris de ses soldats qui demandaient la bataille, il en

---

defenderit, donec Romanus, distractâ rudi illâ saxorum compage, cujus reliquiæ etiamnùm supersunt, irrumpens, Britannos inermes in juga montium decedere coegerit.

(*Camden. Britannia.* p. 248. *Amstelodami,* in-f° *Ann.* 1659.)

(1).... Caractacus, hùc illùc volitans, illum diem, illam aciem testabatur, aut recuperandæ libertatis, aut servitutis æternæ initium fore : vocabatque nomina majorum qui dictatorem Cæsarem pepulissent, quorum virtute, vacui à securibus et tributis, intemerata conjugum et liberorum corpora retinuerent. *(Tacit. Ann.* L. XII. c. 34.)

donna le signal. Le combat fut terrible. Mais que pouvaient l'amour du pays et l'enthousiasme du courage contre la discipline des légions? Les Bretons furent vaincus ; et la femme, la fille et les frères de Caradog tombèrent au pouvoir de l'ennemi. Quant à ce prince, il avait cru trouver une retraite chez sa belle-mère Cartismandua, reine des Brigantes ; mais il n'est point d'asile sûr pour les princes malheureux. Lâchement trahi par celle qui lui avait accordé l'hospitalité, Caradog alla servir à Rome au triomphe du vainqueur. La renommée du héros breton avait, depuis longtemps, franchi les mers, parcouru les pays voisins, et pénétré même jusqu'en Italie (1). Claude, en voulant rehausser sa propre gloire, dit Tacite, ne fit qu'accroître celle de son prisonnier. Le peuple fut invité par l'empereur à une fête extraordinaire. Les prétoriens se rangèrent en armes dans la plaine qui borde leur camp. Les vassaux du prince captif (*regii clientes*), les colliers, les caparaçons, tous les trophées qu'il avait conquis en combattant ses ennemis, puis, ses frères, sa femme et sa fille furent montrés en pompe à la multitude. Enfin, il parut lui-même, le front calme, le re-

---

(1) Undè fama ejus evecta insulas, et proximas provincias pervagata, per Italiam quoque celebrabatur.... Ne Romæ quidem ignobile Caractaci nomen erat; et Cæsar, dùm suum decus extollit, addidit gloriam victo. (*Tacit Ann.* XII. 36.)

gard assuré ; et, arrivé au pied du trône de Claude, il prononça ce discours touchant que Tacite nous a transmis, et où éclate toute la noble indépendance de la race bretonne (1).

« Si ma modération dans la prospérité eût égalé
» ma naissance et mon destin, je serais venu ici
» l'ami, non le captif des Romains, et vous n'eus-
» siez point dédaigné l'alliance d'un prince issu
» d'aïeux illustres et commandant à plusieurs na-
» tions. Maintenant, le sort m'humilie autant qu'il
» vous élève. J'avais des chevaux, des armes, des
» soldats, des richesses ; est-il donc étonnant que
» j'aie voulu défendre ces biens ? Si votre ambi-
» tion veut donner des fers à tous, est-ce une rai-
» son pour que tous les acceptent ? Au reste, une
» prompte soumission n'eût illustré ni mon nom
» ni votre victoire. L'oubli suivrait ma mort; en
» me laissant la vie, vous immortalisez votre clé-
» mence. » — Ce noble langage gagna la bienveil-

---

(1) « Si, quanta nobilitas et fortuna mihi fuit, tanta rerum prospe-
» rarum moderatio fuisset, amicus potiùs in hanc urbem quàm cap-
» tus venissem ; neque dedignatus esses claris majoribus ortum, plu-
» ribus gentibus imperitantem, fœdere pacis accipere. Præsens sors
» mea, ut mihi informis, sic tibi magnifica est : habui equos, viros,
» arma, opes; quid mirum, si hæc invitus amisi ? Non, si vos omnibus
» imperitare vultis, sequitur ut omnes servitutem accipiant. Si sta-
» tim deditus traderer, neque mea fortuna, neque tua gloria incla-
» ruisset; et supplicium mei oblivio sequeretur : at si incolumem ser-
» vaveris, æternum exemplar clementiæ ero. » (*Ib.* c. 37.)

lance de Claude : Caradog et tous les siens obtinrent leur grâce.

Les Silures, privés de leur roi, ne s'abandonnèrent pas au désespoir. Tacite rapporte, au contraire, que la pitié que leur inspirait le sort de leur chef prisonnier ne fit qu'exciter leur soif de guerre et de vengeance (1). Leurs bois, leurs marais, tous les lieux de difficile accès devinrent le théâtre de combats continuels et qui, le plus souvent, ressemblaient à des luttes de brigands (2). Avec leurs prisonniers et les dépouilles enlevées à l'ennemi, les rebelles faisaient des largesses aux autres nations pour les entraîner à la révolte. Quelques mots imprudents, prononcés par Ostorius, ajoutèrent encore à la haine des Silures. « Rome, avait dit le général
» romain, devrait traiter ces peuples comme les Si-
» cambres jadis transportés dans les Gaules, et
» anéantir jusqu'à leur nom national (3). »

Répétées de bouche en bouche, ces paroles allumèrent dans le cœur des Bretons une fureur incroyable. La guerre devint atroce. Ostorius, épuisé de travaux, ayant chaque jour à repousser de nouvelles attaques, mourut de fatigue

---

(1) Tacit. Ann. XII. 38.

(2) Crebra hinc prælia et sæpiùs in modum latrocinii : per saltus, per paludes, ut cuique fors aut virtus. (*Tacit. Ann.* XII. 39.)

(3) Ut quondàm Sugambri excisi et in Gallias trajecti forent, ità Silurum nomen penitùs extinguendum. (*Ib. Loc. cit.*)

et de douleur. Son successeur Aulus Didius trouva, en arrivant, les Romains déjà entamés : les Silures, toujours plus indomptables, venaient de battre une légion commandée par Manlius Valens.

Depuis la prise de Caradog, le meilleur général des Bretons était Venusius, prince de la nation des Brigantes et allié des Romains qui l'avaient protégé, tant qu'il était resté l'époux de la reine Cartismandua. Après leur divorce, qui fut aussitôt suivi d'une guerre, les Brigantes, en haine de l'adultère commis par leur reine, embrassèrent le parti de Venusius contre les troupes impériales. Cette guerre n'amena, de part et d'autre, aucun résultat.

A Didius succéda Veranius, dont la mort prématurée fraya le chemin du commandement à Suetonius Paulinus. Ce général, que la voix publique opposait à Corbulon, brûlait d'égaler la gloire des triomphes de l'Arménie, en domptant les opiniâtres Bretons.

L'île de Mona, ou d'Anglesey, servait alors de refuge à tous ceux qui fuyaient la Bretagne pour échapper au joug de l'étranger (1). Paulinus résolut de se rendre maître de ce sanctuaire de la religion et de la liberté bretonnes. Pour arriver à ce but, il ordonne à sa cavalerie de traverser le détroit à la nage, tandis que son infanterie le passerait sur des bateaux plats construits à cet effet.

(1) Igitur Monam insulam, incolis validam, et receptaculum perfugarum, aggredi parat... (*Tacit. Ann.* XIV. 29.)

En

En approchant de l'île sacrée, les Romains aperçurent l'armée ennemie qui offrait aux regards une forêt d'armes et une multitude d'hommes à travers les rangs desquels ne cessaient de courir des femmes en habits de deuil, échévelées, et portant à la main des torches allumées (1). Tout autour, les Druides, les mains levées vers le ciel, vomissaient d'horribles imprécations. Les Romains furent saisis d'une horreur superstitieuse à la vue de ce spectacle si nouveau pour eux : on eût dit que leurs pieds étaient cloués à la terre, à les voir, immobiles, se livrer sans défense aux coups des insulaires. Mais la voix de leurs chefs ranime leur courage ; et, honteux de trembler devant une troupe de prêtres et de femmes, ils marchent aux Barbares et les précipitent dans les flammes qu'ils avaient allumées. Les vainqueurs bâtirent une forteresse pour contenir les indigènes, et abattirent les bois sacrés arrosés si souvent du sang des captifs.

Tandis que ces choses se passaient, une formidable insurrection éclatait dans la Bretagne. Prasutagus, roi des Icéniens, avait institué Néron son héritier, dans l'espoir que cette démarche mettrait son royaume et son palais à l'abri de toute insulte. Mais l'avarice romaine ne se rassasiait pas facile-

---

(1) Stabat pro littore diversa acies, densa armis virisque, intercursantibus feminis, in modum furiarum, quæ, veste ferali, crinibus dejectis, faces præferebant. (*Ib.* c. 30.)

ment. Le royaume du prince fut saccagé par des centurions, son palais, par des esclaves, comme s'il eût été pris d'assaut. On avait commencé par battre sa femme de verges et par déshonorer ses filles ; puis, comme si la contrée entière eût fait partie de l'héritage du roi, on dépouilla les principaux Icéniens de leurs possessions, et l'on vendit comme esclaves jusqu'aux parents même du souverain (1). Le bruit de ces atroces exécutions se répandit bientôt parmi toutes les tribus. Enhardis par l'absence de Suétonius, les Bretons se communiquent leurs souffrances et s'excitent mutuellement à la révolte. « On n'obtient rien par la patience,
» se disent-ils ; seulement, la tyrannie ajoute des
» maux plus accablants à ceux qu'on paraissait ne
» pas sentir. Jadis, chacune des peuplades de l'île
» n'obéissait qu'à un seul roi ; aujourd'hui, elles en
» ont deux qui les oppriment : le général épuise leur
» sang, l'intendant leurs richesses ; tyrans dont la
» discorde et l'union sont également funestes...
» Rien de sacré pour l'avarice ou pour la passion
» de ces hommes. Dans le combat, c'est le plus
» fort qui pille. Ici, une poignée de brigands, pour
» la plupart lâches et efféminés, s'emparent des
» maisons, ravissent les enfants, lèvent des soldats, comme s'il n'y avait que pour sa patrie

---

(1) ... Et propinqui regis inter mancipia habebantur. (*Ib.* c. 31.)

» qu'un Breton ne sût pas mourir.... Qu'ils imi-
» tent donc les vertus de leurs ancêtres ; que
» l'issue d'un seul combat ne les décourage pas ;
» et ils verront les conquérants s'enfuir, comme
» jadis Jules César, leur dieu (1). »

Exaspérés par ces discours, les Bretons prennent tous les armes, sous la conduite de Boadicée, la veuve de Prasutagus. La colonie de Camalodunum, dont les soldats exerçaient sur les indigènes d'horribles brigandages (2), est d'abord attaquée. Vieillards, femmes, enfants, tous sont passés au fil de l'épée. De là, cent vingt mille Bretons marchent sur Londres et sur Vérulam. Cérialis veut leur barrer le passage ; il est écrasé : les deux villes sont emportées d'assaut, tous les habitants égorgés. L'île de Bretagne était perdue pour Rome, sans l'indomptable énergie de Suétonius (3). Ce général, par un effort de valeur incroyable, avait percé, au travers des ennemis, jusqu'à Londinium dont il voulait faire le centre de ses opérations ; mais, considérant la faiblesse de son armée, il prit le parti de sacrifier une ville pour sauver la province,

---

(1) Nihil profici patientiâ... Singulos sibi olim reges fuisse, nunc binos imponi ; è quibus legatus in sanguinem, procurator in bona sæviret... In prælio fortiorem esse qui spoliet; nunc ab ignavis plerumquè imbellibus eripi domos, abstrahi liberos, injungi delectus, tanquàm mori tantùm pro patria nescientibus, etc... *(Tac. Agr. XV.)*

(2) Tacit. ann. XIV. 31.

(3) Tacit. Agric. XIII.—Ann. XIV, 33.

et courut se poster, avec dix mille hommes aguerris, à l'entrée d'une gorge étroite dont les derrières étaient fermés par un bois (1). Là, il attendit l'ennemi de pied ferme. Jamais les Bretons n'avaient rassemblé de si grandes forces; et, tel était l'excès de leur présomption que, voulant avoir leurs femmes pour témoins de leur victoire, ils les avaient placées sur les chariots dont ils avaient bordé les extrémités de la plaine. La bataille fut longue et vaillamment disputée; mais, victorieux à la fin, les Romains prirent une revanche terrible, et ne firent aucun quartier. Quatre-vingt mille hommes furent massacrés, suivant Tacite, dans cette journée qui rappelait les plus glorieux triomphes de l'ancienne république (2).

Privée de ses fils les plus braves, en proie aux horreurs de la famine (3), la Bretagne hésitait encore à se soumettre (4). Le rappel de Suétonius lui fit même concevoir un instant l'espoir de reconquérir son indépendance. Mais Pétilius Cérialis et Frontinus, généraux illustres tous deux, battirent successivement les tribus révoltées.

---

(1) *Ib. Loc. cit.*
(2) Clara et antiquis victoriis par, eâ die, laus parta; quippè sunt qui paulò minùs quàm octoginta millia Britannorum cecidisse tradant.
(*Ann.* XIV. 37.)
3) Nihil æquè quàm fames affligebat... (*Ann.* XIV. 38.)
4)... Gentesque ræferoces tardiùs ad pacem inclinant.
(*Ib. loc. cit.*)

Leur successeur, Cneius Julius Agricola, acheva glorieusement la tâche commencée par tant de vaillants capitaines. Quand ce grand homme arriva dans l'île, les troupes romaines ne songeaient qu'au repos, les Bretons qu'à la vengeance. Les Ordovices, peu de temps auparavant, avaient détruit presque en entier le corps d'armée cantonné sur leur territoire; et cette victoire avait fait naître de nouvelles espérances. Agricola n'hésite pas à marcher contre cette peuplade dont il extermine la plus grande partie. Précédé par la terreur de son nom, il s'empare ensuite de l'île de Mona, et porte successivement les limites de son gouvernement jusqu'au Tay.

Mais convaincu, par la triste expérience de ses prédécesseurs, que les victoires demeurent sans résultats si elles sont souillées par des violences, Agricola résolut de détruire la cause même des révoltes (1). Il réforma l'administration civile dans toutes ses branches, punit sévèrement les concussions et les tyrannies des officiers inférieurs, et sut gagner, par sa justice et par sa bienveillance, l'affection des principaux chefs bretons. Ce n'est pas tout : à l'exemple d'Auguste (2), il voulut que les peuples soumis à ses armes prissent, dans les plai-

---

(1) Agr. XIX.
(2) Voir plus haut, p. 131.

sirs; le goût du repos et des habitudes paisibles (1); politique habile sans doute, mais dont Tacite n'aurait pas dû reprocher aux Bretons d'avoir subi si promptement l'influence, lui qui plaçait ce machiavélisme vulgaire au rang des vertus de son héros. Quoi qu'il en soit, telle fut sur les fils des princes de la nation (2) la contagion des mœurs étrangères, que plusieurs abandonnèrent bientôt les coutumes nationales, et même la langue de leurs pères. Des temples, des habitations, des portiques s'élevèrent comme par un enchantement, et l'imitation alla jusqu'à faire adopter aux Bretons les habitudes efféminées de leurs vainqueurs, et ces mœurs dissolues qui, suivant les expressions de Tacite, formaient une partie de leur servitude (2).

La bataille des Monts-Grampiens, gagnée sur les Calédoniens de Galgacus, consolida la puissance romaine dans la Bretagne. Les tribus subjuguées ne firent aucune tentative pour secouer le joug, et les indomptables peuplades du nord furent obligées de regagner leurs montagnes.

Lorsque les conquêtes des Romains eurent atteint

---

(1) Tacit. Agric. XXI.
(2) Jam verò principum filios liberalibus artibus erudire.
(Ib. Loc. cit.)
(3) Idque apud imperitos humanitas vocabatur, cùm pars servitùtis esset. (*Ib. Loc. cit.*)

leurs limites les plus étendues, l'île tout entière fut divisée en six provinces. Le vaste espace contenu entre l'extrémité occidentale du Cornwall et la partie méridionale du Foreland, dans le comté de Kent, forma l'une des plus riches provinces britanniques sous le titre de *Britannia prima*. La *Britannia secunda* comprit la principauté actuelle de Galles, en y joignant la partie qu'entoure la Severn, dans les sinuosités de son cours, vers le canal de S.-Georges. La province *Flavia Cæsariensis*, la plus vaste de toutes, était bornée de deux côtés par les précédentes, et des deux autres, par l'Humber, le Don et l'Océan germanique. Au nord de l'Humber était placée la province *Maxima*, qui touchait aux deux rivières d'Eden et de Tyne; les mers de l'ouest et de l'est baignaient ses deux extrémités opposées, et elle renfermait les terres inférieures de l'Ecosse, jusqu'aux détroits de la Clyde et du Forth. Les tribus placées au-delà formaient le sixième gouvernement de Vespasien; elles étaient séparées des Calédoniens indépendants par une longue chaîne de montagnes qui commence près de Dumbarton, traverse les deux comtés d'Athol et de Badenoch, et s'étend au-delà du détroit de Murray (1).

Ces diverses provinces renfermaient un grand

---

(1) Rich. Corin. I. p. 15. not. imp. occid. f. 155.

nombre de villes et de stations militaires dont les unes devaient leur origine aux Bretons et les autres aux Romains. Elles étaient divisées en quatre classes, selon leur importance ; le premier rang était réclamé par les colonies qui offraient, sur une échelle restreinte, la représentation de la mère-patrie. La Bretagne possédait neuf de ces établissements : deux sous le gouvernement civil et sept sous le gouvernement militaire (1). Venaient ensuite les villes municipales. L'île tout entière, et c'est une gloire pour elle, n'en comptait que deux, York et Verulam (2). Dix villes avaient obtenu de divers empereurs la faveur du *jus latii* (3). Les autres étaient stipendiaires. Toutefois, ces distinctions disparurent, lorsque Caracalla eut étendu le droit de cité romaine à toutes les provinces de l'empire.

Cependant, les Calédoniens, vaincus par Agricola, n'avaient pas tardé à franchir la ligne de forts établis entre les deux détroits. En moins d'un demi-siècle, la situation de la Bretagne était devenue si précaire, que l'empereur Adrien se vit contraint de faire, en personne, une campagne contre les Bretons. L'histoire garde le silence sur les

---

(1) Richborough, Londres, Colchester, Bath, Gloucester, Caerleon, Chester, Lincoln et Chesterfield. (*Ric. Corin.* I. p. 36.)

(2) *Ib. Loc. cit.*

(3) Inverness, Perth, Dumbarton, Carlisle, Catterick, Blackrode, Cirencester, Salisbury, Caister dans le Lincolnshire et Slack en Longwood. (*Ib. Loc. cit.*)

exploits de ce prince ; mais les médailles recueillies par Camden et par d'autres antiquaires anglais, nous autorisent à croire que les Romains replacèrent sous leur domination les provinces qui s'en étaient détachées (1). Un monument, construit par les ordres d'Adrien, a aussi bravé jusqu'ici les ravages du temps : nous voulons parler du rempart que cet empereur fit élever à partir de la baie de Solway, sur la côte occidentale, jusqu'à l'embouchure de la Tyne, sur la côte orientale. Des corps de troupes considérables, et fort rapprochés les uns des autres, stationnaient sur toute l'étendue de cette ligne pour la défendre contre les incursions des Barbares (2). Toutefois, la tranquillité rétablie par Adrien ne fut pas de longue durée. Les six tribus des Maætes recouvrèrent leur indépendance, tandis qu'au midi les Brigantes envahissaient le territoire des Ordovices. Lollius Urbicus battit ces deux peuples ; et, à l'imitation d'Adrien, il éleva, dans l'isthme, un rempart de plus de trente mille pas d'étendue (depuis Kaer-Riden, sur le Forth, jusqu'à Alcluid, sur la Clyde), et lui donna le nom de mur d'Antonin en l'honneur de ce prince (3). Tous ces obstacles, néanmoins, ne mi-

---

(1) Camden. Introd. LXXIX.—Spæd. 96.
(2) Spart. in Had.
(3) De nombreuses inscriptions nous apprennent les noms des différents corps qui élevèrent ces fortifications.

(V. Horsley. Britann. Roman, 160.)

rent pas un terme aux ravages des Calédoniens. Excités par l'amour du butin non moins que par l'animosité nationale, ces indomptables brigands attaquaient, chaque année, les nouvelles fortifications, et, après les avoir franchies, portaient dans toute la province le pillage et la dévastation. Ulpius Marcellus, vaillant soldat et propréteur de la Bretagne, battit plusieurs fois ces barbares, sous le règne de Commode; mais sa gloire fit ombrage à l'empereur, et il fut rappelé. Albinus, successeur d'Ulpius, revêtit, comme on sait, la pourpre impériale et conduisit dans la Gaule les légions britanniques. Le récit de l'historien Hérodien sur la bataille que l'élu de la Bretagne livra à Sévère sous les murs de Lyon, ne permet pas de douter que des auxiliaires bretons n'eussent suivi les légions sur le continent (1).

Maître d'un empire désormais non contesté, Sévère jugea prudent d'abolir le pouvoir immense du préfet de la Bretagne, et il divisa cette île en deux gouvernements (2) dont l'un fut confié à Héraclianus et l'autre à Varius Lupus. Ce dernier, placé à la tête d'une armée composée de nouvelles

---

(1) V. Herod. L. III. c. 20. 21. ed. Tauchnit, Leipsig.

(2) Εἰς δύο ἡγεμονίας: (Herod. III. 24. — Spart. in Sever. — Inscrip. in Speed. p. 139.

troupes, se vit bientôt dans l'impossibilité de résister aux attaques des Mæates et des Calédoniens. Il fallut donc acheter leur retraite et réclamer l'assistance de l'empereur lui-même (1). Sévère avait alors plus de soixante ans; mais, malgré la goutte qui l'obligeait de se faire porter en litière, il se rendit en personne dans cette île éloignée, accompagné de ses deux fils et d'une armée formidable (207-211). Immédiatement après son arrivée, il franchit les murailles d'Adrien et d'Antonin, et pénétra jusqu'à l'extrémité septentrionale de l'île. Les Bretons ne se montrèrent nulle part, réunis en masses compactes, pour essayer d'arrêter la marche de l'empereur; mais, divisés en petits pelotons qui manœuvraient au-dessus de l'armée romaine et profitaient des moindres accidents de terrain pour tomber sur les flancs et sur l'arrière-garde de l'ennemi, ils lui firent éprouver une perte de cinquante mille hommes. A la fin cependant, fatigués par des combats incessants, les Calédoniens demandèrent la paix, livrèrent au vainqueur une partie de leurs armes, et lui firent même abandon d'une assez grande étendue de territoire (2).

Sévère, de retour à York, résolut de remplacer les remparts de gazon élevés sous Adrien, par

---

(1) Herod. III. 46.
(2) Dio. ap. Xiphil. in Sever.—Herod. III. 46, 49.

une muraille de pierre construite au nord des anciennes fortifications. Dans le voisinage de la mer, cette muraille suivait une direction parallèle; mais, à mesure qu'elle approchait d'un terrain plus élevé, elle s'écartait du mur d'Adrien pour envelopper les vallées dans ses circuits; puis, s'élevant sur de hautes éminences, elle se prolongeait hardiment sur le bord des précipices les plus escarpés. S'il faut en croire le vénérable Bède, ce rempart était haut de douze pieds, et ses fondations variaient de deux à trois verges (1). Quatre escadrons de cavalerie et quatorze cohortes, formant un corps de dix mille hommes, occupaient les dix-huit postes établis sur toute la ligne (2).

Cependant, la soumission des tribus calédoniennes n'avait été qu'apparente. Dès que les Romains se furent retirés, les barbares secouèrent le joug, et recommencèrent les hostilités. Cette nouvelle enflamma la colère de Sévère; il se préparait à faire marcher une autre armée vers le nord, avec l'ordre non plus de soumettre, mais d'exterminer les peuplades rebelles, lorsque la mort vint le surprendre (3). A partir de cette époque jusqu'au règne de Gallien, l'histoire ne fait pas

---

(1) Bed. hist. I. 12.
(2) Instit. imp. rom. Pancirol. f. 176.—Spart. in Sev. 321.
(3) Dio. L. LXXVI.—Herod. in Sev.

mention de la Bretagne. Des médailles découvertes dans l'île nous apprennent seulement que les tyrans de la Gaule, Posthumus, Lollianus, Victorinus, Tetricus et Bonosus, furent successivement reconnus par les insulaires. A toutes les époques, en effet, les Bretons suivirent le destin de la Gaule.

L'état de trouble et de faiblesse dans lequel se trouvait l'empire, à la fin du IIIe siècle, inspira de nouveaux projets de pillage et de dévastation aux Barbares qui, sous le nom de Francs et de Saxons (1), n'avaient cessé de ravager le littoral des contrées baignées par l'Océan. Pour repousser leurs incursions, il fallut créer une marine. Dioclétien fit donc équiper une flotte à Gessoriacum (Boulogne), et en confia le commandement à Carausius, Ménapien de basse origine, suivant Eutrope. La conduite du comte *des rivages saxoniques* excita bientôt de légitimes soupçons. Les barbares continuaient impunément leurs pirateries ; on disait que Carausius favorisait leur passage, lorsqu'ils sortaient des ports de la Germanie, mais qu'il avait soin d'intercepter leur retour pour se faire livrer une partie des richesses que les pirates avaient enlevées. Maximien avait résolu de punir la perfidie du Ménapien ;

---

(1) Aurélius Victor leur donne le nom de Germains.—Eutrope (IX. 23) les appelle Saxons.

mais celui-ci avait prévu l'orage : les officiers de la flotte, séduits par ses libéralités, lui étaient complètement dévoués. Sûr de n'être point traversé de ce côté, ni inquiété par les Barbares, il s'embarqua pour la Bretagne, décida la légion qui s'y trouvait à épouser sa cause et se fit revêtir de la pourpre.

Le règne de ce tyran fut heureux et plein de gloire. Les Calédoniens s'enfuirent devant ses armes. Ses flottes triomphantes couvraient le détroit, commandaient les bouches du Rhin et de la Seine, et portaient la terreur de son nom jusqu'au détroit de Gibraltar. Enfin, les choses en vinrent à ce point que Dioclétien et son collègue se virent contraints de céder la souveraineté de la Bretagne à cet aventurier, et de l'admettre aux honneurs de la pourpre (1). Toutefois, dès que les deux empereurs légitimes se furent associé Galerius et Constance, ils assignèrent à ce dernier la mission d'arracher la Bretagne aux mains de l'usurpateur. La prise de Boulogne fut le premier exploit de Constance. Le crime d'Allectus permit bientôt au nouveau César de reconquérir l'île tout entière. Sous l'administration douce et équitable du père de Constantin, les Bretons jouirent de plusieurs années d'un repos in-

---

(1) Voir dans Mionnet la médaille frappée à cette occasion (PAX AVGG).

connu jusque-là ; mais une persécution religieuse vint troubler cette paix et ce bonheur. Le christianisme avait été introduit dans l'île de Bretagne. Quelques écrivains font remonter l'établissement du nouveau culte à S. Paul et à S. Pierre ; mais ces deux opinions ne reposent que sur des témoignages contestables ou insignifiants. Suivant les traditions galloises, ce fut Caradog, prisonnier à Rome avec toute sa famille qui, après la mort de Claude, implanta dans le South-Wales la foi du Christ, que lui avaient enseignée les saints Apôtres Pierre et Paul. Pomponia Gracina, femme du proconsul Plautius, et Claudia, dame illustre de Bretagne, qui avait épousé le sénateur Pudens, sont, avec plus de raison, considérées comme ayant introduit le christianisme chez les Bretons (1). Quoi qu'il en soit de ces récits traditionnels, il est certain que la religion de Jésus-Christ fut professée, dans la Bretagne, avant la fin du deuxième siècle (2). L'Evangile, pour parler le langage énergique de Tertullien, avait même, dès cette époque, conquis dans l'île des régions dont le sol n'avait jamais été foulé par les armées romaines (3). On prétend que les édits de

---

(1) Vid. Tacit. Ann. XIII. 32.—Saint Paul, 2. Tim. IV. 21; et Martial, épît. II. 54 ; IV. 13.
(2) Orig. Homel. VI. in Luc.
(3) Britannorum inaccessa Romanis loca, Christo verò subdita.
(*Tertul. Adv. Jud.* c. 7. p. 189. éd. Rigalt.)

Dioclétien et de Maximien, contre les chrétiens, n'y furent jamais exécutés avec la même rigueur que dans le reste de l'empire. Gildas, en effet, ne fait mention que d'un petit nombre de martyrs bretons, parmi lesquels saint Alban et deux généreux citoyens de Kaerléon, Julius et Aaron (1).

Dès que Constance, spectateur de cruautés qu'il abhorrait au fond de l'âme, eut été proclamé empereur, le glaive de la persécution rentra dans le fourreau. Les Bretons payèrent à Constantin la dette de reconnaissance qu'ils avaient contractée envers son père. C'est, en effet, de l'île de Bretagne, nous l'avons dit déjà, que le jeune prince tira une grande partie de l'armée avec laquelle il battit Maxence (2).

Instruits du départ de toutes ces troupes, les tribus indépendantes du nord recommencèrent leurs incursions. Constance, peu d'années après la mort de son père, se vit forcé de passer dans la Grande-Bretagne pour arrêter ces ravages ; mais on peut juger des exploits du prince par les paroles de son panégyriste, qui, quoi qu'il en eût, n'a pu célébrer *que le triomphe du jeune empereur sur les éléments* (3).

(1) Gild. VII. VIII. Bed. l. 7.
(2) Zoz. L. II. ch. 15.
(3) Hyeme tumentes ac sævientes undas calcástis Oceani sub remis vestris ;... insperatam imperatoris faciem Britannus expavit. (Julius Firmicus Maternus, de err. prof. relig. p. 464. Ed. Gronov. ad calc. Minuc. Fel.—Tillemont. Hist. des emp. IV. 336.)

Julien

Julien, ne pouvant s'éloigner de la Gaule, envoya Lupicinus pour repousser les Barbares qui désolaient la Bretagne. Mais la lâcheté de ce général ne fit qu'accroître l'audace des Pictes et des Scots. Après de longs désastres, Valentinien chargea enfin Théodose du soin de défendre ou plutôt de reconquérir la Bretagne. Tous les historiens du temps célèbrent à l'envi la gloire de ce capitaine qui donna le jour à un fils plus illustre encore (1).

Nous avons raconté ailleurs les expéditions de Maxime et de Constantin le tyran, dans les Gaules (2). La Bretagne, ainsi privée des bras qui pouvaient la défendre, resta livrée à toutes les insultes des Barbares. C'est alors que les insulaires, ne comptant plus sur les secours de l'empire expirant, proclamèrent leur indépendance. A partir de cette époque, dit l'historien Procope, l'île de Bretagne fut perdue pour les Romains et devint la proie des tyrans (3).

(1)   Horrescit... ratibus... impervia Thule,
            Ille... nec falso nomine Pictos
        Edomuit, Scotumque vago mucrone secutus,
        Fregit hyperboreas remis audacibus undas.
                (Claudian. in III. Cons. Honor. v. 53 et seq.)
Officiis Martiis felicisssimè cognitus, dit Ammien. L. XXVII. c. 8; —V. Pacat. paneg. c. 6.—Symm. L. X. epist 1.

(2) V. plus haut, p. 216 et suiv.

(3) Βρεττανγίαν μέντοι Ῥωμαῖοι ἀνασώσασθαι οὐχέτι ἔσχον; et il ajoute: Ἀλλ' οὖσα ὑπὸ τυράννοις ἀπ' αὐτοῦ ἔμεινε.
(Procop. de Bell. Vand. L. I. c. 2.—Itemque tandem tyrannorum

Honorius, l'empereur légitime de l'occident, sembla autoriser cette séparation, en écrivant aux villes bretonnes qu'elles eussent à se défendre elles-mêmes contre les Barbares (1). Cette révolution renversa tout l'édifice du gouvernement civil et militaire fondé par les Romains ; et, durant une période de quarante ans, les cités de la Bretagne, comme celles de l'Armorique, se gouvernèrent d'après leurs propres lois (2). Quelques succès remportés sur les Pictes et sur les Scots exaltèrent, pendant quelque temps, le courage des Bretons. Mais, peu d'années s'étaient à peine écoulées, et déjà, décimés par les invasions continuelles des Pictes, des Scots et des pirates germains, les Bretons envoyaient des députés à Rome pour implorer les secours de l'empire (3). Deux

---

virgultis crescentibus et in immanem silvam erumpentibus, ajoute Gildas, de excid. Britann. ap. Galland. T. 12. p. 195 et seq.)

(1) La lettre d'Honorius était, en effet, adressée aux *villes* de Bretagne :

Ὁνωρίου δὲ γράμμασι πρὸς τὰς ἐν Βρεττανίᾳ χρησαμένου πόλεις, φυλάττεσθαι πραγγέλλουσι. (Zoz. VI, 10.)

(2) V. plus haut, p. 197.—« Insula nomen romanum, nec tamen mores legemque tenens, quin potiùs abjiciens, dit Gildas, de excid. Brit. (Collect. Max. patrum. T. VIII. p. 710—711.)

(3)... Ob quorum infestationem ac dirissimam depressionem legatos Romam cum epistolis mittit, militarem manum ad se vindicandum lacrymosis postulationibus poscens, et subjectionem sui romano imperio continuè totâ animi virtute, si longiùs arceretur, vovens, etc.

(*Gild. ib.* c. 12.)

fois ces demandes furent prises en considération. Mais lorsque les Romains, après avoir relevé le mur de Sévère, durent enfin quitter ces rivages, à la suite d'une dernière victoire remportée sur les Pictes (1), ils déclarèrent aux Bretons qu'il ne fallait plus désormais compter sur les secours de la métropole (2).

Aussitôt que les Pictes apprirent ce départ, ils redescendirent des montagnes, et recommencèrent leurs brigandages (3). Les levées nombreuses ordonnées par les empereurs avaient trop affaibli la population bretonne, pour qu'elle osât tenter une résistance désespérée contre les hideux pirates (4) qui, traversant la mer sur de frêles barques, ne cessaient d'inonder les plages de la Bretagne (5).

C'est un spectacle douloureux à l'âme que ce-

---

(1) ... Cui (Britanniæ) mox destinatur legio præteriti mali immemor, sufficienter armis instructa, quæ ratibus trans Oceanum in patriam advecta, et cominùs cum gravibus hostibus congressa, magnam ex eis multitudinem cædens, omnes è finibus depulit. (*Gild. loc. cit.*)

(2) Valedicunt tanquàm ultrà non reversuri. (*Gild. loc. cit.*)

(3) Legione autem domum cum triumpho magno et gaudio repetente, illi priores inimici... terminos rumpunt, cæduntque omnia et quæque obvia, naturam seu segetem metunt, calcant, transeunt. (*Gild. de excid.* c. 14.)

(4) Furciferosque magis vultus pilis, quàm corporum pudenda, pudendisque proxima vestibus tegentes. (*Gild.* c. 15.)

(5) Emergunt certatim de carruchis, quibus sunt trans scythicam vallem evecti, tetri Scotorum Pictorumque greges. (*Ib. loc. cit.*)

Vid. Bed. hist. l. 13.—Hist. Miscell. L. XIV. ap. Murat. L. I. p. 98.

lui de ces populations jadis indomptables, (1), adressant à Aëtius, en 446, cette supplique tant de fois citée :

« Les Barbares nous refoulent vers la mer, et la
» mer nous repousse vers les Barbares ; placés
» entre deux grands périls, il faut, ou que nous
» soyons exterminés, ou que nous périssions dans
» les flots (2). »

Aëtius, cerné de tous côtés par les ennemis de l'empire, ne pouvait écouter ces touchantes supplications. Les Bretons reçurent donc un refus. Dans leur désespoir, ils abandonnèrent leurs ha-

(1) Gildas, qui attribuait à la révolte des Bretons et à leurs vices la ruine de leur pays, les accable des reproches les plus sanglants. A l'en croire, ces peuples, après le départ des Romains, étaient tombés dans la plus profonde barbarie, à ce point de ne plus savoir fabriquer des armes, etc. Gibbon (*Ch.* 38. *ad. an.* 536). Whitaker et Lingard ont fait justice de ces hyperboles du Jérémie breton. M. Guizot s'exprime ainsi dans son *Essai sur l'Histoire de France* (p. 2) : « On regarde
» comme un monument de la mollesse des sujets de l'empire, la lettre
» des Bretons *(gemitus Britonum)* implorant avec larmes l'assistance
» d'Aëtius et l'envoi d'une légion. Cela est injuste. Les Bretons moins
» civilisés, moins Romains que les autres sujets de Rome, ont résisté
» aux Saxons et leur résistance a une histoire. A la même époque,
» dans la même situation, les Espagnols, les Italiens, les Gaulois
» n'en ont pas. »

M. Guizot ne fait pas mention de la résistance *des Gaulois armoricains* ; mais son opinion sur la conduite des Bretons n'en a pas moins une toute autre valeur que l'attaque de l'écrivain que nous avons réfuté dans le chapitre précédent.

(2) Repellunt nos Barbari ad mare, repellit mare ad Barbaros : inter hæc oriuntur duo genera funerum ; aut jugulamur, aut mergimur.
(*Gild. de excid. Brit.* c. 17.)

bitations et leurs champs ; et, réfugiés au milieu des forêts et dans les cavernes, ils y vécurent jusqu'à ce que la famine eût forcé leurs farouches ennemis à regagner leurs demeures. Ce fut alors que le Wor-Tigern, élu dans l'assemblée du pays (1), conçut la pensée d'invoquer, contre les Scots et les Pictes, l'assistance d'une troupe de guerriers païens dont les Bretons avaient pu, à leurs dépens, apprécier tout le courage (2). La tradition générale, appuyée sur le témoignage si respectable de Bède, rapporte que les états rassemblés par le *chef des chefs*, envoyèrent une ambassade en Germanie, pour implorer l'assistance des Saxons. Mais tous les anciens monuments bretons affirment que les hommes du nord, commandés par les

(1) *Wor* ou *môr* signifie, dans tous les dialectes de l'île et du continent, *magnus* ; *tighern*, *tyern*, se prend dans le sens de *comes*, *rex*, *gubernator*. Le Wortigern était donc le roi suprême du pays. — Voir plus haut, p. 106.

On donnait aussi à ce prince le nom de *Gwrteyrn* (homme-roi, homme-puissant.)

(2)... Initur namque consilium, quid optimum, quidve saluberrimum ad repellendas tam ferales et tam crebras supradictarum gentium irruptiones, prædasque decerni deberet. Tùm omnes consiliarii unà cum superbo tyranno cæcantur; adinvenientes tale præsidium, immò excidium patriæ, ut ferocissimi illi nefandi nominis Saxones Deo hominibusque invisi, quasi in caulas lupi, in insulam ad retundendas aquilonares gentes intromitterentur... O altissimam sensùs caliginem, ô desperabilem crudamque mentis hebetudinem ! (*Gild. de excid. Brit. ap. Galland.* T. XII: p. 195 et seq.)

deux frères Hengist et Horsa, étaient débarqués dans la petite île de Thanet, lorsqu'il fut décidé qu'un traité serait conclu avec ces étrangers.

Quoi qu'il en soit, il est certain que les pirates s'engagèrent, par la promesse d'une ample récompense, à porter les armes pour la Bretagne. Le succès parut d'abord justifier la politique du Wortigern et de ses conseillers. Mais les *Saxons maudits, en enfonçant leurs griffes terribles sur le sol britannique, sous prétexte de venir combattre pour sa défense, ne songeaient, en réalité, qu'à l'opprimer* (1). Les récompenses accordées par les Bretons à leurs vaillants alliés avaient attiré cinq mille nouveaux Germains avec toute leur famille. La puissance d'Hengist se trouva consolidée par ce renfort. Bientôt, une troisième flotte partit des ports de la Germanie, ravagea les îles d'Orkney, et débarqua sur les côtes du Lothian. Alors les exigences des Saxons n'eurent plus de bornes (2), et ils ne tardèrent pas à tourner leurs armes

---

(1) Tùm erumpens grex catulorum de cubili leænæ Barbariæ, tribus, ut linguâ ejus exprimitur, cyulis, nostrâ, longis navibus, secundis velis, omine... evectus primùm in orientali parte insulæ, jubente infausto tyranno, terribiles infixit ungues quasi pro patria pugnaturus ; sed eam certiùs impugnaturus. (*Gild. loc. cit.*)

(2) Intromissi in insulam Barbari veluti milites, et magna, ut mentiebantur, discrimina pro bonis hospitibus subituri, impetrant sibi annonas dari, quæ multo tempore impertitæ clauserunt, ut dicitur, canis faucem... Ni profusior eis magnificentia cumularetur, testantur se cuncta insulæ, rupto fœdere, depopulaturos. (*Gild. loc. cit.*)

contre ceux qu'ils étaient appelés à défendre. Les Barbares marchèrent vers la Medway, tandis que les Bretons se plaçaient à Aylesford.

Le passage de la rivière fut disputé avec une opiniâtreté rare (445 à 450). Toutefois, s'il faut en croire les chroniques saxonnes, ce combat, où le Wortigern perdit son fils et Hengist son frère Horsa, fut favorable aux étrangers. Au milieu de toutes ces calamités, les Bretons semblèrent quelquefois se retremper par l'excès même de leur infortune. Une fois, sous les ordres d'Aurélius Ambrosius, ils attaquèrent les Saxons qui s'en revenaient, chargés de butin, des extrémités de l'île, et les forcèrent à regagner leurs vaisseaux. Des monceaux d'ossements indiquaient, dans chaque district, les lieux où s'étaient livrés des combats. Le siége d'Andérida (1) vit éclater des prodiges de valeur dignes des plus beaux jours de l'indépendance : les fragments de ses tours abattues nageaient dans le sang, disent les anciens poëtes nationaux. La chronique saxonne est plus énergique encore. « En » cette année-là, Ælla et Cissa assiégèrent An- » dérida, et ils firent un tel carnage de ses ha- » bitants, que c'est à peine si un seul Breton

―――――――

(2) Andérida était située, selon Camden (Britannia: I. 258), à Newenden, dans les terres marécageuses de Kent et sur le bord d'une grande forêt qui couvrait une partie du comté de Sussex et du Hampshire.

» parvint à s'échapper. (1). » Les insulaires, durant toutes ces guerres, déployèrent de grands talents militaires : Ambrosius, Urrien, Arthur, ne se montrèrent ni moins habiles ni moins braves que Caswallawn ou Caradog. Mais les invasions se succédaient comme les flots de la mer. Attaqués de tous les côtés à la fois, privés de leurs chefs les plus héroïques, les Bretons se virent réduits à aller chercher un refuge dans les montagnes du Cornwall et de la Cambrie. Là, grâce aux difficultés du terrain et à l'esprit belliqueux ordinaire aux montagnards, les vainqueurs réussirent à opposer une digue à la conquête (2). Partout ailleurs, les Saxons portèrent le fer et la flamme, sans pitié pour l'âge ni pour le sexe (3). Si quelques fuyards échappaient à l'ennemi, bientôt atteints dans les montagnes, ils étaient égorgés. D'autres, épuisés par la faim, tendaient les mains aux vainqueurs, résignés qu'ils étaient à une servitude

---

(1) Hoc anno, Ælla et Cissa obsederunt Andredes-Ceaster; et interfecerunt omnes qui id incoluerunt; adeò ut *ne unus* Brito ibi superstes fuerit. (*Chron. sax.* p. 15.)

(2) Alii montanis collibus, minacibus præruptis, vallatis et densissimis saltibus rupibusque marinis, vitam, suspectâ semper mente, *credentes in patria*, licet trepidi perstabant. (*Gild. loc. cit.*)

(3) Confovebatur namque ultionis justæ præcedentium scelerum causa, de mari usque ad mare, ignis orientali sacrilegorum manu exaggeratus, finitimas quasque civitates agrosque populans, non quievit accensus, donec cunctam penè exurens insulæ superficiem, rubrâ occidentale trucique Oceanum linguâ delamberet. (*Gild. loc. cit.*)

perpétuelle. Un grand nombre s'embarquaient pour les contrées situées au-delà des mers, en poussant de longs gémissements; et, au lieu du cri des matelots, l'on entendait s'élever, à travers les cordages, des voix qui chantaient avec le Psalmiste : « Sei-
» gneur, vous nous avez livrés comme les agneaux
» destinés à la boucherie, et vous nous avez dis-
» persés parmi les nations (1) ! ».

—Nous venons d'esquisser rapidement l'histoire de la Bretagne insulaire, depuis l'an cinquante-quatre avant Jésus-Christ, jusqu'à la dernière moitié du ve siècle de notre ère. Mais, ce n'est point assez d'avoir peint tant de désordres et de ravages à la suite de tant d'invasions et de conquêtes. Le tableau des progrès ou de la décadence des mœurs complette naturellement le récit des événements politiques. C'est après avoir parcouru les fastes d'une nation qu'on saisit mieux l'ensemble de ses habitudes, de ses institutions, et, pour ainsi parler, le caractère même de son génie.

---

(1) « Nonnulli miserarum reliquiarum in montibus deprehensi, acervatim jugulabantur; alii fame confecti accedente, manus hostibus dabant, in ævum servituri; alii transmarinas petebant regiones cum ululatu magno; seu celeusmatis vice, hoc modo sub funibus cantantes: *Dedisti, nos tanquam oves escarum, et in gentibus dispersisti nos.* (Gild. c. 35.)

CHAPITRE XI.

Mœurs, usages, gouvernement des Bretons insulaires, depuis l'an 55 avant Jésus-Christ jusqu'au cinquième siècle de l'ère chrétienne.

C'est au conquérant-historien des Gaules que nous devons nos premières notions sur les mœurs et les coutumes des Bretons insulaires. Jules César ne fit, on l'a dit ailleurs, qu'apparaître dans l'île de Bretagne (1). Mais ce peintre immortel n'en a pas moins crayonné, selon son usage, quelques esquisses pleines d'intérêt sur cette contrée alors si peu connue, et sur les diverses peuplades qui l'habitaient.

« L'intérieur de la Bretagne, rapportent les
» Commentaires, est habité par des peuples que
» la tradition représente comme indigènes. La par-
» tie maritime est occupée par des peuplades que
» l'appât du butin et la guerre ont fait sortir de
» la Belgique. Elles ont presque toutes conservé
» le nom des cités dont elles étaient originaires...
» La population y est très-considérable, les mai-

---

(1) V. plus haut, p. 233.

» sons y sont très-nombreuses et bâties à la manière
» des Gaulois. De vastes troupeaux couvrent les
» pâturages. On se sert, pour monnaie, de cuivre
» ou d'anneaux de fer d'un poids déterminé. Dans
» le centre du pays se trouvent des mines d'étain ;
» sur les côtes, des mines de fer, mais peu pro-
» ductives. Le cuivre vient du dehors (1)... De
» tous les peuples bretons, les plus civilisés sont,
» sans contredit, ceux qui habitent le pays de
» Kent, région toute maritime et dont les *mœurs*
» *diffèrent peu de celles des Gaulois* (2). Quant aux
» nations de l'intérieur, la plupart ne cultivent
» point la terre, vivent de lait, de la chair de
» leurs troupeaux, et portent pour vêtements des
» peaux de bêtes (3). »

Ainsi, à l'époque où les Romains abordèrent, pour la première fois, sur les rivages de la Bretagne, les peuples de cette contrée en étaient, presque tous, à l'état pastoral. Strabon, après avoir constaté, comme César, la similitude qui existait entre les usages des Gaulois et ceux des Bretons méridionaux, ajoute cependant que les mœurs de ces derniers étaient

---

(1) Cæs. de Bell. Gall. V. 13.

(2) Ex his omnibus longè sunt humanissimi qui Cantium incolunt ; quæ regio est maritima omnis ; *neque multùm à Gallica differunt consuetudine.* Interiores plerique frumenta non serunt, sed lacte et carne vivunt, pellibusque sunt vestiti. (*Cæs. de Bell. Gall.* V. 14.)

(3) Cet usage existe encore dans le pays de Vitré, en Bretagne.

plus sauvages et leur intelligence moins développée. Leur extérieur offrait aussi quelques points de différence. Ils étaient moins blonds et moins robustes, mais d'une taille plus élevée que les habitants de la Gaule. « J'ai vu à Rome, dit le géographe » grec, de jeunes guerriers de cette nation, qui, » bien qu'ils eussent à peine atteint l'âge de pu- » berté, surpassaient d'un demi-pied les hommes » les plus grands de cette ville (1). » La population de toute l'île était divisée en plus de quarante peuplades dont plusieurs avaient été dépouillées de leur indépendance, tandis que d'autres, protégées par le génie ou par le courage de leurs princes, s'étaient emparées du pouvoir et de la prééminence. Le vaste espace de terre qui sépare la Sévern de la Tamise, était divisé entre dix nations, parmi lesquelles on remarquait les Domnoniens (2). De la rivière d'Ex, ces tribus s'étaient graduellement avancées jusqu'au promontoire de l'Ouest (3). Des deux côtés du bras de mer que l'on nomme aujourd'hui le canal de Bristol, s'était établie la puissante nation des Silures qui exerçait son patronage sur les Ordo-

---

(1) Strab. IV. 5.

(2) On sait que, après l'arrivée des insulaires dans la Péninsule armoricaine, les contrées connues aujourd'hui sous le nom de Basse-Bretagne s'appelèrent *Domnonée*. (*V. l'Essai sur la Bretagne arm.* p. 36.)

(3) Ptol. VIII. 2.—Whitaker's Manchester hist. I. 91.— II. 201.

vices et les Dimètes, peuplades des montagnes de l'ouest et du nord du pays de Galles. Les Trinobantes, dont Londres était la capitale, habitaient entre le Stour et la Tamise, sur la côte orientale de l'île. Du Stour à l'Humber s'étendaient les Icènes. Les Dobunes et les Cassiens, tribus confédérées, et que Caswallawn avait commandées, se prolongeaient de la Sévern jusqu'aux Trinobantes, sur la rive gauche de la Tamise. Le territoire des Brigantes, la plus puissante des nations bretonnes, était limité au sud par l'Humber, au septentrion par la Tyne. Au nord des Brigantes, étaient placées les cinq tribus des Maætes, et enfin, au milieu des montagnes et des bruyères, erraient diverses peuplades, parmi lesquelles se faisaient remarquer, par leur courage et leurs habitudes farouches, les clans calédoniens (1). Les mœurs de tous ces peuples variaient nécessairement, selon qu'ils étaient pasteurs ou agriculteurs, placés dans des régions isolées ou bien sur les rivages que fréquentaient les commerçants étrangers. C'étaient les vaisseaux des Venètes de l'Armorique qui exportaient aux embouchures de la Seine, de la Loire et de la Garonne, les produits de la Bretagne (2). Ces produits, au temps d'Auguste, consistaient en bétail, en blé, en or,

---

(1) Vid. Cæs. sup. cit. et Diod. Sic. V. 347.
(2) V. plus haut, p. 19.

en étain et en fer (1). L'île fournissait en outre, au continent, des esclaves, d'excellents chiens de chasse dont les Gaulois se servaient pour la guerre, et des cuirs estimés (2).

Quant aux coutumes et aux usages particuliers des Bretons, les historiens grecs et latins ne nous ont transmis, sur ce sujet si digne d'intérêt, que les détails les plus vagues et les plus incomplets. Et d'abord, s'il faut en croire César, rien de plus scandaleux que la vie privée de ces insulaires. « C'é-
» tait un usage parmi eux que les femmes fussent
» en commun entre dix et douze, surtout entre les
» frères et entre les pères et les fils. Quand il nais-
» sait des enfants, ils appartenaient à celui qui
» avait le premier introduit la femme dans la fa-
» mille (3). » Mais cette assertion est évidemment erronnée. Outre que Strabon, qui écrivait après César, semble ranger cette prétendue promiscuité sur la même ligne que l'antropophagie reprochée aux Irlandais par *quelques auteurs fort peu dignes de*

---

(1) Strab. IV. 5. p. 200.—Cicéron avait prétendu, au contraire, qu'on ne trouvait dans l'île aucune trace d'or et d'argent : « Illud cognitum est, neque auri, neque argenti scrupulum esse ullum in illa insula. » (*Cic. epist. ad fam.* VII. 7.—*Ad Att.* IV. 16.)

(2) Strab. loc. cit.—Tacit. Agric. XII.

(3) Uxores habent deni duodenique inter se communes, et maximè fratres cum fratribus, parentesque cum liberis ; sed, si qui sunt ex his nati, eorum habentur liberi, quo primùm virgo quæque deducta est.

(*Cæs. de Bell. Gall.* V. 14.—*Et Dio.* L. LXXVI.)

confiance (1), Tacite, dans ses histoires, rapporte un fait d'où ressort clairement, suivant nous, la fausseté du récit ci-dessus rapporté. « La reine Car-
» tismandua régnait sur les Brigantes... Cette fem-
» me s'étant dégoûtée de Vénusius, avait donné
» sa main et son trône à Vellocate, simple écuyer
» de son mari. *Ce crime ébranla toute sa maison.*
» Le mari avait pour lui la faveur de la nation;
» l'amant, la passion de la reine et la crainte qu'elle
» inspirait (2). »

Or, nous le demandons, un peuple chez lequel eût régné la communauté des femmes aurait-il manifesté une telle indignation contre l'adultère? L'erreur de César est donc évidente. Cette erreur, au surplus, le savant Camden, et, après lui, Gibbon, l'expliquent d'une manière très-plausible : les Bretons insulaires, comme les Irlandais et les Armoricains, habitaient, en grand nombre, les mêmes cabanes, et toute une famille couchait souvent dans un lit séparé seulement par des compartiments; de là, l'opinion que la promiscuité était une institution nationale dans l'île de Bretagne : opinion reproduite par Ermoldus Nigellus et par Guil-

---

(1) Strab. IV. 5. p. 201.

(2) Cartismandua Brigantibus imperitabat... Spreto Venusio (is fuit maritus), *armigerum* ejus, Vellocatum, in matrimonium regnumque accepit. *Concussa statim flagitio domus.* Pro marito studia civitatis; pro *adultero* libido reginæ et sævitia. *(Tacit, hist. III. 45.)*

laume de Poitiers, relativement aux Bretons continentaux, au ixe siècle et au xie (1).

Sur d'autres usages des Bretons, César, Dion Cassius et Hérodien nous fournissent quelques détails, peu importants, sans doute, mais qu'il est utile néanmoins de recueillir. Ces peuples, comme les Bas-Bretons actuels, portaient de longs cheveux ; des moustaches couvraient leur lèvre supérieure. Dans les batailles, ils marchaient aux chants de leurs Bardes (2), et les peintures dont leurs corps étaient couverts jetaient l'effroi dans les rangs ennemis (3). Leurs bras et leur cou étaient ornés de bracelets de fer. Pour armes, ils avaient des lances, des épées et une sorte de petite hache. L'usage de la cuirasse leur était inconnu (4). Ils

---

(1) Nous avons vu avec surprise M. Le Huërou accorder toute créance à l'assertion de César. Notre savant compatriote n'ignore pas, cependant, que César n'avait pu juger par lui-même des mœurs des Bretons de l'intérieur, puisqu'il n'avait séjourné que parmi ceux du Cantium dont les usages, dit-il, différaient peu de ceux des Gaulois.

(2) Cantu et fremitu clamoribusque dissonis. (*Tacit. Agr.* XXXIII.)
Vos quoque, qui fortes animas, belloque peremptas
Laudibus in longum, vates, dimittitis ævum,
Plurima securi fudistis carmina, Bardi.
(*Luc.* IV. 447.)

(3) Omnes verò se Britanni vitro inficiunt, quod cœruleum efficit colorem, atque hoc horribiliore sunt in pugna aspectu : capilloque sunt promisso, atque omni parte corporis rasâ præter caput et labrum superius. (*Cæs. de Bell. Gall.* V. 14.)

(4) Herod. in Sev.—Dio. Cas. L. LXXVI. in Sev.

s'élançaient

s'élançaient sur l'ennemi presque nus et en poussant de grandes clameurs (1).

Les historiens font à peine mention de la forme de gouvernement adopté par les peuplades de l'île. Strabon se borne à dire que la Bretagne était divisée en plusieurs petits royaumes (2). Les Commentaires nous apprennent, en effet, que le seul pays de Kent comptait quatre rois (3). Tous ces tyerns, ou tyrans, n'exerçaient de véritable souveraineté que sur les vassaux de leurs domaines. Le pouvoir suprême appartenait *à l'assemblée du pays* pendant la paix (4), et, en temps de guerre, au généralissime élu par les guerriers (5). Quelquefois, c'était un prince du continent que les Bretons élevaient à la dignité de *Penteyrn*. Les commentaires de César nous en four-

(1) Tacit. Agric. 33.
(2) Strab. IV. 5.
(3) V. Cæs. de Bell. Gall. L. V. c. 22. — Principibus totius gentis ducatus administrabatur... Si autem universale bellum ingrueret, sorte eligitur, cui omnes obedire oporteat, ad administrandum imminens bellum. Quo peracto, æquo jure ac propriâ potestate unusquisque contentus vivebat. (Witichind. Corb. I. *Annal.* Meibom. script. rer. Germ. T. I. p. 634.—V. aussi Moser Osnabrückische Gesch. th. 1. Abschn. IV. §. 6.—Germains et Bretons avaient les mêmes usages.
(4) Δημοκρατοῦνται τε ὡς πλήθει, καὶ λῃστεύουσιν ἥδιστα.
(Dio. LXXVI.)
(5) Summa imperii bellique administrandi, communi consilio, permissa est Cassivellauno... Huic, superiore tempore, cum reliquis civitatibus continentia bella intercesserant. Sed nostro adventu permoti Britanni, hunc toti bello imperioque præfecerant. (*Cæs. de Bell. Gall.* V. 11.)
Ce chef suprême s'appelait, en breton, *Penteyrn*, ou *Wortyern*, *Wortighern* (le grand chef).

nissent un exemple (1), et les chroniques des deux Bretagnes nous apprennent, d'un autre côté, que, pendant la lutte terrible que les insulaires eurent à soutenir contre les Barbares du nord, au ve siècle, un prince armoricain fut investi du titre de *chef des chefs* par les Bretons établis au-delà des mers. Unis, tous ces peuples eussent peut-être échappé au joug de la servitude étrangère. Mais, avides de changements, comme les Gaulois leurs frères par le sang et par la langue, ambitieux de s'étendre aux dépens les uns des autres (2), ils épuisèrent, dans des luttes intestines, leurs forces et leur énergie. « Il » n'est rien, dit Tacite, qui ait plus favorisé nos » desseins sur ces nations indomptables que leur » défaut d'ensemble. C'était chose rare de voir » deux ou trois de leurs cités se réunir pour » repousser un danger commun. Aussi, luttant » séparément, furent-elles toutes subjuguées (3). »

Tel était l'état politique de la Bretagne, lors-

---

(1).... apud eos fuisse regem nostrâ etiam memoriâ Divitiacum, totius Galliæ potentissimum, *qui cùm magnæ partis harum regionum, tùm etiam Britanniæ imperium obtinuerit.* (Cæs. de Bell. Gall. II. 4.)

(2) Caussas autem et bella contrahunt ac se frequenter invicem infestant, maximè imperitandi cupidine et studio prolatandi ea quæ possident. (*P. Mela.* III. 6.)

(3) .... Nunc per principes factionibus ac studiis trahuntur : nec aliud adversùs validissimas gentes pro nobis utilius, quàm quòd in commune non consulunt. Rarus duabus tribusve civitatibus ad propulsandum commune periculum conventus : ità dùm singuli pugnant, universi vincuntur. (*Tacit. Agric.* XII.)

qu'elle passa sous la domination romaine. Dans la dernière moitié du premier siècle de l'ère chrétienne, rien n'avait encore été changé aux antiques coutumes nationales. La plupart des Bretons n'avaient, comme les Germains, ni villes, ni remparts, ni champs cultivés ; ils vivaient des produits de leur chasse et des fruits que leur fournissaient les arbres des forêts (1). Ce que nos pères nous ont enseigné, disait la reine Boadicée à son armée prête à en venir aux mains avec les légions romaines, ce n'est pas la science de l'agriculture, ce ne sont pas les arts de la paix, mais la manière de faire glorieusement la guerre à l'ennemi (2). Toute herbe, ajoutait l'héroïne, toute racine nous sert de nourriture ; l'eau nous suffit pour breuvage, un arbre pour maison (3).

Sans doute, le génie d'Agricola réussit à faire pénétrer quelques lueurs de civilisation dans les ténèbres de cette barbarie ; toutefois il ne faut pas interpréter, d'une manière absolue, les assertions que renferme l'immortelle biographie de Tacite,

---

(1) Μήτε τείχη, μήτε πόλεις, μήτε γεωργίας ἔχοντες, ἀλλ' ἔκ τε νομῆς καὶ θήρας ἀκροδρύων τε τίνων ζῶντες.

(Dio. Cass. LXXVI, in Sev. p. 866. Ed. Hanov. MDCVI.)

(2) Γεωργεῖν μὲν ἢ δημιουργεῖν οὐκ εἰδότων, πολεμεῖν δ' ἀκριβῶς μεμαθηκότων. (Dio. in Ner. p. 703.)

(3) Ἡμῖν δὲ δὴ πᾶσα μὲν πόα καὶ ῥίζα σῖτος ἐςι, πας δὲ χυμὸς ἔλαιον· πᾶν δ' ὕδωρ, οἶνος· πᾶν δὲ δένδρον, οἰκία. (Dio. in Ner. 703.)

ni leur accorder plus de généralité qu'elles n'en comportent réellement. Voici, au surplus, le chapitre célèbre où le grand historien raconte les efforts que fit son beau-père pour *civiliser* la Bretagne; chapitre qui, depuis deux siècles, a servi de base à tant de théories :

« L'hiver suivant fut entièrement consacré aux
» plus sages projets. Agricola voulait que ces peu-
» ples dispersés, sauvages et toujours disposés à la
» guerre, prissent, dans les plaisirs, le goût du
» repos et de la tranquillité. Dans cette pensée, il
» les excite, tantôt par des exhortations privées,
» tantôt par des secours publics, à construire des
» temples, des palais, des maisons, louant le zèle
» des uns, réprimandant la résistance des autres.
» L'émulation produisit les effets qu'eût pu amener
» l'autorité. Le général cherchait à polir, par les
» arts libéraux, l'esprit *des fils des princes du*
» *pays*; il vantait leurs dispositions naturelles,
» qu'il plaçait même au-dessus du savoir des Gau-
» lois, de telle sorte que ces peuples qui, na-
» guère, méprisaient la langue des Romains, se
» passionnèrent pour leur éloquence. Bientôt mê-
» me on les vit se parer de notre costume et por-
» ter la toge. Insensiblement, ils adoptèrent toutes
» les délicatesses d'une vie dissolue, les bains, les
» portiques, les repas somptueux ; ignorants qui
» appelaient *civilisation* ce qui n'était qu'une partie
» de leur servitude (1). »

(1) Sequens hiems saluberrimis consiliis absumpta namque, ut ho-

Plusieurs historiens n'ont pas su discerner, dans les exagérations qu'on vient de lire, la juste part qu'il faut faire d'un côté à l'admiration de Tacite pour son héros, de l'autre à la haine profonde que lui inspirait la corruption de Rome, fléau qui menaçait les Barbares eux-mêmes. Nulle distinction dans leurs ouvrages entre la *Britannia prima* et la *Britannia secunda* : tout y est coulé dans un moule purement romain. A les entendre, toute nationalité aurait disparu de la Bretagne, dès les premiers temps de la conquête : le culte et la langue des vaincus auraient fait place à la mythologie et à l'idiome latins. Ces interprétations exclusives devaient naturellement rencontrer des contradicteurs non moins exclusifs; au système romain, on n'a pas tardé à opposer le système breton. Stillingfleet, avec un luxe éblouissant d'érudition, ne craignit pas de soutenir que Cogidubnus, placé par les Romains à la tête de la colonie de Calomadunum, n'avait

---

mines dispersi ac rudes, eòque bello faciles, quieti et otio per voluptates adsuescerent; hortari privatim, adjuvare publicè, ut templa, fora, domus extruerent, laudando promptos et castigando segnes : ità honoris æmulatio pro necessitate erat. Jam verò *principum filios* liberalibus artibus erudire, et ingenia Britannorum studiis Gallorum anteferre, ut, qui modò linguam romanam abnuebant, eloquentiam concupiscerent : indè etiam habitûs nostri honor, et frequens toga; paulatimque discessum ad delinimenta vitiorum; porticus, et balnea, et conviviorum elegantiam : idque apud imperitos humanitas vocabatur, cùm pars servitutis esset. *(Tacit. Agric.* XXI.)

point adopté les institutions des conquérants. Ainsi, au centre même de la puissance romaine, les coutumes nationales n'auraient point été abolies !

Entre ces deux opinions également tranchées, également absolues, il doit y avoir un milieu où se trouve la vérité ; nous allons essayer de l'indiquer.

L'empire romain, dominateur du monde connu, devait commander l'admiration des Barbares aux jours même de sa décadence. On conçoit donc que les classes élevées, les *filii principum*, dans la Bretagne comme dans la Gaule, aient adopté les mœurs des conquérants et se soient bientôt façonnées à leur exemple. Mais de pareilles transformations ne purent s'accomplir que dans l'enceinte des villes ou des colonies fondées par les Romains. Tout le reste du pays échappa nécessairement à l'influence de la civilisation étrangère. Nous l'avons dit ailleurs (1), des circonstances plus fortes que les institutions humaines dominent les sociétés naissantes, et l'analyse du milieu où elles se développent est nécessaire pour donner l'intelligence de leurs évolutions sociales. Or, tout le monde sait que la région occidentale de l'île de Bretagne, qui s'étend de la rivière d'Ex au promontoire de l'ouest, présentait jadis à peu près l'aspect de notre Domnonée

---

(1) *Essai sur l'hist., la langue et les institutions de la Bretagne armoricaine*, p. 73 et suiv.

armoricaine (1). Là, les agglomérations d'habitants étaient fractionnées comme le sol, et disséminées, par la force des choses, en petits groupes sans importance. La sphère d'attraction des colonies établies dans ce pays étant restreinte dans un court rayon, aucune d'elles, on le conçoit, ne pouvait exercer de véritable influence sur les mœurs nationales. Ainsi donc, tandis que les peuplades des contrées maritimes qui faisaient face à la Gaule participaient à tous les avantages de la civilisation, et atteignaient à une prospérité inouïe jusque-là (2), les habitants des régions de l'ouest et du nord de la Bretagne, exilés, au sein de leurs montagnes et de leurs marécages, restaient étrangers, pour ainsi dire, à

---

(1) Regionem illam quæ secundùm geographos quasi prima totius Britanniæ magis magisque arctata longissimè in solis occasum projicitur, et à septentrione mari sabriano, à meridie britannico, ab occidente oceano vergivio urgetur, insederunt antiquitùs Britanni, qui Solino Dumnonii, Ptolemæo Damnonii, vel, ut rectiùs in aliis exemplaribus Domnonii dicti : quod nomen... ab habitatione sub montibus factum videatur. Inferius enim et convallibus passim per hanc regionem habitatur quod Dan-Munith britannicè dicitur, quo etiam sensu proxima provincia Duffnaint, id est, depressa vallis, à Britannis hodiè vocatur. *(Camden. Britann.* col. 845.*)*

La Domnonée continentale est aussi coupée d'une infinité de petites collines, au bas desquelles s'élèvent les bourgs et les habitations.

(2) Les côtes de la Bretagne étaient si fertiles au ive siècle, que Julien fit approvisionner des places situées sur le Rhin avec du blé tiré de ce pays. *(Julian. ad Athen. Zos.* III. — *Liban. orat. funeb.*— *Eunap. in beg.)*

« tous les bienfaits, comme à toutes les charges de la conquête. Lorsque Sévère marcha contre les tribus révoltées des Maætes et des Calédoniens, ses légions observèrent, avec étonnement, les mœurs sauvages de ces populations (1). Ne perdons pas de vue, d'ailleurs, que les troupes romaines se virent, plus d'une fois, dans la nécessité de resserrer les limites de leur occupation, afin de rendre plus facile la défense de leurs lignes. L'on a vu précédemment que tous les usurpateurs de la Gaule, pendant le iiie siècle, avaient été reconnus dans l'île. A partir de cette époque, la Bretagne devint véritablement *une pépinière de tyrans* (2). Là, les villes habitées, en partie, par des marchands étrangers et par d'anciens soldats romains, obéissaient encore aux lois de la métropole; mais les campagnes, comme au temps de l'indépendance, n'étaient régies que par les coutumes nationales. Whitaker, dont Gibbon semble adopter l'opinion, va même jusqu'à affirmer que les descendants des anciens souverains du pays continuèrent toujours de régner, quoiqu'avec un pouvoir limité, depuis le règne de Claude jusqu'à ce-

---

(1) Mela. III.— Dio. in Sever.—Herod. III. 47.

(2) « Fertilis provincia tyrannorum », avait dit S. Jérôme. Gildas tient le même langage : « Itemque tandem tyrannorum virgultis crescentibus et in immanem silvam jam jamque erumpentibus, insula *nomen romanum*, NEC TAMEN MORES LEGEMQUE TENENS, quin potius abjiciens germen suæ plantationis amarissimæ, etc. *(Gild. de Excidio Britanniæ.)*

lui d'Honorius (1). La révolte de 409 livra aux chefs de clan le gouvernement même des villes qui, jusque-là, avaient vécu, en quelque sorte, d'une vie purement romaine. L'île tout entière fut morcelée en autant de seigneuries qu'elle renfermait de cantons, de bourgs et de villages. Ce fut, partout, un retour complet au système quasi-féodal en vigueur jadis dans toute la Bretagne. L'usage de la langue latine, les sciences, la législation, les arts introduits par les conquérants disparurent bientôt (2). Il y eut même une sorte de résurrection du druidisme parmi les Bardes. Taliésin, dans ses poésies, prend le titre de chef des devins de l'occident et même celui de Druide; il se vante de tenir renfermé dans ses livres bardiques le trésor entier des connaissances humaines. Le même mélange d'idées druidiques et chrétiennes se retrouve dans les poésies de Merzlin. Tout en maudissant les loups romains qui ont fait tomber sous leurs haches sacriléges les forêts sacrées de la Bretagne, et les moines gloutons qui viennent sans cesse *profaner sa retraite*, le Barde invoque le nom de Jésus et demande à Dieu lui-même de lui administrer les sacrements (3).

---

(1) Whitaker Manchester's. hist. T. I. p. 247-257. — Ce que Gildas rapporte d'Aurelius Ambrosius confirme cette conjecture. Bède dit que ce prince descendait de parents «purpurâ induti.»

(2) Gild. loc. cit.

(3) Myvir. arch. of Wales. T. II. p. 34 et suiv.

Ce qui est plus étrange encore, assurément, c'est que, moins d'un siècle et demi après la mort d'Honorius, la Bretagne était représentée comme une île à peu près inconnue. Un historien grec rapporte, très-gravement, que cette contrée était traversée par une antique muraille qui servait de limite entre le royaume des vivants et celui des morts. A l'orient, ajoute-t-il, on trouvait un beau pays peuplé d'habitants civilisés, un ciel pur, des eaux claires et abondantes, un sol fertile et bien cultivé. Mais, à l'occident, au-delà du mur, l'air était imprégné de vapeurs mortelles, le sol couvert de serpents. Cette affreuse contrée servait de demeure aux ombres qui y étaient transportées, dans des bateaux, par des nautoniers vivants. Quelques familles de pêcheurs, établies sur la rive opposée et assujetties aux Francs, remplissaient cet office mystérieux. Chaque nuit, quelques-uns de ces pêcheurs étaient obligés de veiller, le long des rivages qu'ils habitaient; et, aussitôt qu'ils entendaient la voix des morts, ils étaient entraînés comme par une puissance irrésistible vers l'Océan qu'ils traversaient alors avec les étranges passagers qui remplissaient leurs barques (1) !

Tel est le récit bizarre que Procope a transmis à la postérité ; et ce récit exerçait un empire si puis-

---

(1) Procop. de Bell. Goth. IV. 20.

sant sur l'imagination de l'historien, qu'il confond l'Irlande et la Bretagne, et qu'il paraît oublier que cette dernière contrée n'avait cessé, pendant quatre cents ans, d'être occupée par des légions romaines.

Refoulés par les Saxons à l'extrémité occidentale de l'île, séparés, en quelque sorte, du genre humain, les Bretons étaient retombés, à ce qu'il paraît, dans l'état de quasi-barbarie dont ils n'étaient qu'imparfaitement sortis sous la domination romaine. Dans les montagnes et dans les marécages de la Cambrie et du Cornwall, les fugitifs se réorganisèrent en communautés de race et de famille, à la manière de leurs ancêtres. Chacune de ces petites sociétés se groupa autour d'un *pencenedl*, élu par sa communauté et dont le *maenor* (1) devait servir de refuge, en temps de guerre, à tous les membres du clan, à leurs meubles et à leur bétail (2).

---

(1) *Maenor* ou *maenol*, manoir, de *maen*, pierre (en latin, *mœnia*, murailles), signifie aussi, *hæredium*, *prædium*, en Gallois.
(V. Davies. *Dict. bret. Ed. Lond.* 1632.)

Le manoir breton, comme la Sala germanique (*), était une propriété qui appartenait héréditairement à une communauté.

(*) « Cette terre (dit M. Guérard, dans les savants prolégomènes du Cartu-
» laire de Saint-Père de Chartres, p. 22-23), cette terre, ainsi que nous
» croyons l'avoir prouvé ailleurs, était non la terre du Salien, mais la terre
» de la Sala, c'est-à-dire, la terre attachée au principal manoir, ou, en
» d'autres termes, le domaine même. »

(2) Voir plus haut ce que nous avons rapporté des *oppida* de la Gaule.—Nous avons cité, dans l'*Essai sur la Bretagne armoricaine*,

Or l'on pourra se convaincre, tout à l'heure, que le régime de ces familles et de ces tribus confédérées était, à peu de chose près, celui des Gaulois de César ou des Galates de Strabon, et que le tableau que Tacite a tracé des mœurs des Germains est, sur un grand nombre de points, la peinture fidèle des coutumes bretonnes.

« C'est un beau spectacle que celui des lois féo-
» dales, dit l'illustre auteur de *l'Esprit des lois*.
» Un chêne antique s'élève; l'œil en voit de loin
» les feuillages; il approche, il en voit la tige;
» mais il n'en aperçoit pas les racines : il faut per-
» cer la terre pour les trouver. »

Depuis que ces lignes sont tombées de la plume de Montesquieu, une foule de savants, en Europe, ont percé la terre pour découvrir les racines de ce chêne féodal à l'ombre duquel ont vécu les sociétés du moyen-âge. Tous les vastes territoires concédés, jadis, par les empereurs, aux Barbares qui les servaient, toutes les plaines et les immenses forêts où erraient les Germains de Tacite, ont été fouillés par d'ardents explorateurs. Quel a été le résultat de toutes ces recherches? Des milliers de

---

(p. 316 et suiv.), des fragments de chartes bretonnes constatant que l'assens de guet n'était dû, par les vassaux, qu'autant que leurs seigneurs tenaient en bon état leurs forteresses, *afin que les étaigers pussent, le tems de guerre, s'y retirer et y être, eux et leurs biens, en sûreté.*

volumes et nulle solution définitive. L'on s'est borné à décider, dans ces derniers temps, sinon avec beaucoup de fondement, du moins d'une façon fort tranchante, que toutes les questions relatives aux origines de la féodalité pouvaient se réduire aux deux suivantes : 1° les bénéfices, et, par suite, la plus grande partie de nos institutions, sont-ils d'origine romaine? 2° Est-ce, au contraire, dans le droit germanique qu'il faut en chercher les premières traces?

L'on a pu se convaincre, par les chapitres qui précèdent, que, au risque de voir notre opinion rangée parmi *celles qui sont aussi éloignées de la vérité que du sens commun*, nous n'avons pas craint de proclamer que non-seulement les Germains n'avaient pas, les premiers, introduit dans notre pays le germe des institutions féodales; mais encore que ce germe existait, plus développé que partout ailleurs, dans la Gaule druidique.

Un coup d'œil rapide jeté sur les institutions des Bretons insulaires, institutions *qui différaient peu de celles des Gaulois* (1), démontrera, nous l'espérons, à nos juges les plus sceptiques, la vérité de ces assertions que nous émettions, en 1840, dans un livre soumis à l'académie des inscriptions, savoir, *que les ambacti, les clients et les soldurii de César n'étaient que des vassaux militaires attachés*

---

(1) V. plus haut, p. 267.

à un chef de tribu rurale par des liens de foi réciproque (1); et que, si haut que l'on remonte dans la législation des deux Bretagnes, l'on trouve des traces irrécusables de cette féodalité qui était le régime propre à toutes les petites peuplades divisées en communautés de familles (2).

CHAPITRE XII.

Observations sur les coutumes des Germains et des anciens Bretons. — §. I. Des divisions territoriales de la Cambrie. — Le Cantref, la Cwmmwd, le Maenor, la Trève, etc.— §. II. Du chef de famille. — §. III. Du mariage. — §. IV. Des droits et des devoirs des enfants. — §. V. De la propriété dans ses rapports avec la famille —§. VI. Etat des personnes, — les nobles,—les hommes libres.—§.VII. Les colons.—§. VIII. Institutions politiques.—Conclusion.

Lorsque des invasions continuelles forçaient les Bretons à vivre, en quelque sorte, sur les champs de bataille, il eût été difficile que ce

---

(1) *Essai sur l'histoire, la langue et les institutions de la Bretagne armoricaine*, p. 11.—Paris 1840.

(2) *Ibid.* p. 310.

peuple songeât à établir un ordre civil régulier. La grande affaire du temps, c'était la guerre. Au milieu des bouleversements de la conquête, des divisions intestines d'une foule de petits princes qui se disputaient la royauté suprême, aucun changement ne fut donc apporté aux anciennes coutumes nationales. « Pendant plusieurs siècles,
» dit un historien des Gallois, les Cambriens n'eu-
» rent, à proprement parler, *aucun gouvernement*
» *régulier*, et les choses demeurèrent en cet état
» jusqu'au règne de Roderic-Le-Grand, qui, en
» 543, réunit sous son sceptre toutes les petites
» principautés de la Cambrie (1). » Ce Roderic, au mépris de la loi thanistry, partagea, en mourant, ses états entre ses trois fils; mais Hoël Cadell, qui survécut à ses frères, reconstitua l'unité du pouvoir. L'un de ses premiers actes, en montant sur le trône, fut de convoquer une assemblée générale à *Ty-gwin* (2), pour réviser les anciennes coutumes du pays. C'est là que, de l'avis des seigneurs et des évêques rassemblés, fut rédigé, dans la langue même des Bretons, le code qui porte encore le nom d'Hoël-Le-Bon (3) (940).

Les savants ont beaucoup disserté sur cette lé-

---

(1) V. Powel. Not. in hist. principum Wallensium. p. 20. et Llwyd. fragm. brit. p. 42. A.
(2) Maison blanche.
(3) Cyfreithjeu Hywel-dda, leges Hoëli-Boni.

gislation. Les uns, y retrouvant de frappantes analogies avec les institutions des Anglo-Saxons, en ont conclu que ce peuple avait emprunté ses lois aux Bretons. D'autres, ne tenant aucun compte de la séparation qu'une implacable inimitié avait établie entre les Bretons et leurs vainqueurs (1), ont soutenu, au contraire, que les premiers avaient tout reçu des seconds. Il était réservé au grand jurisconsulte allemand Philipps de faire justice de ces systèmes exclusifs. Il a démontré, dans sa savante histoire *des Institutions judiciaires des Anglo-Saxons*, qu'il n'y avait pas plus de raison de soutenir que les Bretons eussent emprunté leurs lois aux Saxons, que de faire naître les institutions saxonnes en Bretagne. Et, en effet, ainsi que le fait observer fort judicieusement le même jurisconsulte, ces institutions sont trop fondamentales chez les deux peuples, pour qu'il soit permis de les supposer de pure adoption. Il est donc à croire que leur origine remonte

(1) Le clergé lui-même était resté sous l'empire de ces haines nationales.—Epist. Aedhelm. ad Geron. regem.—Math. Westm. ad annum 586.

Quippè cùm usque hodiè moris Britonum fidem, religionemque Anglorum pro nihilo habere, neque in aliquo eis magis communicare quàm paganis. *(Bed. hist. ecc.* L. II. c. 20.)—Britanni linguam suam (et ses coutumes apparemment) unà cum religione, invitis victoribus omnibus invitis paganis, inconcussè retinuerunt.
Girald. Itin. Camb.)

à une époque primordiale où les peuples de race bretonne étaient voisins des nations germaniques, au sein de ces contrées que la science n'a pu déterminer encore d'une manière certaine.

Quant à fournir la preuve que les coutumes bretonnes ne dérivent pas de celles de leurs conquérants, rien de plus facile pour nous. L'on a vu, dans l'un des chapitres qui précèdent, que les insulaires s'étaient fractionnés au ve et au vi^e siècles, à l'époque des invasions saxonnes, et que les uns s'étaient réfugiés dans la Cambrie, les autres dans la péninsule armoricaine. Or, comme nous pourrons ailleurs démontrer que, depuis cette séparation jusqu'aux derniers temps du moyen-âge, ces deux fractions d'un même peuple ont fait usage, dans l'île et sur le continent, d'institutions à peu près identiques, il restera invinciblement établi que ces institutions étaient antérieures à la conquête saxonne : point fondamental pour ce travail.

Préalablement, nous allons analyser, non pas l'ensemble du code d'Hoël-Le-Bon (travail qui exigerait plusieurs volumes), mais celles d'entre les institutions cambriennes qu'il nous importe de bien connaître, nous voulons dire les coutumes par lesquelles se réglaient, chez les anciens Bretons, la famille, la propriété et l'état.

Mais, d'abord, puisque nous avons avancé ailleurs que les mœurs des Gaulois et des Bretons, à une certaine époque de leur histoire, différaient peu de celles des nations germaniques (1), qu'il nous soit permis de placer sous les yeux des lecteurs, les détails que nous ont laissés des usages domestiques des Germains les deux plus grands historiens de l'antiquité romaine. César, dans le quatrième livre de la guerre des Gaules, s'exprime ainsi au sujet des Suèves :

« Nul d'entre eux ne possède de terre séparé-
» ment et en propre, et ne doit demeurer ni s'é-
» tablir plus d'un an dans le même lieu. Ils con-
» somment peu de blé, vivent en grande partie
» de laitage et de la chair de leurs troupeaux,
» et font de la chasse leur occupation principale
» (2). » Plusieurs traits de ces mœurs à demi-errantes des nations germaniques ne rappellent-elles pas le tableau que César et les historiens postérieurs nous ont tracé des usages de certaines peuplades de la Bretagne (3)? Là, comme dans la Germanie, chaque famille trainant après soi de nombreux troupeaux, ne pouvaient séjourner dans le même canton, que pendant un laps de temps limité. Jusqu'ici, rien que de fort simple. Mais voici un

---

(1) V. chapitre V. p. 80 et suiv.

(2)... Privati ac separati agri apud eos nihil est, neque longiùs anno remanere uno in loco, incolendi causâ, licet. Neque multùm frumento, sed maximam partem lacte atque pecore vivunt multùmque sunt in venationibus. (*Cæs. de Bell. Gall.* IV. 1.)

(3) V. plus haut, p. 274 et suiv.

autre passage des Commentaires et un texte de Tacite qui ont ouvert un vaste champ aux théories des jurisconsultes :

« Les propriétés fixes et limitées sont inconnues
» des Germains ; ce sont les magistrats et les prin-
» ces du peuple qui, chaque année, assignent
» aux tribus et aux familles, lesquelles vivent
» en commun, des terres en tel lieu et en telle
» quantité qu'ils jugent à propos (1). »

Laissons maintenant parler Tacite :

« Les terres (chez les Germains) sont occupées
» par toutes les tribus successivement et propor-
» tionnellement au nombre des cultivateurs, et
» ensuite partagées selon le rang de chacun. La
» vaste étendue de leur territoire facilite ces par-
» tages. Ils changent chaque année de champs,
» et le sol reste à un autre. Aussi, ne les voit-
» on pas s'efforcer d'obtenir de riches produits de
» la fécondité de leurs terres, soit en y plantant
» des vergers, soit en y entretenant, par des irri-
» gations, des prairies et des jardins. Ils ne de-
» mandent au sol qu'une seule moisson (2). »

---

(1) Neque quisquam agri modum certum aut fines habet proprios ; sed magistratus ac principes in singulos annos *gentibus cognationibusque hominum, qui unà coierunt*, quantùm et quo loco visum est, agri attribuunt : atque anno pòst alio transire cogunt.
(*Ibid.* VI. 22.)

(2) Agri, pro numero cultorum, ab universis per vices occupantur,

Ainsi donc, lorsque Tacite décrivait les mœurs des Germains, et même bien antérieurement à cette époque, quand César passa le Rhin, les tribus de la Germanie demandaient à la terre une partie de leur nourriture. Toutefois, la propriété territoriale n'était alors qu'un usufruit qui finissait à chaque moisson; bien plus, cet usufruit était concédé, non pas à un seul cultivateur, mais à une association de familles, de telle sorte que chaque membre de la communauté était copropriétaire de cette propriété indivise. Tel était encore, au temps de Tacite, l'état de chose en vigueur chez une grande partie des nations germaines. Mais lorsque leurs tribus envahirent l'empire d'occident, le principe d'indivisibilité territoriale et de rotation annuelle dont nous venons de parler, n'existait plus depuis longtemps. La terre était devenue une possession individuelle et permanente. Toutefois, comme le remarque judicieusement M. Le Huërou, cet usage antique de la communauté de la terre avait laissé des traces nombreuses qu'on retrouve dans les coutumes qui, avant la révolution de 1789, régissaient la propriété en

---

quos mox inter se secundùm dignationem partiuntur. Facilitatem partiendi camporum spatia præstant. Arva per annos mutant, et superest ager; nec enim cum ubertate et amplitudine soli labore contendunt, ut pomaria conserant, et prata separent, et hortos irrigent: sola terræ seges imperatur. *(Tacit. Germ. XXVI.)*

France. Cette assertion, en effet, s'appuie sur une foule de documents irréfragables. Il est très-vrai aussi que toute notre ancienne législation sur les terres vaines et vagues, sur les *communs*, n'est, en quelque sorte, qu'un débris du régime antique de la communauté de la terre. Mais notre savant compatriote tomberait dans une grave erreur, s'il supposait que ces usages dérivent exclusivement des vieilles coutumes germaniques. Nous devons le répéter ici, les Gaulois et les Bretons, à une époque reculée de leurs annales, étaient régis par des mœurs presque identiques à celles des Germains (1). Dans la Gaule et dans la Bretagne, comme dans les contrées d'outre-Rhin, régnait ce système d'associations par *gentes* et par *cognationes*, dont César et Tacite nous ont conservé le souvenir. Le travail qui va suivre, sur l'organisation de la famille et de la propriété chez les anciens Bretons, prouvera, jusqu'à la dernière évidence, la vérité de cette assertion.

§. I.

Anciennes divisions territoriales de la Bretagne.

Avant de commencer l'analyse des lois domes-

(1) Interiores plerique frumenta non serunt, sed lacte et carne vivunt. (*Cæs. sup. cit.* — *Vid.* p. 267 et suiv.)

tiques (*leges patriæ*) qui, jadis, gouvernaient la Bretagne insulaire, il est indispensable que nous fassions connaître les divisions territoriales établies dans cette contrée après l'arrivée des Saxons. A cette époque, dit Humphry Lwydd (le digne émule du savant Camden), le territoire resté en la possession des Bretons se divisait en six principautés : Guineth (Vénédotie), Powys, Deheubarth, Reynnuc, Esylluc et Morgania (1).

Il est à croire que, suivant un antique usage propre à tous les peuples de race gauloise, chacune de ces principautés était subdivisée en quatre cantons (2), et que chaque canton renfermait cent trèves. Cette dernière hypothèse nous paraît d'autant plus fondée, que les Commentaires de César

---

(1) Hæc terra (Britannia) post excidium Britannicum in sex regiones dividebatur, sicut ex antiquissimo libro de legibus Britannorum scripto legi; nam, inquit, postquàm Saxones devictis Britannis, sceptrum regni et coronam londinensem adepti sunt, omnes Cambriæ populi ad ostium Devi fluminis ad regem eligendum congregati sunt, *ac yno doethant guyr Guyneth, à guyr Powys, à guyr Deheubarth, à Reynnuc, ac Esylluc, à Morgania,* id est, et illùc venère viri Guinediæ, et viri Powisiæ, et viri Deheubartiæ, et Reynnuciæ, et Sylluciæ, et Morganniæ ; et Malgunum, quem alii vocant Maglocunium Guenedum, in regem elegère circa A. D. 560.

(*Fragm. Brit.* f. 51. B.)

(2) Nous avons fait observer, p. 104, que la cité des Helvètes et celles des Galates asiatiques étaient divisées en quatre *pagi*. — César rapporte aussi que le Cantium était gouverné par quatre petits rois.

(V. 22.)

nous apprennent que la cité des Helvètes, qui était divisée en quatre pagi, renfermaient quatre cents bourgs (1). Quoi qu'il en soit, un fait n'est pas douteux, c'est que la division par *cantref* (2), ou cent villages, existait chez les Bretons insulaires. Chaque cantref était composé de deux *cymmwd* (3). On appelait ainsi la réunion de cinquante trèves, lesquelles étaient réparties entre douze maenor ou oppida. De ces douze maenor, il y en avait quatre pour les meibion-eilion (4) chargés de nourrir les chiens et les chevaux du Brenin. Les huit autres étaient des manoirs libres. Chaque maenor renfermait quatre trèves; chaque trève, quatre gasael; chaque gasael, quatre rhandir; chaque rhandir, quatre tydwin (5); chaque tydwin, quatre arpents.

Telles étaient les divisions territoriales de la Bretagne au temps d'Hoël; et nous lisons dans l'un des chapitres des *Leges Wallicae*, que ce prince

---

(1)... Helvetii... ubi jam se ad eam rem paratos esse arbitrati sunt, *oppida sua omnia* numero ad duodecim, *vicos ad quadringentos*, reliqua privata ædificia incendunt. (*Cæs. de Bell. Gall.* I. 5.)

(2) *Cantref*, de *cant*, cent, et de *tref*, trève, grand village. On verra plus loin que chacun de ces villages renfermait un territoire considérable.

(3) Ce mot, dit Davies, signifie réunion d'habitations, de *cyd*, ou *con*, avec; *bod*, habitation.

(4) Ce mot signifie *filii servorum*, de *mab*, puer, *aill*, verna; — pluriel, *meibion eilion*.

(5) V. Leg. Wall. Lib. II, c. 19, § 6 et suiv., p. 156.

n'avait rien voulu changer aux anciennes divisions du pays (1). Le cartulaire de Redon atteste en effet, l'antiquité de ces divisions (2).

§. II.

Du chef de famille ou pencenedl.

On connaît les formes diverses de la famille dans l'antiquité. Là, l'état absorbant dans son unité toutes les sociétés particulières, le chef de famille est dépouillé de toute valeur politique ; sa puissance s'arrête aux limites de la vie privée. Ailleurs, règnent des institutions à forme démocratique ; il est d'autres pays enfin où l'état, longtemps même après la naissance des sociétés, n'est qu'une fédération de petites tribus groupées autour d'un chef. Tels furent les *gentiles* des Romains ; tels les clans de la Gaule et de l'île de Bretagne.

Un examen plus approfondi des lois d'Hoël, consultées, cette fois, dans l'ouvrage original,

---

(1) De mensuris autem agrorum... nihil immutavit (Hoël), sed eas, ut invenerat, reliquit. (*Leg. Wall.* L. II. c. 19. §. 1. p. 155.)

(2) Nous citerons, dans notre prochain ouvrage, de longs fragments de ce manuscrit.

tandis que nous ne les avions étudiées, jusqu'ici, qu'à l'aide d'une traduction fort inexacte (1), va, peut-être, nous permettre de jeter quelque lumière sur ce point si curieux, et, en même temps, si obscur, de l'histoire des anciens peuples européens.

Et, tout d'abord, recherchons ce que la législation galloise renferme touchant le chef de famille.

« Le titre de chef de famille (pencenedl) n'est
» transmis ni par le père, ni par la mère, car ce
» n'est point une prérogative héréditaire. Le pen-
» cenedl doit aide et assistance à tous ceux de sa
» *gens* (ou cenedl) qui réclament son intervention,
» soit en justice, soit en toute autre matière. Cha-
» que année, il doit payer au seigneur (arglwydd)
» (2) un impôt d'une livre pour lui et pour tous les

---

(1) Nous avons donné, dans l'*Essai sur l'histoire, la langue et les institutions de la Bretagne armoricaine*, un résumé de la législation des Bretons insulaires ; mais ce premier travail a d'autant moins de valeur que les questions fondamentales de l'organisation de la famille et de la propriété n'y sont qu'effleurées. Depuis, nous avons étudié, sur le texte original, les questions qui doivent trouver place et dans cet ouvrage, et dans celui qui lui succédera prochainement. Toutefois, nous nous bornerons à citer en note la traduction latine que Wotton a faite des lois d'Hoël, en ayant soin seulement de mettre entre parenthèses les termes bretons avec leur véritable signification, chaque fois que cela nous paraîtra nécessaire pour l'intelligence du texte.—Quant aux passages gallois dont nous avons fait usage et que les jurisconsultes anglo-bretons, ou les savants allemands et français, pourraient vouloir consulter, on les trouvera à la fin de ce volume, à l'appendice.

(2) Le mot arglwydd (*dominus*) dériverait, suivant M. le comte de

» siens. En retour, il reçoit la somme de vingt-
» quatre deniers de tout membre de la commu-
» nauté qui épouse une fille de la famille, et au-
» tant de tout fils qui vient l'augmenter. Tous
» les bénéfices (*officium terræ annexum*) qui sont
» réservés à chaque cenedl ou gens, appartiennent
» au pencenedl. S'il concéde à son fils ou à tout
» autre membre de sa race l'un de ces offices, le
» bénéficiaire devra payer à son seigneur la livre
» d'impôt. Quant à ceux que le pencenedl déchar-
» ge de toute redevance, le seigneur ne doit exiger
» d'eux que deux cent vingt deniers (1). »

Ainsi, le pencenedl était le chef élu, le patron,

Blois, des deux mots, *ar*, sur, et *lwydd*, armée. L'arglwdd serait donc l'*eques* des Gaulois. Nous dirons notre sentiment sur cette étymologie un peu plus loin.

(1) § 1. Principatus familiæ (pencenhedlaeth) materno jure non obtinetur.

2. patri immediatè filius non succedit in principatu familiæ, hoc officium nempè non sequetur herédem.

3. Princeps familiæ xxiv denarios habebit à quolibet viro qui feminam ex gente ejus duxerit ; ipsa autem maritagium suum solvere tenetur.

4. Et item xxiv denarios ab omni filio quem in gentem suam receperit.

5. Ipse autem à partibus cujuslibet hominis è gente sua stare tenetur, *quocumque in discrimine homo iste versatus fuerit.*

8. Munera omnia (id est *swydd*, officia terræ annexa), quæ genti cuique debentur, ad principem familiæ pertinent : et si munus tradiderit filio suo, vel cuilibet alteri è gente sua, libram ille reddit domino. Et si quem illorum liberum (rhydd, immunem) fecerit nec tamen illi munus tradiderit, CXX denarios liber ille domino reddet.

(*Leg. Wall.* L. II. c. 22. p. 164.)

le défenseur de tous ses gentiles. N'est-il pas permis de croire que c'est à un usage à peu près semblable que César faisait allusion dans un passage déjà cité des Commentaires? Que l'on veuille bien, en effet, peser ces quelques lignes :

« Dans la Gaule, ce n'est pas seulement dans
» chaque cité (1), dans chaque canton, dans cha-
» que petite localité qu'il existe des *factions* (2),
» mais même dans presque chaque famille. Ces
» factions ont pour chefs les hommes réputés les
» plus puissants, au jugement de ceux-là même
» qui sont appelés à discuter les grands intérêts
» de l'état. *Cette institution paraît avoir été établie,*
» *dans l'antiquité, pour assurer aux faibles un ap-*
» *pui contre le pouvoir des grands, car personne ne*
» *souffre que l'on opprime ses clients* (3). »

---

(1) Nous avons traduit plus haut (page 115) le mot *civitas* par celui de *ville*; il importe de relever cette distraction.

(2) La plupart des historiens modernes ont pris le mot *factions* dans le sens que nous y attachons aujourd'hui; mais c'est là une erreur évidente, puisque César dit formellement que ces divisions étaient le résultat d'une *institution antique*. (Voy. plus bas.)

(3) In Galliâ, non solùm in omnibus civitatibus, atque in omnibus pagis partibusque, sed penè etiam in singulis domibus factiones sunt: earumque factionum principes sunt, qui summam auctoritatem *eorum judicio habere existimantur*, *quorum ad arbitrium judiciumque summa omnium rerum consiliorumque redeat* (*). Idque ejus rei causâ *antiquitùs institutum videtur*, ne quis ex plebe contra potentiorem auxilio egeret. (*Cæs. de Bell. Gall.* VI. 11.)

(*) Nous croyons avoir donné, p. 115, la véritable traduction de ce passage.

Assurément, il y a proche parenté entre les deux institutions. Maintenant, un point important nous reste à éclaircir au sujet du pencenedl gallois : est-ce d'un chef de famille, dans le sens vulgaire de ce mot, ou d'un chef de clan, de race, de *gens*, qu'il s'agit dans le chapitre des lois bretonnes que nous analysons en ce moment ?

Il nous avait paru, il y a quelques années, que cette seconde hypothèse était la seule probable (1). Aujourd'hui, nous pouvons *affirmer* que le *pencenedl* ne doit pas être confondu avec le *paterfamilias*. En effet, outre que le mot *pencenedl* désigne, chez les gallois, un *chef de race* (2), nous voyons, dans les lois cambriennes, que l'*œstimatio capitis*, lorsqu'il s'agissait d'un chef de famille, se montait à cinq cent soixante-sept vaches (3),

---

Ainsi, suivant nous, les chefs des *factiones* de la Gaule étaient élus par les anciens de chaque famille, c'est-à-dire, par ceux qui, dans les Gaules, faisaient partie de l'assemblée des cités.

(1) Essai sur l'histoire, la langue et les institutions de la Bretagne armoricaine, p. 199. — Paris, 1840.

(2) *Pen*, tête, chef ; *cenedl*, genus. (V. le dict. britann.-latinum de Davies. — Londres, 1632.)

(3) Compensatio pro cæde principis familiæ (pencenedl) DLXVII vaccis æstimatur cum tribus elevationibus. (*Leg. Wall.* L. III; c. 2. §. 22. p. 502.) — Nous avons écrit dans l'*Essai sur l'histoire de la Bretagne armoricaine* (p. 474), que le meurtre du chef de famille (pencenedl) était puni d'une amende de quatre-vingt-neuf vaches ; et, en effet, on lit à la page 200 des lois d'Hoël, §. 5 : « Compensatio pro cæde dispensatoris, principis familiæ et cancellarii CLXXXIX vaccis æstimatur cum elevationibus suis. »

Mais il y a ici erreur évidente, puisque, un peu plus loin, la com-

tandis qu'elle ne s'élevait qu'à quatre-vingt-quatre vaches, lorsqu'il était question d'un père de famille proprement dit (1). C'était aux pencenedl qu'appartenait le gouvernement des maenor. Les lois d'Hoël ne le disent pas formellement ; mais, comme nous y lisons que chaque maenor libre payait au Brenin la somme d'une livre d'impôt, de même que tout chef de famille (pencenedl), nous en concluons que ce dernier n'était autre que le seigneur du domaine héréditaire qui appartenait à la race (2).

pensation pour le meurtre du pencenedl est fixée à cinq cent soixante-sept vaches, et le meurtre de chacun des membres de sa famille (aelod), à cent quatre-vingt-neuf vaches. Voici l'explication de cette difficulté. L'une des versions des lois bretonnes recueillies par Wotton, à la bibliothèque cottonienne, renferme, en effet, ce passage : « Com-» pensatio pro cæde dispensatoris, et principis familiæ (pencenedl) et » cancellarii, LXXIX vaccæ ; » mais, dans une autre version qui se trouve placée à la suite de la première, dans les lois d'Hoël (p. 201, §. 19), je lis : « Compensatio pro cæde dispensatoris, et cancellarii, et præfecti » venatoribus (phencynydd) CLXXXIX vaccæ cum augmento simplici. » D'après cela, il est évident que le copiste de la première version aura lu *pencenedl* (princeps familiæ), au lieu de phencynydd (præfectus venatoribus), et que la compensation du pencenedl est bien véritablement de cinq cent soixante-sept vaches, comme il est porté à la page 202. §. 28, des *Leges Wallicæ*. (V. suprà.)

(1) Sed et si paterfamilias sit (Wallus), multa pro cæde ejus estimatur LXXXIV vaccis. *(Leg. Wall.* L. II. c. 30. §. 11. p. 180.)

Paterfamilias se dit en gallois, *gwr ar deulu*, vir familiæ ; de *gwr*, vir ; et *teulu*, familia. (V. Davies, à ces deux mots.)

(2) Princeps familiæ (pencenedl) libram domino (arglwydd) quotannis reddet. (Leg. Wall. Hoëli boni. L. II. c. 22. §. 6.) — Ex hisce octo

§. III.

Du mariage, de la séparation, du régime des biens.

Les femmes, chez les Gallois, recevaient, en mariage, une dote en bétail, qui était plus ou moins considérable, selon le rang de leur famille et selon qu'elles s'étaient mariées avec ou sans le consentement de leurs parents (1). C'était un usage général parmi les Bretons, comme chez les Germains (2), que le mari fît à sa femme un présent, le lendemain du mariage, avant de quitter la couche nuptiale. Ce présent s'appelait cowyll chez les

---

maneriis (liberis) vectigal brenin (wesdfa, hospitium) quotannis solvetur, libra scilicet pro singulis. (*Ib.* L. II. c. 20.) La livre payée au brenin s'appelait, en breton, *puntdwng*, de *punt*, libra, et *twng*, pars segetis quæ domino agri ex conventione debetur, dit Davies dans son dictionnaire britannico-latinum. *Twng* signifie aussi *juramentum*.—V. aux Pièces justif. la lettre de M. Dupin sur la communauté des *Jault*.

(1) V. Leges Wall. L. II. c. 1. §. 17 et seq.
(2) Lex Alam. T. 52, 2.—De civitatibus verò, hoc est Burdegala, Lemovica, Cadurco, Benarno et Bigorra quas Galesuindam germanam dominæ Benechildis, tam in dote quàm in morgamgeba, hoc est matutinali dono, in Franciam venientem certum est acquisisse...
(*Greg. Turon.* L. IX. c. 20.)

Gallois (1), et l'usage voulait que la femme, avant de quitter le lit, le lendemain de ses noces, déclarât à son mari l'emploi qu'elle entendait faire de ce qu'elle avait reçu de lui. Faute de remplir cette formalité, le cowyll devenait à jamais bien de communauté (2).

Que si le mari, avant sept années de cohabitation, se séparait de sa femme, elle ne pouvait emporter que sa dot (egweddi) (3). Mais lorsque trois nuits seulement étaient nécessaires pour compléter ce terme de sept années, la femme qui se séparait de son conjoint avait droit à la moitié des biens de la communauté (4). Et la raison en était toute simple : c'est que,

---

(1) Cowyll (le traducteur rend ce mot par *antipherna*) sunt bona quæ sponsus sponsæ dederit manè priusquàm, à lecto surrexit (Leg. Wall. L. II. c. 1. §. 37. p. 80.) — Ce don du matin existait aussi chez les Bretons armoricains sous le nom d'Enep-Gwerth (*gwerth*, prix, *eneff*, *enep*, âme et aussi virginité). Je lis dans le cartulaire de Landevenec, manuscrit du xie siècle : « ...Dedit Alarun unam villam sancto Wingaloeo pro animâ suâ in decumbitione atque in hereditate perpetuâ, id est, caer witcan quæ accepit in dotatione, id est, enep gwerth. »

(2) Si sponsa quid de antiphernis faciendum velit non declaraverit proximo mane antequàm de lecto à viro decesserit, communia inter utrosque erunt in posterum *(Ib.* L. II. c. 1. §. 75. p. 88.)

(3) Leg. Wall. L. 11, c. 1, § 3, p. 73. Il faut noter qu'ici c'est le mari qui veut se séparer.

(4) La communauté de biens entre mari et femme existait chez les Gaulois :

Viri quantas pecunias ab uxoribus dotis nomine acceperunt,

après sept années de mariage, il n'existait plus de dot pour la femme, et que tout devenait commun entre elle et son mari (1).

Lorsque les *deux époux* se séparaient, de leur plein gré, avant la septième année de mariage, la femme avait le droit d'emporter sa dot (egweddi), ce qu'elle avait pu recevoir de sa famille en dehors de sa dot (argyffreu), et le présent du matin (cowyll) que lui avait fait son mari. Lorsque c'était la femme qui abandonnait son conjoint avant les sept années écoulées, elle perdait tous les avantages que nous venons d'énumérer, à l'exception de son présent de noce (cowyll) (2).

La femme ne pouvait ni servir de caution ni rendre témoignage contre son mari (3); et il lui

---

tantas ex suis bonis, æstimatione factâ, cum dotibus communicant. Hujus omnis pecuniæ conjunctim ratio habetur, fructusque servantur.
(Cæs. de Bell. Gall. VI. 19.)

(1) Femina vel nuptum à gentilibus data, vel clandestino ducta, legibus dotalibus non tenebitur ultrà septennium ; *et cùm dotem post septennium amiserit*, post illud tempus bona omnia inter utrumque bifariàm dividentur. (*Ib.* L. II. c. 1. §. 49. p. 83.)

(2) Quòd si separati fuerint ante annum septimum, dos (egweddi) cum paraphernalibus (argyffreu) et antiphernis (cowyll) feminæ tradetur ; ... Sin ipsa maritum suum, anno septimo nondùm completo, deseruerit, ista omnia amittet, præter antipherna (cowyll).—*Une autre version porte*: omnia amittet, præter antipherna (cowyll), paraphernalia (argyffreu) et multam pro pudore violata (gofin). (*Leg. Wall.* L. II, c. 1, § 11, p. 76.)

(3) Feminam non expedit fidejubere nec testimonium dare contra virum. (*Leg. Wall.* L. II. c. 1. §. 69. p. 87.)

était

était interdit de vendre ou d'acheter quoi que ce soit sans l'autorisation de son conjoint (1).

En cas de séparation entre les époux, les deux tiers des enfants restaient à la charge du père et l'autre tiers à celle de la mère (2).

La femme convaincue d'infidélité perdait tous ses apports. La fille dont le mari reconnaissait l'impureté, la première nuit de ses noces, perdait également sa dot. Elle pouvait cependant se purger, en faisant témoigner de sa virginité par sept de ses plus proches parents, faute de quoi, sa chemise devait être déchirée jusqu'aux aines (3).

Enfin, (l'on nous permettra de ne faire usage ici que du texte latin), *si femina sola ambulaverit et vir illam assecutus fuerit et vi compresserit, et factum negaverit, juramento quatuor virorum se ipsum purgabit, quorum tres voto erunt obstricti abstinere à mulieribus, ab esu carnium et ab equitatione. Sin denegare recusaverit, solvet mulieri dotem, eique satisfactionem plenam dabit, et multam pro stupro; virgá argenteá regi datá, modo debito reddet. Sed si solvendo non fuerit, castrabitur* (4).

---

(1) Feminæ non erit fas emere nec vendere nisi sui juris fuerit. Si autem sui juris fuerit emere et vendere jure potest.

(*Ib.* L. II. c. 1. §. 73. p. 88.)

(2) Leg. Wall. L. II. c. 1. §. 5. p. 74.

(3) *Ib.* L. II. c. 1. §. 42 p. 81.

(4) *Ib.* L. II. c. 1. §. 84. p. 90.

§. IV.

Du fils de famille.

La loi bretonne environnait de la protection la plus bienveillante toute femme qui allait devenir mère. De fortes amendes étaient prononcées contre ceux qui l'auraient fait avorter. Aussitôt sa délivrance, l'épouse conduisait à l'église le nouveau-né, et là, sur les reliques des Saints, elle jurait que nul autre que son *mari n'avait engendré cet enfant dans son sein* (1). Que si le mari voulait dénier la légitimité de l'enfant qui lui était présenté, il devait jurer, à son tour, sur le corps des Saints et sur la tête de son père, qu'il n'y avait, dans les veines de cet enfant, aucune goutte de son sang, *si ce n'est de celui que tous les hommes ont reçu d'Adam* (2).

Quant à l'enfant lui-même, voici ce que la loi avait statué à son égard :

---

(1) Eum in utero suo genuerat.
(2) Nisi quæ communiter ab Adamo provenerit.

Le père répondait civilement de son fils jusqu'à l'âge de sept ans ; mais, plus tard, l'enfant était lui-même responsable, sauf ses dettes que le père acquittait. Jusqu'à l'âge de quatorze ans, le fils de famille restait sous la puissance de son père qui, seul, avait droit de lui infliger des punitions. Mais, passé ce temps, l'enfant devait être conduit à la cour de son seigneur (arglwydd) auquel il faisait hommage (1). Il jouissait alors de l'usage de tous ses biens, et, dans toutes circonstances où il pouvait se trouver en cause, il était son propre répondant. Dès que l'enfant était entré sous le patronage de l'arglwydd, il devenait comme un étranger pour son père, à ce point que ce dernier ne pouvait punir son fils, sans s'exposer à encourir une amende (2). Tel était même la force du

---

(1) César rapporte que c'était aussi à l'âge de quatorze ans que les jeunes gaulois étaient admis à paraître en public et à faire partie de l'armée : « In reliquis vitæ institutis, hoc ferè ab reliquis differunt, quòd suos liberos, nisi cùm adoleverint, ut munus militiæ sustinere possint, palàm ad se adire non patiantur.

(*De Bell. Gall.* L. VI. c. 18. *Vid. infrà.*)

(2) Pater filium post decimum quartum annum completum adducit ad dominum (arglwydd), illique eum tradet. Hominium (Gwrhau) tunc filius præstabit domino, ejusque familiam sequetur, et deindè ipse pro se respondebit in omnibus causis in quibus lis ei instituta fuerit, et facultatum suarum dominium habebit. Patri autem illum castigare ex illo tempore non magis licebit quàm cuilibet extraneo ; et si illum castigaverit, et filius litem illi ob id intenderit, multæ obnoxius erit, et filio ob injuriam ei illatam compensationem faciet. (*Hoëli boni Leges Wall.* L. II. c. 30. §. 8. p. 179.)

lien d'*inféodation* qui unissait le jeune client à son patron, que, quand le premier mourait sans laisser de frères, l'arglwydd auquel il s'était dévoué héritait de tous ses biens (1).

Dès qu'il avait atteint l'âge de quatorze ans, le fils de famille entrait en jouissance de tous les droits affectés à la condition de Breton libre (2). Mais ces priviléges, qui dérivaient de sa naissance, étaient les seuls que le jeune bonheddig-canhwynawl possédât. Ce n'était qu'après la mort de son père qu'il lui était donné de s'élever à un rang supérieur. Avant de parvenir à cette dernière condition,

---

(1) Voir chapitre V. p. 80-84, ce que nous avons dit des ambactes, des clients et des soldures gaulois.—L'on sait que, chez les Romains, les liens qui unissaient le patron et le client étaient si étroits, que Aulu-Gelle va jusqu'à dire que les devoirs du premier envers le second étaient plus sacrés que ceux d'un père envers ses propres enfants. (*V. plus haut*, p. 86.) Rien d'étonnant, d'après cela, que chez les Bretons où régnait des institutions analogues, le seigneur héritât de son jeune vassal à l'exclusion du père de ce dernier. D'ailleurs, l'arglwydd (le patron) ne partageait-il pas aussi tout ce qu'il possédait avec ses clients ? « Quorum (devotorum) hoc est conditio, ut omnibus in vita commodis unà cum his fruantur, quorum se amicitiæ dederint *(Cæs. de Bell. Gall.* III. 22.)

(2) *Bonheddig* vient de *boned*, origo, nobilitas, ortus.—*Canhwynawl*, ou, selon Davies, *cynhwynol*, signifie, ingenuus, nativus, genuinus. (*V. dictionnarium britannico-latinum.*—Davies.)

Le bonheddig-canhwynawl des Bretons était donc le citoyen *revêtu de la dignité commune à tous les hommes libres.* (V. plus haut, p. 78 et 79.)

nul ne pouvait, en effet, être admis dans l'ordre des *equites* (marchawg) (1).

§. V.

De la propriété, chez les Gallois, dans ses rapports avec la famille.

« Vous partagerez cette terre par le sort. A
» ceux qui sont en plus grand nombre, vous
» donnerez plus; à ceux qui sont en plus petit nom-
» bre, vous donnerez moins. L'héritage sera don-
» né selon le sort; la terre sera divisée selon les
» tribus et les familles (2). » C'est ainsi que s'ex-

---

(1) Si filius post decimum quartum annum completum mortuus fuerit, bona ejus omnia ad dominum (arglwydd) lege redibunt, qui illi loco filii erit, et domus ejus escaëta domini erit. Ex illo autem tempore, Britanni ingenui (bonheddig-canhwynawl) privilegiis fruetur, nulla enim adhùc habet privilegia quàm quæ ex natalibus oriuntur; in paterna verò privilegia, vivo patre, non ascendet, nec quisquam *eques* (marchawg) (*) fiet, antequàm ascenderit. (*Leg. Wall.* L. II. c. 30. §. 9. p. 180.)

(*) *Marchawg, marchog,* eques, miles (Davies). Ce mot a la même signification dans les dialectes du continent.

(2) 54. Quam (terram) dividetis vobis sorte. Pluribus dabitis latiorem, et paucis angustiorem. Singulis ut sors ceciderit, ità tribuetur hereditas. Per tribus et familias possessio dividetur. (*Nomb.* XXXIII. 54.)

prime Moïse dans son trente-troisième chapitre des Nombres, au paragraphe cinquante-quatre.

L'on a pu se convaincre précédemment que cette division de la terre, *selon les tribus et les familles*, existait aussi chez les Germains du temps de César, et que, longtemps après, à l'époque où vivait Tacite, rien n'avait été changé à cet état de choses dans la Germanie. Là, la propriété territoriale n'était encore qu'un usufruit qui finissait à chaque moisson; et cet usufruit appartenait non à l'individu, mais à la famille (*cognationibus hominum*) (1).

La législation d'Hoël-dda a conservé des traces évidentes de cette antique indivisibilité de la terre dans chaque tribu.

L'on a vu, dans le paragraphe qui traite des droits du *pencenedl*, que ce chef de race était le seigneur de toutes les terres de sa parenté. C'était lui qui, comme les *principes* dont parle César, assignait une certaine étendue de terrain à chaque père de famille. Il y avait chez les Gallois deux espèces de terres : 1° celle qui était considérée comme une propriété libre, et qui se partageait entre les frères, les cousins et les enfants de ces derniers (tir gwelyawg) (2); 2° celle qu'on appelait tir cyfrif

---

(1) 25. Terra... non vendetur in perpetuum, et vos *advenæ et coloni* mei estis. (*Levit.* XXV, 23, 24.)

(2) *Gwelywad*, de *gwely*, lectus, familia. — (*V.* Davies.)

(1) (*terra numerata*), ou tir cyllydus (*manerium servile*), laquelle était divisée entre les colons répartis dans chaque *cwmmwd* (2). La terre gwelyawg se partageait de telle sorte qu'il restât à chaque frère un petit domaine, ou tyddyn, de quatre arpents (3). Cette petite portion de terrain n'était pas suffisante pour la nourriture d'un homme : mais il ne faut pas oublier que la majeure partie du domaine de chaque *cenedl* était sous bois ou sous pâtures, et que c'étaient là des biens communs à tous. Lorsqu'il n'y avait point de maison à partager, le plus jeune des frères faisait les lots, et c'était l'aîné qui choisissait, puis venaient tous les autres, successivement et par rang d'âge, jusqu'au plus jeune.

S'il y avait des maisons, c'était l'avant-dernier des fils qui faisaient les lots, et les choix avaient lieu de la même manière. Le plus jeune des fils héritait, dans ce cas, du domicile principal, avec huit arpents de terre, du mobilier et de toutes les maisons du père, de la chaudière, de la hache à bois et du couteau, toutes choses dont le père ne pouvait disposer en aucune façon (4).

---

(1) *Cyfrif*, de *cyf*, avec, et *rhyf*, nombre, ou *nombrer*. — Terra numerata.

(2) L'on a vu plus haut que le tiers de chaque *cwmmwd* consistait en tenures serviles.

(3) Fratres agros inter se ità dividebant, ut quatuor jugera prædiis singulis assignarentur. (*Leg. Wall.* L. II. c. 12. §. 2. p. 139.).

(4) Ubi non sunt domicilia, frater natu minimus eliget, et ità procedetur à seniore ad proximum seniorem, dùm ad minimum ventum

Ces divers partages s'exécutaient durant la vie des frères qui avaient ainsi hérité des biens de leur père. Mais, après leur mort, leurs enfants avaient le droit de recommencer les partages. Enfin, les petits-enfants de l'auteur commun pouvaient, de leur côté, user de cette même faculté que la loi interdisait ensuite (1).

Tel était l'ordre de la coutume dans la division des *terres libres*.

Quant à la terre cyllydus, elle ne passait pas par héritage aux enfants du colon, car elle était commune entre tous (2). A la mort de chaque chef de famille, la terre qu'il laissait vacante était partagée entre tous les habitants du village. Toutefois,

---

sit... Cùm fratres hereditatem paternam inter se diviserint, frater natu minimus habebit domicilium principale, cum octo jugeris, et instrumento rustico, et omnibus ædificiis paternis, et lebete, et securi ad dissecanda ligna, et cultro; hæc enim tria pater nec donare, nec testamento legare potest ulli, nisi filio natu minimo; et licèt oppignerentur, nunquàm decident. *(Leg. Wall.* L. II. c. 12. §. 4. p. 139-140.*)*

(1) Fratribus defunctis, nepotes divisionem iterùm instituent, si voluerint, et hoc modo procedent. Heres fratris natu minimi partietur, et ità procedetur à majori ad majorem, donec ventum fuerit ad minimum; et hæc partitio valebit quandiù isti vixerint.

(Ib. L. II. c. 12. §. 5. p. 140.*)*

Si autem abnepotes portioni factæ inter patres suos non steterint, illi quoque partitionem instituent, ut nepotes anteà fecerunt; et post hanc partitionem factam, nec partitio ulla permittetur. De fundis liberis (tir gwelyawg) procedetur modo quem descripsimus.

(2) Villanorum filii in fundos paternos non succedent, commu-

dans ces sortes de tenures, le plus jeune des enfants héritait du domicile paternel.

On le voit donc, encore bien que, depuis une

nes enim erunt cum cæteris villanis. (*Leg. Well.* L. II. c. 12, §. 11.)

Il en était de même pour les mainmortables dans plusieurs coutumes.

Terra cyllydus (*) inter fratres non dividetur, sed præpositus et cancellarius illam partientur, et omnibus villam incolentibus equaliter distribuent. Quam ob causam, vocatur terra numerata. De hac autem terra nulla pars regi decidet, sed quæ nullius occupantis est (Tir ddiffodedig), æqualiter à præposito et cancellario dividetur inter eos. Et nemo prædium sibi legitimè assignatum relinquet, si aliud ejusdem valoris pro eo commutandum habuerit.

(*Leg. Wall.* L. II. c. 12. §. 7.)

Nulla pars terræ ddiffoddedig (id est, nullius occupantis) regi decidet. Nec ulli villani licebit alterius partem emere ; singulorum enim partes æquales erunt, nec regi ulla pars decidet eò quòd æqualiter inter omnes villanos dividenda (**).

(*) *Cyllydus* ou *cyllid*, signifie, en gallois, reditus, census, proventus (Vid. Davies.)

(**) Ici le traducteur, et cela lui arrive fort souvent, n'a pas rendu exactement le sens du gallois. On va en juger par la traduction suivante, où le mot breton est rendu exactement par un mot latin, sans égard pour la construction de cette dernière langue :

Ni – bydd – erw – ddiffoddedig–yn –y – dref–gyfrif..........................càn
Non–erit–jugerum–extinctum – in (la) villâ–cyfrif (reditibus obnoxia) quia
ny.– ddyly.– neb – brynu – erw – eu–gilydd– gan– neb – o dref
non–debetur–quisquam–emere–jugerum–sui–proximi–cum–quoquam – de villa
gyfrif–can –'ni–bydd–mwy – rhan–yr – un – no'i–gilydd – o'r – tir;
cyfrif–quia–non – erit– amplior–pars (le) –unius–quam–proximi–ex (la) terrâ ;
ac–ni–bydd–ddiffoddedig–yntau–canys–dylyedawg–yw–pawb – o'r – dref–
et–non–erit–extinctum –......– quia – jus – habens– est–quisque–ex (la) villà
arnaw.
super illud. (jugerum).

époque assez reculée (1), les tribus bretonnes se fussent approprié, d'une manière stable, certaines parties du territoire qu'elles cultivaient, les coutumes qui les régissaient, au dixième siècle encore, avaient conservé des traces profondes d'un ordre de chose antérieur.

Parmi les hommes libres eux-mêmes, il n'existait point de biens personnels, à proprement parler, mais des biens de famille. Tous les membres de la *cenedl* étaient copropriétaires à des degrés différents, quoique en vertu du même droit. C'est pour cela que, chez les Bretons (les lois d'Hoël et le cartulaire de Redon en font foi), nulle terre ne pouvait être vendue ni échangée sans le consentement des parents les plus proches, et que le père n'avait point le droit de déshériter son fils (2). C'est pour cela que chaque parent d'un homicide était légalement tenu de lui fournir, pour sa compensa-

---

(1) Voyez plus haut, ch. XI.

(2) Pater filium hereditate sibi jure debitâ exuere non potest, nisi durante vitâ suâ, ut neque filius patrem patrimonio suo, quandiù vixerit, spoliabit; et si pater filium terrâ spoliaverit, filius quod suum est recuperabit, nisi pater et fratres, et consobrini et consobrinorum filii, et dominus (arglwydd) consenserint prædium aliquod dare pro pretio sanguinis; et in eo casu filius illud recuperare non potest, cùm filio æquè ac patri hoc pretio pax redempta fuerit. Et isti sunt homines quorum consensus necessariò requiritur ad terram alienandam.

(*Leg. Wall.* L. II. c. 17. §. 1. p. 149.)

Vid. cart. sti. Salv. Redon. in App. ad calc.

tion, ce que l'on appelait, chez les Gallois, *le denier de la lance* (1).

Sous un tel régime, tous les membres de la famille étaient solidaires les uns des autres dans la plupart des actes de la vie civile.

Il nous reste maintenant à ajouter quelques détails, recueillis çà et là dans les lois cambriennes, sur la manière dont se transmettait la propriété.

Le droit d'aînesse était inconnu chez les Bretons (2). Les terres, comme on l'a vu, se partageaient en portions égales, selon l'usement de gavel-kind (3), à la réserve seulement du préciput accordé

---

(1) Si homicida solvendo non fuerit, æquum est ut denarium hastæ in subsidium habeat, qui denarius à propinquis suis (hisce septem exceptis) illi solvetur : septem *gradus* excepti hi sunt ; fratres, consobrini, consobrinorum filii, consobrinorum nepotes, consobrinorum pronepotes, consobrinorum abnepotes et abnepotum istorum filii. *Et cùm cognationis gradus ulteriùs numerari nequeant*, qui extra hos gradus positi fuerint, denarium hastæ solvent. Methodus autem quâ utetur homicida in exigendo hoc denario hastæ ab hominibus extra gradus hosce cognationis, positis hæc erit : relliquias probatas secum feret, et quandocumquè alicui horum occurrerit, illum quòd eâdem stirpe oriundi non fuerint jurare coget, vel solvere denarium hastæ, quem si non solverit, ministri domini qui cum homicida fuerint, pignus è manu illius accipient. *(Leg. Wall.* L. III. c. 1. §. 21. p. 193.)

(2) Lex ecclesiastica statuit neminem patri succedere debere præter filium natu maximum de uxore sua legitima procreatum. Per leges autem Hoëli filio natu minimo pariter ac maximo hereditas adjudicatur, et per easdem decernitur quòd nec peccatum nec crimen patris nocebit liberis quominùs ad patris hereditatem admittantur.

(Leg. Wall. L. II. c. 17. §. 3. p. 149.)

(3) Plusieurs jurisconsultes ont soutenu que l'usement de gavel-kind

au dernier des fils. Les femmes n'étaient point admises au partage de la propriété territoriale. Dans la succession mobilière, elles n'avaient même droit qu'à la moitié de ce qui était accordé à leurs frères (1).

Dans le pays de Gueneth (Vénédotie), la femme n'héritait pas de son père, par la raison qu'elle était l'héritière de son mari (2).

§. VI.

Etat des personnes. — Les hommes libres, les nobles.

Nous avons établi ailleurs que la classe des hommes libres était la base de l'organisation sociale chez les nations gauloises, comme chez les Romains et chez les peuples de la Germanie (3).

était d'origine saxonne. Blackstone lui-même avait d'abord incliné vers cette opinion (L. II. c. 6) ; mais il n'a pas hésité, plus tard (L. IV. c. 33), à reconnaître son erreur.

(1) Filia de bonis paternis dimidium tantum habebit quantum frater ejus. *(Leg. Wall.* L. II. c. 1. §. 76. p. 88.)

(2) Apud Venedotos conjux non succedet in hereditatem paternam, cùm *duo status (duo diversa jura quibus hereditatem vindicari posset)*, non debent inesse in eadem persona, hereditas nempè viri et sua. (Ib. c. 16. p. 147.)

(3) Qu'on veuille bien relire ce que nous avons écrit plus haut, page 79.

Il en était de même parmi les anciens Bretons.

Bonheddig canhwynawl, ou cynhwynol, (1) est le nom sous lequel les lois cambriennes désignent le simple homme libre. Leur condition peut être complètement assimilée à celle des Arimans germains. Il est remarquable que le mot *bonus homo* qui, suivant M. de Savigny (2), *était particulier aux Francs*, se retrouve chez les Bretons insulaires *voisins des Saxons.* Voici un autre rapprochement curieux : les gwrda (*boni homines*) (3), lorsqu'on les appelait à prononcer dans les causes prédiales, étaient désignés sous le titre de henurjeid gwlad, *seniores regionis* (4).

On donnait aussi à l'homme libre la qualification de Breiniol. Ce mot, dit le savant Davies (5), signifiait *immunis, liber, municeps, civitate donatus* : tel est, en effet, le sens dans lequel l'emploient les lois d'Hoël.

---

(1) Bonhed (V. Davies) signifie *ortus, origo.*—Cynhwynol, *ingenuus, genuinus.*

Le traducteur des lois d'Hoël, ne s'apercevant pas que, si tous les nobles étaient bonheddig cynhwynol, ces derniers néanmoins ne devaient pas être assimilés aux uchelwr (nobiles), a souvent rendu le mot bonheddig cynhwynol, par celui de *nobilis.* Cette erreur en a entraîné une foule d'autres.

(2) Savig. *Hist. du droit romain au moyen-âge.* T. I. c. 4. §. 63 in fine.

(3) Gwrda, de gwr, *homo* ; da, *bonus.*

(4) Henwr, *vir senex* ; de hen, vieux; wr, homme (V. Davies).

(5) Breiniol se dit de l'homme et de la terre; tir breiniol : *terra liberorum tenentium.*

Il y avait chez les Gallois, pour nous servir des termes employés dans leurs lois, *trois prérogatives* :

1° La race (rhyw); 2° la dignité, le braint (1); 3° le droit héréditaire (etifeddjaeth). La dignité, l'état (braint) déterminait le droit héréditaire; la race déterminait l'état; enfin, la différence établie entre les hommes par la loi, comme, par exemple, entre le brenin et le noble (uchelwr), entre la femme et le mari, entre l'aîné et dernier des enfants, entre le seigneur et le serf; cette différence, disons-nous, déterminait la race. Ainsi donc, c'était la naissance qui faisait la condition de l'homme chez les Bretons. Né d'un père et d'une mère libres, l'on était bonheddig canhwynol, c'est-à-dire, qu'on pouvait exercer tous les droits de la cité, et qu'on avait la pleine propriété de ses terres (2). Lorsqu'on avait hérité d'un père uchelwr, on jouissait des priviléges d'*une dignité supérieure* (3). Les enfants de ces nobles s'appelaient mabuchelwr (*filii principum*). Ils ne pouvaient être admis au rang des che-

---

(1) Braint, ce mot signifie *privilegium, immunitas, prœrogativa, jus civitatis, libertas, dignitas*. (V. Davies, à ce mot.) Les lois d'Hoël l'emploient le plus plus ordinairement dans le sens de condition. Ainsi par exemple, une séparation a-t-elle lieu entre mari et femme, les partages doivent se faire selon que le braint de l'un des deux époux est inférieur ou supérieur au braint de son conjoint.

(2) L'on a vu plus haut que les tenanciers de la terre cyfrif ne transmettaient pas leur héritage à leurs enfants.

(3) V. plus haut, p. 79.

valiers, on l'a dit déjà, qu'après avoir hérité de tous les droits paternels (1).

Voici quelle était la composition fixée par la législation galloise pour le meurtre des hommes libres des différentes classes :

Pour le meurtre du pencenedl, DLXVII (2) vaches ;

Pour le meurtre de chacun de ses proches (aelod), CLXXXIX vaches (aliàs, CXXVI (3)) ;

Pour le meurtre d'un mabuchelwr, et de tout homme exerçant une fonction publique sous un arglwydd, CXXVI vaches (4) ;

Pour le meurtre d'un homme libre (bonheddig-cynhwynol), LXIII vaches (5) ;

---

(1) V. plus haut, p. 309.

(2) Compensatio pro cæde principis familiæ DLXVII vaccis æstimatur. *(Loc. cit.)*

(3) Compensatio pro cæde unius cognati principis familiæ æstimatur CLXXXIX (aliàs CXXVI). *(Leg. Wall.* p. 202.)

(4) Compensatio pro cæde filii nobilis (mabuchelwr), et *cujuslibet viri munus publicum sub domino* suo exercentis, CXXVI vaccis æstimatur. *(Leg. Wall.* p. 200. §. 6.)

(5) Compensatio pro cæde walli ingenui (bonheddig cynhwynol) LXIII vaccis æstimatur. *(Leg. Wall.* p. 202. §. 31.)* Je lis au §. 32 des lois d'Hoël, page 203 : « Compensationis pro cæde Walli ingenui (bonheddig cynhwynol) qui filii nobilis (mabuchelwr) homo (gwr) fuerit, bes cognatis suis pendetur, et triens residuus dividetur inter dominum (arglwydd) et filium nobilis (mabuchelwr) cujus homo fuerit. » Ici la hiérarchie est bien dessinée : l'homme libre est le vassal du mabuchelwr, et celui-ci reconnaît la suzeraineté de l'arglwydd (dominus) dont il ne peut devenir l'égal qu'après la mort de son père. *(Voir plus haut.)*

Pour le meurtre de l'hôte du brenin (alltudd), LXIII vaches;

Pour le meurtre de l'hôte d'un uchelwr, moitié du taux précédent (1).

Il y avait donc, parmi ces diverses classes d'hommes libres, hiérarchie de rangs comme chez les Germains (2). Mais ce n'est pas ici le lieu de traiter ce sujet. Examinons d'abord quelle était, chez les Gallois, la condition des vassaux non libres.

§. VII.

Des Colons.

Au premier rang des colons, nous devons placer les *aldudd* (*advenæ*) dont la condition répondait à celle des *hospites* du moyen-âge. Ces altudd étaient placés sous la domination du brenin ou des nobles de la contrée dans laquelle ils venaient chercher un asile (3).

---

(1) Compensatio pro cæde walli ingenui et cujuslibet alldud (advenæ) regis LXIII vaccis æstimatur. (*Leg. Wall.* p. 200-202.)

(2) Tacit. Germ. XII.

(3) Lege cautum est quòd filii nobilium (mabuchelwr) dominium exercebunt super advenas suos eodem modo quo rex dominium exercet super advenas suos. (*Leg. Wall.* L. II. c. 18. §. 1. p. 153.)

Leur

Leurs héritiers, à la quatrième génération (1), devenaient propriétaires. Toutefois, alors même ils restaient soumis à la *suzeraineté* de leur ancien patron (2).

Leur petit domaine (tyddyn) leur était assuré au même titre qu'à tout homme libre. Quant aux autres champs, ils les cultivaient en commun, selon l'usage (3).

L'altudd ne pouvait être en même temps propriétaire dans sa nouvelle et dans son ancienne patrie (4). Que si le mabuchelwr expulsait ces étrangers de ses domaines avant le temps que la loi fixait pour qu'on pût devenir propriétaire, le sei-

---

(1) L'on a vu précédemment que la propriété n'était *stable* chez les Gallois qu'après la troisième génération.

(2) Hi posteà ab illis generosis, quibus anteà parebant, se non subducent, proprietarii enim sunt qui in illorum clientelam sese dederunt (*Ib*. §. 2.)—Telle est la traduction de Wotton. Comme elle manque de précision, voici le texte original, avec traduction littérale et interlinéaire :

Ac-o-hynny-eillanni-ddylyant-fyned-wrth-y-meibjon uchelwyr,-
Et-ex-hoc-ire-non-debent-extrà,-ab-(les)-filiis-nobilium,-
canys-priodorjon-ynt-adanaddunt.
quia-proprietarii-sunt-sub illis.

(3) Cùm autem proprietarii evaserint, unusquisque prædium sibi debitum possidebit; *cæteri agri conjunctim ab illis colentur* (*). (*Ib*. §. 3.)

(*) Ce passage confirme tout ce que nous avons dit plus haut de la communauté de la terre.

(4).... Nec tamen illis licebit duplicem obtinere proprietatem, unam scilicet in regione ex quâ sunt oriundi, et in nostra alteram. (*Ib*. §. 2.)

gneur ne devait rien prélever sur leur avoir (1).

Si, au contraire, c'étaient les altudd qui abandonnaient leur seigneur, avant l'époque dont il a été parlé ci-dessus, ils étaient tenus de lui laisser la moitié de leurs biens (2); de plus, s'ils étaient nés dans les contrées d'outre-mer, ils devaient s'embarquer au premier souffle de vent favorable, sans quoi ils retombaient sous la dépendance de leur ancien maître (3).

L'altudd qui s'enfuyait de chez son seigneur était vendu (4).

Les colons proprement dits, c'est-à-dire, les Gallois qui cultivaient la terre cyfrif, portaient le nom de meibion eilion, mot que Wotton, par une distraction inconcevable (5), a rendu par celui d'*advena*, mais qui signifie réellement *fils de serf*; de *mab*, enfant (pluriel, meibion), et de *ailt*, serf

---

(1) Quòd si dominus illos invitos expellat, et nondùm proprietarios, nihil ex eorum bonis ad illum pertinebit. *(Ib. §. 7.)*

(2) Si advenæ à dominis suis (arglwyddi) discesserint, antequàm proprietarii evaserint, dimidium bonorum suorum post se relinquent.
(Leg. Wall. L. II. c. 18. §. 4. p. 154.)

(3) Sin ortu transmarini fuerint, diutiùs hic (in Wallià) non manebunt, quàm ad primum ventum quo patriam suam repetere possint; et si morati fuerint, ad pristinos dominos et priorem servitutem (caethiwed) revertentur. *(Ib. 5. 6.).*

(4) Si advenæ... inter aufugiendum deprehendebantur, venditione damnabuntur. *(Leg. Wall. L. II. c. 3. §. 79. p. 222.)*

(5) V. p. 582, du glossaire d'Iloël, au mot *tacawg*. « *Eilljon*, dit-il, est pluriel, *ab*, *all*, alius. »

(pluriel, eilion) (1). On les nommait aussi taeaw-geu (2) et bilain.

Nous avons dit qu'il y avait, dans chaque cymmwd, quatre manoirs serviles, et que les colons qui y étaient attachés ne transmettaient pas à leurs enfants la portion de terrain qu'on leur assignait. Ces colons étaient soumis à diverses redevances dont les principales consistaient à nourrir, neuf fois par an, les chevaux et les chiens du seigneur, et à donner l'hospitalité à ses altudd, lorsqu'ils se dirigeaient vers leur pays (3). Pour cette raison, dit la coutume, ils étaient exemptés du paiement, de la livre d'impôt et du droit d'hospitalité que le brenin recevait des huit autres manoirs (4).

Tous les colons, hormis ceux du roi, étaient obligés de travailler aux fortifications des châteaux du prince, chaque fois qu'ils en étaient requis (5).

Les meibion eilion du brenin étaient chargés

---

(1) V. Davies, dict. britannico-latinum, au mot *aill*.

(2) Taeog, *villanus*, *rusticus*. (Davies, *ib.*)

(3) De duodecim maneriis quæ debent esse in qualibet commota, (cymmwd) quatuor assignabuntur filiis coloni (meibion eilion), ad pascendos canes et equos, ad canonem (cylch) et ad hospitium (dofreth). *(Leg. Wall. L. II. c. 19. §. 12. p. 158.)*

(4) V. Leg. Wall. L. II. c. 20. p. 158. et *ib.* c. 23. p. 164.)

(5) Ad Castella regia instruenda omnes coguntur à rege, quandocumque illi libuerit, præter colonos dominici regii.

(Leg. Wall. L. II. c. 24. §. 2.)

de la construction des neuf édifices qui formaient les principales dépendances de la demeure royale, savoir : le palais, la chambre, la cuisine, la chapelle, le grenier, le four, l'étable, le chenil et l'atelier (1). Quand le roi partait pour la guerre, ses colons lui fournissaient des chevaux et des transports pour ses bagages (2). Dans ces circonstances, toute trêve servile devait envoyer dans le camp royal un homme armé de sa hache, pour aider à la construction de la tente du prince (3).

Les colons ne pouvaient labourer la terre, avant qu'on eût assigné à chacun d'entre eux les *jugera* qu'ils devaient cultiver (4).

Il était défendu au fils du colon (taeawg) d'étudier les arts libéraux, sans la permission de son seigneur, à moins qu'il ne fût dans les ordres sacrés, et, en outre, d'exercer la profession de forgeron ou celle de barde (5).

---

(1) Novem ædificia villani pro rege extruent, aulam et cubiculum, culinam et capellam, horreum et fornacem, officinam et stabulum pro equis, et stabulum pro canibus.
(*Leg. Wall.* L. II. c. 25. §. 8. p. 166-167.)

(2) Equos ad gestanda impedimenta regia in exercitibus suis ipsi suppeditabunt. (*Ib.* §. 3.)

(3) Villa quælibet servilis colonum unum cum securi præbere tenetur, ad tabernacula conficienda in castris regiis. (*Ib.* §. 9.)

(4) Villanus nemo arare debet, antequàm singulis villæ incolis jugera sua assignata fuerint. (*Leg. Wall.* III. §. 5. p. 280.)

(5) Tres artes sunt quas villani filius profiteri non debet absque licentia domini; et si profiteatur, dominus ista iterùm dejiciat, profes-

Les esclaves proprement dits étaient en petit nombre dans l'île de Bretagne (1). La loi d'Hoël les désigne sous le nom de caeth, mot que Davies traduit par ceux de *captivus*, *mancipium*, *servus*, et qui, dans les dialectes armoricains, s'emploie dans le sens de misérable (2). Il y avait, toutefois, deux classes de caeth :

1° Le caeth dofaeth ou gweiniddjaw (3), esclaves employés par les mabuchelwr à tous les travaux de la maison et des champs, mais qui, néanmoins, n'étaient pas astreints à la charge pénible de moudre le grain ou de briser les mottes de terre avec le hoyau (4).

---

sione artium liberalium tantùm exceptâ, si modò ordinibus sacris initiatus fuerit ; artes autem istæ hæ sunt : 1° artium liberalium professio, 2° ars fabrilis, 3° ars bardi (poetæ).—Vid. Leg. Wall p. 307. Triad. 31).

(1) Il en était de même chez les Gaulois.—Voir note 3, p. 92.

(2) Voy. dans Le Pelletier (*Dict. breton*, c. 464), kaez, kae, dans le breton du continent, veut dire une haie, une clôture, un endroit fermé. Chez les Gallois, il était aussi employé dans ce sens ; mais il signifiait, en outre, un collier. (V. le *Gloss. bret. des lois d'Hoël*, p. 539.) Les esclaves portaient peut-être au cou cette espèce de carcan.

(3) Gweinydd, gweinidoc, minister, famulus ; armoricè gonideg (Davies).

(4) Servus domesticus (caeth gweinidjw) is censetur qui in domi filii nobilis (mabuchelwr) manet, et ne ad ligonem, nec ad molam condemnatur ; is enim vocatur *caeth dofaeth*. Servus dofaeth est is qui advenit cum dote, non emptus ; et cum filio nobilis (mabuchelwr) manet (*) ; et hujus pretium est tantum quantum servi empti. (*Leg. Wall.* p. 453.)

(*) Les *hospites* du cartulaire de Saint-Père de Chartres cultivaient aussi les terres des *milites*. (V. Proleg. du cart. de Chartres.—Guérard, p. 35.)

2° Le caeth *absolutè dictus*, ou esclave achété, qui était condamné aux travaux les plus vils.

La valeur du caeth dofaeth était deux fois celle du caeth acheté (1).

Lorsque le premier se présentait dans la demeure d'un mabuchelwr, et en recevait une portion de terre à cultiver sous la condition de payer le twngc (*canon liberorum tenentium*) et le gwesdfa (2) dus au seigneur (árglwydd), sa valeur était estimée la moitié de la valeur de l'altudd du brenin, et il était placé, dès lors, au rang des altudds du mabuchelwr, qui avaient leur personnalité propre (3).

La compensation pour le meurtre du caeth était d'une livre, s'il était né dans l'île, et d'une livre et demie, s'il venait d'au-delà des mers (4).

Une autre version (*Cott.* 6) porte ce qui suit:

« La compensation pour le meurtre d'un caeth

---

(1) La compensation pour meurtre du colon d'un brenin était de 63 vaches, comme pour le meurtre d'un homme libre. Le meurtre d'un colon attaché aux mabuchelwr était compensé par la moitié de ce taux. (*V. Leg. Wall.* p. 203. §. 35. 36.)

(2) Guesdfa, *hospitium*.

(3) Servus domesticus (caeth weinigjawl) filii nobilis (mabuchelwr), si exeat è domo ejus et terras cum domicilio ab eo accipiat, et domino censum (tungc) et commeatum (guesdfa) præstare teneatur, æstimabitur dimidio pretii advenæ regis et exindè pro advenâ filii nobilis, statum proprium habente, reputabitur. (*Leg. Wall.* L. V. c. 2. §. 35. p. 453.)

(4) Leg. Wall. L. III. c. 11. §. 41.

» bien constitué (caeth telediw) est d'une livre et
» demie. S'il est manchot, ou trop vieux, ou trop
» jeune, sa compensation sera d'une livre, sup-
» posé qu'il vienne de l'autre côté des mers. Quant
» au caeth né dans l'île, sa compensation ne sera
» aussi que d'une livre, attendu que c'est lui-même
» qui, de sa propre volonté, a porté atteinte à sa
» liberté, en se louant comme un mercenaire (1). »

Il y avait, chez les Gallois, deux sortes de personnes pour le meurtre desquelles le brenin ne
devait exiger aucune compensation, encore bien
qu'elles eussent été tuées sur son territoire. C'était
l'homme surpris, de nuit, dans la chambre du brenin, et le caeth appartenant à un autre maître.
En effet, le pouvoir du maître sur un caeth,
suivant la loi d'Hoël, était le même que celui qu'il
avait sur son bétail (2).

Tout fils de colon (taeawg) devait, dès qu'il avait
atteint sa quatorzième année, être conduit à son
seigneur auquel il faisait hommage (gwrhau), et
qui, dès lors, était tenu de nourrir son vassal (3).

---

(1) Sin autem conterraneus fuerit, compensatio pro cæde ejus libra
quoque æstimabitur, cùm ipse statum suum deshonaverit, se mercede
conducendum patiendo. (*Leg. Wall.* L. III. c. 2. §. 41. p. 204.)

(2) Duo sunt homines pro quorum cæde rex compensationem exigere non debet; licèt in sua ditione interficiantur : servus alienus ; hero
enim eadem est potestas in servum suum ac jumentum : et homo qui
noctu deprehensus fuerit in regis cubiculo ambulans absque lucer-
na. *(Ib.* §. 50. p. 206.)

(3) Decimo quarto anno elapso, pater illum (puerum) ad dominum

Dans un autre livre du même code, nous lisons ce qui suit :

« Que si le seigneur demande quels sont ces
» hommes (1), qu'il lui soit répondu que ce sont
» des ténanciers auxquels, en vertu d'un pacte lé-
» gitime, appartiennent tous les droits de leur race,
» de telle sorte que leurs *gentiles* peuvent récla-
» mer des amendes pour toute injure à eux faite,
» et une compensation pour le meurtre de ceux
» d'entr'eux qui seraient tués injustement. Et,
» en effet, ceux-là doivent être, sans exception,
» considérés comme des caeth et comme des
» altudd, qui n'ont pas été élevés, par la con-
» dition de leur terre, à la dignité d'homme
» libre : et leur seigneur a le droit de les vendre
» ou de les donner ; et, s'ils sont mis à mort in-
» justement, il n'y a point de compensation pour
» leur meurtre, puisqu'ils n'ont point de *gentiles*
» qui puissent la réclamer (2). »

(arglwydd) adducere tenetur ad hominium domino præstandum, qui illum posteà sustentabit. Hæc villanorum filios spectant. (*Leg. Wall.* L. II. c. 1. §. 55. p. 84-85. — V. plus haut le §. où il est traité des droits du fils de famille.

(1) Les tenanciers des monastères.

(2) Et si ex parte domini (arglwydd) quæratur, quinam sunt hi homines, respondebitur homines sunt quibus, virtute pacti legitimi stirpis suæ jura competunt, ità ut gentiles eorum multas accipiant, et pro contumelia eis illata, et compensationem pro cæde si injustè interficiantur. Hi autem et omnes, qui terrarum suarum virtute ad li-

DES GERMAINS ET DES ANCIENS BRETONS.   329

Nous avons traité successivement des colons, des caeth-dofaeth et des caeth proprement dits. Il nous reste, avant de terminer ce chapitre, à faire mention d'une autre classe de cultivateurs que le code d'Hoël-dda désigne sous le nom de *carllawedrawg*. Ces carllawedrawg étaient des hommes libres possesseurs de terres (bonheddig trestadawg), mais qui, s'étant obérés, entraient au service de quelque noble, leur créancier, et restaient attaché à sa domesticité jusqu'à l'entier acquittement de leurs dettes. Alors, il leur était permis de rentrer dans leur condition première (1).

berorum hominum statum non elevantur, tanquam villani et advenæ dominorum suorum censeri debent : hos domini eorum vel vendere, vel donare per legem possunt; et si injuste occidantur, cædes eorum non compensabitur, cùm gentiles non habuerint, qui illam exigere possent. *(Leg. Wall.* L. V. c. 6. §. 4. p. 498.)

Ce passage est trop important pour que nous ne croyions pas en devoir donner ici la traduction littérale et interlinéaire :

Ac-or-derfydd-gofyn - o- blaid-yr-arglwydd-pwy-bian-y-gwyr-
Et - si - acciditt - quærere-de-parte-(le) - domini - quinam-(les)-viri-
llynny,-gwyr-ynt-yn sefyll - wrth briodolder - anjanawl-ynghyfraith-
illi, - viri-sunt-in hoc statu - ex-proprietate-naturali- in lege-
cenedl iddunt - i - gaffel - eu   -   sarhaad   -   a'i - gala-
gentis ipsorum-(à)-habere-suum-*injuriæ*-*pretium*-et suum-*homicidii*-
nas - or-cledir - hwynt -yn-anghyfreithwawl.
pretium-si-occiditur - illos - in - illegitimo.

Le reste du paragraphe a été traduit fidèlement par Wotton.

(1) Si vir ingenuus qui fundum possidet, se ipsum pro servo dedat filio nobilis, et maneat cùm illo ad quoddam tempus, et ex eo tempore cùm fuerit servus istius filii nobilis (mabuchelwr), filio nobilis pro compensatione cædis ejus debentur tres boves; alii libri dicunt sex bo-

§. VIII.

Institutions politiques.

Nous nous sommes efforcé, dans les chapitres V[e] et XIe, de ce livre, de tracer un tableau fidèle des institutions politiques des Gaulois et des anciens Bretons. De cette étude ressort, nous le croyons, la preuve de l'assertion que nous avions émise dans un autre ouvrage, savoir, que l'ordre de chose qu'on a appelé féodalité au XIe siècle, n'était que le développement naturel des coutumes qui régissaient non pas seulement les tribus germaniques établies de l'autre côté du Rhin, mais la plupart des petites nations belliqueuses éparpillées sur le continent européen, et chez lesquelles n'existait pas un système de cen-

---

ves pro eo deberi. Isti autem abire à filio nobilis licebit, quandò velit ; tantummodò solvere tenebitur filio nobilis quodcumque debitum erit illi, juxtà leges Hoëli. Et hic vocatur carllawedrawg ; carllawedrawg est vir cui licet ire ubicumque velit.

(*Leg. Wall.* L. V. c. 2. §. 45. p. 456.)

Voyez, p. 91, ce qui a été dit des *obœrati* gaulois et conférez les divers textes.

tralisation fortement organisé. Toutefois, notre tâche serait incomplète si, avant d'aborder l'histoire du gouvernement féodal dans l'Armorique, au VIIe siècle et au VIIIe, (1), nous ne faisions pas connaître ici, bien que d'une manière sommaire, le régime politique qui gouvernait les Bretons insulaires avant la période qu'on est convenu d'appeler féodale.

L'île de Bretagne, depuis la conquête saxonne jusqu'à l'an 940, où furent rédigées les antiques coutumes de cette contrée, nous offre une organisation politique qui présente, sur plusieurs points, une frappante analogie avec le gouvernement en vigueur dans les Gaules à l'époque où César en fit la conquête, et laisse voir, dans son ensemble, une identité presque complète avec les institutions des Bretons du continent.

Il y avait, dans la partie de l'île restée bretonne, plusieurs petites nations ayant chacune leurs mœurs, leurs usages, et reconnaissant, à des degrés différents, un chef commun. Il y avait un wortighern, ou, si l'on veut, *un chef des chefs*; mais, point de roi, point de souverain dans le sens où les légistes des deux derniers siècles entendaient ce mot (2); une confédération de *cenedl*; mais

---

(1) Ce sera le sujet d'un second ouvrage distinct de celui-ci, mais qui s'y liera néanmoins.

(2) La vive polémique de M. Aug. Thierry a fait écrouler tout cet

point d'état ; des officiers ayant, comme chez les Francs, un commandement sur les hommes des cantons, mais nullement sur les terres de ces derniers, lesquels étaient souverains dans leurs domaines, comme le brenin dans le sien (1).

Primitivement, le brenin était, selon toute apparence, élu comme les anciens chefs gaulois dont parle Strabon (2). Le brenin n'était, à cette époque, qu'un de ces *principes* dont il est fait mention dans Tacite, et qui, dit-il, *jura per pagos vicosque reddunt* (3). Et, en effet, n'avons-nous pas vu, précédemment, que chaque canton du Cantium avait un petit roi du temps de César (4)?

De ces *reguli*, les uns se firent plus tard indépendants, les autres reconnurent la suzeraineté d'un brenin supérieur. Ces derniers devaient payer au prince dont ils se reconnaissaient les *machtyerns*, c'est-à-dire, les vice-rois (5), un tribut que les

---

échafaudage de gouvernement impérial. Sous ce rapport, l'illustre écrivain a rendu un véritable service à la science.

(1) Clarke, l'éditeur des lois d'Hoël, encore bien qu'il partageât les erreurs de ses contemporains sur les prérogatives de l'ancienne royauté, fait observer cependant que, « Præfecto et cancellario, apud Cambros, cura dominici regii commissa erat ; extra illud vero nihil erat quod agerent. (*Vid. leg. Wall.* p. 159. not. A.)

(2) Strab. L. IV. c. 4. p. 197.—V. plus haut, p. 119.

(3) Tacit. Germ. XII.

(4) Voyez plus haut, p. 231, note 1.

(5) Le mot *machtiern* que nous retrouvons si souvent dans le cartu-

Gallois appelaient *machteyrnged*. Un précieux passage recueilli par le traducteur des lois d'Hoël, dans l'un des manuscrits qu'il avait compulsés, va jeter une vive lumière sur la question que nous traitons :

« Si un étranger se rend coupable d'une in-
» jure envers le roi d'Aberfraw, qu'il soit con-
» damné à lui donner soixante-trois livres, et
» cela parce que telle est le *machteyrnged* (1),
» que le roi d'Aberfraw doit payer au roi de Lon-
» dres (2), après en avoir reçu sa terre. De leur
» côté, les brenins de Galles doivent recevoir leur
» terre du roi d'Aberfraw et lui payer le mychteyrn-
» ged et l'ebediw (3) ; et la parole de ce brenin a
» autorité sur tous les brenins de Galles, tandis

---

laire de Redon, vient de *mach*, fidejussor, sponsor., dit Davies (ad verb. *mach*) ; et de *teyrn*, *tyern*, chef, roi.

(1) Ce droit est appelé *mechdeyrn ddylyed* (devoir du machtyern).
(*Leg. Wall.* L. III. c. 2. §. 1.)

(2) L'on a vu plus haut (p. 294) que, peu de temps après la conquête, les Bretons acculés dans les contrées de l'ouest ne possédaient plus que six petites principautés. Ainsi, ce fragment se réfère à une époque antérieure à la prise de Londres par les Saxons. Nous trouvons, au livre III. c. 2. §. 1. des lois d'Hoël, la confirmation des faits qui précèdent :

« Si alienigena regi (brenin) injuriam intulerit, LXIII libris multabitur : et hoc est tributum à rege Aberfraviæ regi londinensi solvendum, cùm ab illò regnum suum acceperit ; et præter hoc, exceptis canibus, accipitribus et equis suis, nihil exigetur. »

(3) Ebediw summa pecuniæ quæ ex bonis mortui vassali domino debebatur. (V. Davies.)

» que nul autre brenin n'a puissance sur celui d'A-
» berfraw (1). »

Le système féodal n'apparaît-il pas tout entier dans
ec passage qui, nous le répétons, se réfère à une époque antérieure à la prise de Londres par les Saxons?

La souveraineté, chez les Gallois, consistait dans
les prérogatives suivantes :

1° Au brenin appartenait le commandement des
armées. Toutefois, il ne pouvait, qu'une fois par
an, faire franchir la frontière à ses troupes, et encore la durée de cette campagne ne devait-elle pas
dépasser six semaines. Dans ses états, le prince
pouvait faire la guerre chaque fois que l'intérêt
de sa couronne l'exigeait.

2° Le roi avait seul le droit de faire des lois pour
régler les affaires publiques. (2). Mais ces lois, et
toutes les mesures générales proposées par le sou-

―――――

(1) Si quis de aliena patria fecerit regi Aberfraw injuriam, id est sar-
haed, reddat ei LXXII libras, et de hac caussa quòd tantum est machteyrnged quod debet rex Aberfraw reddere semel regi Londoniæ, cùm
acceperit terram suam ab eo. Posteà verò reges Walliæ debent terram illorum à rege Aberfraw accipere, et illi reddere mychteyrnged
et ebediw post mortem, et *verbum illius verbum est* ad omnes reges
Walliæ, et nullius regis verbum est ad ipsum. H. I. p. 6. 7.

(*Leg. Wall.* p. 578, au mot *mechdeyrn*.)

(2) Quatuor sunt quæ rex sibi ipsi reservavit, cum nemine commu-
nicanda : primum est, jus patrocinandi cænobiis ; secundum, via-
rum publicarum protectio. Tertium est jus leges condendi et mone-
tam percutiendi in ditione suâ. Quartum caussas regias principales
ad coronam, regem, et membra regia (aelod brenin) pertinentes, di-
judicandi. *(Leg. Wall.* L. I. c. 47. §. 10. 71-72.)

verain, devaient être acceptées par l'assemblée du pays (1).

3° Le droit de battre monnaie (2) était aussi une prérogative exclusive du brenin.

4° Nul autre que le prince n'exerçait de patronage sur les monastères et sur les voies publiques.

5° Lui seul, en outre, devait juger les causes principales qui concernaient son royaume, sa personne ou celle des membres de sa famille (aelod).

Le roi était réputé seigneur de tout son royaume (3), et, pour cette raison, tous les seigneurs du pays étaient censés égaux entre eux (4). La cour du prince se composait de vingt-quatre officiers dont les fonctions, comme Houard le fait judicieusement observer, offre une grande similitude avec les offices royaux qui existaient chez les Francs. Dans le pays de Galles, comme en France, il y avait, en effet, deux ordres d'officiers : les *minis-*

---

(1) .. Nemo habet jus legem ferendi vel abrogandi præter regem, nec rex quidem absque consensu patriæ. *(Leg. Wall.* L. IV. *Triad.* LXV. 4. p. 316.)

(2) Il n'existe, dans la Bretagne continentale, aucune monnaie des plus hauts barons.—Les princes apanagés de la maison de Bretagne, réputés souverains de leur comté, avaient seuls ce privilége.

(3) Rex namque dominus est totius regni, alii autem omnes domini inter se pares sunt. *(Leg. Wall.* L. IV. *Triad.* CXL. n. 1. p. 340-341.)

(4) Nous avons prouvé, p. 313 de l'*Essai*, en nous appuyant sur le témoignage de dom Lobineau, que, jusqu'au 15e siècle, tous les barons de Bretagne se regardaient comme égaux, et que ce fut seulement en 1451, aux états de Vannes, qu'on fit mention *d'un nombre fixe de hauts barons*.

tri et les *ministeriales*. « Au nombre des premiers,
» dit le savant auteur du *Traité des coutumes an-*
» *glo-normandes*, Hincmar place le chapelain, le
» garde du palais, etc. (1). Dans les seconds, il
» range le sacristain, le dépensier, etc. Outre ces of-
» fices, Hincmar en indique beaucoup d'autres
» sans spécifier ces fonctions : tels sont ceux qu'il
» dit être dépendants de la reine. Quoiqu'il diffère
» un peu des Gallois dans le rang qu'il assigne aux
» officiers dont il parle, cependant il attribue à
» leurs fonctions des droits *tout à fait semblables*
» à ceux dont ils jouissaient chez les souverains de
» cette nation ; par exemple, il observe, comme
» Hoël-dda, que le comte du palais employait
» souvent ses bons offices auprès du roi pour
» le calmer lorsqu'il était irrité, ou pour ob-

(1) Voici les officiers : 1° le chapelain, le garde du palais, le garde des sceaux, le chambrier, le comte du palais, le sénéchal, l'échanson ou boutillier, le comte de l'étable, le préfet des logements, les quatre veneurs, les fauconniers. 2° ministériales : le sacristain, le dépensier, le garde du trésor, le garde-chien, le garde *des habits*, le piqueur, etc.

A la cour des rois bretons, il y avait vingt-quatre officiers : le préfet du palais, le prêtre ou chapelain du palais, le dispensateur ou intendant, le préfet des fauconniers, le préfet des écuries, le juge de la cour, le chambellan, le barde de la cour, le silenciaire, le préfet des chasseurs, le médecin, l'échanson, le préposé des portes, le cuisinier, le dispensateur, et sept autres officiers de la reine.

Les offices ordinaires étaient ceux de l'écuyer des mors, du porte-pied du brenin, du régisseur de ses colons (maer), de l'appariteur, du forgeron de la cour, du préposé aux bois d'approvisionnement, du boulanger, de la sentinelle de nuit et des portiers.

» tenir

» tenir la grâce des coupables (1); que les ecclé-
» siastiques de la chapelle du roi étaient soumis au
» chapelain, de même que tous les juges et autres
» officiers l'étaient au chancelier (2). Ce n'est pas
» tout : Grégoire de Tours dit aussi, comme Hoël,
» que le camérier avait la garde du trésor (3).

» Enfin, dans le capitulaire *de villis*, les colons
» et leurs chefs paient et reçoivent des droits, et
» remplissent des obligations qui ne sont que la
» répétition de ceux que l'on voit attachés aux
» mêmes emplois dans les lois de Galles; *et ce qui*
» *achève de démontrer que les lois galloises, an-*
» *glo-saxonnes et franques ont une origine com-*
» *mune,* c'est qu'on les retrouve *dans les traités*
» *les plus anciens sur les coutumes de l'Angle-*
» *terre* (4). »

Encore bien que les Bretons de Galles fussent
aussi pauvres que leurs frères de l'Armorique,
leurs princes, enrichis par les redevances de tous

---

(1) Si alicui ex domesticis rex succenseat, illumque à se discedere jubeat, præfectus palatii illum ad mensam suam invitabit regique illum conciliabit. *(Leg. Wall.* L. I. c. 12. §. 13. p. 16.).

(2) Episcopus neminem ad capellas régias præsentabit, inconsulto rege : hoc enim sacerdotis regii officium.
(Leg. Wall. L. I. c. 13. §. 18. p. 19.)

(3) Thesaurum regium ille custodiet; pocula nempè, et cornua, et annulos ejus, etc. *(Leg. Wall.* L. I. c. 18. §. 10. p. 34.)

(4) Houard, *Traité sur les coutumes des Anglo-Normands.* T. I. p. 78. V. à suite de notre Avant-propos l'opinion de Philipps sur la communauté d'origine des institutions bretonnes et germaines.

genres qui leur étaient payées et par les manoirs libres et par les terres serviles, purent toujours déployer cette hospitalité sans borne que célèbrent à l'envi les vieux poëmes et les légendes de l'une et de l'autre Bretagne (1).

Le prince désigné pour héritier du trône, recevait à la cour les plus grands honneurs, après le brenin et sa femme. Cet héritier, choisi tantôt parmi les fils, tantôt parmi les frères ou les neveux du roi (2), marchait au premier rang des autres membres de la famille royale (aelodeu), et un grand nombre de jeunes seigneurs faisaient partie de sa suite (3). La compensation exigée pour son meurtre était évaluée le tiers de l'amende due pour le meurtre du brenin. La provende qu'on devait fournir au prince pour ses chevaux n'était jamais mesurée ; et ses chiens étaient prisés aussi haut que ceux du brenin (4). Toutefois, l'héritier désigné ne jouissait plus des privilèges énumérés ci-dessus, dès que le roi lui avait fait conces-

---

(1) Leg. Wall. L. II. c. 29. et L. II. c. 5.

(2) §. I. Principi designato, qui debet regi succedere in regno, summus honor habetur post regem et reginam.

§. 2. Regis autem filius, vel frater, vel ex fratre nepos erit.

(Leg. Wall. L. 1. c. 9. p. 12.)

(3) Hospitabatur in aulâ ephebis nobilibus comitatus. (Ib. §. 4.)

(4) Cædes ejus æstimabitur triente cædis regiæ (§. 10. p. 13)... Pabulum (ebran) præbebitur equis ejus sine mensurâ. Pretium canum ejus idem ac regiorum. (Ib. §. 12.)

sion de propriétés territoriales. Alors son rang (braint) devait se régler sur le braint de la terre dont il avait été gratifié (1).

Les lois cambriennes ne nous donnent que fort peu de renseignements sur l'organisation judiciaire des Bretons. Nous y voyons seulement qu'il y avait, chez ces peuples, trois espèces de cours, celle du roi, celle des évêques et celle des Abbés. De cette cour royale (*curia principalis*), où les juges siégeaient comme substituts du roi, ressortissaient des tribunaux inférieurs dont le siége était placé dans la cwmmwd et dans le cantref. Une cour extraordinaire était convoquée par le roi, chaque fois qu'il s'agissait de redresser les abus qui pouvaient s'être glissés dans les lois (2).

Il est à croire que, dans chaque manoir, le Pencenedl exerçait la justice sur les membres du clan, comme le faisait le Chancelier dans les domaines du Brenin.

—Nous voici arrivé au terme de notre carrière. Et maintenant, si nous avons su tirer parti des riches matériaux que nous ont fourni les historiens de l'antiquité et les vieilles coutumes des deux Bre-

---

(1) Princeps designatus... dignitate hâc fruetur, dùm terras acceperit, et posteà pro statu terrarum status ejus æstimabitur, excepto quòd si terra, quâ donaretur, fuerit servilis, ex illo tempore erit libera. (*Ib.* §. 13.)

(2) Ibid. Leg. Wall. p. 71, 172, 173, 325, 340, 389.

tagnes ; voici les conclusions qui doivent ressortir de l'ensemble de toutes nos recherches :

Le régime féodal, que les jurisconsultes de l'école de Chantereau-Lefèvre et un grand nombre d'historiens modernes, font naître après la dissolution de l'empire carlovingien, remonte à des siècles bien antérieurs.

Lorsque César fit la conquête des Gaules, cette contrée renfermait trois classes d'hommes, les Druides, les nobles et des vassaux de différents degrés, dont les uns peuvent être assimilés aux *comites* des Germains, les autres aux serfs du moyen-âge. Dévouement de l'homme à l'homme ; organisation militaire dont on ne saurait nier la similitude avec celle des chevaliers du moyen-âge ; morcellement du territoire en une foule de petites sociétés gouvernées par des chefs puissants (et cela par une coutume établie très-anciennement); hiérarchie fortement organisée, chez les Gaulois d'Asie comme parmi ceux qui habitaient l'Europe ; obligations imposées aux anciens clients romains et aux ambacti gaulois, rappelant d'une manière frappante les charges auxquelles étaient soumis certains vassaux du moyen-âge (1), tel est le spectacle que présente la Gaule indépendante. La conquête romaine apporta sans doute de profondes modifications

---

(1) Voy. plus haut, p. 70 et suiv.—82-96—111-112.—87 et suiv.

dans les institutions qui régissaient ces peuples. Mais leur organisation domestique, mais les anciens usages nationaux, restèrent debout. Si, dans l'enceinte des villes, et spécialement dans les contrées méridionales, les populations se façonnèrent rapidement aux mœurs et aux habitudes des conquérants, la majeure partie de la Gaule demeura étrangère à ces transformations.

Dès le règne de Gallien, elle échappe, pour ainsi dire, à la domination romaine. La plupart des tyrans qui usurpent la pourpre, pendant les deux derniers siècles de l'empire, appartiennent à la Gaule et à la Bretagne. La révolte qui, en 409, éclate en même temps dans l'une et dans l'autre de ces contrées, est le signal d'un retour complet aux anciennes coutumes nationales. Les cités armoricaines défendent leur indépendance et contre les Romains et contre les Barbares. Tout le territoire compris entre la Seine et la Loire était encore presque complètement gaulois, lorsque Clovis, converti à la foi catholique, fit alliance avec les nations armoricaines. Ces contrées, toujours en révolte, avaient ainsi échappé aux effroyables ravages du fisc impérial. Là, point d'esclaves, mais des colons; cultivateurs *penè servi* dont César nous a parlé (1). Là, régnaient plus dé-

(1) Voy. plus haut, p. 168-205.—206-224.

veloppées que partout ailleurs, ces mœurs féodales que Montesquieu et la plupart des jurisconsultes modernes font exclusivement dériver des anciens usages de la Germanie.

Dans la Bretagne insulaire peuplée, en grande partie, par des émigrés sortis de la Gaule armoricaine, nous retrouvons la même langue, les mêmes mœurs, les mêmes coutumes. Ces coutumes, comme celles des anciens Gaulois, ont d'incontestables analogies avec les lois des tribus germaines. Dans l'un et dans l'autre pays, la famille est gouvernée par des institutions qui indiquent une antique communauté d'origine; seulement, une hiérarchie plus puissante, *plus féodale*, se fait remarquer dans la législation des Bretons insulaires. L'Influence du sacerdoce druidique est restée empreinte dans toutes les lois de ce peuple.

En examinant, dans un autre ouvrage, la part qu'ont eue, dans la formation des coutumes de France, les législations des divers peuples qui s'établirent dans les Gaules en conquérants, nous aurons occasion d'apporter de nouvelles preuves à l'appui de celles que nous avons déjà accumulées dans ce volume; et il sera invinciblement démontré alors, nous l'espérons, que, sur plusieurs points, la France a reçu beaucoup plus de la Gaule que de la Germanie.

FIN.

APPENDICE.

PREMIÈRE LETTRE A M. LE Cte DE BLOIS DE LA CALANDE,

SUR

LA COLONISATION DE LA BRETAGNE-ARMORICAINE.

Vous avez à peine terminé la lecture de mon dernier opuscule, Monsieur, et voilà qu'il vous faut me suivre de nouveau dans la lice! Mais ne vous en prenez pas à mon *humeur guerroyante*, si les hostilités recommencent. C'est mon adversaire qui me force à renouveler un débat que je croyais terminé.

M. Varin est loin de se tenir pour battu. Il m'accuse, sans s'expliquer davantage, d'avoir confondu *toutes les époques*, d'avoir recherché les suffrages des *demi-savants* (1), et, ce qui est beaucoup plus grave, de lui avoir prêté des assertions qu'il n'a point avancées, comme, par exemple, d'avoir dit que, par ces mots *troupes romaines*, il entendait parler des Italiens, etc., etc. Me voilà donc condamné à me défendre, à mon tour, après avoir essayé de venger les historiens bretons des injustes attaques de M. le doyen de la faculté de Rennes. Vous qui avez étudié, avec tant de consceince et d'amour, depuis 40

---

(1) Je n'ai qu'un mot à répondre à cela : j'ai envoyé ma brochure à tous les membres de l'Académie des inscriptions, et je leur adresserai aussi cette lettre.

ans, l'histoire des deux Bretagnes et surtout les origines de notre pays, veuillez, Monsieur, me servir de témoin dans ce duel inégal. Je ferai tous mes efforts pour abréger le combat.

§ 1. Après un long résumé du premier paragraphe de Gallet, paragraphe dont voici, en deux lignes, toute la substance : « revêtu de la pourpre par ses soldats, Maxime entraîna dans les Gaules une nombreuse jeunesse ; et, à la suite de cette levée, la Bretagne dépeuplée demeura en butte à toutes les insultes des barbares. » Après avoir résumé, dis-je, tout le paragraphe de Gallet, M. Varin s'exprime ainsi :

« L'œil le moins impartial doit demeurer frappé du peu
» d'attention que Gallet accorde au rôle joué nécessaire-
» ment par les *troupes romaines*, dans une révolution
» dont elles donnent le signal, personne ne le nie ; qui est
» leur œuvre exclusive, suivant les historiens romains....
» Pourquoi donc Gallet, après avoir avoué à la hâte, en une
» demi-ligne, que Maxime est proclamé par les légions ro-
» maines, oublie-t-il tout à coup ces légions pour ne plus
» s'occuper que des 100,000 Bretons levés, dit-il, par Ma-
» xime pour exécuter ses desseins ? Mais les légions romai-
» nes n'étaient-elles donc pas là pour exécuter les desseins
» de celui dont les desseins se confondaient avec les leurs ?
» Les 36,000 hommes dont elles se composaient, n'avaient-
» ils proclamé Maxime que pour laisser à 100,000 Bretons
» le soin et l'honneur de faire réussir ses projets. Si Gallet
» se fût un peu moins préoccupé de ses compatriotes et
» un peu plus de la vraisemblance, il eût songé que 36,000
» hommes qui se révoltent parce *qu'on préfère* d'autres
» corps à leurs corps, n'appellent pas, pour rétablir l'in-
» fluence de leur chef, un corps nouveau trois fois plus
» nombreux que ne l'est le leur (*Ogée*, 3ᵉ liv., p. 232). »

L'œil le moins impartial reconnaîtra dans ce paragraphe *autant d'inexactitudes que de lignes*.

La révolution qui porta Maxime à l'empire était, dites-vous, l'œuvre *exclusive des Romains*. Mais, qu'est-ce à dire? Les Bretons, sujets de l'empire, les Bretons, *citoyens romains*, depuis Caracalla, où sont-ils donc? Quoi! les trois légions britanniques se fussent révoltées, parce que des *citoyens romains* auraient été appelés dans leurs rangs! Mais cette assertion est contraire à toutes les données de l'histoire, contraire aux plus simples notions du bons sens. L'histoire nous apprend, il est vrai, que les troupes de Gratien se soulevèrent contre cet empereur, parce qu'il *négligeait son armée et préférait* à ses soldats des Alains qu'il y avait incorporés. Mais ce que M. Varin n'a pas pu lire, dans les historiens contemporains, c'est que les légions se soient révoltées, à cette époque ou antérieurement, *parce qu'on y enrôlait des barbares*. En admettant même, comme M. Varin semble le croire, que l'entrée des légions ne fût point alors ouverte aux Bretons, Maxime eût pu, sans craindre de voir la révolte éclater dans son armée, la grossir par de nombreuses levées faites parmi les indigènes. On le voit donc, j'ai dû croire que, par cette expression *troupes romaines*, M. Varin entendait parler *des Italiens* (1). — Mais vous me prêtez là une absurdité énorme, m'écrit M. le doyen de la faculté de Rennes. — J'accepte la protestation. — Mais alors vous me permettrez de vous poser ce dilemme: de deux choses l'une: ou vous aviez oublié que, depuis plus d'un siècle et demi, les Bretons étaient devenus des citoyens romains; et alors votre distinction entre les *Bretons* et les *Romains*, comme l'assimilation que vous cherchez à établir entre la position de Gratien et celle de Maxime, à l'égard de leurs légions, est chose toute natu-

---

(1) C'était tellement le sens qu'attachait M. Varin à cette expression, qu'il dit, au commencement de sa notice: « Les soldats, *Romains d'origine*, voyaient avec envie, etc.

turelle (bien que démentie par les faits); ou vous aviez consulté le Digeste avant de vous mettre à l'œuvre (1), et alors votre dissertation sur l'interprétation à donner au mot *juventus* devient un véritable *non-sens*, et vous méritez tous les reproches dont vous avez accablé Gallet. Choisissez, Monsieur

§ 2. « *Ce n'eût pas été* le nombre seulement, mais c'eût
» été la présence même des *troupes bretonnes* dans le
» camp de Maxime qui eût inspiré quelques doutes à Gal-
» let, s'il eût voulu donner plus d'attention qu'il ne l'a
» fait aux intérêts et aux habitudes des Romains. Ceux-
» ci, depuis que leurs armées étaient devenues permanen-
» tes, *avaient toujours scrupuleusement interdit l'usage*
» *des armes aux citoyens qui ne faisait pas partie de la*
» *milice*, et cette mesure avait été *si rigoureusement* ap-
» pliquée à la Bretagne que, *d'après le passage même de*
» *Gildas*, cette province était totalement ignorante des
» usages de la guerre. Aussi, depuis la conquête romaine,
» jusqu'à la révolte de Maxime, six empereurs furent-ils
» proclamés dans l'île sans *l'intervention des populations*
» *désarmées qui l'habitaient*. Et quel rôle, en effet, eus-
» sent joué dans ces révolutions, des hommes qui, *depuis*
» *des siècles*, avaient perdu l'usage des armes dont l'ha-
» bitude ne s'acquiert pas à l'improviste ? L'apparition
» soudaine de 100,000 Bretons ou même d'un corps d'in-
» sulaires bien moins considérable, au milieu *des armées*
» *romaines*, eût donc été, du temps de Maxime, un *fait*
» *inouï* que les historiens contemporains n'eussent pas
» manqué de signaler. » (*V. Dict. des communes de Bretagne*, par Ogée, 3ᵉ livraison, p. 233).

M. Varin ne me reprochera plus de lui faire dire ce qu'il n'a pas dit, car je le cite textuellement.

---

(1) Voyez l'édit de Caracalla. Digest. P. 1. T. 9. 1. xvii.

Dans ce deuxième paragraphe, le savant professeur établit les propositions suivantes :

1° La Bretagne, sous Maxime, était complètement ignorante des usages de la guerre.

2° A la suite d'un désarmement général, six empereurs furent successivement proclamés dans l'île sans l'intervention des indigènes.

3° L'intervention de 100,000 Bretons ou d'un corps bien moins considérable de ces insulaires *est un fait inouï* que les historiens n'eussent pas manqué de signaler.

Je vais discuter tour à tour chacune de ces propositions.

1° *La Bretagne était complètement ignorante des usages de la guerre.* Qu'a voulu dire par là l'historien breton ? Doit-on, avec M. Varin, entendre la phrase de Gildas dans ce sens *que, depuis la conquête romaine, la Bretagne, désarmée par les conquérants, avait dû perdre toute habitude de la guerre ?* Non assurément. Le texte sur lequel s'appuie M. le doyen est on ne peut plus clair. Après avoir raconté le passage de Maxime dans les Gaules avec toutes les forces militaires de l'île (*omni armato milite militaribusque copiis*), l'historien ajoute : *Exin Britannia ingenti juventute spoliata*, etc. On le voit, c'est parce que l'empereur entraîna à sa suite et l'armée régulière de l'île, et cette nombreuse jeunesse *qui ne revint jamais dans sa patrie* ; c'est à la fin du IV° siècle *seulement* que la Bretagne, affaiblie par ces nombreuses levées d'hommes, se vit en butte aux insultes des barbares (*Exin*). Nous le demandons à tout homme de bonne foi, Gildas fait-il ici allusion à une époque antérieure au passage de Maxime dans la Gaule ? On verra, tout à l'heure, si cet historien aurait pu avancer une pareille assertion.

2° « A la suite d'un désarmement général, six empereurs furent proclamés dans l'île, sans l'intervention des indigènes. »

Tout le monde sait que la nomination des empereurs appartenait, pour ainsi dire, aux armées, dans les derniers temps de l'empire. Ainsi donc, il est incontestable que, dans l'île de Bretagne, comme en Italie, comme dans toutes les parties de l'empire, les soldats revêtaient leurs généraux de la pourpre, *sans consulter la nation*. Mais là n'est pas la question. Ce qu'il importe de savoir, c'est si les empereurs, proclamés dans l'île ou ailleurs, n'avaient point coutume de faire, dans le pays qu'ils occupaient, de grandes levées d'hommes pour soutenir la lutte contre leurs compétiteurs.

Or j'ouvre l'histoire romaine d'Hérodien, au livre troisième, chapitre XX-XXI, et j'y lis ce qui suit :

« (Après la mort de Niger), Sévère (qui avait déjà tenté
» de faire périr Albin proclamé par les légions de la Bre-
» tagne), Sévère envoya une partie de ses troupes se
» saisir des passages des Alpes pour fermer à son ennemi
» le chemin de l'Italie. A cette nouvelle, Albin, frappé
» de terreur, se hâta de passer de l'île dans la Gaule....
» Les deux armées se livrèrent bataille près de Lyon. La
» fortune fut longtemps partagée et la victoire en ba-
» lance ; car les Bretons, soit par la grandeur de leur
» courage, soit par leur ardeur au carnage, ne le cé-
» daient en rien aux Illyriens. Aussi, entre *deux na-*
» *tions si belliqueuses*, la victoire fut-elle disputée avec
» acharnement (1). »

Je laisse à M. le doyen de la faculté de Rennes le soin de décider si ces Bretons, émules des Illyriens par leur courage, étaient, eux aussi, des fils de *vétérans romains*, *des Juniores*, dans le sens qu'il donne à ces expressions. Je ferai seulement observer que ces événements se passaient en l'année 197 de notre ère, c'est-à-dire, antérieurement

---

(1) Voyez Hérodien, Ed. Tauchnit Leipzig, et Zozime.

à l'édit de Caracalla. Ainsi donc, avant même d'avoir été dotés du droit de cité romaine, les Bretons, alors *désarmés*, suivant M. Varin, n'étaient pas *une nation ignorante des usages de la guerre*.

Sous Constantin le Grand, la Bretagne fournissait aussi son contingent dans l'armée de 80,000 hommes de pied que cet empereur conduisit contre Maxence (312) (1). En 383, à l'époque où éclata la révolte des armées romaines contre Gratien, les troupes britanniques n'avaient donc pas encore perdu leur antique réputation (2). La Bretagne *intervenait* donc dans les querelles des ambitieux qui se disputaient l'empire et, à plus forte raison, dans celles des généraux que les légions britanniques avaient revêtus de la pourpre. Forte et belliqueuse sous Albin, sous Constantin et sous Gratien lui-même, la Bretagne ne fut privée de toute influence politique et *foulée aux pieds* par les barbares (*calcabilis*), qu'après s'être vue dépouillée, par Maxime et par le tyran Constantin, de toute la jeunesse qui eût pu la défendre et qui s'était établie sur le continent, soit dans la Gaule, soit en Espagne (3).

3° « L'intervention de 100,000 Bretons, ou d'un corps bien moins considérable de ces insulaires, est un fait inouï que les historiens n'eussent pas manqué de signaler. »

Les passages d'Hérodien et de Zozime, que nous venons de citer, répondent, de la manière la plus péremptoire, à la troisième proposition de M. Varin. Des faits qui se renouvelaient aussi souvent ne pouvaient, en aucune ma-

---

(1) Zozime, lib. II. C. xv. Ces troupes, y est-il dit, furent levées chez tous les peuples soumis à la domination de Constantin, chez les *Germains*, chez les *Celtes* et dans la Grande Bretagne. Voy. encore G. de Malmesbury, page 7. Edit. Saville.

(2) Voyez Zozime. L. IV. C. xxxv. J'ai cité, page 15 de ma brochure, un passage de Tacite qui prouve que, du temps même d'Agricola, il y avait des Bretons dans l'armée romaine. V. Agricol. xxix.

(3) Voyez la citation que j'ai faite, page 12 de ma Réponse à M. Varin.

nière, être considérés comme *inouïs*, et les historiens contemporains n'avaient aucune raison pour les signaler ; passons donc.

§ 3. O quàm parvis veniunt summa mala principiis !..... Quis non ad primum novi sceleris nuntium, hominem risit ? Nam res infra dignitatem iracundiæ videbatur, cùm pauci homines, et insulani, totius incendium continentis adolerent, et regali habitu exulem suum, illi exules, orbis induerent !

Après avoir cité ces paroles de Latinus Pacatus, le panégyriste de Théodose, M. Varin ajoute : «Selon Pacatus, une seule classe d'homme soutient Maxime : elle se compose d'insulaire ; selon Pacatus encore, ces insulaires ont revêtu leur chef de la pourpre et ont voulu l'imposer au monde. Mais les autres contemporains de Maxime disent *unanimement* qu'il s'appuyait *sur les légions romaines*, que ces légions l'avaient proclamé, qu'elles l'avaient accompagné en Gaule, qu'elles l'avaient imposé pour maître à tout l'Occident. Il est donc évident que les insulaires de Pacatus ne sont autres que les soldats des *légions romaines*. »

Mais encore une fois, Monsieur, qu'était-ce qu'un soldat romain en 383 ? Je vous ai prouvé que, sous Jules-César, et plus tard sous Galba et sous Vitellius, les légions avaient reçu dans leurs rangs des recrues étrangères à l'Italie ; que, postérieurement, ces légions ne conservèrent plus de leur ancienne organisation que le nom. Expliquez-nous donc ce que vous entendez ici par ces expressions *les légions romaines*. En lisant les ouvrages des savants des deux derniers siècles, l'on n'est pas réduit à demander toutes ces explications. Tillemont, une seule fois, parlant de l'armée que Constantin conduisit contre Maxence, dit que le fonds de cette armée était composé

---

(1) Il met [troupes romaines] entre deux crochets, selon sa méthode (Till. Hist de emp., t. IV, p. 124).

de Gaulois et de Bretons et non de *troupes romaines* (1).
« Mais il se peut, fait observer M. Guizot, que ce sage critique entendît que les Gaulois de Constantin étaient distribués en légions et en cohortes, et disciplinés selon les institutions de la milice romaine, ce qui serait incontestable, autant qu'il est certain que les *véritables troupes romaines*, levées à Rome *et en Italie*, combattirent en 312 du côté de Maxence (1). »

M. Varin qui m'accuse d'avoir, dans ma dernière brochure, *confondu toutes les époques*, mérite, sous ce rapport, les reproches les plus sévères. Il transporte intrépidement dans les derniers temps de l'empire les faits qui se passaient sous les premiers empereurs. On sait qu'un des secrets de la politique d'Auguste à l'égard des peuples vaincus consistait à détruire chez eux tout esprit belliqueux, à lui substituer la séduction des habitudes romaines, et ces voluptés qui, suivant l'énergique expression de Tacite, était aussi une partie de leur servitude. Ce système machiavélique que, beaucoup plus tard, Agricola mit en usage pour dompter l'humeur guerrière des Bretons, contribua sans doute, dans les premiers temps, à affaiblir l'esprit militaire chez ces nations; mais c'est se tromper étrangement que de croire qu'un désarmement général eût été effectué parmi les peuples subjugués.

Rome, qui ne voulait pas que ces peuples fussent trop belliqueux, dans la crainte d'avoir un jour à les combattre de nouveau, désirait pourtant qu'ils conservassent assez les habitudes guerrières pour défendre leurs frontières *sous la dépendance des légions*. « Or l'on crut concilier ces vues opposées, dit M. Guizot, en donnant à quelques peuples, à quelques cantons de la Gaule, le privilége des

---

(1) Guizot. Introduction à la collection des mém. sur l'histoire de France, p. 259.

armes et de la valeur (1). Outre les réserves de guerre, la nécessité pouvait obliger de demander des milices à la Gaule pacifique. Vitellius en tira beaucoup pour grossir ses armées; il en fit même entrer dans les légions, contre la règle ordinaire, pour les recruter; d'où l'on pourrait présumer, ce qui est d'ailleurs fort probable, qu'il aurait accordé les honneurs de citoyens romains aux Gaulois de son parti, comme Galba l'avait fait aux partisans de Vindex. Dans la suite, afin de fournir des soldats aux légions que Rome et l'Italie ne pouvaient plus compléter, il fallut communiquer *ce titre spécieux* à toutes les Gaules, et le système militaire suivi jusqu'alors y fut changé avec les circonstances des temps (2).

Après avoir langui durant plus d'un siècle dans une honteuse inertie, la Gaule se réveilla enfin sous Civilis. De Vespasien jusqu'à Maxime on retrouve, chez les Gaulois, toute l'ardeur militaire de leurs ancêtres. Le temps n'était plus où Silius pouvait dire à ses soldats, en marchant contre les Eduens : « Vainqueurs des Germains, j'ai honte de vous mener contre des Gaulois, comme si c'était des gens de guerre (3)! » où les barbares pouvaient ravager impunément les côtes de la Gaule, parce que ces populations étaient riches et peu aguerries (2). Pour résister

---

(1) Voyez M. Guizot. Introduction aux mém., p. 157, et Dubos, L. 1ᵉʳ, C. 3, et monarch. franç.

(2) Voyez Guizot, Ibid, p. 159.— « Mais dans quel temps précisément commencèrent-ils à être appelés plus communément dans le service légionnaire? en quelles proportions avec les Romains? Quelles furent, à cet égard, les règles, s'il y en eut, ou les usages? questions dont on n'entreprend pas la solution et sur lesquelles il vaut mieux s'en tenir à la sage formule *non liquet.* »

(3) Pudendum ipsis, quòd Germaniarum victores, adversùs Gallos, tanquàm in hostem, ducerentur.... (Tac., Ann. L. III, C. 46).

(4) Gallorum maximè oram vastabat, non ignarus dites et imbelles esse. (Tac. L. XI, C. 18).

aux vitelliens et pour recouvrer leur liberté, les cités gauloises avait pris les armes et refusé le tribut. Cérialis, en renvoyant chez elles les milices nationales et en faisant proclamer que les Romains se chargeaient de la guerre (1), ne fit qu'exciter l'ardeur belliqueuse des Gaulois, en paraissant mépriser leurs services.

A la suite de cette longue guerre civile, on peut conjecturer, dit M. Guizot, que « Vespasien, voyant Rome et « l'Italie épuisées d'homme de guerre, acheva de com- « muniquer le droit de citoyens romains, ou le droit d'en- « trer dans les légions, à toutes les cités gauloises, sup- « posé toutefois qu'il n'eût pas été prévenu par Vitellius « et par Galba (2)! »

Obligé de veiller sur le Rhin avec des armées nombreuses, Domitien, Nerva, Trajan, Marc-Aurèle, Commode, combattaient les Germains avec les troupes de la Gaule. « Mais il a plu aux historiens, ajoute M. Guizot, de ne voir dans les guerres germaniques que le choc des armées romaines contre celles des barbares, et de considérer la Gaule comme étrangère à sa propre défense, sous la protection commune des légions; ce qui n'est vrai qu'à quelques égards et pourrait nous induire en erreur si l'on ne savait aussi *que les Gaulois faisaient partie de ces légions* et que souvent *ils en faisaient la force* (3). »

Et, en effet, du règne d'Alexandre Sévère à celui de Maxime en 383, ce sont les Gaulois qui remplissent les armées romaines. Des huit légions qu'Auguste avait placées dans la Gaule, on n'en comptait plus que trois dans cette contrée depuis Vitellius (4). Sur les indigènes reposait donc tout le poids des guerres qu'il fallait faire sans

---

(1) Tacit. Hist. L. IV, C. 71.
(2) Guizot. Introd. p. 221.
(3) Ib. p. 228.
(4) Dio. Cass. L. 55.

cesse aux Germains ; on les voit former sous Gallien un empire séparé qu'ils défendent pendant près de quatorze ans contre les *Romains* et contre les barbares ; ce fut avec des armées gauloises que les Francs furent vaincus l'an 319 en-deçà et au-delà du Rhin, par Crispus, fils aîné de Constantin. A la bataille de Murse, perdue par l'impéritie de Magnence, les troupes gauloises, quoique défaites, s'obstinèrent à ne pas mettre bas les armes, ne pouvant se résoudre, dit l'empereur Julien, à donner le spectacle de Gaulois montrant le dos à l'ennemi (1),

Telle était, au IVe siècle, l'esprit guerrier qui régnait dans la Gaule. L'île de Bretagne, dont la conquête, à proprement parler, ne date que du règne de Domitien ; qui, seule entre tous les pays conquis par les Romains, sut conserver et la langue et les institutions nationales ; la Bretagne aurait donc subi, plus encore que les Gaules romanisées, l'influence de la corruption des conquérants ! Je m'arrête ici. Ce serait insulter au bon sens des lecteurs de pousser plus loin cette discussion.

§ 4. « Un auteur dont l'autorité vaut bien celle de Gil-
» das son contemporain, Grégoire de Tours, nous fait
» soupçonner en une phrase tout le mécontentement, disons
» mieux, toute l'antipathie que Maxime avait dû soulever
» en Bretagne. » Lorsque, dit l'historien français, lorsque,
» après avoir opprimé les Bretons sous sa tyrannie, Ma-
» xime eut remporté la victoire, il fut créé empereur *par*
» *les soldats* (L. 1. c. XXXVIII) — Quoi ! Maxime est l'op-
» presseur des *Bretons* ! Il a *fallu qu'il les domptât* avant
» de songer à se faire proclamer ; et qu'il les domptât *né-*
» *cessairement avec des troupes romaines !* Et lorsque, leur
» soumission à peine obtenue, il se voit *forcé* de recevoir la
» pourpre de la main des légions, ce n'est plus aux légions

(2) Julian. Orat. in Const.

» victorieuses, c'est aux Bretons vaincus, opprimés, qu'il
» confierait sa fortune et sa vie!... Gallet lui-même n'eût
» pas osé le prétendre. »

Tout homme, qui s'est quelque peu occupé d'études historiques, sera frappé, à la première lecture, de l'inexactitude de chacune des assertions renfermées dans ce paragraphe. Toutefois, je crois devoir examiner avec scrupule toutes ces assertions, pour que mon adversaire renonce désormais à la tactique qu'il a suivie jusqu'ici, et qui consiste à faire répéter par ses amis que M. Varin est prêt à reconnaître son erreur, si son antagoniste lui répond par de bonnes raisons et non par un appel à l'esprit national.

Et d'abord que penser des conséquences, au moins étranges, que le savant professeur ne craint pas de déduire des paroles de Grégoire de Tours? Cet historien, copiste nécessairement de quelque écrivain antérieur attaché sans doute au parti de Théodose et de Gratien, cet historien accuse Maxime d'avoir tyrannisé les Bretons. Mais vous n'ignorez pas, vous ne devez pas ignorer, M. Varin, que *des auteurs contemporains* prétendent que cet empereur était un homme remarquable à la fois par son mérite et par ses vertus! Quoi! Maxime est un oppresseur, et dès qu'il s'avance dans l'intérieur des Gaules, les garnisons voisines de la route qu'il tient se rangent sous ses drapeaux, les peuples s'empressent de lui offrir leurs services (1)!

Mais admettons que Grégoire de Tours ait été mieux renseigné que Socrate, que Sulpice Sévère, que Paul

---

(1) Les historiens, contemporains de Gratien, nous ont laissé sur ce prince des jugements non moins contradictoires. Saint Augustin et saint Ambroise en font un homme plein de bonté et très-religieux tandis que Ammien Marcellin (L. . C. xxxi 10) lui donne tous les goûts de Commode.

Orose ; dans quel chapitre de l'évêque de Tours M. Varin a-t-il donc lu que Maxime, avant de passer dans les Gaules, avait été obligé de *dompter les Bretons* (1)? Grégoire, par ces mots *sumpsisset victoriam*, semble dire, il est vrai, que ce général ne fut proclamé empereur qu'après avoir gagné des batailles; mais ces victoires ne peuvent avoir été remportées que sur les peuplades insoumises du nord de la Bretagne. Prosper Tyro, dans sa chronique, est formel à cet égard (Voyez aussi Tillemont. Hist. des emp., t. v; p. 177). Quoi ! au moment où il fallait songer à rassembler le plus de troupes possible

---

(1) Suivant Zozime (L. iv. C. 35), Maxime était Espagnol. « Mais, dit M. de Saint-Martin (Lebeau, t. iv, p. 226, note 2), les premiers auteurs qui ont écrit en latin l'histoire de la Bretagne insulaire le regardent comme un Breton, ce qui semble appuyé par un passage de Socrate (L. v. C. 2). Les auteurs et les généalogistes gallois en ont fait leur 79e monarque, et ils l'appellent Maxen Wledig. »

« Il existe, en langue galloise, une antique histoire intitulée Breuddwydd Maxen Wledig (Mort de l'illustre Maxime). Il est actuellement très-difficile de démêler ce qu'il peut y avoir de vrai au milieu de ces traditions qui semblent très-altérées. Il pourrait se faire, malgré le témoignage de Zozime, que Maxime eût été réellement Breton de naissance. Plusieurs passages du panégyrique de Pacatus et de quelques autres écrivains font voir qu'il y avait auprès de lui un grand nombre de Bretons. Comme il s'était conservé, à ce qu'il paraît, en Angleterre, plusieurs principautés dépendantes de l'empire, il serait possible, à la rigueur, que Maxime ait appartenu à la race de ces petits souverains. Les paroles de Pacatus, C. xxiii, *regali habitu exulem suum illi exules orbis induerent*, ces paroles ne peuvent guère s'appliquer qu'à un Breton. Il en est de même de cet autre passage de Pacatus, où il appelle Maxime *orbis extorris patriâque fugitivus*. Tout indique que Pacatus regardait bien Maxime comme un Breton. »

Ainsi, ce tyran qui guerroya contre les *Bretons désarmés*, les traditions galloises en font un monarque national! Et Pacatus semble confirmer ces traditions!

pour engager le combat contre ses deux puissants compétiteurs, Maxime aurait affaibli ses légions dans des guerres contre les insulaires ! Mais ces Bretons, dont il aurait obtenu la soumission à la tête des *troupes romaines*, ces Bretons, suivant vous, étaient, depuis des siècles, désarmés, privés de toute énergie !

Jamais l'esprit de système entraîna-t-il un homme de talent dans de plus déplorables erreurs ? Mais passons à un autre paragraphe.

§. 5. Il y avait en Bretagne, du temps où écrivait Tacite, une légion connue sous le nom de vingtième britannique et qui tenait garnison à Devana (Chester). La notice de l'empire ne fait pas mention de cette légion, mais comme il en existait en Illyrie une autre dite *des vieux Bretons*, comme, en Espagne il y avait un corps *de jeunes Bretons victorieux*, et dans l'île un autre corps de Bretons *jeunes et victorieux*, M. Varin (p. 239, 3ᵉ livr.) conjecture que toutes ces troupes étaient *les membres d'un même corps autrefois compact, mais dispersé après la défaite de Maxime.* « *En admettant*, ajoute M. le doyen, que cette légion eût été dissoute quand la notice fut dressée, ce précieux document ne donnerait pas moins un second démenti à Gildas, en indiquant un corps qui *probablement* avait fait partie de la vingtième victorieux, qui *certainement* stationnait dans la Bretagne, après la défaite de Maxime, et dont la présence constatait par conséquent au sein même de la Bretagne, le *retour d'une jeunesse militaire : Victores juniores Britanniciani.* (p. 239, 3ᵉ livraison d'Ogée). »

Cette argumentation est certainement fort habile, ces conjectures très-ingénieuses ; mais à qui M. Varin persuadera-t-il que *la nombreuse jeunesse* (1) que Maxime

---

(1) Il est à noter que la phrase de Gildas, que M. Varin reproche à Gallet d'avoir interprétée selon *les sentiments du patriotisme le*

entraîna dans les Gaules et qui *ne revint* jamais dans son pays (ingenti juventute quæ domum nusquàm rediit), était précisément ces jeunes Bretons victorieux que la notice place dans l'île de Bretagne ? Est-ce que, en bonne critique, les conjectures d'un auteur moderne ; si savant qu'il soit, peuvent jamais prévaloir contre des faits attestés par des écrivains contemporains, ou du moins très-rapprochés des événements qu'ils racontent?

§ 6. • Une dernière remarque et nous en avons fini avec le premier paragraphe de Gallet. Cambden indique deux médailles frappées par Maxime durant son usurpation. L'une est consacrée à la valeur de *l'armée*, l'autre à la valeur *des Romains* ; aucune ne parle *des Bretons*. Nous pensons qu'il est utile de conclure (Dict. d'Og. p. 242). •

Quiconque a lu avec quelque attention la critique que j'ai faite au sujet de la distinction établie par M. Varin entre les *Bretons* et les *Romains*, pourra se faire une juste idée de la valeur de ces arguments. Ce paragraphe prouverait, s'il en était besoin, que M. Varin, entraîné par son ardeur de polémique anti-bretonne, avait complètement perdu le souvenir de ce fameux édit de Caracalla que j'ai été obligé de lui rappeler si souvent. Le savant professeur, après la découverte de ces *deux médailles*, a cru sans doute avoir enfin trouvé *l'ultima ratio*. Gallet devait être à tout jamais foudroyé. — Mais si ce savant abbé eût vécu de nos jours, il eût dit à M. Varin: « J'oublie avec vous, maître, que sous l'empereur Maxime, mes Bretons eussent le droit de combattre dans les légions ; qu'ils fussent compris dans les *troupes romaines*; mais dans ce cas même, seriez-vous bien venu à nier

---

plus romanesque, a été comprise de même par Tillemont (Hist. des emp., t. v, p. 183), par l'abbé Dubos (L. ii, C. 14), par M. de Saint-Martin (Leb. t. iv, p. 239 et suiv.), par M. Guizot (Introd. aux mém. sur l'hist. de France, p. 314). Il est honorable de recevoir *le coup de férule* en même temps que de si savants hommes.

leur participation à l'expédition de Maxime, parce qu'il n'est fait mention que de l'armée romaine dans les médailles frappées à cette occasion? Croyez-vous, maître, que si Pompée eût vaincu César avec cette immense armée qu'il avait rassemblée chez vingt nations diverses, il eût été question des Gaulois, des Thessaliens, des Lacédémoniens, des Crétois, de tous ses auxiliaires enfin (1), dans les médailles frappées pour célébrer sa victoire?

« Mais voyons donc ce qui se passe sous nos yeux : quand les Anglais, à la suite de leurs victoires dans l'Inde, ont voulu honorer le courage britannique, ont-ils eu la pensée de faire écrire sur leurs médailles : «A l'armée britannique et aux cipayes auxiliaires ! » Et pourtant ces cipayes forment le majeure partie des troupes anglaises dans l'Inde ! »

Je m'arrête ici. Quand M. Varin aura terminé sa notice, je le suivrai sur son nouveau terrain et je discuterai, avec la même conscience, chacun des paragraphes de la seconde partie de son travail.

Il est une chose consolante pour nous, Monsieur, c'est que si, comme l'a prétendu notre *antagoniste*, *nous écrivons, en Bretagne, sous l'influence de ces exagérations que la race bretonne a toujours portées dans son histoire comme pour se dédommager, par la fable, des revers que lui prodiguait trop réellement la fortune* (Dict. d'Ogée, p. 233), du moins le destin nous accorde-t-il la chance de rencontrer des adversaires dont le *génie aventureux* dépasse, comme diraient nos voisins d'outre-mer, *toutes les excentricités bretonnes*.

A bientôt, Monsieur ; j'espère que cette polémique pourra contribuer à jeter quelque jour sur les *coins*

---

(1) Cæs. de Bello civil. L. III, C, 4.

obscurs de notre histoire. Et peu importe, après cela, que l'un des deux adversaires soit retiré meurtri du champ de bataille.

AURÉLIEN DE COURSON.

1er Septembre 1841.

EXCURSION

DANS LA NIÈVRE.

VISITE A LA COMMUNAUTE DES JAULT.

LETTRE DE M. DUPIN A M. ÉTIENNE,

PAIR DE FRANCE, MEMBRE DE L'ACADÉMIE FRANÇAISE.

.... Je savais que, à deux lieues dans les terres, dans une commune appelée Saint-Benin-des-Bois, existait encore, malgré nos cinquante années de révolution dans les mœurs et dans les lois, une de ces *anciennes communautés* si usitées en Nivernais parmi les familles de laboureurs.

La multiplicité de ces associations avait sa cause dans une disposition de la *coutume de Nivernais* qui, bien qu'elle n'admît pas la maxime insultante, *nulle terre sans Seigneur* (1), admettait cependant des *mainmortes et des servitudes* contractuelles pour certaines personnes et pour certains biens.

(1) La coutume de Nivernais était du nombre des coutumes dites *allodiales* ou de *franc-alleu*. La *franchise*, comme droit commun et comme principe, est proclamée au chapitre 7, dont l'art. 1er est ainsi conçu : « Tous héritages sont censés et présumés francs et allo-
» diaux, qui ne montre du contraire. »

Ainsi, lorsqu'un seigneur féodal concédait des terres à une famille de laboureurs pour les tenir en Bordelage (1), genre de tenure consacré par la coutume, c'était à la condition que ces terres, quelques améliorations qu'y eussent faites les détenteurs, feraient retour à la seigneurie à la mort du concessionnaire, s'il ne laissait pas d'hoirs (parents) *vivant en communauté* sur ladite terre. (2)

Cette condition, de la part du Seigneur, était un moyen de mieux *attacher les serfs à sa glèbe*; — et la vie commune de toute la famile devenait une nécessité, une sorte d'assurance mutuelle, pour la préserver de la réversibilité en cas de déshérence attachée au défaut de *communs parsonniers* (3).

Ces communautés s'appelaient aussi *communautés taisibles*, parce qu'elles n'avaient pas besoin d'être contractées par écrit, et qu'elles résultaient du seul fait d'une cohabitation en commun, *pendant an et jours*, des membres d'une

---

(1) Guy Coquille, 52e *question sur les coutumes*, définit ainsi les bordelages: « BORDELAGE est dit de *borde* qui, en ancien langage fran» çais, signifie un domaine ou ténement ès champs, que les Latins » disent *fundus* : et le mot *borde* originairement est diction tudesque » et germaine, qui signifie une terre ou domaine chargé de revenus » de fruits. Aussi, d'ancienneté, bordelage se disait quand aucun » seigneur avait un domaine ès champs, et il le baillait à un labou» reur pour lui et les siens, à la charge d'en payer tous les ans une » certaine prestation de redevance qui, à cette raison, a été appelée » *bordelage*. Aussi voyons-nous qu'en la coutume, chapitre *des bor*» *delages*, art. 3, il est dit que telle redevance consiste en trois cho» ses : deniers, grains et plume, c'est-à-dire poule ou oie, ou des » trois les deux ; qui montre que telle redevance se paie à cause du ménagement qui se fait ès champs, à labourer et semer terre, et à nourriture de volailles. »

(2) Chap. 8, art. 7, *des servitudes personnelles, mainmortes*, etc.

(3) *Parsonnier*, ayant part dans la communauté à raison de la cohabitation et vie commune.

même famille, vivant *au même pot, sel et chanteau de pain* (4).

Ces préliminaires sont insdispensables pour vous donner une juste idée de la communauté dont je vais vous parler ; mais auparavant je veux mettre sous vos yeux la description que nous donne de ces associations le savant commentateur de notre coutume, Guy Coquille, dans un passage dont le caractère historique et la naïveté digne de Montaigne ou d'Amyot, peuvent intéresser ceux-là même qui ne sont point jurisconsultes.

«Selon l'ancien établissement du ménage des champs,
» en ce pays de Nivernois, lequel ménage des champs est
» le vrai siége et origine des bordelages (3), plusieurs
» personnes doivent être assemblées en une famille pour
» demener ce ménage, qui est fort labourieux, et consiste
» en plusieurs fonctions en ce pays, qui de soi est de cul-
» ture malaisée ; les uns servans pour labourer et pour tou-
» cher les bœufs, animaux tardifs, et communément faut
» que les charrues soient tirées de six bœufs ; les autres
» pour mener les vaches et les jumens en champ, les autres
» pour mener les brebis et moutons, les autres pour con-
» duire les porcs. Ces familles ainsi composées de plusieurs
» personnes, qui toutes sont employées chacune selon son
» âge, sexe et moyens, sont régies par un seul, qui se
» nomme *Maître* de communauté, *élu* à cette charge par
» les autres, lequel commande à tous les autres, va aux af-
» faires qui se présentent ès villes ou ès foires, et ailleurs ;
» a pouvoir d'obliger *ses parsonniers* en choses mobilières
» qui concernent le fait de la communauté, et lui seul est

---

(1) Sans cela, et s'il eût fallu des actes écrits, « il n'y a maison de
» de village qui une fois en dix ans ne fût renversée et ruinée. » (G.
Coquille, *question 58 sur les coutumes*.)

(2) G. Coquille, 58e *question sur les coutumes*, voyez ci-devant la définition des *bordelages* dans la note 2 de la page précédente.

« nommé ès-rôles des tailles et subsides. Par ces argumens
» se peut cognoître que ces communautez sont vraies fa-
» milles et collége qui, par considération de l'intellect,
» sont comme un corps composé de plusieurs membres ;
» combien que les membres soient séparez l'un de l'autre ;
» mais par fraternité, amitié et liaison œconomique font
» un seul corps... (1)

« En ces communautez, on fait compte des enfans qui ne
» savent encore rien faire, pour espérance qu'on a qu'à l'a-
» venir ils feront ; on fait compte de ceux qui sont en vi-
» gueur d'âge, pour ce qu'ils font ; on fait compte des
» vieux, et pour le conseil, et pour la souvenance qu'on
» a qu'ils ont bien fait. Et ainsi de tous âges et de toutes
» façons ils s'entretiennent, comme un corps politique qui,
» par subrogation, doit durer toujours. Or, parce que la
» vraie et certaine ruine de ces maisons de village est
» quand elles se partagent et se séparent, par les anciennes
» lois de ce païs, tant ès-ménages et familles de gens
» serfs, qu'ès-ménages dont les héritages sont tenus à bor-
» delage, a été constitué, pour les retenir en communau-
» té, que ceux qui ne seroient en la communauté, ne
» succéderoient aux autres, et on ne leur succéderoit
» aussi. Les articles de la *servitude personnelle* décla-
» rent plus politiquement cette communauté, à sçavoir
» *quand tous vivent d'un pain et d'un sel.* »

Maintenant, mon cher ami, que vous voilà aussi instruit que moi *sur le point de droit*, je reprends mon récit.

Nous arrivâmes à Saint-Saulge, vers deux heures de
l'après midi. Après quelques visites dans lesquelles nous
recrutâmes M. Laillier, maire de la ville ; le neveu de mon
juge de paix, docteur en médecine, et M. Simon de la
Coudraye, un de ces bons propriétaires qui font valoir

(1) V. plus haut ce qui a été dit du Pencenedl breton.

eux-mêmes leur propre terre, et savent en tripler les produits et mériter des prix dans les comices agricoles de l'arrondissement, nous partîmes en caravane pour nous rendre à la *Maison des Jault*, commune de Saint-Benin-des-Bois.

Nous y arrivâmes sur les quatre heures, et nous eûmes un instant la crainte de ne voir personne, parce que tous les membres de la communauté étaient allés au chef-lieu de la paroisse pour entendre les vêpres et le cantique de la Vierge (c'était le jour de l'Assomption); il n'était resté à la maison qu'une femme de garde.

Comme elle nous dit que *les autres* ne tarderaient pas à revenir, nous nous mîmes à visiter les lieux.

Le groupe d'édifices qui compose *les Jault* est situé sur un petit mamelon, à la tête d'une belle vallée de prés, bornée à l'horizon par des collines boisées, sur l'une desquelles au couchant se dessine l'église et le clocher de *Saint-Benin-des-Bois*. Il est même probable que, plus anciennement, il n'y avait en effet dans toute cette contrée que des bois en partie défrichés depuis.

La maison principale d'habitation n'a rien de remarquable au dehors. A l'intérieur, on trouve au rez-de-chaussée, en montant seulement deux marches, une vaste salle ayant à chaque bout une grande cheminée, dont le manteau comporte environ neuf pieds de développement (et ce n'est pas trop pour donner place à une si nombreuse famille). A côté de l'une de ces cheminées est l'ouverture d'un large four à cuire le pain; et de l'autre côté, un tonneau à lessive en pierre, aussi ancien que la maison elle-même; car il est incrusté dans la muraille, et a reçu le poli à force de servir. Tout auprès, dans un cabinet obscur, se trouve un puits peu profond, dont l'eau ne tarit jamais, et qui fournit abondamment aux usages de la maison.

La grand'chambre, dans toute sa longueur, est flanquée

d'un corridor, dans lequel débouchent, par autant de portes, des chambres séparées, véritables cellules où chaque ménage a son domicile particulier.

Ces chambrettes sont tenues fort proprement : dans chacune il y a deux lits, quelquefois trois ; suivant le nombre des enfants Deux armoires en chêne, cirées avec soin, ou bien un coffre et une armoire, une table, deux siéges et et fort peu d'ustensiles, composent tout le mobilier.

Nous visitâmes ensuite les bâtiments d'exploitation : ils sont assez spacieux, et je remarquai que, par une précaution dont il faut louer l'architecte, c'est-à-dire le maçon, les portes des écuries, au lieu d'être pratiquées selon l'usage, dans les goutereaux, ont l'ouverture dans le pignon, ce qui, en cas d'incendie, permet d'extraire les bestiaux, sans craindre que les débris de la couverture, en s'écroulant, ferment les issues et obstruent le passage.

Cette visite domiciliaire était à peine terminée que nous entendîmes la voix de la gardienne prononcer ces mots : *les voici*.

C'était la famille, au nombre de trente-six, hommes, femmes et enfants, qui revenait du service divin, le maître de la communauté en tête.

....

La conversation s'établit alors à fond sur l'existence et le régime de la *communauté des Jault* ; en voici le résultat :

L'existence de cette communauté date d'un temps immémorial.

Les titres, que le maître garde dans *une arche* qui n'a pas été visitée par les brûleurs de 1893, remontent au-delà de l'an 1500, et ils parlent de la communauté, comme d'une chose *déjà ancienne* à cette époque. Claude alla nous chercher quelques-uns de ces vieux contrats, que nous eûmes grand'peine à déchiffrer ; et le notaire nous confirma tous ces faits.

Je demandai si la propriété qui avait servi de noyau à la communauté, était originairement un bien *seigneurial*? — Claude soutint fièrement que non, et affirma que c'était un bien patrimonial, un bien *franc*. Je le crus volontiers, non toutefois sans penser qu'il était bien difficile et en tout cas bien remarquable, qu'un *franc-alleu*, placé en des mains si faibles, eût pu traverser les siècles sans éprouver aucune main-mise seigneuriale.

Quoi qu'il en soit, la possession de ce coin de terre s'était maintenue dans la famille *Lejault*, et avec le temps, elle s'était successivement accrue par le travail et l'économie de ses membres, au point de constituer, par la réunion de toutes les acquisitions, un domaine de la valeur de plus de deux cent mille francs, dans la main des possesseurs actuels, et cela, malgré toutes les dots payées, comme je dirai bientôt, aux femmes qui avaient passé, par mariage, dans des familles étrangères.

Cette propriété, en effet, comprend aujourd'hui 105 bichets de terre à froment; des prés rapportant 90 milliers de foin, 15 ouvrées de vignes. De plus les Jault possèdent, en indivis avec les autres habitans de Saint-Benin, 400 arpents de pâturages communs, et 300 arpents de bois où ils prennent le bois à bâtir et leur chauffage.

Je voulus savoir comment et à l'aide de quels moyens on était parvenu à empêcher les morcellements, les partages, et finalement la dissolution de la communauté.—Vous allez en être étonné, mon cher ami, c'est une constitution, une charte toute entière, accompagnée d'autant de précautions que certains législateurs de l'antiquité en prenaient pour conserver dans chaque famille les biens assignés par le partage primitif.

Dans l'origine, le maître naturel de la communauté fut le père de famille; ensuite son fils, et cette hérédité naturelle se continua aussi longtemps que se maintint la ligne directe, et que l'on put distinguer un aîné doué de la capacité convenable.

Mais à mesure qu'en s'éloignant, la proximité de la parenté s'est affaiblie, au point de ne plus offrir que des collatéraux, on a *choisi* le plus capable parmi les hommes faits, pour diriger les affaires; et la femme *la plus entendue* pour présider aux soins du ménage.

Du reste, le régime de cette maîtrise domestique est fort doux, et le commandement y est presque nul. — Chacun, nous dit le maître connaît son ouvrage et le fait.

La principale charge du maître est de faire les affaires du dehors, d'acheter et vendre le bétail; de faire les acquisitions au nom de la communauté, lorsqu'il y a convenance et deniers suffisants; ce qu'il ne fait pas au reste sans prendre le conseil de ses *communs*, car, ainsi que l'a remarqué Guy Coquille (1) « eux tous vivans d'un pain, cou-
» chans sous une ouverture, et se voyant tous les jours,
» le maître est mal avisé, ou trop superbe, s'il ne commu-
» nique et prend l'avis de ses *parsonniers* sur les affaires
» importantes. »

Le fonds de la communauté se compose 1° des biens anciens, 2° des acquisitions faites pour le compte commun avec les économies, 3° des bestiaux de toute nature, 4° de la caisse commune, anciennement tenue par le maître seul, aujourd'hui déposée, par précaution, chez un notaire de la ville de Saint-Saulge.

Mais, en outre, chacun a son *pécule* composé de la dot de sa femme et des biens qu'il a recueillis de la succession de sa mère, ou qui lui sont advenus par don ou legs, ou par toute autre cause distincte de la raison sociale.

La communauté ne compte parmi ses membres effectifs que les mâles. Eux seuls font tête (*caput*) dans la communauté.

(2) Sur l'art. 5 du chap. 28 de la coutume.

Les filles et les femmes, tant qu'elles veulent y rester en travaillant, y sont nourries et entretenues tant en santé qu'en maladie ; mais elles ne font pas tête dans la communauté.

Lorsqu'elles se marient au dehors (ce qui arrive le plus ordinairement) la communauté les *dote* en argent comptant. Ces dots, qui étaient fort peu de chose dans l'origine, se sont élevées dans ces derniers temps jusqu'à la somme de 1,350 fr.

Moyennant ces dots une fois payées, elles n'ont plus rien à prétendre, ni elles ni leurs descendants, dans les biens de la communauté. Seulement, si elles deviennent veuves, elles peuvent revenir habiter la maison, et y vivre comme avant leur mariage.

Quant aux femmes du dehors qui épousent l'un des membres de la communauté, j'ai déjà dit que leurs dots ne s'y confondent pas, par le motif qu'on ne veut pas qu'elles y acquièrent un droit personnel. Ces dots constituent un pécule à part ; seulement elles sont tenues de verser dans la caisse de la communauté 200 fr. pour représenter la valeur du mobilier livré à leur usage. Si elles deviennent veuves, elles ont le droit de rester dans la communauté, et d'y vivre avec leurs enfants ; sinon, elles peuvent se retirer, et dans ce cas, on leur rend les 200 fr. qu'elles avaient originairement versés.

Tout homme, membre de la communauté, qui meurt *non marié*, ne transmet *rien à personne*. C'est une tête de moins dans la communauté qui demeure aux autres en entier, non à titre de succession de la part qu'y avait le défunt, mais ils conservent le tout par droit de non-décroissement, *jure non decrescendi*; c'est la condition originaire et fondamentale de l'association.

S'il a été marié et qu'il laisse des enfans, ou ce sont des garçons, et ils deviennent membres de la communauté, où chacun d'eux fait une tête non à titre héréditaire (car

le

le père ne leur a rien transmis), mais *jure proprio*, par le seul fait qu'ils sont nés dans la communauté, et à son profit.

Si ce sont des filles, elles ont droit à une dot; elles recueillent en outre et partagent avec les garçons le *pécule* de leur père, s'il en avait un; mais elles ne peuvent rien prétendre de son chef dans les biens de la communauté, parce que leur père n'était pas commun, avec droit de transmettre une part quelconque à des femmes qui la porteraient au dehors dans des familles étrangères, mais il était membre de la communauté, à condition d'y vivre, d'y travailler, et de n'avoir pour héritier que la communauté elle-même.

On voit par là quel est le caractère propre et distinctif de ces *anciennes communautés nivernaises*. Il n'en est pas comme des sociétés conventionnelles ordinaires, où la mort de l'un des associés emporte la dissolution de la société, parce qu'on y fait en général choix de l'industrie et capacité des personnes. Les anciennes communautés nivernaises ont un autre caractère : elles constituent une espèce de corps, de collége (*corpus*, *collegium*), une personne civile, comme un couvent, une bourgade, une petite cité, qui se continue et se perpétue par la substitution des personnes, sans qu'il en résulte d'altération dans l'existence même de la corporation, dans sa manière d'être, dans le gouvernement des choses qui lui appartiennent. Et, en effet, quand elles ont longtemps duré, et surtout comme celle-ci pendant plusieurs siècles, où est la mise de chacun? qui représente-t-on? Tous sont parents, mais à quel degré? Tout cela serait impossible à définir et à démêler ; tout ce qu'on sait, c'est qu'on est en communauté. On peut y vivre; on peut en sortir; mais en la quittant, on n'a pas le droit de la rompre, ni de rien emporter : c'est le citoyen qui s'exile en sortant de la cité.

On s'étonne qu'un régime si extraordinaire, si exorbitant du droit commun actuel, ait pu résister aux lois de 1789 et 1790, à celle de l'an II sur les successions, et à l'esprit de partage égalitaire, poussé jusqu'au dernier degré de morcellement. Et cependant telle est la force des mœurs, quand elles sont bonnes, que cette association s'est maintenue par l'esprit de famille et la seule force des traditions, malgré toutes les suggestions des praticiens amoureux de partages et de licitations.

Voici le texte même d'un contrat de mariage dans cette honnête famille :

« Convenu entre les futurs et les autres parties compa-
» rantes, que, si ledit futur décède le premier, ladite
» Etiennette Peuvot, sa femme, sera libre de rester avec
» ses enfants dans ladite communauté générale, et d'y
» vivre avec les autres communs, en travaillant avec eux ;
» et si elle vient à se remarier, les enfants qu'elle aura
» continueront leur demeure avec les autres communs en
» ladite communauté, et alors il sera restitué à ladite
» Peuvot la somme de deux cents livres, qui est la même
» que celle qu'elle y a conférée, dont elle sera tenue se
» contenter ; cette liberté lui étant accordée pour main-
» tenir la paix et l'union qui a toujours existé en la susdite
» *communauté des Lejault*, pour en éviter la division,
» que les susdites parties ne veulent point faire dans la
» suite, attendu que leur susdite communauté subsiste
» depuis environ *cinq cents ans*, et que leur intention est
» de continuer en paix et union, pendant leur vie, ce qui
» leur a été expressément recommandé par leurs auteurs
» dont ils respectent la mémoire. En conséquence, les-
» dits Etienne et François Lejault, maîtres de la susdite
» communauté, déclarent que leur intention, pour en
» maintenir la continuation, est qu'après le décès de la-
» dite Jeanne Lejault, mère dudit futur, il soit payé à
» Jeanne, Hélène, Marie et Françoise Lejault, ses filles,
» chacune une somme de quatre cents livres, pour leur

« tenir lieu des réclamations qu'elles seraient fondées à
» faire dans la susdite communauté générale, et ce pour
» en opérer la continuation entre tous les autres person-
« niers toujours en paix et union. »

Plus tard et par l'effet de mauvais conseils, les enfants de Jeanne Lejault ont voulu, du chef de leur mère, élever des prétentions sur le corps même de la communauté, et en provoquer le partage ; mais la cour d'appel de Bourges, par un sage arrêt du 6 mars 1832, a maintenu les stipulations du contrat de mariage et les conventions transactionnelles faites entre les parties, et a rejeté la demande en partage.

Ce mode d'association en famille, si utile aux intérêts communs, est également utile aux individus ; non-seulement les robustes y vivent à l'aise, mais dans cette grande maison commune, les petits, les infirmes, les vieux, tous y voient leur présent et leur avenir assurés.

Si la conscription vient atteindre quelque membre de la communauté, elle fournit jusqu'à concurrence de 2,000 fr. pour acheter un remplaçant. En cas d'insuffisance, le surplus devrait se prendre sur le pécule du conscrit.

Quant à la probité, il est sans exemple qu'un seul membre de cette communauté ait été condamné pour un délit. Ce fait m'a été confirmé par toutes les personnes que j'ai pu interroger.

Les mœurs y sont pures ; une seule fois il est arrivé qu'une de leurs filles se soit laissé séduire ; mais le scandale a été aussitôt réparé par le mariage, qui avait servi de prétexte à la séduction.

Cette famille est très-charitable. Nous le savions et nous en eûmes la preuve sous nos yeux. Pendant que nous causions de tout ce que je viens de vous raconter, à l'un des bouts de la salle, deux pauvres, assis près de la cheminée qui était à l'autre extrémité, tenaient sur leurs genoux chacun une écuelle de soupe qu'ils mangeaient fort tranquillement.

Aucun pauvre ne passe sans trouver ainsi la soupe ou le

pain. — Aussi, suivant l'expression du maître, *le pain va vite dans la maison*. Le nombre des membres n'est que de 36, grands et petits, et l'on consomme par semaine 9 bichets de grains ; ce qui à raison de 3 doubles décalitres et 10 livres par bichet, fait 450 kilogrammes ou 900 livres de grain par semaine, c'est-à-dire à peu-près 130 livres par jour.

Tous les communs vivent ainsi, suivant la loi de leur association ; *au même pain, pot et sel*. Quant aux vêtements, le maître distribue à chaque ménage, en raison du nombre et de l'âge des individus qui la composent, le chanvre et la laine.

L'état sanitaire de cette famille est parfait. Les hommes y sont grands et forts, les femmes robustes, quelques-unes assez bien. — Leur mise est propre et ne manque pas d'élégance : le jour de l'Assomption était favorable pour en juger.

A tout prendre, ces braves gens sont heureux, et en nous séparant, je leur exprimai ma satisfaction de les avoir visités ; et mon désir de les voir se maintenir ensemble « selon qu'il leur avait été recommandé par leurs auteurs. »

Dans la suite de mon voyage, j'ai vu la contre-partie. Après avoir pénétré par Decise et Fours jusqu'à Luzy, je suis revenu par la montagne Saint-Honoré, les bains romains, et par la commune de *Préporché* non loin de *Villapourçon* (pays des porcs). Dans cette commune existait jadis un grand nombre de communautés (1) ; la plus célèbre, celle qui a subsisté la dernière, était celles des *Gariots*.

Le siège de cette communauté se trouve sur une petite butte, entourée d'un ravin qui en rend l'accès assez difficile. Ce pays est aussi pauvre que celui de Saint-Benin est

---

(1) Voyez la carte de cette partie du Nivernais ; presque tous les villages sont d'anciens noms des familles qui les ont fondés.

fertile. On n'y récolte que du seigle, du sarrasin, et (depuis 30 à 40 ans seulement) des pommes de terre.

Cette communauté cependant vivait et nourrissait tous ses membres. Depuis la révolution, on a voulu partager. Dans le nombre des *parsonniers* quelques-uns ont prospéré, et sont assez à l'aise, mais d'autres sont tombés dans un état fort misérable. Le dernier maître, qui réside actuellement à Préporché, a emporté chez lui, comme un trophée, *le Grand-Pot* de la communauté. Les autres restent groupés sur le mamelon des Gariots. Les grandes chambres ont été divisées. La grande cheminée est partagée en deux par un mur de refend. Les habitations sont chétives, malpropres; les habitants, un peu sauvages, se montrèrent inquiets et presqu'effrayés à notre aspect. A peine s'ils voulaient ou pouvaient répondre à nos questions. A notre départ, ils nous suivaient des yeux, comme on suit l'ennemi qui opère sa retraite, en se glissant derrière leurs maisons.

A Jault, c'était l'aise, la gaîté, la santé. Aux Gariots, c'était la misère, la tristesse et la pauvreté (1).

Est-ce donc à dire que les habitants de la campagne devraient reprendre ou continuer le régime des communautés? — Certes, je ne méconnais pas, pour la Nièvre surtout, l'avantage de la division des propriétés, le bien-être résulté pour chacun d'avoir sa maison, son jardin, son pré, son champ, son *ouche*, tout cela bien cultivé, bien soigné.

Mais l'association bien conduite a aussi ses avantages; j'en ai signalé les heureux effets; et là où elle existe encore

---

(1) Tant est vrai ce qu'a dit Tacite : « que les petites affaires prospèrent par le bon accord de ceux qui les font; tandis que les plus
» grandes dépérissent, quand la discorde s'en mêle. *Concordiâ parvæ*
» *res crescunt; discordiâ maximæ citò dilabuntur.*

avec de bons résultats, je fais des vœux pour qu'elle se maintienne et se perpétue.

Je crois surtout que, pour l'exploitation des fermes, il serait fort utile aux paysans de rester ensemble. Une nombreuse famille suffit par elle-même à l'exploitation; trop faible, il faut y suppléer par des valets, et ces mercenaires, qu'il faut payer fort cher, emportent le plus net du produit, et n'ont jamais, pour la culture et le soin du bétail, la même attention que les maîtres de la maison. Ajoutez que les enfants, restant avec leurs père et mère, reçoivent tout à la fois les exemples et les leçons de leurs parents; séparés d'eux, mis en service trop jeunes, la corruption s'en empare, et bien souvent la misère les atteint.

D'un autre côté, le fait des partages, exercés trop souvent et poussés trop loin, opèrent un morcellement tel, que les enfants du même père ne peuvent plus se loger dans les bâtiments, et que les morceaux de terre, devenus trop petits, se prêtent mal à la culture.

C'était pour obvier à cet inconvénient, que l'esprit de famille avait fait introduire dans le Nivernais un autre usage que nos codes n'admettent plus, mais qui se maintient encore dans quelques cantons par la force des mœurs et de l'habitude, ce sont *les mariages par échange*.

Coquille décrit ainsi ces sortes de mariages : « Gens
» francs peuvent marier leurs enfants *par échange*, et les
» enfants échangés ont pareils droits en la maison où ils
» vivent, quant aux biens jà acquis comme avoient ceux
» au lieu desquels ils viennent (1). »

A ce moyen, les patrimoines des deux familles ne sont point divisés; la femme n'apporte point la moitié de la

---

(1) Institution au droit français, *Des successions et hérédités*, p. 101.

fortune de son père à un mari qui réciproquement n'aura que la moitié de celle de ses parents. On ne change que fille contre garçon. Un mariage de cette espèce a été contracté, l'an dernier, dans la commune de Gacogne, dont vous savez que je suis maire, et j'y ai fort applaudi.

En tout cela, mon cher ami, vous pensez bien qu'il ne s'agit ni de rappeler les anciennes coutumes, ni de les faire prévaloir sur les mœurs nouvelles ou les idées actuelles; le changement est général, il est à peu près universel; mais, plus les restes de ces anciennes mœurs sont rares, plus il m'a paru curieux d'en recueillir et d'en constater les derniers vestiges. Il y a de bien bonnes choses dans ce qui est nouveau, mais il y en avait aussi dans ce qui est ancien.

Les Jault ne sont qu'à dix lieues de Raffigny; et, si vous y revenez quelque jour, nous irons ensemble savoir des nouvelles de la communauté.

Recevez, mon cher Etienne, la nouvelle assurance de ma vieille et constante amitié.

DUPIN,
Député de la Nièvre, procureur-général
à la Cour de Cassation.

DROIT DE QUEVAISE

Usité dans l'étendue des seigneuries, des abbayes du Rellec, et de Begars, de l'ordre de Cisteaux, et de fondation ducale, et des terres dépendantes de la commanderie de Pallacret.

Art. 1ᵉʳ. — En quevaise, l'homme quevaisier ne peut tenir plus d'un convenant sous même seigneurie, sans le consentement exprès du seigneur, au défaut duquel consentement l'acceptation de la seconde tenue fait tomber la première en commise, au profit du seigneur qui en peut disposer à sa volonté.

Art. 2. — Le détenteur est tenu d'occuper actuellement et en personne la tenue en quevaise et la mettre en deu état, tant à l'égard des terres, qu'édifices : et si, par an et jour, il la laisse et cesse d'y demeurer, il en demeure privé, et peut le seigneur en disposer.

Art. 3. — La tenue en quevaise ne se peut partager, vendre, diviser, échanger, engager ny hypothéquer par le quevaisier, sans l'exprès consentement du seigneur, à peine de privation et commise au profit du seigneur.

Art. 4. — Au seigneur consentant à la vente, est dû le tiers dernier du prix pour reconnaissance.

Art. 5. — Le tenancier est obligé d'ensemencer et labourer, chaque année, le tiers des terres chaudes de sa tenue, afin que le seigneur ne demeure privé de ses droits de gerbe et de champart, avant la perception desquels faite par le seigneur, le quevaisier ne peut rien transporter ny enlever.

Art. 6. — L'homme laissant plusieurs enfants légitimes, le dernier des mâles succède seul au tout de la tenue, à l'exclusion des autres, et au défaut des mâles, la dernière des filles, sans que les autres puissent prétendre aucune récompense.

Art. 7. — Et le decez du détenteur, arrivé sans hoirs de corps, la tenue retourne en entier au seigneur, à l'exclusion de tous les collatéraux, soient paternels ou maternels, fors les veillers et engrais que les collatéraux peuvent poursuivre dans deux ans.

Art. 8. — En quevaise ny a douaire ny retrait lignager.

Art. 9. — Le tenancier jouit des émondes des arbres qui sont sur les fossez de sa tenue, mais ne peut couper bois par pied, à peine d'amende, dommages et intérêts, outre la valeur du bois coupé.

Art. 10. — Tous quevaisiers sont tenus de suivre la cour et moulin, et bailler aveu.

Art. 11. — Sont tenus aux corvées pour faner, charroyer et loger les foins, plus au saunéage ou voiture de sel, et aux charrois des vins, bleds et bois pour la provision des abbayes et commanderies.

Art. 12. — Semblablement au charroy des matériaux necessaires pour la redification des églises, chapelles, maisons, chaussées et moulin desdites seigneuries.

(*Voy.* p. 329 et suiv.)

USANCES LOCALES ET COUTUMES PARTICULIÈRES

DE LA VICOMTÉ DE ROHAN. (Ib.)

Art. 1er. — Au seigneur vicomte de Rohan et aux autres seigneurs et gentils-hommes qui ont hommes et sujets en ladite vicomté tenans à titre de convenant et domaine congeable appartient le fonds et propriété de la tenue, que tiennent d'eux leurs hommes et sujets audit titre, et ausdits sujets les édifices et surperfices desdites tenues, s'il n'y a convention ou accord écrit au contraire.

Art. 2. — Les tenues que tiennent les roturiers et non nobles en la vicomté sont présumées être tenu audit titre de convenant et domaine congeable, s'il n'y a preuve par acte au contraire.

Art. 3. — Avenant le decez de l'homme détenteur desdites terres sans hoirs de sa chair, et de loyal mariage, les édifices et superficies de la tenue, ou tenues qu'il tenoit, tombent en desherence et saisie du seigneur, qui en peut disposer comme de la propriété, ainsi que bon lui semble, sans que les collatéraux succedent, pour le regard desdites tenues aux édifices et superficies d'icelles, fors et réservé les frères et sœurs, faisant leurs continuelles residence en la tenue, lors du decez de leur frère, ou qui sont à servir et apprendre métier, et hors la tenue, qui ne sont mariez, et n'ont pris domicile hors icelle tenue, et succèdent audit cas à leur frère decedé sans heritier de sa chair.

Art. 4. — Le seigneur exclud les autres collatéraux, comme les oncles, tantes, cousines et leurs enfans.

Art. 5. — Le seigneur a justice sur son homme domanier, comme sur autre homme de fief.

Art. 6. — Le sujet est tenu de bailler aveu et déclaration des terres de sa tenue ; et des rentes qu'il doit à chacune mutation d'homme, et comparoît de dix ans en dix ans, à la formation des rôlles de son seigneur.

Art. 7. — Et est le domanier tenu de faire la recette du rôlle et rentes dudit seigneur, à son tour et rang, et suivre son moulin, et faire les corvées suivant ledit usement, selon lequel les hommes domaniers sont sujets au charroy du vin, du sel, et bois pour la provision de leur seigneur, et fener les foins et les charroyer, leur baillant leur dépense.

Art. 8. — Ledit seigneur à qui appartient le fonds et propriété desdites tenues peut congéer et mettre hors le sujet détenteur, lors et toutefois que bon luy semble, le remboursant des édifices, superfices et droits convenanciers, selon le prisage qui en sera fait par commisaires et priseurs, dont conviennent les parties, ou qui leur sont baillés par justice, lequel prisage se fait aux frais dudit seigneur.

Art. 9. — Et la revue se fait aux dépens de celuy qui la demande, dedans le temps de la coutume, qui est l'an et jour.

Art. 10. — Si le detenteur, aurait baillé deniers, lors de son entrée en la tenue en faveur d'icelle, il ne peut estre mis hors de ladite tenue dedans six ans, sans lui rendre ses deniers; et après les six ans, le seigneur n'est tenu les rendre.

Art. 11. — Toute-fois au cas que les deniers auroient esté baillez au seigneur pour le prix des édifices, il ne seroit pas tenu rembourser, mesme dans les six ans, que la valeur des édifices, ou le prix convenu, au choix du detenteur.

Art. 12. — Les detenteurs desdites tenues ne peuvent bâtir de nouveau, n'y changer le fonds d'icelles de bâtiments autres que réparations necessaires, sans permision du seigneur; et où ils auraient fait autres bastimens, le seigneur ne seroit tenu de les rembourser.

Art. 13. — Au prisage des édifices sont employez les arbres portans fruits de ladite tenue, et non les arbres et bois de décoration, qui appartiennent au seigneur foncier.

Art. 14. — Le prisage et remboursement fait, jouira le détenteur néanmoins de ses fiens et engrais, étant aux terres de ladite tenue, en payant audit seigneur terrage qui est la quarte partie de sa levée pour toutes charges.

Art. 15. — Le tuteur et curateur du seigneur ne peut mettre hors les detenteurs sans decret de justice et avis des parens de son mineur.

Art. 16. — Aussi les douairières ne peuvent congéer, sans le consentement du propriétaire.

Art. 17 — En succession directe des père et mère, le fils juveigneur et dernier né desdits tenanciers succède au tout de ladite tenue et exclud les autres, soient fils ou filles.

Art. 18. — Et au cas qu'il n'y aurait enfans mâles, la fille dernière née exclut les autres.

Art. 19 — Et ne se peuvent lesdites tenues diviser sans le consentement du seigneur et du detenteur tenancier.

Art. 20. — Quand il y a plusieurs tenues distinctes et séparées en une succession, le juveigneur et dernier choisit celle desdites tenues que bon luy semble; l'autre juveigneur après, l'autre tenue; et ainsi conséquemment de juveigneur en juveigneur, soit masle ou femelle : choisissent premièrement les masles que les femelles.

Art. 21. — Et quand il y aurait plus de tenue que d'enfans, le juveigueur recommencera à choisir, après que chacun des autres aura eu sa tenue.

Art. 22. — Le fils juveigneur auquel appartient la tenue, comme dit est, doit loger ses frères et sœurs jusques à ce qu'ils soient mariez : et d'autant qu'ils seront mineurs d'ans, doivent lesdits frères et sœurs estre nourris et entretenus sur le bail à ferme et profit de la tenue pendant leur minorité, et étans lesdits frères et sœurs mariez, le juveigneur les peut expulser hors.

Art. 23. — Les meubles se partagent également entre les enfans desdits tenanciers.

Art. 24. — Les fumiers et engrais qui se trouvent en la tenue lors du decez se partagent comme meubles.

Art. 25. — La veuve ne peut par rigueur avoir pour son droit de doüaire le tiers de la tenue : mais seulement logis competens, une quantité de terre, et quelque bétail nourry, d'autant que le défunt n'aurait droit qu'aux édifices, payant au prorata les rentes, et autres charges de ce qu'elle jouira.

Art. 26. — La veuve qui se remarie perd son doüaire esdites tenues de la vicomté.

Art. 27. — Du vivant de la première doüairière qui jouit de son doüaire, autre veuve ne peut avoir droit de doüaire esdites tenues.

Art. 28. — Le tenancier ayant enfans peut vendre les édifices de sa tenue, et le seigneur a l'election d'en rembourser l'acquéreur ou de payer les droits superfices à l'égard des priseurs, et de prendre devoir de consentement qui se prendra à la raison des ventes et lots, apparoissant l'acqucreur son contrat au seigneur ou à ses officiers dans les quarante jours sous peine des doubles ventes.

Art. 29. — Et le tenancier qui n'a d'enfans, ne peut vendre pour frauder son seigneur de la déférance des édifices, qu'en cas de grande évidente nécessité ; et audit cas ledit seigneur peut avoir le cinquième denier de la vente pour son consentement.

Art. 30 — Aucun devoir n'est dû pour le mariage des tenanciers.

Art. 31. — Et n'est requis le consentement du seigneur

pour les sous-fermes que font lesdits sujets de leur tenue ou partie d'icelles, si la ferme n'excedait neuf ans.

Art. 32. — Aucun droit de prémesse n'appartient des édifices et tenues vendues en ladite vicomté, après le consentement du seigneur foncier.

Art. 33. — Les termes ordinaires pour payer les rentes de ladite vicomté sont à Noël, au premier jour de septembre, et au premier jour de may; et se paient les rentes par deniers tiers à tiers, et les rentes par grains et poulailles, au premier jour de septembre, s'il n'y a convention au contraire.

Art. 34. — Le sujet ne peut charger ny constituer rente sur ses édifices, sans exprès consentement du seigneur, au prejudice dudit seigneur.

Art. 35. — Quand un même seigneur ou ses prédécesseurs ont baillé par diverses baillées des terres à un mesme tenancier, ou à ses prédécesseurs, le seigneur et le tenancier, de commun consentement, peuvent annexer le tout desdites terres en une même tenue, qui demeurera indivisible au juveigneur du rentier, parce qu'il recompensera ses héritiers de leur portion du prix en l'acquest desdites terres. (Se refère à la même page.)

EXTRAIT DE SALVIEN.

Vastantur pauperes, viduæ gemunt, orphani proculcantur, in tantum ut multi eorum et non obscuris natalibus editi, et liberaliter instituti, ad hostes fugiant, ne persecutionis publicæ adflictione moriantur; quærentes scilicet apud barbaros romanam humanitatem, quia apud Romanos barbaram inhumanitatem ferre non possunt. Et quamvis ab his ad quos confugiunt discrepent ritu, discrepent linguâ, ipso etiam, ut itâ dicam, corporum atque induviarum barbaricarum fetore dissentiant, malunt tamen in barbaris pati cultum dissimilem quàm in Romanis injustitiam sævientem. Itaquè passim vel ad Gothos, vel ad Bacaudas, vel ad alios ubiquè dominantes barbaros migrant, et migràsse non pœnitet. Malunt enim sub specie captivitatis vivere liberi, quàm sub specie libertatis esse captivi. Itaquè nomen civium romanorum aliquandò non solùm magno æstimatum, sed magno emptum, nunc ultrò repudiatur ac fugitur; nec vile tantùm, sed etiam abominabile penè habetur. Et quod esse majus testimonium romanæ iniquitatis potest, quàm quòd plerique et honesti, et nobiles, et quibus romanus status summo et splendori esse debuit et honori, ad hoc tamen romanæ iniquitatis crudelitate compulsi sunt, ut nolint esse Romani? Et hìnc est quòd etiam hi qui ad barbaros non confugiunt, barbari tamen esse coguntur; scilicet ut est pars magna Hispanorum, et non minima Gallorum, omnes deniquè quos per universum romanum orbem fecit romana iniquitas jam non esse Romanos. De Bacaudis nunc mihi sermo est : qui per malos judices et cruentos spoliati, afflicti, necati, postquàm jus romanæ libertatis amiserant, etiam honorem romani nominis perdiderunt. Et imputatur his infelicitas sua, imputamus his nomen calamitatis suæ, imputamus nomen quod ipsi fecimus. Et vocamus rebelles, vocamus perditos, quos esse compulimus criminosos. Quibus enim aliis rebus Bacaudæ facti sunt nisi iniquitatibus nostris, nisi improbitatibus judicum, nisi eorum proscriptionibus et rapinis, qui exactionis publicæ nomen in quæstûs proprii emolumenta verterunt, et indictiones tributarias prædas suas esse fecerunt? qui in similitudinem immanium bestiarum non rexerunt traditos sibi, sed devorârunt, nec spoliis tantùm hominum, ut plerique latrones solent, sed laceratione etiam et, ut ità dicam, sanguine pascebantur ; ac sic actum est ut latrociniis judicum strangulati homines et necati, inciperent esse quasi barbari, quia non permittebantur esse Romani. Adquieverunt enim esse quod non erant, quia non permittebantur esse quod fuerant; coactique sunt vitam saltèm defendere, quia se jam libertatem videbant penitùs perdidisse. Aut quid aliud etiam nunc agitur quàm tunc actum est, id est, ut qui adhùc Bacaudæ non sunt esse cogantur. Quantùm enim ad vim atque injurias pertinet, compelluntur ut velint esse; sed imbecillitate impediuntur ut non sint. Sic sunt ergo, quasi captivi jugo hostium pressi. Tolerant supplicium necessitate, non voto. Animo desiderant libertatem, sed summam sustinent servitutem. Ità ergò et cum omnibus fermè humilioribus agitur. Unâ enim re ad duas diversissimas coarctantur. Vis summa exigit ut aspirare ad libertatem velint. Sed eadem vis posse non sinit, quæ velle compellit. Sed imputari his potest forsitan quòd hoc velint homines, qui nihil magis cuperent quàm ne cogerentur hoc velle. Summa enim infelicitas est quod volunt. Nam cum his multò meliùs agebatur, si non compellerentur hoc velle. Sed qui possunt aliud velle miseri, qui assiduum, immò continuum exactionis publicæ patiuntur excidium, quibus imminet semper gravis et indefessa proscriptio, qui domos suas deserunt, ne in ipsis domibus torqueantur; exilia petunt, ne supplicia sustineant? Leviores his hostes quàm exactores sunt. Et res ipsa hoc indicat. Ad hostes fugiunt, ut vim exactionis evadant. Et quidem hoc ipsum, quamvis durum et inhumanum, minùs tamen grave atque acerbum erat, si omnes æqualiter atque in commune tolerarent. Illud indignius ac pœnalius, quòd omnium onus non omnes sustinent, immò quòd pauperculos homines tributa divitum premunt, et infirmiores ferunt sarcinas fortiorum. Nec alia causa est quòd sustinere non possunt, nisi quia major est miserorum sarcina quàm facultas. Res diversissimas dissimillimasque patiuntur, invidiam et egestatem. Invidia est enim in solutione, egestas in facultate. Si respicias quod dependunt, abundare arbitreris : si respicias quod habent, egere reperies. Quis æstimare rem hujus iniquitatis potest? Solutionem sustinent divitum, et indigentiam mendicorum.

Et putamus quòd pœnâ divinæ severitatis indigni sumus, cùm sic nos semper pauperes puniamus! aut credimus, cùm iniqui nos jugiter simus, quòd Deus justus in nos omninò esse non debeat? Ubi enim, aut in quibus sunt, nisi in Romanis tantùm, hæc mala! Quorum injustitia tanta, nisi nostra? Franci enim hoc scelus nesciunt. Hunni ab his sceleribus immunes sunt. Nihil horum est apud Wandalos, nihil horum apud Gothos. Tàm longè enim est ut hæc inter Gothos barbari tolerent, ut ne Romani quidem, qui inter eos vivunt, ista patiantur. Itaquè unum illìc Romanorum omnium votum est, ne unquàm eos necesse sit in jus transire Romanorum. Unà et consentiens illìc romanæ plebis oratio, ut liceat eis vitam quam agunt, agere cum barbaris. Et miramur si non vincuntur à nostris partibus Gothi, cùm malint apud eos esse quàm apud nos Romani. Itaquè non solùm transfugere ab eis ad nos fratres nostri omninò nolunt; sed ut ad eos confugiant, nos relinquunt. Et quidem mirari possim quòd hoc non omnes omninò facerent tributarii pauperes et egestuosi, nisi quòd unà tantùm causa est quarè non faciunt, quia transferre illùc resculas atque habitatiunculas suas familiasque non possunt. Nam cùm plerique eorum agellos ac tabernacula sua deserant, ut vim exactionis evadant, quomodò non quæ compelluntur deserere vellent, sed secum, si possibilitas pateretur, auferrent? Ergò quia hoc non valent quod fortè mallent, faciunt quod unum valent. Tradunt se ad tuendum protegendumque majoribus, dedititios se divitum faciunt, et quasi in jus eorum ditionemque transcendunt. Nec tamen grave hoc aut indignum arbitrarer, immò potiùs gratularer hanc potentum magnitudinem, quibus se pauperes dedunt, si patrocinia ista non venderent, si quòd se dicunt humiles defensare, humanitati tribuerent, non cupiditati: Illud grave ac peracerbum est, quòd hâc lege

tueri

tueri pauperes videntur, ut spolient; hâc lege defendunt miseros, ut miseriores faciant defendendo. Omnes enim hi qui defendi videntur, defensoribus suis omnem ferè substantiam suam, priùs quàm defendantur, addicunt : ac sic, ut patres habeant defensionem, perdunt filii hereditatem. Tuitio parentum mendicitate pignorum comparatur. Eccè quæ sunt auxilia ac patrocinia majorum. Nihil susceptis tribuunt, sed sibi. Hoc enim pacto aliquid parentibus temporariè attribuitur, ut in futuro totum filiis auferatur. Vendunt itaquè, et quidem gravissimo pretio vendunt, majores quidam cuncta quæ præstant. Et quod dixi vendunt, utinàm venderent usitato more atque communi ; aliquid forsitan remaneret emptoribus. Novum quippe hoc genus venditionis et emptionis est. Venditor nihil tradit, et totum accipit. Emptor nihil accipit, et totum penitùs amittit. Cùmque omnis fermè contractus hoc in se habeat, ut invidia penes emptorem, inopia penes venditorem esse videatur, quia emptor ad hoc emit, ut substantiam suam augeat, venditor ad hoc vendit, ut minuat ; inauditum hoc commercii genus est : venditoribus crescit facultas, emptoribus nihil remanet, nisi sola mendicitas. Nam illud quale, quàm non ferendum, atque monstrigerum, et quod non dicam pati humanæ mentes, sed quod audire vix possunt, quòd plerique pauperculorum atque miserorum spoliati resculis suis, et exterminati agellis suis, cùm rem amiserint, amissarum tamen rerum tributa patiuntur, cùm possessio ab his recesserit, capitatio non recedit ? Proprietatibus carent, et vectigalibus obruuntur. Quis æstimare hoc malum possit ? Rebus eorum incubant pervasores, et tributa miseri pro pervasoribus solvunt. Post mortem patris, nati obsequiis juris sui agellos non habent, et agrorum munere enecantur. Ac per hoc nil aliud sceleribus tantis agitur, nisi ut qui privatâ pervasione nudati sunt, publicâ adflictione moriantur, et quibus rem deprædatio tulit, vitam tollat exactio. Itaquè nonnulli eorum de quibus loquimur, qui aut consultiores sunt, aut quos consultos necessitas fecit, cùm domicilia atque agellos suos aut pervasionibus perdunt, aut fugati ab exactoribus deserunt, quia tenere non possunt, fundos majorum expetunt, et coloni divitum fiunt. Ac sicut solent hi qui, hostium terrore compulsi, ad castella se conferunt, aut hi qui, perdito ingenuæ incolumitatis statu, ad asylum aliquod desperatione confugiunt, ità et isti, qui habere ampliùs vel sedem vel dignitatem suorum natalium non queunt, jugo se inquilinæ abjectionis addicunt; in hac necessitate redacti, ut extorres non facultatis tantùm, sed etiam conditionis suæ, atque exulantes non à rebus tantùm suis, sed etiam à se ipsis, ac perdentes secum omnia sua, et rerum proprietate careant, et jus libertatis amittant. Et quidem quia ità infelix necessitas cogit, ferenda utcumquè erat extrema hæc sors eorum, si non esset aliquid extremius. Illud gravius et acerbius, quòd additur huic malo sævius malum. Nam suscipiuntur ut advenæ, fiunt præjudicio habitationis indigenæ; et exemplo quodam illius maleficæ præpotentis, quæ transferre homines in bestias dicebatur, ità et isti omnes, qui intra fundos divitum recipiuntur, quasi circei poculi transfiguratione mutantur. Nam quos suscipiunt ut extraneos et alienos, incipiunt habere quasi proprios; quos esse constat ingenuos, vertuntur in servos. Et miramur si nos barbari capiunt, cùm fratres nostros faciamus esse captivos? Nil ergò mirum est quòd vastationes sunt atque excidia civitatum. Diù id plurimorum oppressione elaboravimus, ut captivando alios, etiam ipsi inciperemus esse captivi.

EXTRAITS DES LOIS D'HOEL, EN GALLOIS.

I.

(Paragraphes cités à la page 295, note 4, de l'Histoire des Origines et des Institutions des peuples de la Gaule Armoricaine et de l'Ile de Bretagne.)

DE MENSURIS.

§. 6. Pedair erw o honno ym mhob tyddyn a ddyly fod pedwar tyddyn ym mhob randir.

§. 7. Pedair rhandir ym mhob gafael.

§. 8. Pedair gafael ym mhob tref.

§. 9. Pedair tref ym mhob Maenawr.

§. 10. Deuddeg maenawr a dwy dref yn y cwmmwd. Y ddwy dref a ddyly fod yn rhaid y Brenin ac yn Hafottir iddaw. A chymmaint ag a ddywedasam ni uchod oll yn y Cymmwd arall sef yw hynny o eirif pum ugeintref; a hynny yw y cantref yn jawn. Deg ddengwaith a ddyly fod yn y cant, ac nid a Rhif bellach deg.

§. 12. O'r deuddeg maenawl a ddyly fod ym mhob cymmwd, pedair o naddunt ym feibjon eillion i borthi cwn, a meirch, a chylch, a dofreth, ac un i Gynghellorjaeth, ac un i Fareoni a'r chwech eraill yn Feibjon-uchelwyr rhyddjon.

(*V. Leg. wall.* l. III. c. XIX. p. 156-158.)

II.

(Paragraphes cités à la page 298 ib.)

DE PRINCIPE FAMILIÆ (PENCENEDL.)

§. 1. Ni ddylyir Pencenedlaeth o fammwys.

§. 2. Ni bydd Pencenedl y mab gwedy ei dad yn nesaf iddaw, canys oesfoddawg yn Pencenhedlaeth. (Cott. 6.)

§. 3. Pencenedl a ddydy bedair ar hugaint i gan bob gwr a fynno gares iddaw, canys hithau ei hun a dal ei hamobr.

§. 4. Ac a ddyly bedair ar hugaint i gan bob mab a gymmero efe yng nghenedl.

§. 5. Ac efe a ddyly ymyrru y gyd a'i gar ym mhob rhaid a ddel arnaw.

§. 6. Pencenedl, punt a ddyry yn·y flwyddyn i'r arglwydd.

§. 7. Pob gwr rhydd, rhwng Gwyl yr Hollsaint a Gwyl Farthin y tal i'r Arglwydd yr hyn a ddylyo ei dalu.

§. 8. Pencenedl bieufydd bob swydd o'r a fo i'r genedl; ac or dyry swydd ei fab iddaw, neu ei gar iddaw, punt a ddyry efe i'r Arglwydd. Ac o rhyddhaa un o honunt heb roddi swydd iddaw, hweugaint a ddyry bwnnw i'r Arglwydd. (*Leg. Wall.* l. II. c. xxii. p. 163-164).

III.

(Paragraphes cités à la page 301 et suiv.)

DE MULIERIBUS.

§. 3. Cyntaf yw o naddunt: o derfydd i wraig fod rhoddjad arnai, a dan ei hegweddi y ddyly fod hyd ym mhen y saith mlynedd; a chyd boed tair nos yn eisjau o'r seithfed flwyddyn, ac ysgar o naddunt, rhannu pob peth a ddylyant yn ddau hanner. (*Leg. wal.* l. II. c. 1. §. 3. *p.* 73).

§. 75. O derfydd i Forwyn na ddywetto ei chowyll cyn ei chyfodi i ar ei gwely drannoeth, ni ddyly ei chowyll o hynny allan fod namyn yn gyffredin y rhyngddunt.

§. 49. Ni thrig Gwraig nac o rodd nac o lathlud, ar fraint ei hegweddi namyn saith mlynedd : ac gan nad egweddiawl hithau o ben y saith mlynedd allan, wrth hynny rhannent ynd·dau hanner (*p.* 303, *de l'histoire des Origines, etc., note* 2).

§. 11. Ac o's cyn y seithfed flwyddyn ydd ysgarant, taled iddi ei hagweddi, a'i hargyfreu, a'i chowyll. Ac o's yn forwyn y rhoddir, a fo ar y carn o'r petheu hynny a gaiff. Ac o's cyn y seithfed flwyddyn ydd edy hi ei Gwr, cwbl o hynny a gyll, eithr ei chowyll, ai hwynebwarth, a'i gofyn. (*Ibid. Note* 3).

§. 69. Ni chyngain Gwraig yn fach nac yn dysd ar wr.

Page 305. — *Note* 4.

Or ymdaa Gwraig ei hunan, a dyfod gwr iddi, a dwyn trais arnai; o's diwad a wna y gwr, rhodded lw dengwyr a deugaint, a thri o honunt yn ddiofrydawg na fynno wraig, ac nad yso gig ac na farchocco fyth. Oni fyn ddiwad, taled i'r wraig ei gwaddawl, a'i dilysdawd, a'i dirwy, a gwialen arjant i'r Brenin yn y wedd y dyly. Ac oni eill y gwr dalu, dyccer eu geilleu. (*Cott*. 6. 85. *Hoel Dda*. §. 84. *p*. 90).

Pag. 307. — *Note* 2.

Um hhen y bedwaredd flwyddyn ar degg y ddyly y tad ddwyn ei Fab ar yr Arglwydd, a'i orchymmyn iddaw. Ac yna y dyly yntau *worhau* i'r Arglwydd, a bod wrth fraint ei Arglwydd, ac efe ei hun biau atteb drosdo o bob hawl a ofynner iddaw, ac efe ei hun biau meddu ei dda. Ac ni ddyly ei dad ei faeddu o hynny allan mwy nog esdrawn; ac o's maedd, gan gwynaw o'r Mab rhagddaw, efe a fydd dirwyawg ac a wna jawn i'r mab o'i sarhaad. (*Leg*. *wall*. *pag*. 179. §. 8.

Pag. 309. — *Note* 1.

O bydd marw mab o bedair Blwydd ar degg allan, ac na bo etifedd iddaw, yr arglwydd bieufydd ei dda yn gwbl, ac a ddyly fod yn lle mab iddaw, a marwdy y fydd ei dy. Ac o'r oed hwnnw allan y bydd un fraint a Bonheddig canhwynawl, can nid oes fraint iddaw namyn ei fonedd ac nad esgyn yntau ym mraint ei dad, yn y fo marw ei dad, ac na bydd Marchawg neb yn y esgynno. (*Leg*. *well*. §. 9. *p*. 180).

Pag. 311. — *Note* 3.

Fal hyn y dyly brodyr rannu tir y rhyngthunt : pedair erw wrth bob tyddyn. (*Leg. wall.* §. 2. p. 139).

Pag. 312. — *Note* 139.

Oni bydd tai y mab jeuaf a ddyly rannu yr holl dreftad a'r hynaf ddewisaw ac o hynaf i hynaf y felly hyd yn oed yr jeuaf delyly. . . . .
Pan ranno brodyr dref eu tad y rhyddunt y jeuaf biau yr eisyddyn arbennig, ac wyth erw a'r trefoeu oll a'r gallawr, a'r fwyal gynnud, a'r gwlldr; can ni eill tad nac eu rhoddi nac eu cynmynnu, namyn i'r mab jeuaf : a chyd gwysdler ni ddigwyddant fyth. Odd yna cymmered pob brawd eisyddyn ac wyth erw. Ar mab jeuaf a ran y tir, ac o hynaf i biau ddewis. (*Leg. wall*, §. 4. p. 139-140).

Pag. 321 — *Note* 2.

A gwedy bo marw y brodyr y cefnderw a ddyly gysdadlu o mynnant. Sef fal y dylyant, etifedd y brawd jeuaf a ddyly gysdadlu, ac etifedd yr hynaf ddewisaw, ac y felly o hynaf i hynaf hyd ar y jeuaf. A'r gyfran honno a ddyly fod y rhyngddunt hwynteu yn eu hoes. (*Leg. wall.* §. 5. *pag.* 140.)

Pag. 316. — *Note* 2.

Ni ddyly y tad defnyddjaw dylyed ei fab am dir a daear, namyn yn ei oes ei hun, nog a dyly y mab dreisjo ei dad yn ei oes am dir y felly ni ddyly y tad dreisjo eithr un peth, yn y bo cyfundeb tad, a brodyr, a chefndyrw, a chyfyrddyrw, ac arglwydd am dalu tir yn waettir, a hwnnw ni eill y mab ei ddwyn drachefn canys i'r mab y prynnwd heddwch o hwnnw megis i'r tad ; canys hynny e ddynjon yw y graddeu ni ellir defdnyddjaw tir heb eu cyngor. A chan ni bo tir i'r rhyw ddyn hwnnw, ni bydd alldud eisjoes, namyn bonheddig canhwynawl. (*Leg. wall. l.* 11. c. XVII. §. 1. *p.* 149).

p. 315. — *Note* 1.

O Derfydd na bo ir llofrudd ddim a dalo, jawn yw rhoddi iddaw geinjaw baladr ynghymmorth; ac y sef y telir iddaw, o'r seithfed dyn allan, ac y sef yw y seithnyn hynny, brawd, a chefnderw, a chyferdderw, a cheifn, a gorcheifn, a gorchaw, a nai fab gorchaw; a chan ny ellir rhifaw carennydd o hynny allan, talent iddaw geinjawg baladr. Ac y sef mal y cynnull yntau geinjawg baladr ar y dynjon ni wypo ddwyn ei garennydd ag wynt, cym'ryd crair y cretto iddaw, a dwyn hwnnw, ac yn y gyfarso un o'r dynjon hynny ag ef, cymmered ei lw na hanfo o'i genedl, neu daled iddaw geinjawg baladr; ac oni's tal, bid gwasanaethwyr yr Arglwydd y gyd ag ef yn dwyn gwysdl o'i law, neu fach. A'r geinjawg bonno ni's tal gwraig na hen na jeuange, can nid oes baladr i wraig namyn ci chogail; ac wrth hynny ni thelir hithau gogail, a'r ysgolheigjon hefyd ni's tal. (*Leg. wall.* L. III. c. 1. §. 21. *p.* 193.)

Pag. 315. — *Note* 2.

Cyfrailh Eglwys a ddywaid na ddyly un mab Dreftad namyn y mab hynaf i'r tad o'r wraig briod. cyfraith hywel a'i barn i'r mab jeuaf megis i'r hynaf, ac a farn na ddotter pechawd y tad na'i anghyfraith yn erbyn y mab am dref ei dad. (*Leg. wall. p.* 149. §. 3.)

Pag. 316. — *Note* 1.

Ni ddyly merch o dda ei thad namyn cymmaint a hanner a gaffo brawd. (*Leg. wall. p.* 88. §. 76).

Pap. 316. — *Note* 2.

Herwydd Gwyr Gwynedd ni ddyly Gwraig gaffael treftad, Can ni ddyly ddau fraint o un llaw, sef yw hynny, treftad ei gwr a'r eiddi ei hun. (*Leg. wall.* §. 1. *p.* 147)

Pag. 219. — *Notes* 2, 3, 4, 5.

Sef yw maint galanas pencenedl dri naw mu a thri naw ugeinmu gan dri dyrchafal.

Galanas un o aelodeu Pencenedl a delir o naw mu a naw ugeinmu gan dri dyrchafel.

Galanas Bonheddig canhwynawl a delir o tair bu a thri ugeinmu, gan dri dyrchafedl.

Cymro y fo gwr i fabuchelwr, a ddylyir talu deuparth ei alanas i'w genedl, a'r traean rhwng yr Arglwydd a'r Mabuchelwr y bo gwr iddaw, sef y daw i'r arglwydd y ddeuparth, ar traean i'r uchelwr, a'i gyfarws or bydd ar garn. (*Leg. wall.* p. 202. §. 28, 29, 31, 32.)

Pag. 220. — *Note* 1.

Galanas alldudd Breinin a delir o tair bu a thri ugeinmu, heb ddyrchafel. Ei sarhaad a delir o tair bu heb achwaneg. (*Leg. wall.* p. 203. §. 38).

Pag. 320. — *Note* 3.

Ygyfraith a ddywaid y dyly meibjon uchelwyr gadw arglwyddiaeth ar eu halldudjon fal y dyly y Brenin gadw arglwyddiaeth ar ei alldudjon yntau. (*Leg. wall.* p. 153. §. 1).

Pag. 321. — *Note* 2.

Ac o hynny allan ni ddylyant fyned y wrth y meibjon uchelwyr, canys priodorjon ynt adanaddunt; ac na ddylyant hwynteu dwy Briolder, un yn y wlad ydd hanfoent o honai, ac arall ymma. (*Leg. wall. l.* XVIII. §. 2. p. 154.)

Ibid. — *Note* 3.

Gwedy bwynt briodorjon hwynteu, eu Tydynneu a edir iddunt herwydd y dylyoent, ac eu tir amyn hynny yn dir swch a chwlldr y rhyngthunt. (*Ibid.* §. 3.)

Pag. 322. — *Note* 1.

Ac o's y mabuchelwr a'i gyrr hwynteu cyn eu bod yn briodorjon, og eu hanfodd, ny ddyly hwnnw ddim og eu da hwynteu. (*Pag.* 154. §. 7).

Ib. — *Note* 2.

O myn yr alldudjon fyned i wrth eu Harglwyddi cyn nog eu bod yn briodorjon, wynt a dydlyant adaw hanner iddunt (*Ib.* §. 4).

Ib. — *Note* 3.

Ac o's tramor ydd hanfyddant, ni ddylyant dridjaw ymma namyn hyd ar y gwynt cyntaf y caffoent fyned i eu gwlad. Ac o thrigant, ymchwelent ar eu caethiwed fal cynt. Eraill a ddywaid na ddylyant fyned hyd ar y trydy' gwynt. (*Ib.* §. 6.)

Pag. 323. — *Note* 3.

O'r deuddeg Maenawl o ddyly fod ym mhob cymmwd, pedair o nadduut yn feibjon eilljon i borthi cwn, a meirch, a chylch, a dofreth ; ac un i Gynghellorjaeth, ac un i Faeroni, u'r chwech eraill yn Feibjon uchelwwyr rhyddjon. (Pag. 158. *Leg. wall.* §. 12).

Ib. — *Note* 5.

Pawb a ddyly wneuthur gwaith cesdyll y Brenin pan fynno eithr gwyr y faerdref.

Pag. 324. — *Note* 1.

Meibjon eilljon y Brenin a ddylyant wneuthur saith tai i'r Brenin, sef ynt y rhai hynny, neuadd, a Bwytty, a chegin, a Hundy, a marchdy, a chynhordy, a thy bichan. (*Pag.* 167. §. 8.)

Id. — *Note* 2.

Wynt a ddylyant roddi Pynfeirch i'r Brenin yn ei Luyddeu. (*Ib.* §. 3).

Ib. — Note 3.

Y Brenin a ddyly o bob bileindref wr a bwyall i wneuthur lluesdeu iddaw yn ei luydd. (*Ib.* §. 9).

Ib. — Note 4.

Ni ddyly neb o daiawatref aredig hyn y gaffo pawb o'r dref gyfar. (*Leg. wall.* L. III. §. 5. *p.* 280).

Ib. — Note 5.

Tair celfyddyd ni ddyly mab Taeawg eu dysgu heb gannjad ei Arglwydd, a chyd a's dysgo, efe a ddyly eu dwyn drachefn, onid ysgolheictawd gwedy y cymmero urddeu : sef yw y rhai hynny 1. ysgosheictawd 2. gofannaeth. 3. a Bardonni. (L. IV. Triad. XXXI.)

Pag. 325. — Note 4.

Sef yw gweinigjawl caeth a fo yn nhy mabuchelwr, nid el i'r rhaw nac i'r mreuan sef yw hwnnw, caeth dofaeth. Sef yw caeth dofaeth, dyn a drigjo o wahawdd, heb ei brynu, y gyd a mabuchelwr. A Gwerth hwnnw yw dau cymmaint a gwerth caeth a bryner (*Leg. wall. p.* 453, §. 33).

Pag. 266. — Note 3.

O derfydd i weinigjawl ddyfod i di Mabuchelwr, a chymryd tir i ganthaw a daly ty, a thalu twngc a gwesfdfa i'w arglwydd, banner gwerth alldud Brenin, yw ei werth yntau ac yntau yn alldud mabuchelwr breinawl o hynny allan. (*Ib.* §. 35).

Pag. 327 — Note 1).

Ac or henfydd o'r tu ymma i'r mor hefyd punt a dal, canys ei hunan a lygrwys ei fraint, nid amgen no myned yn gyflogr o'i fodd. (*Leg. wall.* L. III. §. 41. *p.* 204).

Ib. — Note 2.

Dau ddyn ni ddyly y Brenin ofyn eu gwerth cyd lladder yn ei wlad, caeth dyn arall; canys meddjant a fydd i ddyn ar ei gaeth mal ar ei anifail : a'r dyn a gaffer yn ymdaith hyd nos yn ysdafell y Brenin heb dan a heb gannwyll. (*Ib.* §. 50. *p.* 206).

. *Ib.* — *Note* 3.

Ac o ben y bedwaredd flyddyn ar degg allan, y mae jawn i'r tad ei ddwyn ei arglwydd, a gwrhau o hanaw yntau iddaw ef. Ac o hynny allan bid ar osymddaith ei Arglwydd a hynny a berthyn i'r Taiogeu. (*Leg. wall.* L. II. c. I. §. 55. *p.* 84-85).

Pag. — *Note* 1.

O derfydd i bonheddig treftadawg fyned yngwasanaeth mabuchelwr, a'i fod ysbaid y gyd ag ef, a'i ladd ag ef ar wasanaeth y mabuchelwr, y mabuchelwr a ddyly deirbu celain am danaw; ac eraill o'r llyfreu a ddywaid ddylyu chwé' bu celain am danaw. A hwnnw a ddyly fyned pan fynno i wrth y mabuchelwr, dieither addaw i'r mabuchelwr yr hyn a ddylyo, fal y dywaid llyfr Hywel. A hwnnw a elwir carllawedrawg sef yw carllawedrawg dyn a fo cargychwyn pan fynno. (*Leg. wall.* L. V. c. 2. §. 45. *p.* 456).

Id. — *Note* 333.

O derfydd ir wr o wlad arall ei sarhau, tair a thri ugaint punt yw ei sarhaad : a hynny yn ei fechdeyrn ddylyed yntau y Frenin Llundain pan gymmero ei dir i ganthaw; ac amyn hynny hefyd, ni ddyly ddim byth i ganthaw namyn cwn, a hebogeu a meirch. (*Leg. wall.* L. III. c. 2. §. 1. *p.* 199.)

Pag. 334. — *Note* 2.

Pedwar peth a gynhelis y Brenin yn ci law ei hun heb gyfran i neb herwydd cyfraith; cyntaf yw cadw braint ei Fanachlogoedd. Ail yw cadw noddfaeu priffyrdd. Trydydd yw gwneuthur cyfraith, neu fath yn ei Deyrnas. Pedwerydd yw cynnal arholjon brenhinawl goruchel a berthyno at y goron y Brenin a'i aelodeu. (*Leg. wall.* c. 1. L. VII. §. 10, *p.* 71-72).

DES LOIS DE MOISE.

L'on a prodigué le sarcasme, dans ces derniers temps, à quelques écrivains qui voulaient trouver des institutions féodales jusque chez les Israélites. Assurément, nous n'établirons pas de parallèle entre le gouvernement politique du Peuple de Dieu et l'ordre de chose en vigueur chez les nations du moyen-âge. Mais s'il est vrai, comme M. Le Huërou le soutient pour les Germains, comme je le maintiens, de mon côté, relativement aux Gaulois ; s'il est vrai, dis-je, que le régime féodal ne soit que le développement des coutumes primitives de la famille, il n'est pas sans intérêt d'examiner ce que *la plus ancienne de toutes les histoires* nous apprend à ce sujet.

Dans le partage ordonné par Moïse, chacun des 600,000 combattants devait avoir un fond de terre d'une étendue médiocre, mais suffisant pour l'entretenir avec sa famille. Ces domaines étaient soumis à des redevances. Une des principales était le service militaire : ce n'était qu'à cette condition qu'on les possédait. Toute terre était inaliénable. Donnée au père, elle devait revenir aux enfants et rester à perpétuité dans les mêmes tribus et dans les mêmes familles. (*Lévit.* XXV, 10, 23.)

Chaque famille était un petit état dont le père était le souverain ; ce dernier, nous le répétons, ne pouvait disposer, à son gré, de ses biens patrimoniaux. Ses fils en étaient les héritiers nécessaires. Les filles n'héritaient pas des biens patrimoniaux, à moins que le père ne fût mort sans laisser d'enfants mâles. Dans ce cas, elles partageaient par portions égales, mais elles ne pouvaient se marier hors de leurs tribus : d'ordinaire, elles se mariaient dans leur famille. Ceux qui les épousaient étaient inscrits dans les tables généalogiques, comme fils du défunt, et perpétuaient son nom.

Dans la législation des Athéniens existait une semblable disposition, fondée aussi sur les mêmes motifs. (*Vid. pet. leg. At.*)

Quant aux acquêts, il paraît, par l'exemple de Caleb, que les pères pouvaient en disposer à leur gré et en faire part. — La lecture de la Bible est plus utile qu'on ne le croit.

Toute la partie de l'Exode relative aux esclaves est pleine d'intérêt. (*Exod.* XX, 22, 26, 27). Celle où il est traité des devoirs des créanciers (XXII, 25, 26) n'est pas moins curieuse.

L'organisation du gouvernement chez les Hébreux mérite surtout de fixer l'attention :

Sous Jehovah, un chef, son lieutenant et son vice-roi, gouverne la nation conformément à ses lois. Il la commande dans la guerre, il la juge pendant la paix ; mais son autorité n'est ni despotique ni arbitraire. Un sénat formé des membres les plus distingués de toutes les tribus lui sert de conseil. (*Nomb.* XI. N° 17, etc., XXII, 1 ; 2. *Josue* XIX, 15; XVII, 7 ; XXII, 13, 14.)

Il en prend les avis dans les affaires importantes ; et, s'il s'en trouve qui intéressent la nation entière, toute la congrégation, c'est-à-dire, l'assemblée du peuple est convoquée. On propose, elle décide et le chef exécute.

Le même ordre règne dans les différentes tribus. Chacune a son prince, son sénat, ses chefs de familles. Sous ces chefs de familles, sont placés des chefs de branches qui en sont issus, et, sous ces derniers, des commandants de mille, de cent, de cinquante, de dix hommes, etc., revêtus, chacun selon sa place, de l'autorité civile et militaire. (*Deut.* XVI. 18.)

Nous reviendrons un jour sur ce sujet.

NOMS DES TRIBUS

GAULOISES, BRETONNES, CALÉDONIENES ET IRLANDAISES.

Nous avons cité, p. 13, le passage de César où il est dit que les tribus venues de la Gaule dans l'île de Bretagne avaient conservé presque toutes les noms des cités auxquelles elles appartenaient sur le continent. Il suffit de jeter un regard sur le tableau suivant pour s'en convaincre.

TRIBUS

GAULOISES.	GALLO-BRETONNES.	CALÉDONIENNES ET IRLANDAISES.
Ædui,	Hædui (Somersetshire).	
Albici,		Albani (Ecosse).
Attrebates,	Attrebates.	
Brigantium,	Brigantes.	
Caletes,	Ancalites.	
	Carnavii,	Carnavii.
Carnutes,		Carnonacæ (Ecosse).
Canctium (Veneti),	Cangii (Veneti),	Cangani (Irlande).
	Cantii,	Cantæ (Ecosse).
Cenomanni,	Cenomanni *ou* Iceni.	
	Domnonii (*),	Damnii (Irlande).
Eburovices,	Eboracum.	
Menapii,		Menapii, Waterford (Irl.)
Metæ,	Demetæ,	Meætæ (Ecosse).
Man-Dubio, Dibio,	Dobuni.	
Morini,	Morini (Dorchester).	
Parisii,	Parisii.	
Rhemi,	Rhemi *ou* Bibroces.	
Seduxi (**),	Segedunum (***)	
Velo-Casses,	Cassii.	

(*) A partir du cinquième siècle, la péninsule armoricaine s'appelle aussi Domnonée.

(**) Dans les Alpes grecques.

(***) Capitale des Ottadini.

EXTRAITS DU CARTULAIRE DE REDON.

Nous avons dit, L. XII, que, chez les Bretons, les *machtyerns* ou les *tyerns* étaient de petits princes ou vassaux de quelque Brenin supérieur, et nous avons ajouté que les historiens latins les désignaient d'ordinaire sous le nom de *tyranni*. Or, nous lisons ce qui suit dans le cartulaire de Redon :

« Magnifico fratri Wihoiarno presbytero emptori. Ego enim in Dei nomine Maillon venditor, constat me tibi vendidisse rem proprietatis meæ, etc. Factum est hoc super viam publicam confinium ipsius alodis, die sabbato VI. id. Maii, luna XVIII à circulo X Novennali VIIII et anteà III Fer. II. Non. Maii ante Wrbili in loco non ignobili nuncupante Lis-Nowid, presente Noli, regnantibus Karolo, Lothario, Hlodowico, et Nominoe possidente Britanniam, Suzanno episcopo, Wrbili TYRANNO INFIRMO. »

Dans un autre acte, le même Wrbili porte le titre de *machtiern* (ou de vice-roi):

« Magnifico viri fratri nomine Maenwobri emptori. Ego enim in Dei nomine Haelwicon venditor, constat me tibi vendidisse et ità vendidi rem proprietatis meæ, etc., sitam in pago nuncupante Broweroc in condita Ruffiaco, etc., signum Urbili Machtiern †, etc. »

Ces *machtyerns*, nous l'avons dit ailleurs, possédaient héréditairement *le fief* auquel était attaché leur office :

« Wrwelet venit ad Jarnithinum MACHTIERNUM querere locum ubi peccata sua pæniteret, et Jarnithin dedit illi locum Rosgas qui, alio nomine, dicitur Botgart, et posteà obiit Wrwelet. Aliquo pòst tempore, filius ejus Worworet venit AD SUPRADICTUM TYRANNUM Jarnithinum ad Lisbedu secum deferens duas flacones optimi vini et habens pro mediatatore Doitonau presbyterum Jarnithini cabellanarium, et Howoti Major in plebe Catoc ; et Jarnithin dedit illi, SICUT HEREDITARIUS *et princeps*, locum supradictum in elemosinam et dedit licentiam quantum ex sylva et saltu in circuitu potuisset præparare et abscindere, sicut heremitario in deserto, qui non habet dominatorem, excepto Deo solo. »

Les femmes pouvaient aussi exercer la charge de *machtyern*, lorsque, à défaut d'enfants mâles dans leur famille, elles héritaient d'un *fief* auquel était attaché cette dignité de machtiern :

« Salomon dedit omnes' Alodos Penwas presbytero de Plebe Cadoc, etc.... Actum in Plebe Moton anno Domini DCCCLXXII. Et commendavit Salomon Aourken TYRANNISSÆ manifestare hoc illius plebis hominibus, quia ipsa Aourken, uxor Jarnithini machtyern ex Plebe Rufliac, tunc sub potestate Salomonis in ipsa plebe Catoc vice legati habebatur. Quod et fecit ante Ecclesiam die dominico omnibus illius plebis hominibus. Jarnithin, machtiern testis, etc. (*Ex cartulario Redonensi.*) »

Les *machtyerns* portaient aussi le titre de *principes plebis* :

« Hæc carta indicat qualiter venit Hoiarscoit princeps plebis Avizac in Rotono monasterio et dedit villam Ursuvalt cum omnibus in ea manentibus pro anima sua et pro anima Erispoe et Salomon. Facta est donatio die Parasceve, quod illo anno evenit kal. Aprilis lun. XIII ; primo anno dominatûs Salomonis in Britannica, etc. »

Il y avait des évêques *machtierns*, par exemple, Ermor, évêque d'Aleth (sans doute à raison du fief de S.-Malo-de-Beignon, qui appartenait aux évêques de ce diocèse) :

« Ego in Dei nomine Guincalon donatum in perpetuum esse volo ad illos monachos habitantes et operantes regulam sancti Benedicti in monasterio Roton, ubi ipse locum

Petivi

petivi animam meam salvandi... donavimus eis villam juris mei quondam nomine Colworetan, etc. Actum est hoc in Poutrecoet (1), in condita Algam anno XX, imperii Hlodowici. Signum Guincalon qui donationem istam fecit Riwalt testis, etc. Regnante Nominoë in Britannia; Ermor episcopus MACTIERN IN POUTRECOET. Cumdelu presb. scripsit Id. Maii V feria in Lis-coët in Caroth. »

Ces *mactierns* ne disparaissent des actes de Bretagne que dans la dernière moitié du XIe siècle :

« Miles quidam nomine Daniel filius Eudoni mactierni ex maximis optimatibus prosapia, etc. »

(Cart. Redonens.)

(1) Traduit dans un acte du Cart. de Redon : *pagus trans silvam*.

APPENDICE

GLOSSAIRE CORNOUAILLAIS-INSULAIRE,

PUBLIÉ

Par Price *dans son* Archeology - Cornu-Britannica. (*Nous avons mis le mot Gallois et le mot Armoricain en regard* (1).)

———

A.

CORNOUAILLAIS.	ARMORICAIN.	GALLOIS.
A ; *de* , *avec*.	A , *de* , *avec*.	A. *de* , *avec*.
Aber , *golfe*, *embouchure*.	Aber , *embouchure*.	Aber , *ostium* , dit Giraldus Cambrensis , linguâ britannicâ dicitur locus omnis ubi fluvius in fluviu *cadit*.

(1) Ce Vocabulaire est extrait, pour le cornouaillais, d'un manuscrit de la bibliothèque Cottonienne, coté Vesp. A. 14. Ce manuscrit, d'après Pryce, porte la date de 882. Nous avons déjà donné, en partie, ce vocabulaire dans notre *Essai sur l'histoire de la Bretagne armoricaine*; mais sans mettre en regard le breton armoricain et le Gallois. Les mots qui appartiennent à ces deux derniers dialectes, sont extraits de divers dictionnaires : pour l'armoricain, 1° d'un dictionnaire manuscrit appartenant à la bibliothèque du Roi, fond Lancelot, N° 160. — 2° du Catholicon, dictionnaire breton, imprimé à Tréguier, par Jehan Calvez, le cinquième jour de Novembre, 'an mil quatre cent quatre-vingt-dix-neuf, in-4°, en lettres gothiques (se trouve à la bibliothèque de Kemper);

3° Du Dictionnaire Breton de Dom le Pelletier, Bénédictin de St. Maur, in-fol. — Paris- M. DCCLII ;

4° Du Dictionnaire Français-Breton, de Grég. de Rostrenen, in-4°, 1732. Chez Vatar, Rennes.

5° Du Dictionnaire Breton - Français de Legonidec, travail fort utile, mais où l'ancienne orthographe est bouleversée.

Pour le Gallois, du Dictionnarium Latino-Britannicum et Britannico-Latinum de Davies. — Londres, 1632. Les ouvrages de Bède, Asser, Girald de Cambrie et Camden, m'ont fourni beaucoup de mots bretons.

CORNOUAILLAIS.	ARMORICAIN.	GALLOIS.
Aberth, *dedans*.	Abarg, *dedans* (Catholicon, dict. breton du 15e siècle). — Legonidec traduit ce mot : *avant*. — Il se sert du mot *ebars* pour exprimer *dedans*.	— Je ne sais s'il existe en gallois ; mais je ne l'ai jamais lu dans aucun livre écrit en cette langue.
Abranz, *sourcil*.	Abrant, *sourcil*.	Amrant (*Id*. Dict. Davies).
Ach, *race*.	Ne se trouve plus en Armor.	Ach, genus, *Action d'Ach et d'Edrif* (vid. leges wall. L. II. C) Vid. Davies.
Adar, *de, du*, adhart an dre., *du village*.	Adar re, *de rechef*, dit le Catholicon. Voir le dict. de Dom Peltier, à ce mot.	*Ad* in compositione, dit Davies, est idem quod latinis *re*.
Ail, *ange*.	Ael, *ange*.	Ail, en gallois, signifie *secundus*.
Aro, *sillon*.	Ero, *sillon*.	Erw, en gallois, signifie *acra, jugerium*. Ce mot a une grande affinité avec le latin *arvum*. — *Ara*, dans tous les dialectes bretons et gaëliques, signifie *labourer*.
Alwed (aloued), *enclos*.	Ale (Catholicon), alee, ambulatorium, *promenade couverte*. — (De là peut-être notre mot *allée* (de jardin). Les Armoricains se servent du mot *alhuez* dans le sens de *clef*; *fermeture*. (v. le Catholicon). Le Gonidec écrit *alc'huez*. — On dit *alheë* dans le pays de Vannes. (v. dict. Bret., Greg. de Rostrenen, p. 172). — Ce mot rappelle de loin le ἄλευσις des Grecs, (*chaîne*).	Allwydd, allwedd, *clavis*, dit Davies.
Am, *me, moi*,	Am, *me, moi*.	Am, *ego, me*.
Amenen, *du beurre*.	Amañ, dans le Catholicon, Amanen ; en Vannes *Amenen*.	Ymenyn, *butyrum*. (*Id*. Davies, dict. bret.
Amser, *temps*.	Amser, *temps*.	Amser. (*Id*. Davies).
An ast., *sorte de lézard*.	Anv, *salamandre, petit serpent*.	An ast, dicitur, dit Davies, *serpens quidam oculis captus*.
An anhel, *un ouragan*.	An avel, *un ouragan, le vent*.	An awel, *ventus*.

CORNOUAILLAIS.	ARMORICAIN.	GALLOIS.
Ancouyn, mourir.	Ancou, en Armorique, signifie *mort*, *trépas*. — Anchounha, *oublier*; les Grecs disaient ἀγχόνη, *affliction*, *suffocation*.	Angeu, *angor*.
An iach, *infirme*; (de *iach* fort et de *an* privatif).	Iac'h *sain*, *an* privatif.	Jach, (*Id*. Davies). *An* priv.
An vab, *sans enfant*.	Mab, *enfant*, *an* priv. permutation de l'*M* en *V*. suivant la règle.	De même en gallois.
Aradar, *charrue*.	Arazr, arar, *charrue*.	Aradr, *charrue*.
Arluidh, *maître*, *le Seigneur*.	Alouez (dans le Catholicon), *un bailli*.	Arglwydd, *Seigneur*. Ce mot est formé de la préposition *ar*, sur, et *Lwydd*, armée, suivant les uns; — de *Aelwyd*, paterfamilias, selon d'autres. Ce qu'il y a de certain, c'est que dans les lois d'Hoël-dda, *Arglwydd* is est qui dominium et proprietatem habet. — A ce titre, au surplus, l'*Arglwydd* devait porter les armes.
Ascorn, *os*.	Ascorn, *os* (Catholicon). M. Legonidec écrit *askourn*.	Asgwrn. (*Id*. Davies).
Alen, *âne*.	Asen, *âne* (Catholicon). Legonidec à oublié ce mot.	Asyn, *asinus*.
Askellen, *chardon*.	Askolen, *chardon*.	Ysgall, *Id*. (Davies).
Avain, *image*.	Aven, *figure* (Catholicon). Awen, *mâchoire*, *visage* (Dom Le Pelletier, c. 30); de là, peut-être notre adjectif français, *avenant* (air avenant).	Awyn *et* afwyn, (*Id*.)
Aval, *pomme*.	Aval, *pomme*.	Afal, *pomme*. (*Id*.) *Aval* Britannico verbo quod pommus sonat, dit Girald de Cambrie, in specul. ecclesiastic. c. 9.
Avallen, *pommier*.	Avallen, *pommier*.	Afallen, *pommier*.
Avon, *rivière*.	Awen (Dom Pelletier),	Afon, *fleuve*, *rivière*.

CORNOUAILLAIS.	ARMORICAIN.	GALLOIS.
	Avoun (Catholicon), avon et aven (en composition), *fleuve, rivière.*	
Awyr, *air.*	Ear, aer, awel, *air.*	Awyr, *aer.*

B.

Bahet, *sanglier.*	Bahut (Dict. Ms.), *sanglier.*	Baedd, *aper* (Davies).
Bachan, bichan, *petit.*	Bihan, *petit.*	Bychan (Davies). Girald. dans son itinéraire de Cambrie, écrit ce mot *bichan*, l. 2, c. 6.
Bagat, *assemblée, réunion.*	Bagat. *Id.*	Bagat, *Id.*
Banathal, *genêt.*	Balaznen, *genêt* (Dict. Ms. de Lagadec, bibl. du Roi.)	Bannad, *genista.*
Banne, *une goutte.*	Bannez (D. Le Pelletier), Bannech (Catholicon).	Bann. *Id.*
Bara, *pain.*	Bara, *pain.*	Bara, *panis.*
Barth, *poëte, musicien.*	Barz, *poëte, musicien.*	Bardd. *Id.*
Barner, *un juge.*	Barner. *Id.*	
Bedewen, *un peuplier.*	Bezuen (Dict. man.), *peuplier, bouleau.* Beûz, *buis.* — Beuënn (Greg. Rostrenen).	Bedw, Bedwen, *betula.*
Beler, *cresson d'eau.*	Beler (Dict. français-breton, de Greg. de Rostrenen). Le Dict. Ms. de la bibliothèque du Roi, celui de Dom. Le Pelletier, écrivent aussi *beler.* — Legonidec. *Id.*	Berwr, *Id.*
Bepprez, *toujours.*	Bepret, *Id.*	*Id.*
Ber, *broche.*	Ber, *broche.*	Ber, *veru* (Davies). Les Irlandais disent *Birr*, broche, et *Birrain*, diminutif, *épingle.*
Ber, *court, bref, raccourci.*	Berr (Dict. Dom Le Pelletier) *court*, de peu de longueur ou de durée.	Byrr, *brevis*, dit Davies.
Bern, *monceau, tas.*	Bern, *monceau, amas.*	Bwrn, *onus*, Davies.

CORNOUAILLAIS.	ARMORICAIN.	GALLOIS.
Berri, *graisse*.	Beru (Dict. Ms.) Bero Dom Le Pelletier, *jus, gras, bouillon*.	Berw, *coctio, ebullitio*. (Davies). Les Irlandais disent *berra, bouillir*.
Bes, *le pouce*.	Bes (Dict. Ms.) *le doigt*. — Bes an troat, *le pouce du pied, l'orteil*. — V. Greg. de Rostrenen, au mot *pouce*.—Et le mot *Bes* dans le Catholicon. Legonidec l'écrit *bis*.	Bys, *digitus*, Davies, et il ajoute : sic armor.
Bez, *encore, mais, oui*.	Bezo, *si fait, cela sera*.	De même en Gallois.
Bisou, *bague, anneau*.	Besou (Dic. Ms.). Bizou (Legonidec) *anneau*.	Bysou, *annellus*, dans le Liber Landav. (Bys, *doigt*).
Biu, *vie*.	Buhez, *vie*, — Byw, en ancien armoricain, comme en gallois, signifie *vivere*, (voir Davies à ce mot).	Buchedd, bywyd, *vita*.
Bifhgueth', *jamais*.	Biscoas, *jamais*.	Byth, en gallois, signifie *toujours*. — Avec une négation, il exprime le mot *jamais*.
Bleit, *loup*.	Bleiz, *loup*.	Blaidd (Davies).
Blithan, bloz, *année*.	Blyzen (vie de saint Guinolé. Dom Le Pelletier, au mot *Bloaz*). —(Dans le Ms. de la bibliothèque du Roi, je lis : *Bloez*). — Les Irlandais disent *Blien*.	Blynedd, *annus* (Davies).
Blodon, *fleur*.	Bleuduen, *fleur* (Ms. de la biblioth. du Roi) Bleuzuen (Catholicon).	Blodeu, *flores* (Davies).
Blonec, *gras*.	Blonhec, *graisse de porc* (Ms. bibl. du Roi). Blonnec (en dial. de Vannes) *graisse, abdomen*.	Bloneg, *adeps*. Les Irlandais disent *blounigh* au même sens.
Bocn, *le mâle de la chèvre*.	Bouc'h, *bouc*, mâle de la chèvre. — De là, notre mot français, *bouc*, buccus, dans la basse latinité.	Bwch (Davies). *Caper*.
Bothar, *sourd*.	Bouzar, *sourd*.	Byddar, *Id.* (Davies).
Bras, *grand*.	Bras, *grand*.	Bras, *magnus*.
Bray, bre, brea, *montagne*.	*Id.*	*Id.*
Brauder, *frère*.	Breur, pluriel, breudeur, *frères*.	Brawd, *frater*.—Les Irlandais disent *Brahyr*.

GLOSSAIRE.

CORNOUAILLAIS.	ARMORICAIN.	GALLOIS.
Brech, *bras*.	Brec'h, *bras* (Ms. bib. du Roi).	Braic'h, *brachium*, (Davies). On reconnaît ici le radical du mot latin *brachium*.
Brechol, *manche*.	Bracel, *tartevelle de moulin*.	Je ne *le trouve* pas en gallois.
Breilu, *rose sauvage*.	Breilw, Davies donne ce mot comme armoricain; mais il a disparu de cette langue. Je trouve cependant *brulu*, passe-rose.	Breilw, *rosa* (Davies).
Breman, *à présent*.	Breman, *maintenant*.	*Id.*
Bren, *arbre*.	Bren, n'existe dans le sens d'arbre qu'en composition.	Bren, *arbor*.
Bren, *son de farine*.	Brenn, *son de farine*. —De là, le mot *Bran*, en usage dans les provinces de l'ouest, et mot le *Brenniacum*, *Brennaticum*, que l'on trouve dans les anciens cartulaires.	Brann, *furfur* (Davies).
Brethil, *maquereau*.	Brezel, *maquereau*.	Brythill, *Id.* (V. Davies).
Brethounek, *breton*.	Brezonnec, *breton*.	Brython, *Id.*
Broach, *blaireau*.	Broc'h, *blaireau*.	*Id.*
Brodit, *un juge supérieur*	Breudat, *avocat plaideur*. Breudou, *assises des seigneurs de fiefs*.	*Id.*
Bruit, *moucheté*.	Bris, *peint, moucheté*.	Brith, *pictus*.
Brunen, *un jonc*.	Broenen, *Id.*	*Id.*
Bron, *mamelle*.	Bron, *mamelle, poitrine*.	Bron, (Davies). *Pectus, uber, mamilla*.
Bros, *pointe, aiguillon*.	Brout, brot, *pointe, aiguillon*, de là le terme de *Brô*, encore en usage dans plusieurs provinces : il s'est enfoncé un *bro* (pour une épine) dans le doigt.	Brwd, *acumen*.
Bryn, *montagne, élévation, mamelle*.	Bron a aussi ce sens.	Bryn, *collis, mons*.
Buch, *vache*.	Buoc'h, buc'h, *vache*. L'hist. de Bretagne de Lobineau, col. 167,	Bu (Davies) et il ajoute : habent antiqui *Buwch*, sic armor.

CORNOUAILLAIS.	ARMORICAIN.	GALLOIS.
	nous fournit un jeu de mots assez plaisant sur ce mot *buch* : Du Guesclin ne pouvant retenir sa joie, en voyant la frayeur qu'il inspirait au captal *de Buch*, charge un héraut de faire savoir à ce capitaine, que lui, Du Guesclin, a résolu ce jour-là, de manger un quartier de *Buch*.	
Byt, *le monde*.	Bet, *le monde*.—Ce mot est le participe de *Beza*, être, dont on a fait *Bezet*, et, par abrégé, *Bet*.—C'est proprement l'*ens* des Latins et tout être créé et visible.	Byd (Davies), *mundus*.
Bry, Pry, *argile*.	Pry, *argile* (Greg. de Rost.)	*Id.*

C.

Caban, *chaumière*.	Ne se retrouve plus qu'en composition dans le breton Caborel, Cabaret, *petite taverne* (V. dom Lepelletier).	Caban (Davies, dict. bret.), *casa, gurgustium, stega*.
Cad, *guerre*.	Ne se trouve plus qu'en composition.	Cad, *pugna*, Davies.
Cadwr, *homme de guerre*. (Cad, *pugna* : wr *ou* gwr, *vir*.	Cadarn, *brave, belliqueux*.	Cadarn, *fortis, potens* (Davies).
Cadar, *une chaire*.	Cador, *chaire, chaise à dossier*.	Cadair, *cathedra*. Girald. Camb. descript. Camb. C. 4.
Callatter, *dureté, fermeté*.	Un ancien dictionnaire breton porte *Caletter* (V. Dom Le Pelletier au mot *Calet*, ferme, dur, solide. Callus, dit Vossius, à Calx vel calco, ut propriè sit durities ea, quæ eundo in calce pedis contrahitur.	Caled, *durus* (Davies). Camden pense que de ce mot *Caled* a été formé celui de *Caledonii*, id est homines duri, asperi, inculti et agrestiores.

GLOSSAIRE. 409

CORNOUAILLAIS.	ARMORICAIN.	GALLOIS.
Kaer, *ville*.	Kaer. *Id.*	Kaer *urbs, murus, pagus* (Davies).
Cam, *tortu, courbé, crochu*.	Cam, *courbé, de travers*. — Camma, *recourber*; de là notre adjectif français *Camus* et *Camard*, nez camus, nez camard.	Camm, *Curvus*; Cammu, *Curvare* (Davies).
Cams, *surplis*.	Camys, *aube*. — De là peut-être, *Camisole*.	
Can, *blanc*.	Can, *blanc*.	Can, *albus*.
Can, *chant*.	Can, *chant* (Cana, *chanter*). *Can* signifie aussi, en breton, un *tube*, un *instrument à vent*.	Cân, *cantus, canticum* (Davies).
Cafat, *vase, vaisseau*.	Caff (Dict. ms. de la bibl. du Roi), *vaisseau à mettre le vin*, d'où *caveau, cave*.	Cafn, *trulla, concha, alveolus*. item *linter, cymba, scapha* (Davies).
Caid, *esclave*.	Caez, *pauvre, misérable*.	Caeth, *captivus, mancipium, servus* (Davies).
Call, *adroit, fin*.	Call, *adroit, fin*, n'est plus en usage.	Call, *vertusus, Callidus* (Davies).
Cant, *cent*.	Cant, *Cent*.	Cant, *cent*.
Cantuil, *chandelle*.	Cantol, Cantoel (v. Dom Le Pelletier).	Canwyll, *candela, luminare*. A can, *cum*, et gwyll, *tenebre*.
Cantalbren, *chandelier*.	Cantolor, Cantolbren dans la tragédie de la création du monde composée au 16ᵉ siècle. *Cantol bren* signifie mot-à-mot. *Chandelle - arbre*; Bren, *arbre*. — De là notre mot français *Candelabre*.	Canhwyllbren (Davies), *chandelier, candelabre*.
Car, *chéri, ami*.	Car *ami*, Carantez, *amitié*. Cara, *aimer*.	Câr, *amicus, consanguineus*. Caru, *amare* (Davies). En latin, *Carus*.
Carn, *rocher, amas de pierre*.	Carn, *Corne, pierre, amas de rocher* (Carnac)?	Carn, Britannicè, *rupis*. Girald. Itin. Camb. L. 1, c. 6.
Cassec, *jument*.	Casec, *jument*, pl. Kesec.	Caseg, *equa* (Davies).
Caul, *choux*.	Caul, *choux, légume*.	Cawl, *choux*.
Cheber, *la dot de la femme, la partie du bien dont elle a la jouisancse*.	Kefer, Kever, Kenfer, Kenver signifie *arpent*, mesure de terre (Dom Le Pelletier).	Cyfair, *acra, jugerum* (Davies).

CORNOUAILLAIS.	ARMORICAIN.	GALLOIS.
Chefals, *un membre, une jointure.*	Chefilin, *le coude.* Dom Le Pelletier : Kefilin.	Cyfelin, *cubitus, ulna.* (Davies).
Cheim, *dos, arête de montagne.*	Kefn, que les Armoricains prononcent Kein ; *dos, échine, arête, chaîne de montagnes.* Le mot gaulois *Cevennes* n'est autre que ce Kefn.	Cefn (Davies), *dos, échine, arête de montagnes.* Montis enim dorsum *chevin* dicitur Britannis, undè dorsum illud montium perpetuum in Galliâ, quæ olim eadem quâ Britanni usa est linguâ, *Gevenna* et *Gebenna* fuit dicta (Camden Britann.)
Chelch, *cercle, rotation* (le ch comme un k).	Kelc'h, *cercle.* Comme cercle de l'année, *cycle.*	Cylch (Davies), *Circulus, Cyclus.*
Chelioc, *coq* (prononcez Kelioc.	Killec, Killoc, Keilloc; se dit de tout mâle entier, et spécialement du coq (Voir le dict. de Dom Le Pelletier au mot *Killec*).	Ceiliog, *Gallus* (Davies).
Chelioc-redin, *sauterelle, coq de bruyère.*	Keilloc-raden, *coq de bruyère, sauterelle* (Dom Le Pelletier), *cigale.* Keilloc-coet, *pivert.* (Ib.)	Ceiliog-Rhedyn, *cicada*; Ceiliog-coed, *phasianus* (Davies).
Cherhit, *héron.*	Kerc'heys, *héron.*	
Chic, *viande.*	Kic, *chair*; ar c'hic, *la viande.*	Cig, *caro.* (Davies).
Chil (kil), *la nuque, la partie postérieure du cou.*	Kil, *le dos, le revers*, se prend aussi dans le sens de *fuite*, (montrer le dos); de là, l'ancienne locution française, *faire gîle*, dans le sens de prendre la déroute. (V. ce mot dans les glossaires).	Cil, *secessus, recessus, fuga, dorsum cultri vel gladii.* (Davies). *Kil, cil* ou cil est souvent pris dans le sens de *retraite*, en gallois, comme en breton-armoricain. I-Colm-Kil, le monastère de S. Colomban. (*Id.*)
Claf, *malade.*	Clan, en Vannes. Clonf, et on écrivait claff, *malade*, (V. Dom Le Pelletier et Grégoire de Rostrenen). Dans le Dict. Ms. de la bibl. du Roi : *claff*.	
Claust, *un cloître.*	Claustr, *cloître.*	
Cledeu, *épée*	Clezeff, *épée.*	Cleddyf, cledren, *épée.*

GLOSSAIRE.   411

CORNOUAILLAIS.	ARMORICAIN.	GALLOIS.
« Cledeu, namque britannicè, gladius, latinè. » (Girald. Itin. Camb.: L. 1. c. 10.).		Davies. Les Irlandais prononcent cluff, *une épée*. Davies fait remarquer que le *Gladius* latin se rapproche beaucoup du *gladdu* breton, fodere.
Clewet, *maladie*.	Clenvet, *que l'on écrivait autrefois* cleffet, *maladie*. (V. Dom Le Pelletier.	Clefyd, *morbus*.
Cloch, *cloche, horloge*.	Cloc'h, *cloche*. — Ce mot rappelle le grec Κλώζω, *clango*.	Cloch, *cloche* (Davies).
Cloirec, *clerc, ecclésiastique*.	Clouarec, *clerc, écolier*.	Davies n'a pas ce mot.
Cog, *cuisinier*.	Coc, *cuisinier*. — L'on dit, sur nos vaisseaux, le *coq* pour le cuisinier. — C'est la racine de *coquere*, cuire.	Côg, *coquus* Davies, en anglais *cook*.
Coir, *cire*.	Coar, *cire*.	Cwyr, (prononcez *couar*) *cera*, dit Davies, et il ajoute : « sic Arm. » C'est qu'en effet le cwyr gallois *se prononce* coar.
Coffr, *arche, vaisseau*.	Coffr, *coffre* (V. Dom Le Pelletier) ; de là, notre mot *coffre* ; coff, signifie *ventre*, en breton. — L'on dit vulgairement *le coffre* pour le ventre, en français : *le coffre est excellent*.	Coffr, *cista, arca* (Davies).
Coit, *bois*.	Coet, coat, *bois*. Asser, dans la vie d'Alfred, donne le sens de ce mot *coet*. « Latinè *Silva magna*, Britannicè *coit maur* ».	Coed, *silva*, (Davies). *Coeta, lignari*, dit ce savant : de là, notre mot *cotterets* que Ménage fait venir de *constrictum* !
Collet, *perdu*.	Coll, *perte*, collet, *perdu*.	Coll, colled, *damnum, perditio* : Colli, *perdere, amittere* (Davies).
Colon, *cœur*.	Calon, *cœur*.	Calon, *cor* (Davies).
Corn, *corne, trompette*.	Corn, *corne, trompette* (V. Dom Le Pelletier).	Corn, *buccina* « Buc- » *cinatores quos con-* » *dhiriet vocant ab* » *hir quod est longum*

CORNOUAILLAIS.	ARMORICAIN.	GALLOIS.
		» et *corn* eo quòd lon- » gis in cornibus fla- » tum emittant (Gi- » rald. Itin. Camb. L. » I. c. 6) ».
Cous, *parler.*	Comps, *discours.* Les Grecs disent κομσὸς *élégant, gracieux*, et aussi *beau diseur*, d'où le verbe κομψέω, *parler élégamment.*	Les Gallois n'ont pas ce mot, du moins Da- vies n'en fait pas men- tion.
Coth, *vieux.*	Coz, *vieux.*	Cott, coth, *senex*, (Da- vies et lib. Landav.)
Crif, *fort*, *ro- buste, puissant.*	Cref, crê, cren, V. Dict. Ms. et Dom Le Pelletier.	Criff, *fortis* (Davies).
Croin, *peau.*	Croen, croc'hen, *peau,* Dict. Ms. et Dict. Le Pelletier.	Croen, *cutis*, et sic Armor. dit Davies.
Crogen, *coque*, *écaille.*	Croghen, *écaille*, *coquille.*	Cragen, *squama. Id.*
Croider, *crible.*	Crouëzr, *crible.*	Gogr, *cribrum. Id.*
Cudin, *cheveux.*	Cuden et cuchen, *touf- fe de cheveux.*	Cwst, cydyn, *floccus* (Davies).
Crug, *monticule, amas, monceau.*	Crug, crugen, crughil, crughel, *monceau, tas, amas, meule.*	Crûg, crugen, *cypus, tumulus* (Davies).
Crum, *courbé, tortu.*	Croum, *courbe, cour- bé.*	Crwmm (*lisez* croûmm) *Curvus* (Davies). Les Ir- landais disent : *Yun crommigh*, se courber.
Cudon, *colombe des bois.*	Cudon, *pigeon ramier*, (Dict. Ms. et D. Le Pelletier).	Cuddon, *palumbes* (Da- vies).
Cugol, *cucule.*	Cougoul, *cucule, ca- puchon.*	Cwcwll (Davies), mê- me signification qu'en cornouaillais et qu'en armoricain.
Culin, *paille.*	Colo, coloen, *paille.* En Grec καυλὸς, *tige des herbes.*	Col, *arista* (Davies).
Cwsk, *sommeil.*	Cousk, *sommeil*, cous- ka, *dormir.*	Cusg, *somnus* (Davies).
Cusgadur, *dor- meur*, de *Cuska* et *wr*, *gwr*, *homme.*	Cousgadour, même sens.	Cyscadur, *dormitor, id.*

D.

Da, *bon.*	Da, *bon*, (V. Dom Le Pelletier); n'est plus en usage dans nos dialectes actuels.	Da, *bonus* (Davies)
Dal, *aveugle.*	Dall, *aveugle.*	Dall, *cœcus* (Davies).
Dans, *dent.*	Dant, *dent.*	Dant, *dens* (Davies).

GLOSSAIRE.

CORNOUAILLAIS.	ARMORICAIN.	GALLOIS.
Dar, dero, deru, chêne.	Derw, dero, derw.	Derw, dar, *robur, id.* Les Irlandais disent aussi darr, *chêne*. Le Dict. gaëlique de Macfarlanne, porte darach et darag, *chêne*.
Darat, *porte*.	Dôr, *porte*, (en anglais *door*.)	Dôr, *porte id.*, Doras, dans le Dict. gaëlique de Macfarlanne (Edimbourg, 1815).
Darn, *la main*.	Dorn, *main*, *poing*. Dorn, *le poing, la main*, dans le Dictionnaire gaëlique de Macfarlanne.	Dwrn (dourn), *pugnus, pugillum* (Davies).
Dau, *deux*, « daugledeu eo » quod quasi » duobus gla» diis cinge» tur ». Girald. Ifi. comb. l. 1. c. 10.	Daoù, doù, *deux*.	Dau, *deux*, (Davies).
Dascor, *délivrer, rendre*.	Dascorr, *rendre, vomir*.	(Davies n'a pas ce mot).
Davat, *brebis*.	Davat, danvat, *brebis* (D. Le Pelletier). Les bretons du pays de Kemper emploient ce mot dans le sens de *biens, richesses*.	Dafad, *ovis, pecus*, dit Davies, et il ajoute : « sic Armoricè ».
Dean, *homme*.	Dèn, *homme*.	Dyn, *homo* (Davies). Duine, *homme*, dans le Dict. gaëlique de Macfarlanne.
Debbry, *manger*.	Debry, cu dibri, *manger*. Debri, *morceaux, miettes*. — De là peut-être notre mot *débris*, et notre verbe *débrider* dans le sens de manger : débrider un pâté.	Ce mot n'existe pas dans Davies.
Deg, dek, *dix*.	Dec, *dix*. (δέκα; en grec).	Dêg, *decem*, (Davies). Les Irlandais disent degh, deich, *dix*, dans le Dict. gaëlique de Macfarlanne.
Deil, *feuille*.	Deli, delien, *feuille*.	Dail, *folia*, (Davies).
Dele, *voile*.	Belez, *voile*, vergue de navire.	Davies n'a pas ce mot.
Deu, *Dieu*.	Douc, *Dieu*.	Duw, *Dieu*, (Davies).
Dihyhiou, *droite*,	Dehou, dihou, *droite*.	Dehau, deau, *dexter*,

CORNOUAILLAIS.	ARMORICAIN.	GALLOIS.
main droite.	*main droite.*	(Davies).
Dialhyet, *sans clef, ouvert.*	Dialc'houet, *sans clef.*	De même en Gallois.
Diber, *selle.*	Dibr, *selle.*	Dibr, *stuatus*, (Dav.).
Dillat, *vêtement.*	Dillat, *vêtement.*	Dillad, *vestitus* (Dav.)
Dinair, *denier.*	Diner, *denier.*	
Dioc, *dormeur.*	Dieg, *paresseux, endormi.*	Diog, dieg, dans Davies, même signification.
Diogel, *ferme, assuré.*	Diogel, *ferme*, (dict. ms). Dioughel, dans Le Pelletier, col. 23, même signification.	Diogel, *certus, tutus,* certus, dit Davies, et il ajoute : « sic Armor».
Diot, *boisson.*	Diot, ce mot se prend chez les Bretons continentaux dans le sens d'hébété, comme le français *idiot.*	Diod, *ignavus, butus, tardus*, (Davies).
Diskient, *fou.*	Diskient, *fou, privé de bon sens* (D. Le Pelletier, dict. ms).	Je ne le trouve pas dans Davies.
Dislaian, *déloyal*	Dislaian, (dict. ms). disléal.	
Disliu, *décoloré.*	Disliuet, *décoloré.*	
Diures, *exil, bannissement.*	Divro, *sans patrie, exilé*, de *Di*, particule privative, et *Bro, pays.* (Le B changé en V) — divroes (dict. ms).	Difro, *exul*, dit Davies et il ajoute : à *Di* et *Bro*. (Ici le B changé en F).
Doer, *la terre.*	Douar, *la terre.*	Daear, danar, *terra ; humus, solum* (Dav.).
Dof, *apprivoisé.*	Dof, dôn, (dict. ms et de Le Pell.) *doux, apprivoisé.*	Dof, *mansuetus, dormitus* (Davies).
Dour, *eau.*	Dour, *eau.*	Dwr, idem quod dwfr, *aqua, unda, lympha*
Dour chi, *loutre.* (m.-à-m. *eau-chien*).	Dour ghi, *même signification.*	Dwrci (prononcez *dourki*) même sign. (Davies).
Doy, *hier.*	Dec'h, *hier.*	Doe, *heri, dies hesternus* (Davies).
Dre, *village, trève.*	Tref, treó ; trew ; *amas de maisons situées autour d'une église succursale.*	Trêf, *urbs; locus habitationis, domicilium.* — dans les lois d'Hoël ce mot se prend dans le sens de *grand village.*
Dreis, *ronce.*	Dreis et drez, *ronce.*	Drysi, drysien, *tribulus, dumus* (Davies).
Dren, *épine.*	Drain, draen ; *épine.* (Dom Le Pelletier).	Draen, *spina.*

CORNOUAILLAIS.	ARMORICAIN.	GALLOIS.
Drog, *méchant*.	Droug, *méchant, mauvais*, — Dom Le Pell. suppose que de ce mot *drog*, dérive le français drogue, *chose mauvaise au goût*.	Drwg, *malus, improbus*.
Drog ger, *reproche, infamie*.	Drougeur, (dict. ms.) même signification.	
Drog ober, *crime*	Drouc ober — de *drouc* (v. plus haut) et *ober*, faire. Les mots *operari, opera* ont assurément la même orig.	Drwg ober, *malefacere*
Drog oberor, *ouvrier de mal*.		
Dun, *montagne, élévation*. — Le vénérable Bède cite plusieurs fois ce mot breton dans son hist. eccl.	Tun, an dun, *la colline*. — De là notre mot *dunes*.	
Duw, *noir*.	Du, *noir*, mis-du, *mensis November*.	Du, *niger, ater* (Dav.) — Les Irlandais disent *duff*.
Duy, *Dieu*.	Doue, *Dieu*.	Duw, *Deus*.
E	E	E
Eal, ehal, *château*.	Sal, *château, manoir*. — Chez les Germains, sala, *domaine*.	
Ebil hoarn, *cheville de fer*.	Ebil, *cheville* —hoarn, houarn, *fer*.	Ehill, *terebrum, verticillus* (Davies).
Ebol, *poulain*.	Ebeul, ebul, eubul, *poulain*.	Ebol, *pullus equinus* (Davies).
Ehoc, *saumon*.	Eog, eucq, (dict. ms et Greg. de Rost.), *saumon*. Eheug Arm. dit Davies au mot *eog*.	Eog, *salmo* (Davies).
El, *membre, os, partie solide du corps*.	Ell, *partie, membre*.	Aclod, *membrum*.
Elestren, *espèce de roseaux*.	Elestr, plante qui croît dans les lieux marécageux, *glaïeul*.	Elestr, pl. clestron, *iris herba* (Davies).
Elesfer, elesker, (tibia) *os de la jambe*.	Ell esker, *tibia* (dict. ms).	
Elget, *le menton*.	Elghez, elgez, *menton*.	Elgeth, aelgeth, aelgaeth *mentum*. (id.),
Elin, *angle, coude*.	Elin, *coude*.	Elin, *cubitus* (id.).
Enel, *page d'un livre*.	Eneb, *feuille* (dict. ms).	

CORNOUAILLAIS.	ARMORICAIN.	GALLOIS.
Eneff, *l'âme.*	Eneff, *l'âme.*	Enaid, *anima, animus* (Davies).
Er, *aigle.*	Er, *aigle.*—Ce mot est tombé en désuétude. Il existait du temps de Davies, car il dit : eryr, *aquila*, armoricè *er*.	Eryr, eryres, *aquila* (id.).
Er, *sur.*	Ar, war, *sur.*	Ar, *super* (id.).
Estren, *huîtres.*	Eistren, *huîtres.*	Oestren, *ostrea* (Dav.); Lib. Landav. Oestrysen.
Ezel, *membre.*	Ezel, isili, *membre.*	Eddyl (le double *d* gallois se prononce comme un z), *membra, gens, cognati, homines* (Davies).

F — F — F

Fenton, *fontaine*	Feunteun, *fontaine.*	
Fiol, *coupe pour boire.*	Fiol (dict. ms), même sens. — De là sans doute notre mot français *fiole*.	Ffiol, *scutella* (Davies).
Flair, *odeur*	Flear, en Vannes, fler. *odorat* (D. Le Pell. dict. Bret. c. 307 in fine). De là notre mot français *flairer*.	Fflair, *putor, fœtor* (Davies). Ffleirio, *olere* (id.).
Floch, *enfant.*	Floch, *enfant, écuyer, page.*	Davies pensait que le mot *Floch* n'était plus en usage chez les Gallois, car il écrit : « yswain, *armiger*, armoricè *Floch* ».
Fol, *fou.*	Foll, *fou*, ce mot appartient évidemment à la langue Gauloise. Outre que nous le retrouvons dans les trois dialectes de la Cornouaille insulaire, du pays de Galles et de l'Armorique dont les habitants sont frères, mais séparés depuis le cinquième siècle, nous lisons dans la vie de saint Grégoire-le-Grand par J. Diacre : « at ille, more gallico, sanctum senem increpitans follem, etc., »	Ffoll, *stultus, stolidus insipiens.*—Ce mot se retrouve chez les Irlandais.

GLOSSAIRE.

CORNOUAILLAIS.	ARMORICAIN.	GALLOIS.
	et dans l'une des épîtres de l'abbé Guillaume (Analector, sec. 11. p. 257): follem me verbo rustico appellasti.	
Fordh, *voie, chemin.*		Ffordd, *via, iter, aditus* (Dav.).
Forh, *fourche.*	Forch, *fourche.*	Ffwrch, *furca,* (Dav.).
Forn, *four.*	Forn', fourn, *four.*	Ffwrn, *fornax, furmes* (Dav.).
Frech, *fruit.*	Frouez, *fruit.*	Ffrwyth, *fructus* et sic Armoricè, dit Davies, ffriw, *vultus,* ffroen *naris* (Dav.).
Friic, *narine, nez.*	Fri, *nez,* froyn, frein, *narines* (dict. ms).	
Fual et hual, *chaînes, fers.*	Hual, *entraves, liens, fers que l'on met aux pieds.*	Hual, *compes, pedica, periscelis,* sic Armoricè (Dav.).
Fur, *prudent, sage, rusé.*	Fur, *sage, prudent, habile, fin, rusé.* De là notre mot français *furet.* En latin, *fur,* voleur, (homme de ruses).	Ffur, *sapiens, doctus, cautus,* dit Davies, et il ajoute: sic Armoricè et in libro Landavensi.
Furf, *forme.*	Furm, *forme, figure, représentation.*	Ffurf, *forma, figura.* Les Allemands disent *forme, formen, former.*

G   G   G

Galluidoc, *puissant.*	Galloudec (dict. ms), *puissant.* — Gallout, *pouvoir, avoir le pouvoir.* V. Galla, col. 322, Dom Le Pell.	Galluog, *potens* (Dav.) et il ajoute: Armoricè *galloudus.*
Gans, *avec.*	Gant, *avec.*	Can, gan, (id.).
Garan, *grue.*	Garan, garn, *grue* (dict. ms) γέρανος, en grec.	Garan, *grus,* (id.).
Garthou, *aiguillon de bouvier*	Garzou, même sens (dict. ms).	
Gavar, *chèvre.*	Gafr, *chèvre.*	Gafr, *capra, id.*
Ger, *parole* (le g dur).	Gher, *mot, parole.*	Gair, *verbum, id.*
Ghel, *sangsue.*	Ghel, ghelaouen, *sangsue.*	Gel (g dur) *sanguisuga; id.*
Glastanen, *chêne*	Glasten, *chêne vert.*	Glasteanen (mêm sens) *id.*
Gluan, *laine.*	Gloan, *laine.*	Gwlan, *lana, id.*
Glut, *glu.*	Glut, *glu.*	Glud, *gluten.* Les Irlandais disent aussi glud, *colle.*
Goff, *forgeron.*	Gof, *forgeron.* — Le	Gôf, *faber ferrarius, id.*

CORNOUAILLAIS.	ARMORICAIN.	GALLOIS.
	Goff, nom de famille très-commun en Bretagne.	
Gofald, *boutique de forgeron.*	Gofel, même signific.	Gefail, *officina fabri id*
Golou, *lumière.*	Golou, (dict. ms) goulou, *lumière.*	Goleu, *lux, lumen id.*
Golvan, *moineau.*	Golven, golvan, *petit oiseau.*	Golfan, *passer, id.* et il ajoute : sic Armoricè.
Gonidoc, *serviteur.*	Gonidec, *serviteur.*	Gweinidog, *famulus id.*
Gosgorthi, *famille.*	Cosgor, *famille.* — Ty signifie *maison.*	Cosgordd, *familia id.*
Goulo, *vider.*	Goulo, *vider.* Dom Le Pelletier, suivant l'usage de son temps, rapproche *goulo* d'un mot hébreu. Il aurait pu, sans aller chercher si loin, rapprocher l'expression bretonne *goulo*, de notre mot français *goulot* (de bouteille) endroit par lequel elle se vide.	Gweili et goulo, *vacuus*, dit Davies. sic Arm.
Grat, *degré, marche.*	Grad, (dict. ms) même signification.	
Greg, *femme.*	Grecq, *femme*, dans les anciens ms *gwrec.*	Gwraig, *femina id.*
Grou, *sable.*	Groan, groù, *sable, arène*; grô, *grève.* Le peuple, dans un grand nombre de nos provinces, dit encore du *groû* pour du sable.	Gro, graian, *arena; sabulum.*
Gruah, *vieille femme.*	Groac'hella, *se faner,* groach, *vieillir.*	Gwrach, *anus.*
Guailen ruyfanaid, *sceptre.*	Gwalen, *verge, baguette.*	Gwialen, *virga, sceptrum, id.*
Guain, *fourreau.*	Gouhin, gwhin, *gaine, fourreau.* De là les deux mots français, *gaine, dégainer.*	Gwain, *vagina, theca id*
Guas, *homme, serviteur.*	Gwas, *garçon, serviteur, vassal.* Niklas Vogt fait dériver vassal du mot allemand *gesell,* compagnon, serviteur. V. ce que nous avons dit sur ce mot.	Gwas, *famulus, servus*: plur. gwesyn. Gwasanaeth, *servitium id.*
	Gwelez, *voir.* Gwelet, gwela, *voir.*	

GLOSSAIRE.

CORNOUAILLAIS.	ARMORICAIN.	GALLOIS.
Gweli, *lit.*	Gwêle, gwelec'h, *lit.*	Gwely, *lectus, cubile, id*
Guen, blanc.	Gwen, *blanc.*	Gwynn, *albus, candidus, id.*
Guenenen, *abeille.*	Gwenan, gwenanen, *abeilles.*	Gwenyn, gwenynen, *apis.*
Gueret, *la terre.*	Ce mot est perdu en breton. Je trouve seulement *greet* dans un ouvrage breton imprimé au 17e. siècle; en français *guérets*, champs cultivés.	
Guernen, *aune, arbre.* — Penguarn, sonat caput alneti, dit Giraldus Cambrensis L. 1. c. 10.	Gwern, *aune, arbre.* Penguern, nom de famille en Bretagne.	Gwèrn, *alnus, id.*
Gueus, *lèvre.*	Gweus, *lèvre.*	Gwest, *labrum.*
Guicgour, *marchand,* de guic, *vicus*; et gwr (gour) *homme.*	N'est pas usité.	
Guid, *veine.*	Gued (dict. ms) gweden, *lien.*	Gwythen, *vena, id.*
Guiden, *arbre.*	Guezen, *arbre.*	Gwydden, *arbustum, id.*
Guil, *voile.*	Gwel, *voile de navire.*	Hwyl, llen gwely, *velum, id.*
Guilan, *oiseau de mer.*	Gwelan, *oiseau de mer.* De là peut-être notre mot français *goëland,* oiseau de mer.	Gwylan, *gavia cirenea.*
Guin, *vin.*	Gwin; *vin.*	Gwin, *vinum.*
Guins, *vent.*	Gwent, *vent.*	Gwynt, *ventus, id.*
Guin bren, *vigne* (mot à mot vin-arbre.	Gwinien, *vigne.*	Gwinwyd (arbre de vin) *vinea.*
Guiot, *tissu de la toile.*	Gwiat, *tissu* (Dom. Le Pelletier).	Gwead, *textum.*
Gwir, *vrai,* gwirion, *véracité.*	Gwir, *vrai,* gwirion, *véritablement.*	Gwir, *verus,* gwirioned, *veritas, id.*
Guis, *vieille truie.*	Gwez, gweiz, *truie,* gwys dans les anciens dict. (v. D. Le Pell.).	
Guit, guois, *sang.*	Gwat, *sang.*	Gwaed, *sanguis, id.*
Guistel, *ôtage.*	Guestl, *gage, engagement, parole donnée* (Dom Le Pell.).	
Guli, *blessure.*	Gouli, *plaie, ulcère.*	Gweli, *vulnus, id.*
Guner, *ruisseau.*	Gouer, *ruisseau.*	

CORNOUAILLAIS.	ARMORICAIN.	GALLOIS.
Guodhi, *après.*	Goude, *après.*	Gwedi (prononcez gouedé) *post.*
Gur (prononcez gour), *homme.*	Gour, *homme.*	
Guyn, *blanc.*	Gwenn, *blanc.*	Guynn, *albus, candidus.*

H · H

Haf, *été* (saison).	Han, haff, même sign.	Hâf, *æstas.*
Haloin, *sel.*	Halen, hoalen, olen, *sel.*	Halen, *sal.*
Haloiner *saunier*	Halenner, *saunier.*	
Hiligen, *saules.* -Ridhelic quod latinè vadum salicis (Girald. Camb. stin. c. 1).	Halec, *saule.*	Helyg, *salix.*
Hen, *vieux.*	Hen, *vieux.*	Hen, *senex, antiquus.*
Heschen, *jonc.*	Hesk.	
Hetheu, *aujourd'hui.*	Hisio, *aujourd'hui.*	
Heul, *soleil.*	Heol, *soleil.*	
Hir, *long*, «Buccinatores quos cornhiriet vocant ab *hir* quod est longum. (Girald. Camb. stin L. 1 c. 6.)	Hir, *long.* — Le Hir, nom de famille très-commun en Bretagne.	
Hivin, *if, arbre.*	Hivin, ivin, *if.*	Iw, iwen, *taxus* (Dav.). L'auteur de la vie de St-Martin de Vertou, cité par Mabillon, écrit *ivus* : « vulgo enim dicitur *Ivus* ».
Hoarn, *fer.*	Hoarn, *fer.*	
Hoch, *porc.*	Houch, *cochon, pourceau.*	Hwch, *sus, porcus, id.*
Hoet, *canard.*	Houat, *canard.*	Hwyat, *anas, id.*
Hudol, *sorcier.*	Hud, *enchantement,* hudu, *enchanter,* (Greg. de Rost.).	Hudol, *præstigiator.*
Huwel, huchel, *élevé.*	Uhel, *élevé,* uc'h, *hauteur.*	Uchel, *altus, sublimis, id.*

I I I

Iach, *sain.*	Iac'h, *qui est en bonne santé.*	Iàch, *sanus, id.*
Impoc, *baiser.*		
Iot, *bouillie.*	Ioud, iaod, *bouillie.*	Iwd, *pulmentum, puppa, id.*

GLOSSAIRE.

CORNOUAILLAIS.	ARMORICAIN.	GALLOIS.
Idne, *oiseleur*.	Izn, ezn, *oiseau*.	Edn, *avis*, (Dav.)
Iein, *froid*.	Ien, *froid*.	Oerni, *frigus*, *id*.
Ieu, *joug*.	Ieo, *joug*, en Vannes, Yeu (Greg. de Rost.).	Jau, *jugum*, *id*.

K

Kalo, *paille*.	Calo, *paille*.	Col, *arista*.
Kanna, lagena, *pot à boire*.	Kân, même sign.	Cafn, *id*.
Kasak, *jument*.	asek, *jument*.	Casseg, *equa* (Dav.).
Keber, *soliveau*.	Kebr, *soliveau*.	Ceibr, *tignum*, *id*.
Keghin, *cuisine*.	Keghin, *cuisine*.	Cegin (pron. keghin), *coquina*, *id*.
Keliok, *coq*.	Kilhoc (Greg. de Rost.).	Ceilliog, *gallus*, *id*.
Kelin, *houx*.	Kelen, *houx*. — La famille de *Quélen* en a pour armes.	Celyn, *aquifolium*, *id*.
Kelionen, *mouche*.	Kelhien, kelhienen, *mouche* (D. Le Pell., dict. ms).	Cylion, cylionen, *musca*, *id*.
Keniat, *chanteur*.	Kiniat, *chantre, musicien*.	Ceiniad, *musicus*.
Kerhidh, *héron*.	Kerc'heiz, *héron*.	Davies n'a pas ce mot.
Keunza, *parler*.	Coms, *parler*, comsa, *parler*.	
Kig, *chair, viande*.	Kic, kig, kik, *chair, viande*.	Cig, *caro* (Davies).
Kigel, *quenouille*.	Keighel, *quenouille*.	Cogail, *colus*, *id*.
Koitgath, (*chat-bois*), *chat sauvage*.	Caz coet, *chat de bois*.	Cath, *catus, felis*, coedd, *silva*, *id*.
Korsen, *roseau*.	Corsen, *roseau, pieu*. On dit en français *Courson, échalas*. V. dict. Académ.	Cors, corsen, *arundo*, *id*.
Kreis, *chemise*.	Cres, crez, *chemise*.	Crys, *subucula muliebris*, *id*.
Kresy, *croire*.	Credi, *croire*, de crêd, *caution*.	Credu, *credere*.

L

Lader, *voleur*.	Laerz, pl. laczron.	Lleidr, *fur, latro*, — ladrad, *latrocinium*, *id*.
Lagat, *œil*.	Lagat, *œil*.	Llygadd, *oculus*, *id*.
Lagen (prononcez laghène), *étang*. (De là Lagunes)?	Lagen (dict. ms), lagaden, *source d'eau, eau courante* (Dom Le Pelletier, c. 507).	

28

CORNOUAILLAIS.	ARMORICAIN.	GALLOIS.
Laian, *fidèle, loyal.*	Leal, *fidèle, loyal.*	
Lait, *du lait.*	Lais, laez (dict. ms), lê, *lait.*	Llaethr, *lac, lactis, id.*
Lan, *église.* Lan enim locus ecclesiasticus sonat. (Giraldus Camb. l. t. c. 3).	Lann, *territoire, terre consacrée* : Landevenec, etc.	Llan, vulgò sumitur pro *fano, templo, id.*
Lavar, *parleur, bavard.*	Lavar, lavara (Dom Le Pell.), *parler* ; en Irlandais lavirt, *mot, parole.*	Llafar, *vocalis, vox, sonus, id.*
Le, *lieu, place.*	Le, lec'h, *lieu* (Dom Le Pell.).	Lle, *locus, id.*
Lech, *pierre.*	Lec'h, *pierre, pierre plate* (crom lec'h, *monument gaulois ;* — crom, *circulaire*).	Llêch, *tabula saxea, id.*
Lenach, *ecclésiastique.* «Ynys Lenach, » id est, insula »ecclesiastica» (Gir. descrip. Camb. c. 7).	Lean, *moine ;* lennek, *savant, habile* (dict. ms).	Lleian, *monacha, vestalis, id.*
Les, *herbes.*	Lousou, dans le dialecte de Tréguier, *herbes*; mais les habitants du pays de Vannes disent *Lezen.*	Lys, *herba, id.*
Leu, *lion.*	Leu, en Vannes (Greg. de Rost.).	Llew, *leo, id.*
Leverit, *lait doux.*	Lez livris, *lait doux.*	Llfrith, *lac recens, id.*
Lien, *toile.*	Lyen, en Vannes (Greg. de Rost), *toile.*	Llynyn, llynel, *id.* — C'est la même racine que le *linea* latin.
Lin, *lin.*	Lin, *lin.*	Llin, *linum, id.*
Linin, *fil.*	Linen, *fil* (D. Le Pell.).	
Litheren, *lettre.*	Lezer, lizeren, *lettre, caractère.*	Llythyr, *littera, id.*
Livor, *peintre.*	Liver, *teinturier* (Greg. de Rost.).	Liw (sic. Arm.), *color,* liwiog, *coloratus.*
Liver, *livre.*	Levr, *livre.*	Llyfr, *liber, id.*
Loder, *des bas.*	Lozer (dict. ms), loërz, *des bas.*	Lluzr, *braccæ, id.*
Logoden, *souris.*	Logod, logoden, *souris.*	Llygod, llygoden, *mus* (Dav.).
Lor, *pavé.*	Loer (dict. ms).	
Lorch, *bâton*	Loc'h, *levier.*	Llogail, *trabs subgrundanea, id.*

GLOSSAIRE.

CORNOUAILLAIS.	ARMORICAIN.	GALLOIS.
Losc, *brûlure*.	Losket, *brûler*, en Vannes.	Llosgi, *urere*, *id*.
Louern, *renard*.	Louarn, *renard*.	Llwynog, *vulpes, id*.
Llu, *armée*.	Luh, *service militaire*. Dans le cartul. de Redon, ms du 11ᵉ siècle.	Llu, lwydd, *exercitus, id*.
Luid, *ordre de bataille*.		
Luir, *lune*.	Loar, *lune*.	Lloer, *luna*, sic Arm. *id*.
Lu, lestri, *armée navale*, (armée de vaisseaux).	Lu, lestri, même sign. Lestr, listri, *vaisseau-navire*.	Llestr, *vas, navis, id*.
Luwel, *éclair*.	Luc'hed, *éclair*.	Lluchet, *fulgur, id*.
Luys, *gris*.	Louet, sale, *gris*.	Llwydd, *color aquilus, canus, id*.

M

Mab, pl. meib *et* meibion.	Mab, *enfant*, plur. meibien.	Mâb, *filius, natus, id*. plur. meibion.
Madere, *garance*.	Madre, même signif. (Dom Le Péll.).	
Maenor, *demeure*.	Maenor (dict. ms), *manoir, château fortifié*. De maen, *pierre*	Maenor, maenol, *hæredium, prædium, id*.
Mair, *maire, magistrat*.	Maer, mêr (dict. ms), *magistrat, intendant* (v. D. Le Pell. au mot *miret*).	Maer, *villicus, præpositus; id*.
Mam, *mère*. Mon mam Cymry, id est, *mona mater* Cambriæ britannicè dici solet (Girald. Camb. c. 6. descrip. Camb.	Mam, *mère*.	Mam, *mater, id*.
Manach, *moine*.	Manac'h, *moine*.	Manac'h, *monachus*.
Mantell, *manteau*.	Mantell, *manteau*. Ce mot se trouvant exactement le même dans les trois dialectes bretons de l'île et dans celui du continent séparé depuis douze siècles, j'incline à le croire d'origine gauloise.	Mantell, *pallium* (Dav.) et il ajoute : sic Arm.

CORNOUAILLAIS.	ARMORICAIN.	GALLOIS.
Maento, *couvercle de pierre*.	Maen tô, *ardoise* (couverture de pierre.—Le français dit *manteau de cheminée*, qui n'est aussi qu'une table de pierre.	Maen, *lapis*; tô, *tectum*; sic armor. *id*.
Marvran, *corbeau*.	Marbran, malvran, (V. D. Le Pell.) *corbeau*.	Morfran (le B changé en F), *corvus*, *id*.
March, *cheval*.	March, *cheval*; marcha, *marcher*, faire du chemin (Dict.)	March, *equus*.
Marchog, *cavalier, chevalier*.	Marc'hawr, *cavalier, chevalier*. (V. du Cange, au mot *mareschalcia*. Ce savant homme cite le *catholicon*, dict. breton imprimé en 1498, et rare aujourd'hui.	Marchwr, *equarius*; marchog, *eques, miles*, *id*.
Maur, *grand*. Canbref-mawr, id est *cantredum magnum*. (Girald. Camb. L. I. c. 10.	Meur, *grand*. Mâr avait aussi le même sens, *mârmoustier*, et une foule d'autres mots.	Mawr, *magnus*.
Mehil, *mulet* (poisson).	Meill, *mulet* (poisson).	
Meel, *miel*.	Mel, *miel*.	Mél, *mel* (Davies.)
Melhyonen, *violette*.	Melc'honen (Dict. Ms.), mechonen; espèce de trèfle jaune ou vert.	Meillion, *trifolium pratense*, *id*.
Melyen, *limace*.	Melhuen (Dict. Ms.), *limace*.	
Menedh, *montagne*.	Menez, *montagne*.	Mynydd (prononcez *meneth*), *mons, id*.
Menny, *vouloir*.	Menna, *vouloir*.	Mynnu, *velle*, *id*.
Ment, *beaucoup*.	Ment, même sign. On dit *maintes fois*, en français.	Maint, *magnitudo*.
Mente, *menthe*.	Ment, *id*.	
Mesilen, *moule*.	Mezel (Dict. Ms.), mesel, même sign.	
Mesen, *gland*.	Mesen, *gland*.	Mes, mesen, *glans*.
Metin, *matin*.	Mintin, *matin*.	
Mil, *animal*.	Mil, *animal*.	Mil, *bestia; animal irrationale*.—Milwr, *miles* (homme de cheval.
Mirez, *regarder*.	Miret, mira; *avoir l'œil sûr, surveiller, regarder*.	Davies prétend que ce mot vient de *maer, custodire*, d'où le subst. breton *maer, villicus, præpositus*.
Moelh, *merle*.	Moualch.	Mwyalc'h, *merula*.

GLOSSAIRE. 425

CORNOUAILLAIS.	ARMORICAIN.	GALLOIS.
Moicha, *beaucoup*.	Muicha, même sign. (Dict. Ms.)	
Molt, *mouton*.	Maout, mout, *mouton*.	Molt, *aries castratus*, id.
Monez, *aller*.	Monet, mont, *aller*.	Myned, *ire*, *id*.
Mor, *mer*.	Mor, *mer*, arvor, *la mer*.	Môr, *mare, fretum*.— Les Irlandais disent: *more, mare*.
Mor hoch (*porc de mer*), *marsouin*.	Même signif.	Même signif.
Morvil, *baleine*, (animal de mer).	Pour *mor-mil*, *animal de mer* (l'M changé en V).	Id.
Moyar, *mûres de ronces*.	Mouar, *mûres*, *mûres de haies*.	Mwyar, *batinum, morum rubi*.
Murval, *mourir*.	Merwel.	Marw, *morire*.
Mychterneth, *souveraineté*.	Ce mot n'est plus usité, mais le cartulaire de Redon renferme une foule d'actes où *machtiern* est employé dans le sens de *lieutenant du prince*.	Mechdeyrn et machdeyrn.—De mach, *vas*; sponsor, *fidejussor*, et teyrn, tiern, *rex*.
Mychteyrn, *prince*.		

N.

Nader, *serpent*.	Nadezr (Dict. Ms), *serpent*.	Neidr, *serpens*.
Nant, *ruisseau*.	Ne se trouve qu'en composition.	Nant, *rivus*.
Naun, *faim*.	Naon, naoun, *faim*.	Newyn, *james*.
Nebaz, *un peu*.	Nebeut, *peu*, *petite quantité*.	Nebawd, *nemo*.
Noden, *laine filée*.	Neuden, *fil*.	
Noi, *neveu*.	Ni, nyz, en Vannes, nyed, neven; en français, une nièce.	Nith, *filius ex fratre, vel sorore*.

O.

Ober, *travail*.	Ober, *faire*.	Ober, *facere*.—Les Irlandais disent *obbir*.
Oberor, *travailleur*.	Oberer, *id*.	Oberer, même sign.
Oin, *agneau*.	Oan, oen (plur.), ein, *agneau*.	Oen, *agnus*. — *Ouin* chez les Irlandais.
Oleu, *huile*.	Oleo, *huile*.	Olew, même sign.
Onnen, *frêne*.	Oun, ounen (Dict. Ms.)	Onn, onnen, *fraxinus*.

P.

Peder, *quatre* (fém).	Pezwar, *quatre*, (fém.) pedir.	Pewar, *quatuor*.

CORNOUAILLAIS.	ARMORICAIN.	GALLOIS.
Pell, *loin*.	Pell, *loin*, *éloigné*.	Pell, *procul*, *longinquus*.
Pellach, *plus loin*.	Pelloc'h, *plus loin*.	Pellach, *longinquior*.
Pelech, *où ?*	Pelec'h, *où ?*	Pale, *ubi ?*
Pelliss, pellist, *couverture de peau de fourrure*.	Pellizou (Dict. Ms.), *pelisse*.	
Pemp, *cinq*.	Pemp, *cinq*.—En grec, dialecte éolique πέμπε.	Pump, *quinque*.
Penclin, *genou*.	Penclin (Dict. Ms.), *genou*.	Même sign.
Pillen, *frange*.	Pill, *guenille, lambeau*, de là le mot *pillots*.	Pil, *excoriatum, cortex*.
Pir, *poire*.	Per, pir, peren, *poires*.	Peren, *pirum*.
Pise, *poisson*.	Pesk, *poisson*.	Pysg, *piscis*.
Plou, *paroisse*.	Plou, ploue, plouf, *paroisse*.	Plwyf, *populus, plebs, parochia*.
Plufoc, *traversin*.	Plufec, *traversin* (Dict. Ms.) de pluf, *plume*.	Pluf, *pluma*.
Pobel, *peuple*.	Pobl, *peuple*.	Pobl, *populus*.
Poccan, *baiser*.	Pok, pocc, *baiser*. Pocc est le même mot que *boc'h*, bouche, bec.	Poccyn, *basium*.
Pol, *puits*.	Poul, pol, *trou, port*.	Pwll, *fossa*.—En Irlandais, *pouil*, fosse.—En anglais, *pool*, stagnum.
Pons, *pont*.	Pont, *pont*.	Pont, *pons, pontis*.
Pow, *province, pagus*.	Pou n'est plus en usage, mais se trouve dans tous les anciens actes: *pou-tre-coët*, *pou-kaer*, etc.	Pou, *pagus*.
Prif, *vermisseau*.	Pref, *ver, chenille*.	Pryf, *vermis*.
Priot, *époux*.	Priet, *époux*.	Priod, *conjux*.
Prit, *heure*.	Pret, *temps, heure*; de là notre mot français *être prêt, à l'heure*.	Pryd, *tempus*.

R.

Redegwa, *cours du soleil et de la lune*.	Redeg, *courir*.	Rhedeg, *currere*.
Reden, *fougère*.	Raden, *fougère*.	Rhedyn, *filix*.
Rid, *gué*.	Rhyd, rhed, *gué* (Grég. de Rost.) Rodo, rodoet, même sign.	Rhyd, *vadum*. « Rhyd enim Britannicè, vadum latinè. » Girard. *Itin*. L. I. c. 3.
Runen, *petite colline*.	Run, runen, *colline, hauteur*.	Rhŷn, *mons, collis*.
Rusc, *écorce*.	Rusk, *écorce*.	Rhisg, *cortex*.

CORNOUAILLAIS.	ARMORICAIN.	GALLOIS.
Ruy, *roi;*	Roüe, roë, *roi.*	Rhwy (pron. rhouè), rhwyf, *rex.*
Ruid ret, *filet.*		

S.

Scavel, *banc.*	Scaïn, *banc.*	
Scevens, *poumon.*	Scevent, skevent, *poumon.*	
Scod, *ombre.*	Skent, *ombre,* en Vannes, Grég. Rost. au mot *ombre.*	
Scoren, *branche.*	Scoren, scouren, *branche.*	
Scovarn, *oreille.*	Scouarn, *oreille.*	
Scoul, *milan.*	Scoùl, *milan.*	
Scubilen, *balai.*	Scul, scubel, scubelen, *balai* (d. Le Pelletier).	Ysgub, *scopæ, fascis.*— En irlandais, scuib, *balai.*
Selli, *anguille.*	Sili, *anguille.*	
Sevel, *s'arrêter.*	Sevel (D. Le Pell.), *s'arrêter.*	Sefyll, *stare,* dit Davies, et il ajoute : *sic armoricè.*
Sick, *sec, aride.*	Sec'h, *sec.*	Sych, *aridus.*
Siuf, *suif.*	Soa, soaf, *suif.*	Swyf, *spuma, cremor.*
Skientoc, *sage.*	Skient, qui a de l'entendement; c'est le *sciens* des Latins.	
Snod, *ruban.*	Sneud, *ruban.*	
Soch, *coutre, soc de charrue.*	Soc'h, sou'ch, *soc de charrue.*—Les Irlandais disent *sock.*	Swch, *vomer.*
Spirit, *esprit.*	Spirit, *esprit.*	Spirit, *spiritus.*
Splan, *brillant, clair.*	Splan, *brillant* (radical de *splendere?*)	Ne se trouve pas dans Daviès. — Les Irlandais disent *splaun,* brillant.
Steren, *étoile.*	Ster, steren, *étoile.*	Sèr, syr, *stella.*
Stole, *siége.*	Stal, *siége, comptoir de marchand.* — Les Irlandais disent *staol.* siége. *Une stalle,* en français.	Ystol, *sella, sedile.*
Stret, *lit d'un ruisseau.*	Strad, *fond de l'eau.*	
Suben, *morceau.*	Souben, *la soupe.*	Swp, *bolus, fasciculus.*
Syl, *soleil.*	Sul, *soleil.*	Haul, *sol.*

T.

Tal, *front.*	Tal, *front.*	Tàll, *frons.*
Tan, *feu.*	Tan, *feu.*	Tân, *ignis.*
Taran, *tonnerre.*	Taran, *tonnerre, éclairs* (*taranis.* Lucain. L. 1.)	Tarân, *tonitru.*

CORNOUAILLAIS.	ARMORICAIN.	GALLOIS.
Tat, *père*.	Tat, *père*.	Tâd, *pater*.—Les Irlandais disent : *tait* ou *daid*.
Tavot, *langue*.	Teaot, teod, *langue*.	Tafod, *lingua*, dit Davies ; et il ajoute : *armoricè teawd*.
Telein, *harpe*.	Telen, *harpe*.	Telyn, *cithara*.
Tes, *chaleur étouffante*.	Tez, *chaleur*.	Tês, *æstus solis*.
Ti, *maison*.	Ti, ty, *maison*.	Ty, *domus*.
Tir, *terre*.	N'est plus en usage.— Pen-tir, pointe du Finistère.	Tir, *terra*.
To, *toit, couverture de maison*.	Tô, *toit*.	Tô, *tectum*.
Toim, *chaud*.	Tom, *chaud*.	Twymn, *tepidus*.
Toull, *trou*.	Toull, *trou profond*. Toull-en, ou aôn, *trou d'eau* (Toulon?)	Twll, *foramen*.
Torch, *cochon*.	Tourch, *verrat*.	Twrch, *verres*.
Traeth, *grève, rivage*.	Traez, *grève, rivage*.	Traeth, *littus*. «Dicitur traeth linguâ, cambricâ sabulum mari influente longiùs et se retrahente nudatum. (Girald. Camb. Itin. L. II. c. 6.)*
Tra, *chose*.	Tra, *chose*.	Davies n'a pas ce mot.
Tre, *au-delà*.	Tre, *au-delà*.—Pou-tre-coët. *Pagus-trans-silvam*.	Tra, tre, *trans*.
Tribet, *trépied*.	Treben, *trépied*. Sulpice-Sévère nous apprend que ce mot était gaulois : « sedebat autem Martinus in sellulâ rusticanâ, ut est in usibus servulorum, quas nos galli tripetias, vos scolastici... tripodas nuncupatis. »(*Dialog*. II.)	Trybedd, *tripodium*.
Truit, *pied*.	Troas, troes, *pied*.	Troed, *pes*.
Tullor, *tromper*.	Toueller (Dict. Ms.) même sign.	Twyllodrus, *fallax*.
Tur, *tour*.	Tour, *tour*.	Twr, *turris*.

U.

War, *sur*.	Oar, war, *sur*.	Ar, *super*.
Usion, *paille*.	Usien, *paille* (Dict. Ms.)	Usion, *palea*.

CORNOUAILLES.	ARMORICAIN.	GALLOIS.
Win, *vin*.	Gwin, *vin*.	*Id*.
Wiy, *œuf*.	Wi, *œuf*.	Wy, *ovum*.— *Demetis wi*.

Y.

Yar, *poule*.	Yar, *poule*.	Jâr, *gallina*.
Ychellaz, *monter*.	Uchellat, *monter*.	*Id*.
Yndan, *sous*.	Indan, *dessous*. (Dom Le Pelletier.)	Dan, *subter*.
Ynis, *île*.	Enes, *île*; en Vannes, ynis.—Gavr-ynis, l'*île de la chèvre*.	Ynys, *insula*, græcè νῆσος.—Les Irlandais disent aussi *ynys*.
Yorch, *chevreuil*.	Yourc'h, iourc'h, *chevreuil*.	Iwrch, *caprea*, mas.

Nous donnerons dans l'appendice de l'*Histoire des Bretons armoricains* (ouvrage qui suivra celui-ci) une liste de plus de cinq cents mots français qui ne viennent ni du grec, ni du latin, ni du francisque, ni du goth; et dont l'origine est incontestablement gauloise, puisque nous les retrouvons dans tous les dialectes de cette langue.

ACTES BRETONS PUBLIÉS PAR WANLEY.

1. (Fol. 71.) Surrexit tutbulc filius livit lia gener tutri dierchim tirtelih. Haioid ilau elcu gelhig haluidt inguret amgucant vel cant camidi hodiued dipro tant gener tutri o guir imguodant irdegion guragun tage rodegit elcu guetig equi tres uache, tres uache nouidligi namir nibe cas igridu dimedichat guetig bitdid braut grefiat guetig his minn tutbulc hai cencti in ois oisou.

Teliau testis, Gurgint test, cmhilinn test, ss. t. cum tota familia teliaui. De laicis numin myctiern aidan test, signou (mychtiern). Lacou, tes, Berthutis test, Cinda test. Quicunque custodierit benedictus erit, quicunque frangerit maledictus erit.

2. (Fol. 9, *b*.) Ostendit ista scriptio quod dederit Ris et luith grethi tres guidauc imalitiduch cimarguich eit. Hic est census ejus. Douceint torth., hamaharum. in irham. ha duceint torth. in irgaem ha huch. ha douceint mannudenn. Domino et sancto eliudo. Deus testis, saturnguid testis, saturnguid testis, nobis testis, gurei testis, cutulf testis, de laicis cinguern testis, colbiu testis, cohorget testis, ermin testis, hourod testis, quicunque custodierit benedictus erit, et qui franxerit maledictus erit à Domino.

3. (F. 10.) Ostendit ista conscriptio quod dederunt ris hahiru... cibracma behet hirmain guidauc. Ofoidcelli irlath behet camdubr. isem hichet triuceint torth. hamaharum ha guorthoueir emenin. Deus omnipotens testis etc.

4. (Fol. 109.) Ostendit ista conscriptio nobilitatem munaur med diminih et mensuram ejus opud huerdlic guid maun ditoldar inguo iliut clundirit cellrin dilih o mour dibir main...

Lhuyd a fourni à Wanley la traduction suivante de ces actes :

1. Surrexit tydwylch filius tinctoris et januarius eremita ut postularent terram telliavi quæ erat in manù Elcovii filii Gelhig, etc.

2. Ostendit ista scriptio quod dederunt Rhesus et familia Gretni, trev wydhog quà itur ad confluentiam cinchi... hic est census ejus, quadraginta panes et vervez in æstate et quadraginta panes in hyeme et porcus et quadraginta disci butyri, deo et sancto Eliud. Deus testis sadyrn wydh testis, etc.

3. Ostendit ista conscriptio quod dederunt Rhesus et Hirv... brechva usquè ad hiervaen gwydhog à solitudine gelhi irlath usque ad camdhwr. Emolumenta ejus sunt sexaginta panes et vervex et Guorthewyr butyri. Deus omnipotens testis est, etc.

Nous faisons suivre ces essais de traductions du nom

des mois dans les trois dialectes, et de ceux des jours de la semaine dans le cornique, le gallois et l'armoricain. On remarquera que ces derniers sont identiques à ceux qui existent en roman et languedocien.

NOMS DES MOIS.

Gallois.	Cornique.	Armoricain.
Mis jonawr, janvier.	Mis genver.	Mis ghenver.
Mis chwefror, février.	Mis huevral.	Mis chwevror.
Mis mawrth, mars.	Mis merh.	Mis meurs.
Mis ebril, avril.	Miz ebrall.	Mis ebrel.
Mis mai, mai.	Miz mé.	Mis mae.
Mis hefin, juin.	Miz ephan.	Mez even.
Mis gorphennaf, juillet.	Miz gorephan.	Mis gonhereff (gourhelin, dans le dialecte de Vannes.)
Mis awst, août.		
Mis menni ou Seithfed mis, } septembre.	Mis east.	Mis eaoust.
	Miz guedn gala.	Mis gwengolo.
Mis hidref ou Wythfed mis } octobre.	Miz hedra.	Mis hezre.
Mis tachwedh ou hedrew, novembre.	Miz diu.	Mis du.
Mis raghfyrr, décembre.	Miz kevardhin.	Mis kerzu.

JOURS DE LA SEMAINE.

Cornique.	Armoricain.	Gallois.
De zil, dimanche (dies solis).	Di sul.	Dun sul.
De lin, lundi (dies lunæ).	Di lun.	Dun llun.
De merh, mardi.	Di meurs.	Dun maurth.
De marhar, mercredi.	Di mercher.	Duw merchyr.
De jeu, jeudi.	Diiou ou diz iou.	Dyv yeu.
Du guenard, vendredi.	Di gwener.	Dun gwener.
Le zadarn, samedi.	Di sadorn.	Dun sadwrn.

FIN.

SAINT-BRIEUC,

IMPRIMERIE DE L. PRUD'HOMME. — 1843.